Herbert Reinecker

Ein
Zeitbericht

unter Zuhilfenahme
des eigenen Lebenslaufs

Herbert Reinecker

Ein Zeitbericht

unter Zuhilfenahme
des eigenen Lebenslaufs

STRAUBE

CIP-Titelaufnahme der Deutschen Bibliothek

Reinecker, Herbert:
Ein Zeitbericht unter Zuhilfenahme des eigenen Lebenslaufs/
Herbert Reinecker. – Erlangen; Bonn; Wien: Straube, 1990
ISBN 3-927491-17-9

Satz: Uhl & Massopust, Aalen
Druck: Mohndruck, Gütersloh
Printed in Germany
Umschlaggestaltung: Willy Kress

Es wäre mir unmöglich, für meine Person die starke Anteilnahme aufzubringen, deren Vorhandensein ich nicht leugnen kann, wüßte ich nicht, daß mein Grunderlebnis das für meine Generation typische Erlebnis ist, eine an das Zeitmotiv gebundene Variation. Aus diesem Bewußtsein heraus meine ich auch, wenn ich mich mit mir beschäftige, nicht eigentlich mich, sondern das, was dieser Erscheinung zugrunde liegt, und was somit in seinem gültigsten und dem Zufall entzogensten Sinne auch jeder andere für sich in Anspruch nehmen darf.

Ernst Jünger
»Das abenteuerliche Herz«

Vorwort

Es gehört zur Eigenart von Zeitberichten, daß sie dazu neigen, sich selber recht zu geben, sich Gültigkeit zu verleihen, sich für der Weisheit letzten Schluß zu halten. Das tut dieser Zeitbericht nicht.

Es ist ein persönlicher Bericht, ein Ergebnis von Denkweisen, die zur Person gehören, damit abhängig vom geistigen Habitus der Person, von Herkunft, Erziehung, Mentalität und geistiger Grundausstattung. Ich interpretiere die Zeit, die ich erlebt habe. Ich gebe nicht die »Wahrheit« wieder, Wahrheit im strengsten Sinne des Wortes. Meine Überzeugung: Es gibt sie nicht, die unbezweifelbare, absolute Wahrheit, historische Vorgänge betreffend, von den reinen Fakten abgesehen. Sie werden immer interpretiert werden, von Person zu Person verschieden, von Zeit zu Zeit verschieden.

Interpretationen sind immer nur die halbe Wahrheit. Man füge also meine halbe Wahrheit den übrigen halben Wahrheiten hinzu, zum Nutzen einer Gesamtschau einer Zeit, über die jeder, ob er will oder nicht, sich ein Urteil gebildet hat, ein Urteil, das ständig Bestätigungen oder Veränderungen erfährt, damit nicht endgültig, tot und starr ist, sondern sich darstellt als ein in sich lebendiger Vorgang, in dem Meinungen nicht zur Ruhe gekommen sind, sondern sich stets neu formulieren, damit alle kreativen Kräfte fordernd, heute und wohl noch sehr lange.

Über Meinungen

Man kennt das berühmte Cogito ergo sum. In einer nicht uninteressanten Abwandlung könnte man auch sagen: Ich habe eine Meinung, also bin ich.
Ergo: Habe ich keine Meinung, bin ich also nicht?

Unnötige Sorge, denn jeder hat eine Meinung, weil jeder es weiß: Ohne eine Meinung ist man nicht.

Wenn man wirklich keine eigene Meinung haben sollte, nichts wird reichhaltiger angeboten als Meinungen. Man hat sich nur zu bedienen.

Selbst wer sich nicht bedient, kann Meinungen nicht entgehen. Sie werden einem aufgedrängt, allerorts und von jeder Art. Zuweilen ohne daß man es merkt, also ob man will oder nicht. So bekommt man das Lebensrüstzeug, ohne das man in der Tat nichts ist: eine Meinung.

Am bequemsten ist es natürlich, sich einer der vielen fertigen Meinungen anzuschließen.
Man kann mit fertigen Meinungen, denen man sich angeschlossen hat, hohes Ansehen genießen.

Man muß eine Meinung, gleich ob es die eigene oder eine der angebotenen gängigen Meinungen ist, nur mit Überzeugung vertreten.

So liegt die Kreativität zuweilen nicht in der Meinung selbst, sondern in der Überzeugung, mit der sie vertreten wird.

Mit Überzeugung vertretene Meinungen gewinnen immer gegenüber Meinungen, die nur halbherzig vertreten werden.

Eine Meinung, welche auch immer, ist eine Phase in einem gedanklichen Prozeß, mit dem Wert, den eine Stufe für eine Treppe hat, Übergänge innerhalb einer Bewegung.

Im Augenblick unserer Geburt treten wir ein in eine spezielle Lebenswelt, so wie sie gerade von herrschenden Meinungen geordnet scheint.

In Meinungen wird man zunächst einmal hineingeboren.

Was wir vorfinden im Augenblick unseres Eintritts in die Existenz, ist damit einer Würfelspielsituation vergleichbar: So sind die Würfel gerade gefallen.

Diese Vorbemerkungen als Einleitung zur Darstellung einer Meinungsbildung, die in sich eine Geschichte ist, so wie jede andere Meinungsbildung eine Geschichte ist, ein bewegender, aufregender, interessanter Vorgang, der, wenn man ihn hineinsetzt in geschichtliche Abläufe, in sich einen Lehrstoff darstellt.
Den man als solchen nehmen muß, als Stoff, aus dem man lernen kann. Lernen muß.

1

Ich wurde hineingeboren in bescheidene Verhältnisse. Zufällig in Deutschland, zufällig im Ruhrgebiet und zufällig in einer Zeit, die ich mir nicht ausgesucht habe.
Nichts habe ich mir ausgesucht, die Verhältnisse nicht, das Land nicht, die Zeit nicht.

Mein Vater entstammte einer jener Familien, die im Jahre 1732 ihres protestantischen Glaubens wegen aus dem Salzburger Land vertrieben wurden.
Er wurde in Padrojen geboren, einem kleinen Dorf in der Nähe von Insterburg, als Sohn eines Mannes, der drei Berufe ausübte: Er war Landwirt, Maurermeister und Schnapsbrenner. Letzterer ließ ihn früh sterben.
Mein Vater wuchs auf dem Lande auf, das Land war sein Zuhause, die Arbeit auf dem Lande sein Beruf.
Bis er ebendiesen Beruf an den Nagel hängte und in den Westen ging, er folgte seinen drei Brüdern, seinen beiden Schwestern, die alle am Anfang dieses Jahrhunderts in den Westen gegangen waren, in den Industriewesten, wo man Geld verdienen konnte, wo das Leben bessere Aussichten bot, das sogenannte Vorwärtskommen betreffend. Ein Bruder holte den anderen. Als letzter kam mein Vater.
Er fing als Rottenarbeiter bei der Reichsbahn an.
Aus dem Rottenführer wurde schließlich der Zugschaffner und endlich der Zugführer. Ich sehe ihn noch vor mir, in seiner blauen Uniform, das breite, rote Lederband als Zeichen des Ranges quer über der Brust. Er war ein großer, schwerer Mann, der sich abends nach dem Dienst hinsetzte, um Rechnen zu lernen, denn in der ostpreußischen Dorfschule war Lernen nicht die Hauptsache gewesen. Die Arbeit auf dem Feld hatte Vorrang. Das Wetter bestimmte den Tageslauf.
Und nun saß mein Vater in einer grauen Industriestadt, malte mit ungeübter Hand wie ein Schuljunge Zahlen auf das linierte Papier.
Sein Leben lang hatte er Heimweh nach Ostpreußen, nach dem riesigen Land mit dem riesigen Himmel, nach den unglaublichen Wäldern, nach der Stille seiner Seen, nach der kräftigen Sprache, die das Land selbst hervorgebracht zu haben schien aus Erde, Wasser und Wald.
Und lebte nun in einer Häuserstadt und nicht nach dem Fahrplan von Tag und Nacht wie auf dem Lande, sondern nach dem Fahrplan der Züge.
Sehr oft mußte er nachts zum Dienst. Ich habe oft genug erlebt, wie er seine Karbidlampe entzündete – heute noch habe ich in der Erinne-

rung den Geruch von Karbid in der Nase –, er hängte sich die Lampe mit dem grellen, zischenden Licht um den Hals. Vom Fenster aus sah ich ihn die Straße hinuntergehen im schaukelnden Rhythmus seiner Schritte seinen Schatten, den das Licht seiner Lampe, wild hin- und herschwenkend, noch vergrößerte.
Eine Schwester meines Vaters ist später zurückgesiedelt nach Ostpreußen, hatte einen eigenen Hof, auf dem wir dann die großen Ferien verbrachten. Das erste, was mein Vater dort tat: Er streifte den Schaffner ab und ging auf das Feld, stellte sich mit allen anderen in eine Reihe und mähte.
Man mähte damals noch mit der Sense. Er stand da, breitbeinig, Bein vor Bein setzend, wie der Schwung der Sense es verlangte. Und alle sahen ihm zu, nickten und sagten: Er kann es noch.
Und mein Vater freute sich, daß er es noch konnte.
Im übrigen: Er kümmerte sich nicht um Gott, und Gott kümmerte sich nicht um ihn.
Er starb sehr früh, auf einem kleinen Bahnhof in Westfalen.
Zehn Waggons fuhren über ihn hinweg.

Ostpreußen war das Ferienreich meiner Kindheit. Die ersten großen Erlebnisse: das Fahren nach Ostpreußen, das Leben auf einem Bauernhof, mit Pferden, Schweinen, Kühen, Enten und Hunden.
Am Horizont stand der Wald. Keiner der gewöhnlichen lungenkranken Nutzholzwälder, nein, das war ein Urwald, ein ungebändigter Wald, das war Natur, ostpreußische Natur, eingelagert Bäche, die durch den Wald mäanderten, ein Wald voller Wild. Sogar Wölfe gab es damals noch, wenn auch nur vereinzelt. Immerhin erweiterten sie den Kreis der Geschichten, die man abends erzählen konnte, wenn der Sturm über das Land jagte. Ich habe nie wieder solche Gewitter erlebt, wenn Wolkengebirge über den Himmel gleichsam hinwegrollten, unterste Schichten, die sich in wildem Hinschwung nach oben kehrten, die Erde verfinsternd. Meine Großmutter faltete dann die Hände und zog wie eine Katze den Buckel ein. Ein Bild der Demut. Und der Wortlosigkeit. Die Bilder drängen sich nach vorn, ungeordnet, Wichtiges und Unwichtiges zugleich, und nicht in der Reihenfolge, die man logisch nennen könnte.
Ich erinnere mich noch der Jagdgäste, die zuweilen in einem Anbau des Bauernhofes Quartier machten.
Ein Hauptmann Schwesing dabei, der mit einigen Herren von Berlin aus zur Jagd kam. Er war Pilot einer Lufthansamaschine, einer JU 52, mit der er die Strecke Berlin–Moskau beflog. Er wählte den Kurs stets so, daß er über unser kleines Dorf flog, niedriger als sonst und mit den Flügeln der Maschine wackelnd.

Und im Dorf hob man die Köpfe und sagte: Da fliegt unser Hauptmann Schwesing, der Jäger, der einem zuweilen eine Reichsmark Trinkgeld gab, wenn man ihm half, den erlegten Rehbock in sein Quartier zu tragen.

All das geschah in den Sommermonaten, im August, wenn das Korn hoch stand und die große Freiheit Teil des Lebens war. Da hatten sich die ersten Meinungen längst gebildet.
Ich wurde 1914 geboren, wenige Monate nach Beginn des Ersten Weltkrieges.
Wir lebten in einer Zweizimmerwohnung in Hagen in Westfalen, Parterre, Fenster zum Hof.
Diese Wohnung bot sich an als normal. Die Straße war normal, der Platz, auf den diese Straße mündete, sagte: Ich bin normal. Straßen sind so, Plätze sind so. Die Umwelt machte sich bekannt, vertraut. Das Vertraute sagte: Ich bin normal. Das erste kräftige Erlebnis: mein Vater, der als Soldat auf Urlaub nach Hause kam, feldgrau. Nachts klopfte er an das Hoffenster. Der Schreck der Mutter, das hastige Lichtmachen, das Aufreißen des Fensters, diese Umarmungen, das Weinen, die gestammelten Worte, das waren Eindrücke, die geblieben sind, erste Bilder auf dem Boden des Erinnerungsvermögens.
Mein Vater war Gefreiter und Meldegänger, tapfer und einfach, wahrscheinlich gut zu kommandieren. Er erzählte später vom Toten Mann und vom Chemin des dames, wo er im Dreck gelegen habe.
Er machte sich nicht zum Helden, aber was er erlebt hatte, war Teil seines Schicksals geworden.
Wenn er erzählte, dann in ganz einfachen Bildern, er gab nicht das Grauen des Krieges wieder, sondern berichtete davon wie von einem Unwetter, in das er geraten war, gegen das man nichts machen konnte, das man über sich ergehen lassen mußte.
Heute erkenne ich in solchem Verhalten die Geduld der Kreatur, die sich schützt mit legendenhaften Bildern und Bezeichnungen.
Aber seine Erzählungen formten schon Meinungen im zuhörenden Kind. Immer noch sagte alles: Wir sind normal.
In seinen Erzählungen war keine Kritik spürbar, keine eigene feste politische Meinung. Er war, wie es sich für jemanden seiner Schicht gehörte, Sozialdemokrat. Er mochte Wilhelm II. nicht, hauptsächlich deswegen, weil jener »mit Europas heiligsten Gütern« ins Exil geflüchtet war.
Kopfschüttelnd sagte er: Und der Mann hackt dort jetzt Holz.
Die nächste Wohnung war etwas größer und lag im zweiten Stock eines Mietshauses.

Auf der Straße tobten dreißig Kinder herum, in der Nebenstraße ebenso viele, die einander bekriegten in sogenannten »Steinerschlachten«. Erste Aggressionen, erste Begegnungen mit Brutalität, die ersten Positionskämpfe, allein bestimmt von körperlicher Stärke und Gewandtheit.
Über grauen Häuserfronten ein grauer Industriehimmel. Sonderbar, daß es in meiner Erinnerung keine Sonne gibt, ich sehe kein Licht, höre auch kein Lachen, obwohl es Sonne, Licht und Lachen ganz gewiß gegeben hat. Nur: Es findet sich nicht in meiner Erinnerung. Das Grau hat sich angeboten als normal.
Das Elend, die Armut waren normal, das Herumstehen der Arbeitslosen, das blasse Einanderfixieren, das matte Schlendern, der dumpfe, unartikulierte Groll – alles das bot sich an als normal.
Mein Vater sagte: Die Franzosen sind schuld. Sie fällen den Schwarzwald, und sie nehmen uns die Kohle.
Die Franzosen waren im Januar 1923 ins Ruhrgebiet einmarschiert, überfallartig, mitten im Frieden, mit 60 000 schwerbewaffneten Soldaten, mit Infanterie, Panzern und Artillerie – eine Fortsetzung des Krieges und auch seiner Gewalttaten. Sie schossen Krupp-Arbeiter nieder, verhafteten Saboteure, bestraften Bahnbeamte, die sich weigerten, die Kohlenzüge abzufertigen, die Tag für Tag nach Frankreich und Belgien fuhren – mit der »geraubten Kohle«, wie man sagte. Um solche Züge gab es Aufruhr, man hielt sie an, die Mutigsten bestiegen sie während der Fahrt und warfen die Kohlen herunter, den Landsleuten zu, die in ihren kalten Wohnungen froren. Alle, die sich auffällig gemacht hatten, wurden zur Strafe, zur Abschreckung, aus ihren Wohnungen geworfen, die sie von einer Stunde zur anderen verlassen mußten, mit so viel Gepäck, wie sie tragen konnten.
150 000 wurden in dieser Weise auf die Straße gesetzt, Frauen und Kinder, die mit Männern und Vätern in wahren Elendszügen ins unbesetzte Gebiet strebten. Schüsse, Schrecken und Weinen. Und die Kohlenzüge fuhren Tag und Nacht nach Frankreich, nach Belgien.

Mein Vater berichtete voller Empörung von einem Mann, der im Kriege ein Bein verloren hatte und nicht schnell genug den Bürgersteig freigab, als ein französischer Offizier vorbeikam, der ihn daraufhin mit der Reitpeitsche ins Gesicht schlug. Das sind sie, sagte mein Vater, und das machen sie mit uns.
Die Grenze zum besetzten Gebiet streifte meine Heimatstadt, sie verlief bei Haspe. Der Vater meiner Mutter, ein Schreiner, hätte jeden Tag die Sperre passieren müssen, da seine Arbeitsstelle sich jenseits der Grenzziehung befand.

Das wollte er nicht. Er watete jeden Morgen durch das brusttiefe Wasser, das Kleiderbündel hoch über dem Kopf tragend.
Und da sitzt ein Schuljunge nun in der Wohnung, in der großen Wohnküche, ein bißchen still, ein bißchen stumm, der noch nicht gelernt hat, sich auszudrücken. Er steht eigentlich wie in ständiger Verwunderung und hat auf eine irrsinnig konsequente Weise nur mit sich selbst zu tun, wie im Staunen darüber, daß er ist und wo er ist. Und ist völlig ungeschützt gegen Eindrücke, die anfangen, sich zu massieren. In der Ufa-Wochenschau sah man die Franzosen über die Rheinbrücken reiten, typisch mit den über den Hosen zurückgeschlagenen Waffenröcken und mit »schmetternden Clairons«.
Da war es: das Fremde, der fremde Ton, die Bedrohung.
Das erste, was man als Kind wahrnimmt: jede Art von Fremdheit und Bedrohung. Die Franzosen, die die Züge kontrollierten, das Auf- und Zuschmettern der Abteiltüren an den sogenannten Grenzstationen sind mir heute noch in Erinnerung. Und in der Schule war im Lesestoff noch nicht einmal der Krieg '70/71 zu Ende gebracht. Da las man immer noch die Geschichte von Mars-la-Tour, von Gravelotte, von den Angriffen der Ulanen, die mit vorgereckter Lanze und im gestreckten Galopp über die Felder preschten.
Aber nun fand auch der Erste Weltkrieg seinen Niederschlag. Man las von Luftkämpfen der Jagdflieger, vom »roten« Baron von Richthofen, von Immelmann. Wie hatte sich eingeprägt jene Geschichte des Duells in der Luft zwischen einem französischen und einem deutschen Jagdflieger, die sich damals noch aus offenen Flugzeugen heraus gegenseitig mit Handgranaten bewarfen. Einem von beiden Flugzeugführern – es spielt keine Rolle, wer es war – fiel die Handgranate, die er werfen wollte, auf den Boden seines Flugzeugs. Unmöglich, sie vor dem Zeitpunkt der Explosion hinauszuwerfen. Was tat der Tapfere? Angesichts des Todes sah er zum Gegner hinüber, legte die Hand zum militärischen Gruß an seine Kopfbedeckung. Man las die Geschichte, und nichts im Inneren widersprach. Widerspruch müßte gelernt werden. Da müßte die eigene Gedankenarbeit schon in Gang gekommen sein. So nahm man das Legendenhafte an der Geschichte unwidersprochen hin, denn es war eine starke Geschichte, sie hatte mit Tod und Ehre zu tun, fast war sie ein bißchen »griechisch«.
Die direkte Verbindung zu Götter- und Heldensagen war gegeben.
Die Lehrer unserer Schule waren alle Kriegsteilnehmer gewesen.
Die Meinungsbildung, die ungeprüfte, setzte sich fort.
So sprach der Biologielehrer: Die Franzosen sind ein sterbendes Volk. In Frankreich sind ganze Dörfer leer, verlassen von Menschen, alle wollen nach Paris, um dort zu leben. Was sie darunter verstehen: lieben und jede Art von Unzucht.

Wenn er seinen Erzählungen besondere Festigkeit geben wollte, dann sagte er, nach entsprechender Pause, in der sich sein ganzer Widerwille ausdrückte: Und die Pissoirs haben sie auf der Straße. Sie urinieren hinter kleinen Blechwänden, man sieht ihre Füße, ihre Köpfe und weiß genau, was sie dort tun.

Der Mann hatte eine Meinung, von der er durchdrungen war, eine unumstößliche Meinung, die ihre Wirkung zeigte, denn bei uns gab es zwar Armut und Elend, Leute, die keine Arbeit hatten und nicht wußten, was anzufangen mit der Zeit, aber niemand urinierte auf der Straße, nur geschützt von kleinen Blechwänden, so daß man unten die Füße sah und oben die Köpfe.

Man stellte sich die lächerlichen Anblicke vor.

Meinungen haben die Neigung, sich aufzudrängen. Sie sind ständig auf der Suche nach Anhängern, sie sind wie im Wettlauf nach Anhängern, denn jeder Anhänger mehr macht eine Meinung scheinbar fester und glaubwürdiger. Was wir also erfuhren, war: Die Franzosen sind faul, dekadent, nur auf ihr Vergnügen aus, das man ein verderbtes nennen kann.

Und immer wieder: die leeren Dörfer, ein sterbendes Volk.

Man selbst war noch ungeübt im Zensieren. Denn das muß man lernen. Da muß jemand sein, der sagt: Was erzählt denn der für einen Blödsinn. Jetzt macht es sich bemerkbar, was für ein Zuhause man hat, ob es ein Zuhause ist, in dem man das Nachdenken, das Überprüfen, das In-Frage-Stellen gelernt hat und als Normalität weitergibt.

Es gibt einen Zuhausegeist, der lebendig ist, redefreudig, kritikfreudig, spottlustig, oder einen Zuhausegeist, der faul ist, träge, eingeschüchtert, schwach, eher stumm, der nicht gelernt hat, sich zur Geltung zu bringen. Bei uns zu Hause war er eher stumm.

Mein Vater mochte nicht wie die Franzosen urinieren.

Meine Mutter war stumm als Folge ihrer Familiengeschichte, die ein Kapitel für sich war.

Am Tage nach der Machtergreifung Hitlers, gleich am nächsten Tage, erschien einer unserer Lehrer in seinem feldgrauen Rock. Er empfand es nicht als etwas Besonderes. Er war der Ansicht, daß ein solcher Auftritt dem Tage angemessen war.

Ein Soldat erschien in der Klasse. Er hatte für diesen Tag den bürgerlichen Anzug abgestreift und brachte zum Vorschein, was er war, immer noch war: ein Soldat. Niemand sagte etwas dagegen. Ich bin heute sicher, daß der Direktor selbst dies als unpassend empfand, aber er sagte nichts dagegen. Im nachhinein: Wie blitzartig erhellte sich die Szene. Eine Erkenntnis bot sich dar, konturenscharf, gera-

dezu grell und schmerzhaft: Hitler ergriff die Macht, und ein Soldat kam in die Klasse.
Aber damals blieb jedes Aufsehen aus. Der Lehrer war ein freundlicher Mann, kein scharfer Lehrer, kein bellender Unteroffizier; er begrüßte einen nationalen Festtag, wie es sich gehörte, in einer Weise, die er für normal hielt.

Und ebendieser Lehrer stand vor der Klasse und sagte: Und nun wollen wir mal den Versailler Vertrag auswendig lernen. Was mußten wir sofort abliefern, Valentin?
Wir mußten fünftausend Lokomotiven abliefern und hundertfünfzigtausend Eisenbahnwaggons.
War das alles, Schlör?
Nein, das war nicht alles. Es wurden hundertvierzigtausend Milchkühe beschlagnahmt.
Obwohl, Eckey?
Obwohl die Lebensmittelblockade noch nicht aufgehoben war. Und Kinder verhungerten.
Wieviel Reparationen sollten bezahlt werden?
Dreihundertfünfundsiebzig Milliarden.
Was mußten wir abliefern?
Fünfundsiebzig Prozent der jährlichen Zink- und Eisenförderung.
Wieviel Kohle?
Zwanzig Prozent jeder geförderten Kohlenmenge.
War das alles?
Nein, das war nicht alles. Zwanzig Prozent der jährlichen Kartoffel- und Getreideernte.
Was verloren wir im Osten?
Wir verloren das Memelland, Westpreußen, Oberschlesien und Danzig.
War Danzig eine deutsche Stadt?
Danzig war eine deutsche Stadt.
Wieviel polnische Einwohner hatte Danzig? Sagen Sie es in Prozenten.
Es waren drei Komma fünf Prozent.
Was trennte man vollständig vom Deutschen Reich ab?
Ostpreußen.
Wer war schuld am Kriege?
Wir.
Niemand sonst?
Nein, sonst niemand.
Wer war der Leiter der deutschen Friedenskonferenz in Versailles?
Graf Brockdorff-Rantzau.

Was sagte Brockdorff-Rantzau?
Er sagte, seine Ehre gestatte ihm nicht einmal, rein formell diesen Vertrag zu unterzeichnen.

Das alles schuf ein merkwürdiges Lebensumfeld, in das man sich hineingestellt sah. Kein ruhiges Hineinwachsen in ruhige Lebenszustände, keine Ausweitungen von Selbstsicherheit, von Selbstverständlichkeit, kein ruhiges Aufrechtgehen, sondern im Aufwachen, im ersten Umblick Verwirrtheiten, das Gefühl, Opfer zu sein, die erste Bekanntschaft nicht mit Recht, sondern mit Unrecht – eine merkwürdige erste Graufärbung des Lebens, nahe ersten Schmerzempfindungen, ganz unformuliert, eher eine Durchtränkung mit Abwehrgefühlen.
Was hat man uns angetan, sagte mein Vater.
Und so war die Meinung, formuliert oder nicht formuliert: Was hat man uns angetan.
Man wuchs, ohne daß man es wußte, hinein in Widerstand, in Anfangswiderstand, in grundsätzlichen Widerstand.

Mein Vater hatte irgendwo eine silberne Medaille erstanden, die er in einem Schmuckkästchen verwahrte. Auf der Medaille war ein Mann zu sehen, ein nackter Mann mit einer Heroenfigur, an beiden Füßen gefesselt. Die Kette, die ihn fesselte, hatte er über einen Amboß gelegt; in den Händen, zum Schwung erhoben, hielt er so etwas wie eine Axt, die er gleich niedersausen lassen würde, um diese Kette zu sprengen.
Ich sah es als Kind, als Schüler. Es prägte sich mir ein. Ich wünschte es mir, daß die Kette unter dem gewaltigen Schlag aufspringen würde. Auf den gewaltigen Schlag wartete ich.
Der gewaltige Schlag war ein Wunschtraum der meisten, aller, die sich und das Land, in dem sie lebten, in einer Zwangslage sahen, gleichsam gefesselt an Händen und Füßen, betäubt von Hiobsnachrichten, hineingesetzt in Hiobssituationen, gleichsam bewegungsunfähig nach außen, aber in verstörter Lebendigkeit nach innen – nichts, was zur Ruhe kam. Im nachhinein sehe ich in jener Zeit brodelnde Bewegung, alles ein bißchen vulkanhaft feurig, heiß, Gefühle, die nach außen drängten, viele abwegig, manche genialisch, im hektischen Durcheinander – in solchem Durcheinander wuchs man auf und orientierte sich zunächst an den äußeren Bildern. Am Elend dieser Zeit.

Die Misere war an jeder Straßenecke zu besichtigen.
Da standen sie, die aus dem Nebenhaus, die aus dem Haus gegenüber, junge Männer, Männer im besten Alter, Arbeitslose, Opfer nicht etwa

von Strukturkrisen mitten im Überfluß, nein, da hielt sich ein ganzes Volk mit den Fingerspitzen über dem Abgrund. Da gab es keine Farbigkeiten mehr, nur Elendsgrau.
Ich weiß natürlich heute, daß diese Zeit, die für viele ein einziger Jammer war, auch goldene Seiten hatte. Es gab ja nicht nur arme Leute, einige schwammen durchaus oben auf der Elendssuppe. Und wer sich nur ein wenig befreien konnte von der Misere, der hatte auch einen Gewinn von der Extremzeit. Denn Extremzeiten werfen Üblichkeiten über Bord. Das Konventionelle verliert seine Kraft, stirbt dahin, verliert an Glaubwürdigkeit. Der Geist wird freier, auch radikaler; er stößt in neue Dimensionen vor, produziert, begünstigt neue Meinungen.
Die Musik wurde anders, die Theaterstücke veränderten sich, in allem war ein neuer Ton hörbar.
Mein Freund Christian Bock sagte mir später, er habe 1928 die Premiere der »Dreigroschenoper« miterlebt. Er sagte: Es war, als habe bis dahin ein Vorhang eine neue Welt verhüllt. Der Vorhang wurde wie mit einem Ruck weggezogen, weggerissen, und man sah in neue Kulturlandschaften hinein, man sah neue Bilder, hörte neue Töne, erkannte ganz neue Themen, alles präsentierte sich abenteuerlich frisch, in der Frische des Gerade-geboren-Seins. Diese Ausblicke in Neuland!
So fing man an, neu zu denken, neu zu sprechen, im wilden Zugriff, der Geist, der sich wie auf die Jagd begab, Beute zu machen.
Aber diese neuen Töne, diese neuen Bilder, diese neuen Themen betrafen eine Schicht, die sich artikulieren konnte, und dies auch tat.

Dagegen standen die von neuen Tönen, neuen Bildern, neuen Denkweisen unberührten Massen, die Menschen, die ihre Zeit verbrachten, in Schlangen vor den Arbeitsämtern stehend, stempeln gehend. Kennt man diesen Ausdruck überhaupt noch?
Das Arbeitslosengeld – wenig genug, in der Tat sehr wenig, es handelte sich um Minimalbeträge – wurde nicht etwa überwiesen. Ein normaler Mensch besaß kein Bankkonto. Ich selbst habe bis zu meinem zwanzigsten Lebensjahr keine Bank von innen gesehen, erinnere mich an keinen Bekannten, der ein Konto auf einer Bank gehabt hätte.
Den Leuten, die traurig-abwesend durch die Straßen schlenderten, die traurig-abwesend an den Ecken standen oder in den Kneipen saßen, um ihre paar Groschen umzusetzen in Bier, denen war der Ton von Hindemith ebenso gleichgültig wie die neuen Farben von Schmidt-Rottluff. Ich spreche von den Millionen Menschen, die sich nicht artikulieren konnten, sich nicht zur Geltung brachten, nicht in

der Weise, die kulturell bemerkenswert gewesen wäre. Diese Millionen Menschen wurden von der kulturellen Oberschicht nicht zur Kenntnis genommen, weil diese kulturelle Oberschicht *sich selbst* als Ereignis sah, und dies in so hohem Maße, daß sie sich bis heute darbietet als das Ereignis des Jahrzehnts, des Jahrzehnts unter den Jahrzehnten. Aber das Ereignis des Jahrzehnts war etwas ganz anderes: Das waren Hunger und Not und eine tiefe existentielle Unsicherheit.

Da standen Millionen Menschen auf einem Boden, der keiner war, der sich bewegte, sich auflöste, in dem man einsank wie in Schwemmsand. Ich spreche vom Ruhrgebiet, von dem Land, in dem ich aufwuchs, dessen Bilder ich aufnahm; Bilder, die sich anboten als normale Bilder.

Ein Land, in dem es keine Rückhalte gab wie in ländlichen Gegenden, keine traditionellen Bindungen dörflicher oder landsmannschaftlicher Gemeinschaften.

Das Ruhrgebiet, der Ruhrpott, war in der Tat ein Pott, ein Topf, in dem sich eine Menge Menschen angesammelt hatte, aus allen Gegenden kommend, aus Polen ebenso wie aus dem deutschen Osten, fleißige Leute, mutige Leute, verwegene Leute, einen neuen Menschenschlag bildend, nicht völlig, aber ziemlich verschieden von ihren Landsleuten aus den geschichtlich gewachsenen Provinzen. Die Arbeit band sie an das Land, das sie sich ausgesucht hatten, im wesentlichen die Arbeit, kaum mehr als das. Diese Menschenschicht hatte ebendiese Arbeitsbindung verloren, bewegte sich nun wie im Niemandsland, und in ihr vollzogen sich Bewegungen, die man elementar nennen konnte.

Damals, als Halbwüchsiger, war ich auf meine Weise ein Teilnehmer jener Bewegungen, ein Mitbetroffener, wenn auch nicht unmittelbar mitbetroffen, denn ich befand mich noch im Schutze des Jungseins; jemand, der noch nicht nach außen dachte, dies auch nicht, noch nicht, gelernt hatte, der seinen Empfindungen ausgeliefert war, der seinen eigenen Umkreis nicht durchbrach, nicht verließ, aber der ebendiesen Umkreis, diesen inneren Bezirk erweiterte, wie in Ringen erweiterte, immer neue Bilder einbezog.

Und einige Bilder hatten Gewicht. Ihr Gewicht zog sie tiefer als andere Bilder, bis auf einen Grund, wo sie liegenblieben.

Diese Bilder waren von ganz verschiedener Art.

Eins gehörte zu einem Kinoerlebnis.

Ich sah den Film »Douaumont«.

Douaumont war, wie sicher heute nicht mehr jeder weiß, ein Außenfort von Verdun.

Um dieses Fort wurde im Ersten Weltkrieg erbittert gekämpft, ein

Fort, das als solches kaum noch erkennbar war, sondern das sich darbot als ein zerschossener Haufen von Stein und Erde, eine in die Luft sich wölbende Kraterlandschaft, in der es keine Natur mehr gab, denn sie war längst ausgelöscht, da gab es weder Pflanzen noch Tiere. Dort starben Tausende, Zehntausende, in Explosionen von Erde bedeckt, noch ehe sie selbst zu Erde wurden.

Und da gab es im Film einen Augenblick, als oben auf der zerwühlten Höhe, sich scharf und schwarz abhebend gegen den bleichen Himmel, der erste deutsche Soldat erschien, die Arme hochwarf: Das Fort war genommen worden. Ich erinnere mich noch des Seufzers, der im vollbesetzten Kino hörbar war.

Viele Jahre später, 1940, war ich zufällig in einem Kino in Berlin-Frohnau, als die Vorstellung unterbrochen wurde. Der Film wurde angehalten, und es erschien eine Schrift auf schwarzem Grund: Das Oberkommando der Wehrmacht gibt soeben bekannt: Verdun ist gefallen.

Und da war er wieder, der tiefe, allgemeine Seufzer, der Erleichterung ebenso ausdrückte wie eine Art von Faszination, die jeden im Innersten berührt hatte.

Im Innersten berührt waren auch die Leute etwa fünfzehn Jahre früher in dem Kino meiner Heimatstadt, als ein ausgemergelter Mensch in verdreckter Uniform auf dem Rücken des Forts Douaumont erschien und die Arme hochriß.

Dieses Bild blieb wie in einer Momentaufnahme stehen, vom Gedächtnis angehalten. Das Gedächtnis legte dieses Bild sorgsam beiseite, dorthin, wo es geschützt war vom totalen Vergessen, eine Art von Wirkung ausübend, eine Wirkung, die als solche und in ihrem Ursprung später nicht mehr erkennbar war.

Und diesem Bild wurden andere Bilder auf ähnliche Weise hinzugefügt, dorthin, wo sie vor dem totalen Vergessensein geschützt waren. Die Straße gehörte damals den politischen Parteien. Überall wurde marschiert, marschierten Kolonnen, knallten die Stiefel auf dem Pflaster, dröhnte der Marschtritt.

Da gab es die Kommunisten, den Rotfrontkämpferbund, sie marschierten in Windjacken, mit schwarzem Koppel und Schulterriemen. Sie marschierten mit Schalmeienkapelle, zuweilen aber auch schweigend. So manifestierte sich die Bedrohung, geballter Wille schwebte wie in einer Aura mit: Es muß sich, es wird sich alles ändern.

Andere Bilder: Da marschierten die Kolonnen der Nationalsozialisten, ebenso geschlossen, in Viererreihen, Sechserreihen. Braune Hemden, braune Käppis, die Käppis fremd und sonderbar, bis dahin unbekannt, an die Käppis der Franzosen erinnernd. Man sah die

mitgeführten Fahnen, nicht hochgehalten, eher gesenkt, daß das Fahnentuch fast auf dem Boden schleifte; dennoch waren diese Fahnen und vielleicht eben dadurch besonders präsent, die Fahne nicht vorweg, sondern mehr in der Mitte der Kolonne, als sei sie dadurch besser geschützt. Auch hier knallten die Stiefel auf dem Pflaster, erzeugten das Geräusch, das es heute nicht mehr gibt, den dröhnenden unverwechselbaren Marschtritt, der so typisch war für jene aufgeregten Zeiten, für Zeiten, in denen eine Erwartung immer spürbarer wurde: Es wird sich, es muß sich alles ändern, alles läuft auf etwas zu.
Noch heute ist es vom Gedächtnis hervorzuholen, die Erinnerung an den donnernden, knallenden, dumpfen Marschtritt. Die Erde, die Trommel, die geschlagen wurde. Die Sozialdemokraten wollten nicht nachstehen und hatten eine eigene Truppe aufgestellt, die sich ähnlich halbmilitärisch in Kolonnen bewegte, das sogenannte Reichsbanner. Jetzt, in dem Augenblick, in dem ich dies niederschreibe, denke ich mit einer Art von Verwunderung über den Namen nach: Reichsbanner? Banner des Reiches? Eines welchen Reiches? Wie auch immer dieser Name zustande kam, die Reichsbannerleute boten ein eher gemütliches Bild: wie Leute, die sich eher trotzig zu ihrer Partei bekannten, aber nicht sehr trotzig.
Diese Meinung verdanke ich vielleicht auch einer Erinnerung.
Auf einer Landstraße begegnete mir eines Tages eine Kolonne von radfahrenden Reichsbannerleuten, tief gebeugt über ihre Lenkstangen traten sie in die Pedale gegen heftigen Wind an, eher an einen Betriebsausflug erinnernd. Solche Bilder boten sich an, gehörten zum täglichen Leben, da marschierte es straßauf, straßab, da hörte man die Gesänge: Brüder aus Zechen und Gruben. Oder: Siehst du im Osten das Morgenrot, und den Ruf, der nicht mehr Gesang war und noch nicht Schrei, aber beides ein bißchen: *Volk ans Gewehr.* Am wirkungsvollsten der Schrei, der nur Schrei sein wollte: *Deutschland erwache.* Erwache und wehr dich, kämpfe gegen das Schicksal an, das andere dir bereiten wollen, befreie dich von den Fesseln des Elends und der nationalen Demütigungen.
Gefühle, Gefühle, viele im ständigen Rauschzustand, in Überhitzung und dadurch extrem übertrieben, eine *Übertreibung,* die sich zum *Stil jener Tage* machte, ein Stil, der sich als Normalität anbot und wohl auch als Normalität angenommen wurde.
Fast ekstatisch wurde gefordert: Du mußt deine Stimme abgeben, für wen bist du, für was bist du? Du mußt dich entscheiden. Du mußt für etwas sein oder gegen etwas.
Und man ist ein Junge von etwa siebzehn Jahren.
Da steht der Soldat von Douaumont auf der Höhe, hat die Arme hochgerissen, du hast gerade ein Buch geschenkt bekommen: »Der

Seeteufel« von Graf Luckner, in dem er seine Abenteuer im Kaperkrieg auf den Weltmeeren beschreibt. Im Lesebuch ist die Geschichte unvergessen von jenem Jagdflieger, der im Angesicht des Todes grüßend die Hand an die Mütze legt, auch Lettow-Vorbeck ist noch unvergessen, der mit seinen »treuen Askaris« in Afrika die Engländer narrte. Und Graf Spee nicht zu vergessen und nicht U 9 mit Kapitänleutnant Weddingen; die Namen der Schiffe, die er versenkte, kannte man auswendig. Alles kleine Götter- und Heldensagen. So weit weg war Troja nicht und auch nicht Hermann der Cherusker. »Als die Römer frech geworden, zogen sie nach Deutschlands Norden.«
Dennoch waren wir nicht so einseitig, wie es sich anhört: Wir hatten ein sehr gutes Museum in Hagen, das uns mit Feininger bekannt machte, mit Barlach, wir lasen Toller. Der »Maschinenstürmer« faszinierte mich mit der neuen Diktion, im Zeichenunterricht lernten wir, uns abstrakt auszudrücken: Welche Empfindungen vermittelt Ihnen ein Trio von Hindemith, können Sie es zeichnerisch ausdrücken?
Alles mischte sich auf das merkwürdigste, der erste Anhauch des ganz Neuen und die brutale Kraft politischer Fragen von existentieller Bedeutung.
Es begannen sich Türen zu öffnen, man bewegte den Fuß, wenn auch ganz unsicher, wie jemand, der die Augen geschlossen hatte und nun den ersten Umblick tut und der das Licht als grell empfindet.
Erste Empfindlichkeiten inmitten brutaler Realität.
Dafür ein Bild, das mir den stärksten Eindruck gemacht hat: Ich wurde eines Tages in der Wohnung aufgeschreckt durch ein Geräusch, das ich noch nie gehört hatte und zuerst nicht identifizieren konnte. Es war, wie ich schließlich staunend und tief erschrocken feststellte, ein Schrei, nicht der Schrei eines einzelnen, sondern ein Massenschrei, nahe an der Grenze des Hysterischen, kein Schmerzensschrei, sondern ein aggressiver Schrei, scharf wie ein Messer.
Da entlud sich etwas.
Ich stürzte an das Fenster, sah hinaus. Da marschierte ein kleiner Trupp SA die Straße herauf, ganz eng geschlossen, die Fahne in die Mitte genommen, das Tuch gesenkt. Umgeben war der Zug von Hunderten von Menschen, die schrien, tobten, drängten, brodelten, hin und her wogten, halb im Angriff, zerrten, stießen, schoben, zurückwichen, mit einem extremen Massenschrei, in der Erwartung einer Explosion von Gefühlen, von Gewalt, die sie herbeischreien wollten. Der marschierende Trupp SA, vielleicht dreißig, vierzig Mann, blieb wortlos, kein Gesang, eher Furcht vor dieser unglaublich aggressiven Menge.
Wer waren diese Leute? Kommunisten, vorwiegend Kommunisten, Arbeiter, auf jeden Fall Gegner, nicht immer ideologische Gegner,

sondern auch Aufgeputschte, Verzweifelte, Traurige, Unbefriedigte, die ihr Elend im aggressiven Massenschrei loswerden wollten.
Man spürte, da lag Mord in der Luft. Wie nah war eine unglaubliche Gewalttat, hautnah, sekundennah.
Der Zug bog in die nächste Straße ein, immer umkreist, gesäumt von der wogenden Menge, einer Wolfsmenge, aus der sich immer wieder Mutige lösten und zubeißen wollten.
Der Schrei, der nie zuvor gehörte Schrei verwehte und blieb doch in meiner Erinnerung, so sehr, daß ich ihn jederzeit aus der Erinnerung zurückrufen kann.
Das war die erste Begegnung mit einer Möglichkeit, die bis dahin nicht vorstellbar war, mit menschenmöglicher Gewalt.
Ich mochte die Leute nicht, die so schrien. Ich mochte sie nicht, weil Aggression von ihnen ausging. Mein Mitgefühl war bei den Bedrohten.
Der letzte Zeitabschnitt der zwanziger Jahre war bestimmt von politischen Kämpfen, die wirkliche Kämpfe waren, kleine Gefechte bis zu wahren Schlachten, die ausgefochten wurden.
Von dem, was man nicht miterlebte, erfuhr man in der Zeitung oder im Rundfunk.
Da gab es einen jener SA-Märsche in der Innenstadt, ähnlich jenem, den ich vor unseren Fenstern erlebt hatte. Die Situation mag ähnlich gewesen sein: Der marschierende Zug in Gefahr, auseinandergezerrt zu werden, die außen Marschierenden in Gefahr überwältigt und erschlagen zu werden, da drehte sich die letzte Reihe der SA-Männer um und schoß.
Es gab Tote und Verwundete.
Das war das Ambiente einer Jugend. Nichts davon war besonders schön, da fanden keine Begegnungen statt in Harmonie, kein Turm der blauen Pferde; ich kann mich bei allem Nachdenken nicht erinnern an irgendein gewaltiges, herzliches Gelächter. Die Verhältnisse waren nicht so.
Die Verhältnisse waren Ausdruck einer besonderen Zeitsituation, die keine normale war. Sie gehörten zu einer Nation in einer Schmerz- und Elendsphase, es ist sicher nicht falsch, von einer Krankheitsphase zu sprechen. Und jeder, der jedem seine Heilsbotschaft ins Ohr schrie. Wie überfordert war man mit der Aufgabe, Situationen objektiv zu betrachten. Objektivität ist immer ein Ergebnis einer intellektuellen Anstrengung, die der nicht erbringen kann, dem bestimmte Voraussetzungen fehlen, darunter die Fähigkeit der sofortigen Bewertung durch Vergleiche, die zur Verfügung stehen müssen. Wenigstens in Spuren muß Lebenserfahrung vorhanden sein. Wo sie nicht vorhanden ist und nicht die Fähigkeit zum wertenden Vergleich, da regiert die

Interpretation, das Hineinprojizieren von Gedachtem, Gewünschtem, Geglaubtem, Illusionärem, Imaginärem, und dies alles sich darstellend als Folge von Kraft und Begabung ganz persönlicher Art, ein Herausstülpen, ein Nach-außen-Bringen von absolut Eigenem, Unzensiertem, Instinktivem.

So mag sich Zeitgeist bilden, das, was man darunter versteht, eine plötzliche Übereinstimmung in bestimmten Ansichten. Die Übereinstimmung multipliziert ihre Kraft in einer phänomenalen und später nie mehr nachzuvollziehenden Weise.

So interpretierte man die gerade vergangenen Ereignisse in sicher unzulässiger Weise, gleichsam als Halbfertigkeitsfabrikat des Verstandes: Da hatte man gegen Deutschland einen Krieg geführt. Alle Länder, fast alle Länder, gegen eins, gegen uns, gegen ein Land, das ein besonderes Land war. Es war ein Land, das sich in einer Unruhephase seiner Entwicklung befand, seine äußere Form noch nicht gefunden hatte, dessen Ostgrenze nicht fest war, sondern sich mit anderen Völkern verzahnte. Das Kriegsende hatte im Osten willkürliche Grenzen gezogen, Schmerz- und Aufruhrgrenzen. Da war, so die allgemeine Meinung, Deutsches polnisch geworden. Da hatte man eine deutsche Stadt, Danzig, internationalisiert. So war das Ende des Krieges traurig gewesen, da waren Konflikte nicht gelöst, sondern geschaffen worden. Zustände, die man nicht akzeptierte, im ungebrochenen nationalen Stolz, der noch vorhanden war.

Zwar lag das Land darnieder, die Menschen halb verhungert, an der Grenze ihrer Kraft, ihrer physischen Kraft, aber etwas war ungebrochen: eine Art von innerer Kraft, die sich wie zurückgezogen hatte, als schöpfe sie Atem.

Sie nährte sich vom Kriege, von den Geschichten des Krieges, die wie von Legendenkraft waren, sich in der Erinnerung überhöhten.

Unvergessen war Langemarck, die Geschichte von den Freiwilligen, die während der Schlacht das Deutschlandlied sangen.

Ich weiß nicht, ob die Geschichte wahr ist. Aber der Zweifel, der zuweilen hörbar wurde, beeinträchtigte die Wirkung dieser Geschichte nicht. Ob also wahr oder nicht wahr, sie entsprach dem Gefühl, sie drückte in dieser irrationalen Weise aus, was jeder empfand, dem Wunsch, es sollte so gewesen sein. Niemand, der es falsch fand, falsch oder lächerlich, lächerlich schon gar nicht, nicht einmal unsinnig, denn wer singt, wird nicht sehr gut schießen. Die Geschichte von Langemarck war immer verbunden mit einem kleinen Schauder und zugleich mit einer Art von Befriedigung: Das sind wir, so sind wir, *ein besonderes Volk.*

Heute ist Langemarck und das, was es ausdrückte, von keiner Bedeutung mehr, nichts als eine blasse, sonderbare Mitteilung ohne Wir-

kung; sie erzeugt vielleicht eine Art von Verwunderung, und das nicht einmal sehr stark.
Damals gab es ein Grundgefühl von Liebe zum eigenen Land, das nicht abgeklärt war, noch nicht ironisiert wurde oder nur in geringem Maße von einigen wenigen ganz und gar Enttäuschten oder auch Aufgewachten, wie immer man diejenigen nennen will, die das Unsinnige des Krieges nicht nur erkannt hatten, sondern die es auszudrükken verstanden: etwa Otto Dix, der seine Krüppelbilder malte, die unschönen kantigen Soldatengesichter, mit hölzernen Gelenken, Menschenpuppen mit auseinanderfallenden Gliedern. Wer sollte damals begreifen, *daß sich so auch Entsetzen ausdrückte,* ein unendliches Entsetzen, das einen traurigen Zynismus zur Folge hatte. Wer sah schon die Traurigkeit in jenem Entsetzen. Zu dieser Art von Traurigkeit hatte man damals keine Beziehung.
Ich erinnere mich noch, daß mein Vater, der Gefreite und Meldegänger vom Toten Mann, einmal eines dieser Soldaten- und Krüppelbilder gesehen hatte, Menschenpuppen in Uniform, mit aufgeklebten Holzscheiben und Drähten statt Kniescheiben und Blutbahnen. Mein Vater weinte fast: Diese Hunde, so machen sie sich lustig über uns Frontsoldaten. Wer ist dieser Mann? Wie heißt der? Ist das überhaupt ein deutscher Name?
Nein, für das Erlebte gab es noch keine intellektuellen Entsprechungen, keine Aufarbeitungen, sondern dafür gab es nur legendenhafte Bilder, etwa den Sturm der Kriegsfreiwilligen über die Felder von Langemarck, während sie sangen: Deutschland, Deutschland über alles.
Das war ein Grundgefühl damals: Deutschland, heiliges Wort.

Es war eine herrschende Meinung, gefühlsbetont und noch im *Übertreibungsstil* jener Zeit: Da hatte man dieses »heilige« Deutschland behandelt wie erlegtes Wild. Man brach es auf, man riß ihm ganze Stücke aus dem Leibe. *So die Diktion von damals.*
Man wollte das Saargebiet, man wollte Oberschlesien, man hatte Danzig genommen, man hatte Ostpreußen von Deutschland abgeschnitten, einen sogenannten Korridor geschaffen, mit ganz willkürlichen Grenzziehungen. Die Grenze durchschnitt Häuser in zwei Teile, durchzog und trennte Straßen und Gärten.
Nun, wir sind heute ganz andere Grenzen gewöhnt, die Grenzen des sogenannten Korridors waren gegen heutige Grenzziehungen nahezu human.
Außerdem hat sich heute wohl auch Objektivität eingestellt, da Belehrungen der Intellektualität gleichsam zwangsweise durchgeführt wurden.

Aber damals, fern jeder Objektivität, herrschte – und genoß man es auch – tief innen ein Gefühl von Empörung: Das haben sie uns angetan. Uns!
In den großen Ferien fuhren wir, Vater, Mutter, zwei Kinder, nach Ostpreußen, auf den Bauernhof der Schwester meines Vaters.
Im Zug durchquerten wir nachts diesen sonderbaren Korridor. Die Türen wurden geschlossen. Der Schnellzug verließ Schneidemühl, durchraste in der Nacht die menschenleeren Bahnhöfe, eine Art Geisterzug im Niemandsland. Vor den Fenstern leeres Land im Schatten der Nacht.
Bei Marienwerder erreichte der Zug wieder Deutschland.
Man muß dies erlebt haben, eine solche nächtliche Fahrt von Deutschland nach Deutschland, das Erlebnis einer Nacht, die keine gewöhnliche war. Da formulierte sich tief in der Seele ein Gefühl von *schreiendem Unrecht.* Wie sagte mein Biologielehrer: So, so, du warst in Ostpreußen. Du bist durch den Korridor gefahren. Was? Diese Polen! Ohne ihren Chopin wären sie gar nichts. Aber es sind gute Landarbeiter.
Und das sagte mein Vater auch: Es sind gute Landarbeiter. Man sieht: Der Prozeß der »Meinungsbildung« schritt voran. Deutschland war ein gutes Land, ein tapferes Land, ein Land, dem man übel mitgespielt hatte, ein mißhandeltes Land. Ostpreußen abzuschneiden, einen Teil eines Landes einfach abzuschneiden, wo in der Welt hat es so etwas schon mal gegeben?

2

Dennoch war die Jugend in dieser Zeit und in diesem Land nicht ganz unfroh.
Man machte Ausflüge von Jugendherberge zu Jugendherberge, wir wanderten im Sauerland, badeten in der Ruhr, die damals noch klar wie Bachwasser war.
Auf dem Grund der Ruhr fanden wir zuweilen noch Infanteriemunition, weiß der Himmel, wie sie dahin gekommen war.
In Kleinigkeiten und wie nebenbei drängte sich immer die Zeitgeschichte ins Bewußtsein.
Unsere Spielplätze waren die nahen Berge der Stadt. Auf dem Goldberg stand der blockige Bismarckturm, auf dem Berg gegenüber stand der Eugen-Richter-Turm.
Da hatten die Konservativen Bismarck ein Denkmal gesetzt, die Liberalen hatte es nicht schlafen lassen; sie hatten ihrem Mann, dem Reichstagsabgeordneten Eugen Richter, der Bismarck im Reichstag

einmal zum Weinen gebracht hatte, ein Denkmal gesetzt, den Eugen-Richter-Turm.
Immer stand eins gegen das andere. Und das eine gegen das andere war das Sinnbild jener Zeit.
Wie in einem Sog wurde man hineingezogen in die Turbulenz der Zeit.
Das andere war immer das Fremde.
Ich sah einmal einen Spielmannszug der Kommunisten. Da standen Jugendliche, so jung wie ich selber, in einer Gruppe und boten Schalmeienmusik. Ein blasser, sympathischer Junge stand dort unter seinen Kameraden mit verträumtem Gesicht. Er schlug eine Trommel, nicht sehr heftig, eher gefühlvoll.
Da war das andere. Da war das Fremde.
Ich erinnere mich noch meiner Verwunderung. Dieser Junge da, so nett, ich mochte ihn – und er hört auf Moskau?
Moskau war das absolut Fremde.
Man hob die geballte Faust: Heil Moskau. Moskau und die Komintern.
Die Leute, die die Weltrevolution wollten. Die uns noch das letzte nehmen wollten. Ich verstand darunter nicht Besitz. Den hatten wir nicht. Das letzte war das Eigene, die Identität. Damals gab es dieses Wort in dieser Bedeutung noch nicht. Wir wollten bleiben, was wir waren, nicht noch mehr verlieren. Man spürte eine Art Angriff auf etwas, was man unter keinen Umständen verlieren darf, als sollte das nationale Gehäuse aufgebrochen werden, in dem man lebte, als sollte zerstört werden, was allerletzte Zuflucht war.
Moskau, das war ein Wort, das Schrecken hervorrief. Als würde ein Programm verkündet, das Programm – so empfanden wir – hieß: Auflösung der Nation, der Nation, die das Zuhause war.
Das mag sich heute fremd anhören, aber damals standen die Völker einander wie in geschlossenen Häusern gegenüber, jeder den anderen mißtrauisch betrachtend, Kennzeichen einer Zeit, die ein allgemeines Zusammengehörigkeitsgefühl noch nicht kannte. Dieses Zuhausesein in der Nation, der man angehört, ist heute weitgehend verlorengegangen. Dieses schützende Gehäuse ist wie zerschmettert. Zerschmettert vielleicht für immer. Diesen Schutz haben wir verloren und stehen nun ungeschützt im Zeitenwind und haben Mühe zu stehen, wo wir stehen, ohne zu wissen, wo wir eigentlich stehen, wer wir sind, zu wem wir gehören, was nächste Heimat ist, was hautnahe Heimat ist.

Die Realität hat ihre größte und ganz unbestreitbare Kraft stets in der Gegenwart. Die Gegenwart fügt jeder Realität etwas hinzu, Glaubwürdigkeit. *Etwas ist, weil es ist.* Mit der Realität, die vom Heute ins Gestern geht, schmilzt etwas dahin, geht immer etwas verloren, das

Merkmal der Realität: Glaubwürdigkeit. Alle Ereignisse, Ansichten, Meinungen, abgesunken in die Vergangenheit, wirken sonderbar irreal, fast komisch, meistens komisch und naiv.
Das betrifft nicht nur die jüngste Vergangenheit allein, es betrifft alle Vergangenheiten. Wer also zurückliegende Zeiten verstehen will, muß sich mit der Kraft der Phantasie die Realität vorstellen, die dem Gestern seine Glaubwürdigkeit gab, als gestern heute war. Das ist viel verlangt, vielleicht zuviel; vielleicht ist die Unfähigkeit, vergangene Zeiten zu verstehen, auch so etwas wie ein Schutz der gerade zu lebenden Gegenwart, die in ihren Formen und Gesten bald auch des Schutzes der Realität verlorengehen wird und dann ebenso in ihrem Gerippe dasteht, immer sonderbarer und komischer werdend.
Also: Die Gegenwart ist immer das Nonplusultra. Was *jetzt* gelebt und gedacht wird, bietet sich fälschlicherweise immer an als Summe von allem Zurückliegendem, als letzte Erkenntnis, als Neuestes an Erfahrung, als Unter-dem-Strich-Zusammengezähltes und eben dadurch allem Vergangenen überlegen.

Aber zurück zu dem sympathischen kommunistischen Trommler, den ich heute noch vor mir sehe, mit seinem verträumten Gesicht, umwogt von fremder Schalmeienmusik.
Ich wiederhole den Satz, der so schicksalhaft und zugleich so falsch ist: Das andere ist das Fremde, das feindliche Fremde. Ein Satz, der sich als Naturgesetz ausgibt.
Ich besuchte eine evangelische Volksschule. Die Katholiken gingen in eine eigene Volksschule. Die katholischen Schüler waren das Fremde, das andere, das sich separiert hatte. Da begannen die Hänseleien, die Rempeleien, die spöttischen Zurufe. Da passierte nichts Aufregendes, kein Krieg, aber da gingen sie eben auf der anderen Straßenseite, die Katholischen.
Die Katholischen hatten ihre Prozessionen, errichteten riesige grüne Torbogen aus Birkenreisern, steckten kleine Flaggen hinein.
Die Evangelischen ließen diese Torbogen nicht ungerupft, stahlen zuweilen die kleinen gelb-weißen Fähnchen.
Kleine Aktionen gegen das andere, gegen das Fremde. Nahezu unschuldig, aber nicht ganz unschuldig. Drängt sich nicht der Vergleich auf mit Nordirland, mit dem gnadenlosen Kampf einer Religionsgruppe gegen eine andere, beide, die sich »christlich« nennen und es nicht sind, im anderen nur immer das andere spürend. Wie das? Noch nicht beseitigt, dieser lächerliche kleine Gegensatz. Das »Naturgesetz« noch nicht außer Kraft gesetzt.
Ich ahnte damals nicht, daß die große Zeit der Konfrontationen noch bevorstand, daß Gräben erst gezogen wurden, daß überbetont wurde,

was Menschen voneinander trennte, gegenüber dem, was Menschen miteinander verband.

3

Es gab viele Probleme in meiner Jugend, aber es gab kein Judenproblem. Für mich gab es keins. Der Antisemitismus war geschichtsbekannt und gehörte damit zum Unterrichtsstoff an der Schule. So begegnete uns Shakespeares Shylock ebenso wie Lessings Nathan; aber der Horizont war auch besetzt von Weltgründergestalten wie Moses und Abraham – die biblische Welt war eine jüdische Welt, die man als solche unwidersprochen hinnahm, eine wahre Jugendsagenwelt, in der es Helden und Schurken gibt, Lichtgestalten und Finsterlinge. Die Finsterlinge hatten durchaus nicht das Übergewicht – sie waren nichts als ein Detail in einem Weltbild, das sich auszuweiten begann, aber keine Stellungnahme verlangte oder gar forderte.
Und als schließlich nicht zu überhören, nicht zu übersehen war, welche Rolle die Juden im Weltbild der Nationalsozialisten spielten, da waren dies Mitteilungen, die man eher irritiert aufnahm, etwa in dem Sinne: Sollte man da etwas nicht gewußt haben?

Ich sagte an früherer Stelle schon, der Stil der Zeit war Übertreibung. Man war gewöhnt an Übertreibungen, und man nahm sie hin, weil jede Parole in der wildesten Weise übertrieben wurde. Eine Parole mehr im Konzert der wilden Parolen, der radikalen Behauptungen, überbordender Beschimpfungen.
Eine Nuance mehr in den Schatten- und Kampfspielen jener Zeit: die Roten gegen die Braunen, beide gegen die Schwarzen. Die Mieter gegen die Hausbesitzer, die Deutschnationalen gegen die Sozialdemokraten, die Arbeiter gegen die Landjunker im Osten, jeder gegen jeden, alle, die sich ihre Glaubensbekenntnisse um die Ohren schlugen – und die Nationalsozialisten hatten es mit den Juden.
Jede Art von Gegnerschaft paßte in die Zeit, auch diese.
Sie fiel nicht aus dem Rahmen, so sonderbar sie auch war.

Wie kurz war schließlich der Weg von relativer Gleichgültigkeit über erste Irritationen bis zum Hineinziehen in Aversionen, ein Vorgang, der eher nebenbei geschah, eingebettet in ganz andere geistige und existentielle Bewegungen, die alle Menschen viel tiefer berührten und ihr wirkliches Interesse beanspruchten. Dieser Nebenbeivorgang, die Überdeckung mit ganz anderen Zeitvorgängen, war das Gefährliche und führte zu Beschwichtigungen, zu Herabstufungen, schließlich zur

Hinnahme von Ereignissen, die sich als reine Verwaltungsakte gaben, bis sie hineinwuchsen in das Unvorstellbare – jenes Unvorstellbare, das sich heute wichtiger macht als der Krieg selbst. Kriege werden geführt, die Zeit deckt sie zu, geht über sie hinweg, legt sie ab in jenes Archiv, in dem sich alle Kriege schließlich wiederfinden. Aber das was als Nebenbei-Ereignis begann, ist in eine Weltdimension hineingewachsen, die bleibt – da werden Menschen ein paar Dinge und Daten an die Wand geschrieben, an die Menetekelwand, die das Festmahl der Menschheit unterbrechen und viele schreckgebannt aufspringen lassen. Ich schreibe hier keine Geschichte des jüdischen Volkes, das haben andere getan, und andere werden es tun; sie werden es immer wieder tun, weil der Zwang nach Bewältigung, nach Erklärung und Einordnung eher wachsen wird. Ich schreibe darüber hier und so, weil das Schicksal der Juden mein Leben in ganz entscheidender Weise beeinflußt hat, so wie es auch das Leben meiner ganzen Generation beeinflußt hat. Damals, als die ersten Keime zu sprießen begannen, wurde nicht erkannt, was da heranwuchs. Man widersprach nicht. Und das hat ganz eindeutig zu tun mit einer heute nicht mehr vorstellbaren, aber damals normalen Mentalität: mit *Obrigkeitshörigkeit.* Um es ganz kraß zu sagen, es gab ihn noch, den Untertanengeist. Man war nicht gewohnt, sich Rechte zu nehmen, schon gar nicht das Recht des Widerspruchs. Abgesehen natürlich von jener Gruppe von Intellektuellen, die ihn ständig und immer stärker formulierten, den immer totaleren Widerspruch. Aber jene Gruppe, so hochgelobt, vermochte die Masse nicht in Bewegung zu setzen, das Volk lebte innerlich immer noch in einem Verfügungsstaat, es verstand sich nicht auf Zweifel, auf Kritik, auf Widerspruch. Was für ein Gegensatz zu heute. Dieses Hinnehmen von Aussagen, die von oben kamen, dieses Ungeschütztsein dagegen ist heute nicht mehr vorstellbar, mutet fremd an, ganz unverständlich, erweckt eher Zorn und Verachtung. Aber es gibt einen Zeitengang, und jede Phase in diesem Zeitengang hat ihre Charakteristiken, wie eingetragen in eine Identitätskarte; diese Charakteristiken sind der Zeit eingegeben, eingefärbt, gehören zu ihr wie Fleisch zu einem Körper. So gab es also eine Zeit, in der das individuelle Feuer nur in wenigen brannte, die meisten waren in Zwänge eingebunden, geistiger und materieller Art, ihnen ausgeliefert, abhängig von ihnen. Wenn ich ein Bild gebrauchen darf: eine schwer und mühsam sich bewegende Masse, im Denken eher träumend, Bewußtes, das weit hineinreichte ins Unbewußte, sich davon nicht zu lösen vermochte. Man *ließ* sich etwas sagen, man *ließ* sich führen, von diesem oder jenem, man *ging* nicht, man *folgte*, vor allem seinem Gefühl, das dem Unbewußten noch nicht entwachsen war. Man glaubte, ehe man zensierte, denn auf Zensieren verstand man sich nicht.

Zensieren entsprach keiner allgemeinen Übung – von den wenigen abgesehen, die sich immer und zu allen Zeiten darauf verstehen. Aber die Masse verstand sich nicht darauf.
Wenn die Heutigen sich so ungeheuer auf das Zensieren verstehen, dann verdanken sie das auch jenen Leuten, die sich damals nicht darauf verstanden, sie verdanken es jenen Ereignissen – ihren tragischen Lehren –, die eine Folge der Unfähigkeit zu umfassender Zensierung waren.
Damals glaubte man leicht.
Auf den Straßen marschierten sie also, die einen gegen die anderen. Da gab es Versammlungen, dann Versammlungsverbote, da gab es Uniformen, dann Uniformverbote, Verbote, die dann wieder aufgehoben wurden. Das Ruhrgebiet war wie ein Kessel, in dem es brodelte, man gewöhnte sich an die wildesten Stimmen.
Aber es war auch etwas dabei, was ich erst im Rückblick erkenne: eine unendliche Freisetzung von Energie. Man muß auch fähig sein zum Haß, zum Bekenntnis, zur Aussage: Ich bin der und der, und ich will der sein, der ich bin, ich will das Dritte Reich oder das rote Reich, ich will Demokratie, oder ich will sie nicht; jeder stieß das, was er wollte, mit großer Kraft heraus, ein irrsinniges Gemenge von Haß und Liebe, von Parteinahme jeder Art. Was für ein Aufwand an physischer Kraft, diese ständigen Demonstrationen, Aufmärsche, die Hin- und Herfahrten mit Lastwagen, auf denen die Parteigänger standen, einige martialisch anzusehen, mit Stahlhelmen, die sie trugen, es gab wohl noch genug, alles halbmilitärisch, militärisch orientiert, weil es einfach noch in ihnen war; der letzte Krieg streckte sich nur seufzend aus, verlor seine Kraft, seine Größe, seine Tragik nie ganz, wie ein Vulkan, der nicht ganz erloschen war, der unter der Asche noch seine Glut zeigte.
Diese Gesänge straßauf, straßab, diese geschwungenen Fahnen, dieses Ritual der Aufmärsche, diese Inszenierungen, der Badenweiler Marsch, jetzt kommt ER.
Eines Tages sah ich ihn.
Und zwar in irgendeiner Straße in Dortmund. Mein Vater hatte mich mitgenommen. Er sagte: Sieh ihn dir an, hör ihn dir an. Der Mann wird Deutschland retten.
Man erinnere sich: Mein Vater war Gefreiter und Meldegänger, ein tapferer Soldat – tapfer zu sein, war für einen einfachen Soldaten fast die einzige Orientierung – und wahrscheinlich gut zu kommandieren. Hitler war auch Gefreiter und Meldegänger gewesen, auf jeden Fall ein Frontsoldat, was er immer wieder betonte, das Eiserne Kreuz erster Klasse schmückte sein Braunhemd, wann immer und wo immer er es trug.

Man mag sagen: Was für ein simpler Grund, jemanden zu mögen, auch Gefreiter, auch Meldegänger, auch gewesen am Chemin des dames, vor Verdun oder wo auch immer. Wie man es auch beurteilen mag, es genügte, Sympathie zu empfinden für »einen von uns«.
War es nicht gut, wenn jetzt einer der Unsrigen die Sache in die Hand nahm? Ein Mann, der die Not der kleinen Leute kannte, weil er selber einer war, ein armer Hund, ohne Familie, aus dem Kriege zurückgekommen mit nichts als mit heißer Liebe zu Deutschland im Herzen.
So sah es mein Vater, der, wie aus allem hervorgeht, ein einfacher Mann war, nicht gewohnt, einen Gedanken hin und her zu bewegen, um zu sehen, wie weit seine Kraft reicht.
Wir fuhren also nach Dortmund und mischten uns unter die Zuschauer, ließen uns langsam hindrängen bis zu jenem Ort, an dem er stand.
Er stand in einem offenen Wagen für alle sichtbar und nahm den Vorbeimarsch seiner SA-Leute ab.
Was für ein Einfall, in einem Wagen zu stehen, in einem offenen Wagen, einem Mercedeswagen selbstverständlich, einer von jenen Wagen, die es heute gar nicht mehr gibt; die Idee eines solchen Wagens gibt es nicht mehr, ein Wagen als halbes Kriegsfahrzeug, in dem die Offiziere der Stäbe fuhren, langgestreckt, mit kräftigen Kotflügeln, ein Wind- und Wetterfahrzeug, in dem man sich dem Wind, dem Staub klaglos, fast trotzig oder eher männlich stellte, der Wagen war Teil eines Männerkultes, gegen den niemand unempfindlich war. Ich auch nicht.
Da stand er also und streckte die Hand aus.
Was für eine sonderbare Geste, jemanden mit ausgestreckter Hand zu grüßen, und dies schließlich verbindlich und so alltäglich zu machen, daß es nach dem Kriege lange dauerte, bis sich verlor, was so alltäglich und selbstverständlich geworden war.
Und doch war es auch ein alter Gruß. Die Römer hoben die Hand. Sie zeigten, daß sie keine Waffe besaßen, die erhobene Hand bedeutete Frieden. Aber dieser Mann, in seinem Wagen stehend, stieß die Hand waagerecht vor, die Bewegung war aggressiv, nicht friedlich, und sie sollte es wohl auch nicht sein.
Und Tausende zogen an ihm vorbei, wie sie es gelernt hatten, mit Blickwendung, das beherrschten sie noch, das jähe Herumwerfen des Kopfes. Was für eine Geste der Ergebenheit, des Gehorsams, der Unterwerfung.
So empfand ich es damals natürlich nicht. Ich nahm das Bild als ein Schauspiel, das sich in seiner Realität zu nichts Besonderem machte. Der Mann, in seinem Wagen stehend, die Hand vorgestreckt, scheinbar ohne zu ermüden, übte zunächst keine besondere Faszination aus.

Die Wirkung kam nicht aus der Optik dieses Mannes, sondern aus dem Szenarium. Da war ein einzelner, der als einzelner herausgehoben wurde aus der Menge, der sich ein bißchen, um die Höhe eines Autotrittbretts, über die Menge erhob, die in massenhafter Hinwendung vorbeizog.
Der einzelne, der es schaffen wird, der einzelne, der die Hoffnung aller trug, ihre Hoffnung, ihre Erwartung, ihre Träume; der einzelne, der es schaffen wird, die Elendsverhältnisse, die äußeren wie die inneren, zu ändern, wenn nötig, radikal zu ändern. Wie uralt ist die Wirkung des Idols. Wie uralt ist die Heilserwartung. Wie uralt ist die Hoffnung, daß einmal der eine kommen wird, der alles lösen wird. Welche Magie liegt in solcher Erwartung, welche Bewegung löst sie aus, in welche Schichten reicht sie hinab, diese Lust, diese Sucht, Wünsche, Erwartungen zu personalisieren. Ein immer auch heute noch vorhandenes, immer wieder vorhanden sein werdendes Bedürfnis zeigte seine Kraft. Der Mann fuhr wieder ab, tief hineingekauert in seinen Wagen, in dem einst die Generalstäbler fuhren; die Leute, die an ihm vorbeimarschiert waren, hatten sich heiser geschrien, rollten die Fahnen ein, bestiegen die Lastwagen oder stürmten die Sonderzüge, sie hatten ihr Ereignis gehabt, eine Art von Hunger gestillt, was nicht satt machte, aber Befriedigung verschafft hatte.
So kam das Ereignis des 30. Januar 1933. Ein umwerfendes Ereignis, ein Tag, an dem sich alles änderte. Noch war es nicht der Tag, an dem Hitler die Macht vollkommen und total ergriff, das geschah erst im März mit den Wahlen, die er gewann; dennoch nenne ich es den Tag, der alles veränderte. Er veränderte die innere Einstellung der meisten, bewirkte eine Hinwendung, ein Wegwischen von Widersprüchen, man nahm den ersten Schluck aus jenem Becher, in dem nationale Hochgefühle angeboten werden, Berauschendes.
Jetzt zeigte das Radio seine Macht. Was in Berlin passierte, teilte sich nun in der Tat in Wellen allen mit. Man nahm teil an etwas Unglaublichem, an einem unglaublichen Ereignis von Begeisterung und Freude. Dieser stundenlange Vorbeizug von Tausenden, wenn nicht Hunderttausenden von Menschen, dieser Fackelzug, diese Gesänge, Lieder. Es war eine Demonstration, als solche gedacht und geplant und durchgeführt, aber die Initiatoren hatten etwas geweckt, wovon sie selbst wohl keine Ahnung hatten. Da brach sich etwas Bahn, das mit Politik, mit bloßer Politik nichts zu tun hatte, da brach etwas auf wie aus dem Innersten vom Menschen. Es war, als habe man mit aller Kraft ein Tor aufgestoßen, durch das man hindurchsah, durch das man hindurchschritt, wie in ein anderes Land. Die Würfel waren gefallen.
Da geschah etwas Nie-mehr-rückgängig-zu-Machendes, nie mehr

würde man vergessen: den Rausch, den Taumel, ja, die plötzlichen Gewißheiten.
Auch die Zweifler, die Gegner, die, die anderer Meinung waren, ja sogar die späteren Opfer sahen sich in ihren Ansichten zutiefst erschüttert, sahen sich konfrontiert mit Veränderungen, in die sie selbst miteinbezogen wurden. Hunderttausende sagten ja zu dem Tag, zu dem Abend, zu dem Ereignis, dieses Ja erfaßte das ganze Land. War das nur die Wirkung einer geschickten Inszenierung?
Die Skeptiker sagen: Ja, das war eine der ersten Inszenierungen gewaltiger Ja-Sagungen und so ungeheuer wirkungsvoll, weil es die erste war. Viele, die dies lesen, werden sich möglicherweise wundern, weil jener 30. Januar sich heute in der Geschichte ganz anders präsentiert, eher als ein nacktes Datum, als erster Tag in einer Reihe von zwölf Jahren, an deren Ende der Untergang des Deutschen Reiches steht. Der berühmte Fackelzug hat seine Faszination verloren, das Rauschhafte an Atmosphäre und Stimmung ist nicht nachzuvollziehen. Der Eindruck der damals Lebenden gibt sich als eigener, innerer, persönlicher Vorgang, man sah, man hörte, man hatte einen äußeren Eindruck und gab selbst etwas hinzu: das *Glaubenwollen,* eine Überhitzung von Gefühl, das sich wie im Ausbruch befand, alles auswerfend, was es noch gab an Hoffnung, an Vaterlandsliebe, auch an Stolz, diesen Stolz genießend, eine Euphorie mitmachend, weil sie etwas zu befreien schien, zu lösen, aufzulösen schien. Es war etwas gefordert, und zwar der *gute Wille*, so sonderbar es sich anhört, der gute Wille, alles Vergangene zu vergessen, Bruder unter Brüdern zu sein, gleichsam in Umarmung befindlich mit dem Nächsten. Falsch? Richtig? Damals richtig, heute falsch? Ein persönlicher Eindruck eines jungen Menschen, der noch zur Schule ging, den Anlaß gleichsam für sich selbst wahrnahm, nach außen zu bringen, was sich in ihm befand, nämlich das Beste, das ehrliche Beste, das Jugendbeste, das Lebens-Anfangs-Beste, unzensiert, unkritisiert? Im naiven Gefühlsausbruch? Die Leute waren damals argloser als heute, nicht gewandt, nicht geschult im Umgang mit Werbung. Aber nein, auch heute noch und bei aller Bemühung, mißtrauisch zu sein gegen mich selbst, sehe ich in jener Veranstaltung mehr, viel mehr als wahrscheinlich selbst die Veranstalter wußten. Möglich sogar, daß sie selbst überrascht waren und daß eine der verhängnisvollsten Wirkungen dieses Tages die der Rückwirkung auf ihre Urheber war, die Rückwirkung als Überhöhung, als habe Gott oder, wie man zu sagen pflegte, die Vorsehung selbst dem Tag eine besondere Weihe gegeben. Der Mann, der da oben stand, der Gefreite neben dem Generalfeldmarschall, mag in jenem Augenblick den Weg betreten haben, den Weg zu einer Erhöhung seiner selbst, als er die Huldigung aller entgegennahm und in

einer Weise, die in jenen Worten zum Ausdruck kommt: Nun danket alle Gott.
Das Radio übertrug stundenlang den Marschtritt, die Gesänge, die euphorische Stimme des Sprechers, das besondere damalige Stakkato der Sprecher mit dem metallischen Grundton.

War der gewaltige Schlag getan? Hatte der Mann auf der Silbermünze meines Vaters die Kette, die ihn fesselte, zerschlagen?
Es kann nicht der geringste Zweifel bestehen, daß in der Meinung der Leute, der meisten Leute, besonders natürlich der einfachen Leute, eine ungeheure *Selbstfindung* stattfand.
Die zerschlagene, verelendete und von Nöten und Zweifeln, von inneren Kämpfen zerrissene Nation hatte scheinbar zu sich selbst gefunden.
Natürlich gab es besorgte Leute, kluge Leute, Intellektuelle natürlich, denen es im Geschmack, besonders in diesem, zuwider war, eine Partei an der Macht zu sehen, deren Vokabular ziemlich einfach, um nicht zu sagen primitiv war. Die Klugen, die im Geschmack sicheren, aber nicht alle, mochten das Vokabular nicht, nicht die Art zu denken, zu reden; sie sahen, wie Ernst Wiechert es später einmal formulierte, die Knechte im Herrenhaus.
Aber von den meisten Leuten wurde dies damals nicht so empfunden.
Eine meiner stärksten Erinnerungen gehört dem 1. Mai 1933.
Die Straßen waren geschmückt mit dem ersten frischen Grün der Birken. Man war aufgefordert, die Radioapparate in die offenen Fenster zu stellen und sie spielen zu lassen.
So tat man es in jenen Straßen, in denen ich noch den hysterischen Massenschrei, den Gewaltschrei, gehört hatte.
Man hatte die Fenster geöffnet, und überall hörte man die fröhlichen Lieder: Der Mai ist gekommen.
Schulklassen marschierten jetzt über die Straßen, die Mädchen in hellen Kleidern, ein Fest des wahren Friedens.
Wieder eine der geschickten Inszenierungen?
Natürlich war es dies auch, aber man wird jenen Tagen nicht gerecht, wenn man die Wirkung, die da ausgeübt wurde, nur der Inszenierung zuschreibt.
Es kam zu einem Ausbruch dessen, was man tiefste Sehnsucht nennen könnte, Sehnsucht nach Ruhe, nach Frieden, nach positiver Gewißheit, nach einer glücklichen Zukunft.
Das war wie ein Strom, der da ausgebrochen war, aus den Tiefen kam, seine Kraft eher erhöhte, wahrscheinlich in ganz unzulässiger Weise erhöhte, in gefährlicher Weise – die Hoffnung begab sich ins

Irreale, sie verließ den Boden der Sachlichkeit, wurde zum Mythos. Das weiß ich *heute,* damals nahm man teil an einer Befreiung, man sah das Volk im Aufbruch – ich benutze eines der damals üblichen Worte, das Wort Aufbruch. In der Tat war damit ein Vorgang sehr gut beschrieben, man befand sich auf einem Weg, und man fühlte sich wohl dabei. Der eigene tiefinnere Wunsch sah den Aufbruch positiv. Kommt noch hinzu, daß ich gerade neunzehn Jahre alt geworden war, selber im Aufbruch war, intellektuell nicht besonders geschult, von Zweifel und Mißtrauen weit entfernt und in jener Phase war, in der man sich mit sich selbst begnügte.

Im Sommer war unsere Klasse einen Monat in unserem Landschulheim in Weilburg an der Lahn, einem alten Gutshof mit Feldern und Wäldern, halb ehrwürdige Ruine, halb Internat.
Statt Turnen gab es nun besondere Übungen, man wurde in einer Reihe aufgestellt, und der Lehrer fragte, wer sich auf militärische Grundhaltungen verstünde. Es meldete sich ein gepflegter, etwas dicklicher Junge, der im Unterricht kaum aufgefallen war, ein Phlegmatiker, der nun vortrat und die militärische Grundhaltung korrigierte. Er ging von einem zum anderen, musterte ihn, korrigierte die Haltung: Die rechte Schulter ist zu hoch, das Kinn mehr an die Binde, jetzt hängt die linke Schulter und so weiter. Er verhielt lange bei mir, kam mit meinen Schultern und mit meinem Kinn nicht zurecht, auch die Hände lagen ihm nicht richtig an der Hosennaht.
Mir wurde das zuviel, und etwas hitzig (mein Leben lang neigte ich dazu) sagte ich ihm die klassischen Worte: Leck mich am Arsch.
Der Junge, etwas dicklich und verschlafen, zuckte zusammen, starrte mich an, als habe er nicht richtig gehört. Dann wandte er sich an den Lehrer und sagte die ebenfalls klassischen Worte: Der Mann gehorcht nicht.
Der Lehrer stürzte nun seinerseits aus allen Wolken, war ganz irritiert, hatte für diesen Fall keine Order parat, half sich damit, daß er mir sagte: Geh raus aus der Reihe.
So trat ich raus aus der Reihe.
Übrigens: Viele Jahre nach dem Krieg schrieb mir Werner Eckey, ein Klassenkamerad: Ich würde gern ein Klassentreffen organisieren, würdest du mitmachen?
Ich sagte: Ich mache gerne mit, ich möchte gern die Leute wiedersehen, mit denen ich in der Abiturklasse war.
Wieder eine Weile später schrieb mir dieser Klassenkamerad: Aus unserer Zusammenkunft kann nichts werden, ich glaube, wir sind die beiden einzigen. Alle anderen sind wahrscheinlich gefallen. Auch der etwas dickliche, gepflegte, verschlafene Junge, der mit meiner militä-

rischen Grundausbildung nicht viel anfangen konnte, lebte nicht mehr.

Im Frühjahr 1934 machte ich mein Abitur, und es stellte sich die Frage, welchen Beruf ich ergreifen sollte.

Mein Vater sah für mich eine hervorragende Zukunft bei der Reichsbahn. Wenn ich einen seiner Träume verwirklicht hätte, wäre ich Amtmann geworden, Amtmann bei der Reichsbahn. Aber ich wollte nicht Amtmann werden. Ich kannte einen Redakteur bei der Hagener Zeitung, der die Jugendbeilage gestaltete, für die ich zuweilen Texte schrieb. Er nahm mich manchmal mit auf Veranstaltungen, auf Tagungen von Vereinen, und lehrte mich, Meldungen abzufassen, knapp und kurz, jeweils das Wesentliche zu sagen, und nicht mehr als das.

Einmal schrieb ich mehr als das, eine Kurzgeschichte. Er las sie, sah mich etwas nachdenklich an, meinte dann: Schick das mal ein. Er nannte mir die Anschrift eines Pressedienstes.

Der nahm die Geschichte ab, druckte sie und überwies dreißig Deutsche Reichsmark.

Als der Postbote das Geld brachte, hatte dies eine kleine familiäre Erschütterung zur Folge. Meine Mutter, stets besorgt um eine reelle Zukunft, sie teilte somit den Wunsch meines Vaters, mich möglicherweise als Amtmann der Reichsbahn zu sehen, gab nun ihrerseits ihren Widerstand gegen meine Schreiberei auf, die ihr stets verdächtig gewesen war. Hatte ich doch ganze Tage damit verbracht, Romane in ein Schulheft zu schreiben, was sie als eine unzulässige Entfremdung dieses Schulheftes ansah.

Studieren kam nicht in Frage. Wer hätte das bezahlen sollen? Von BAföG war damals noch keine Rede. So konnten sich nur die jungen Leute ein Studium erlauben, deren Eltern in der Lage waren, es zu bezahlen.

Meine Eltern konnten es nicht.

Ich hatte meine, unsere ökonomische Situation akzeptiert. Und dies fraglos.

Junge, sagte mein Vater, willst du an einer Zeitung anfangen? Wir wollen es mal versuchen. Aber dann fängst du besser an einer Parteizeitung an. Er ging mit mir, ich wiederhole: Mein Vater ging mit mir zur Redaktion der »Rote Erde«, stellte mich einem Redakteur vor und sagte: Hier ist mein Junge, er möchte gern Redakteur werden. Der Redakteur musterte mich, sah mich lange an, etwas kopfschüttelnd, und fragte dann: Warum spricht Ihr Sohn nicht?

Diese Frage machte meinen Vater ganz ratlos. Er sagte: Ja, da ist was dran. Hoffnungsvoll fügte er hinzu: Aber Sie sollten mal sehen, wie er schreibt. Er brachte die Geschichte an von den dreißig Mark, die

ich für eine Kurzgeschichte von einem renommierten Pressedienst bekommen hatte, der seinen Sitz immerhin in Hannover habe.
Aber der Redakteur konnte sich nicht mit mir anfreunden. Vielleicht hing auch ihm eine Schulter zu tief, und vielleicht hatte ich die Hände nicht richtig an der Hosennaht.
Es wurde also nichts mit dem Journalistenberuf an der Parteizeitung. Aber die Frage wurde nun in der Familie erörtert, warum ich dazu neige, stumm zu sein. Ich erinnere mich heute noch genau der Stelle auf einem Weg, den ich mit meiner Mutter gemeinsam in die Stadt ging. Wir waren stumm nebeneinander hergegangen, bis meine Mutter abrupt stehenblieb, mich klagend anfuhr: Warum redest du nicht? Man wird es im Leben zu nichts bringen, wenn man nicht redet. Alle Leute, die etwas geworden sind, können reden. Und wie sie das können!
Die Gute hatte es selbst nicht gelernt, zu reden. Aber im Fühlen war sie unbeirrbar. Was sie wollte, wollte sie mit großer Willenskraft.
Sie sah einen Weg vor sich, und der hatte mit ihrem Sohn zu tun, ausschließlich mit ihrem Sohn. Ihr Großvater mütterlicherseits war ein Möbelfabrikant in Eisleben. Ihr Vater war in dieser Möbelfabrik ein Schreinergeselle gewesen, ein ziemlich flotter, junger Bursche, ein schmucker Kerl, wie man damals sagte, in den sich meine Großmutter verliebt hatte. Sie heiratete ihn, ließ sich ihr Erbteil auszahlen und zog mit ihrem Mann, meinem Großvater, nach Leipzig, wo der Schreinergeselle eine Wirtschaft aufmachte, selber sein bester Gast war, und der, wie man später mit gewisser Hochachtung erzählte, vierspännig durch Leipzig fuhr und nicht allein, sondern sehr oft in Begleitung von Damen, die möglicherweise keine waren.
Diese Inanspruchnahme hinderte meinen Großvater nicht, seiner Frau sechs Kinder zu machen. Damit hatte sie ihrerseits ausreichende Beschäftigung, zumal das Erbteil die rüde Behandlung nicht lange aushielt. So wurde mein Großvater wieder, was er gewesen war, ein Schreinergeselle.
Das ist der, der jeden Morgen durch die Ruhr stapfte, um den Franzosen aus dem Weg zu gehen.
Ich lernte ihn selbst noch kennen: einen Mann, der sich sehr gerade hielt, sich immer sorgfältig rasierte, sitzend vor einem Spiegel, der eingefaßt war in ein prachtvolles Stück Schreinerarbeit, er mochte ein guter Schreiner gewesen sein.
Er hörte irgendwann auf zu arbeiten, blieb immer öfter im Bett, stand schließlich gar nicht mehr auf und starb in ziemlich einfacher Weise, ohne jede Anstrengung. Anstrengungen war er immer aus dem Weg gegangen.
Meine Großmutter war an der Seite dieses Mannes ziemlich stumm

geworden, gab diese Stummheit weiter. Möglicherweise hatte ich es bei meiner Stummheit mit einem Erbteil zu tun. Nach dem Abitur hatte ich also diese stumme Phase. Ich brachte mich nicht nach vorn, in keiner Weise. Von einem Lebensplan keine Spur.
Ich hatte einen väterlichen Freund, einen ehemaligen Major, der allein lebte, aus Oberschlesien stammte und nach dem Kriege im Westen geblieben war. Ein sehr belesener Mann, der davon lebte, daß er Schülern Nachhilfeunterricht gab. Die Schüler allerdings suchte er sich selbst aus. Er wollte sein Wissen nicht mühsam in möglicherweise zu kleine Gefäße schütten, sondern hatte einen gewissen, fast elitären Zirkel um sich versammelt, der Schulbeste dabei, Sohn eines Straßenarbeiters, dem das Lernen überaus leichtfiel.
Dieser Mann, ehemaliger Offizier, was damals als Berufsbezeichnung ausreichend war, war der erste Gegner des Regimes, den ich kennenlernte.

Ich stand einmal mit ihm in der Toreinfahrt des Hauses, in dem er wohnte. Da zog – nach dem 30. Januar 1933 – ein Trupp SA vorbei. Es war zur Gewohnheit geworden, eine in einer Marschgruppe vorbeigetragene Hakenkreuzfahne mit erhobener Hand zu grüßen. Keine Vorschrift, die dies geregelt hätte, keine Verordnung, kein Gesetz; es war einer jener Zwänge, die sich eher lautlos etablierten. Nun war die Hakenkreuzfahne in den Rang einer Nationalflagge aufgestiegen. Sie nicht zu grüßen, hätte zweifellos eine provokante Frage zur Folge gehabt: Wie? Du liebst dein Vaterland nicht?
Mein Major zog sich abrupt in die Toreinfahrt zurück und sagte: Was für Leute. Sie haben kein Benehmen. Aber wenn es schon der Gefreite nicht hat, woher sollen es seine Leute haben. Der Plebs hat gewonnen. Nun, ich hörte es, ordnete es ein und akzeptierte auch dies ohne Widerspruch. Da sprach der Major aus ihm. Der den Krieg verloren hatte, den Krieg und seinen Kaiser.
Später hörte ich, daß er homosexuell gewesen sein soll, daß sein Schülerzirkel möglicherweise das Feld war, auf dem er ganz andere Interessen wahrnehmen wollte.
Man entzog ihm die Erlaubnis, Nachhilfeunterricht zu geben. Daraufhin verabschiedete er sich von dieser Welt und von der Zeit, in der er lebte, mit einem Schuß in den Kopf.
Dieser Mann hatte mir nach dem Abitur, als ich meine unentschiedene Phase hatte, äußerst schläfrig mit mir selbst beschäftigt war, einen Vorschlag gemacht. Er sagte: Es ist ein großer Fehler, daß man dich nicht studieren läßt, andererseits halte ich von unseren Universitäten sehr wenig, und sie werden jetzt anfangen, noch weniger zu taugen, aber werde Lehrer. Er hatte gehört, daß man dem Lehrermangel

energisch zu Leibe rücken wolle. Sarkastisch sagte er: Allem wird jetzt energisch zu Leibe gegangen. Man kann sich in Koblenz melden, sich vorstellen und hat dann die Chance, in einer neuen Art von Ausbildung zum Lehrer zu werden. Lehrer wird man wohl brauchen, hatte er hinzugefügt, und wahrscheinlich eine Sorte, die viel aushält.

Ich beherzigte diesen Rat, tat mich mit jenem jungen Mann zusammen, der sein Lieblingsschüler gewesen war und über reichliche Verstandeskräfte verfügte. Wir wollten nach Koblenz. Meine Eltern waren einverstanden. Immerhin, Lehrer zu sein, war auch etwas, ganz gewiß ein Schritt auf dem Weg nach oben. Mein Vater suchte mir die besten Zugverbindungen aus, aber wir entschlossen uns, mit dem Fahrrad nach Koblenz zu fahren.

Das Fahrrad war der erste wirkliche Besitz, den ich hatte und entsprechend liebte. Mein Vater hatte es mir einmal gekauft, ein gebrauchtes natürlich, als er mit mir vom Arzt zurückkam, der mir Blutarmut bescheinigte und Mangel an Bewegung. Er ging eine ganze Weile stumm neben mir her, ich nehme heute an, daß er im Geiste seine Finanzen überschlug, eine Tätigkeit, die ihn nicht sehr in Anspruch nehmen konnte, denn sie war von überschaubarer Art. Irgendwann muß er sich einen Ruck gegeben haben, hielt vor einem Fahrradgeschäft, sah mich an und sagte ärgerlich: Wieso machst du dir keine Bewegung? Alle jungen Leute hüpfen herum und sind gesund und munter.

Ich blieb so stumm, wie ich nun mal war, nahm ein Fahrrad in Empfang, das tatsächlich mein Leben veränderte.

Mit diesem Fahrrad wollte ich also nach Koblenz, an der Seite jenes Jungen, dessen Namen ich heute nicht mehr weiß und von dem ich nur weiß, daß es ihn gab. Wir zwei also radelten los. Hundertachtzig Kilometer hin und ebenso viele zurück. Wir fuhren durch Wind und Wetter. Wir strampelten uns die Seele aus dem Leibe und gelangten schließlich nach Koblenz, fanden das Amt, in dem man sich melden sollte. Wir fanden uns in Gesellschaft von einigen anderen jungen Leuten, wurden einzeln vorgeladen, mußten Fragen beantworten. Ich nehme an, daß man sich einen Überblick verschaffte, nicht nur über unser Wissen, sondern auch die Gesamterscheinung beurteilte, die möglichst ordentlich und gesund zu sein hatte.

Wir übernachteten in einer Jugendherberge und fuhren am nächsten Tag zurück. Wie war's, fragte mein Vater, wirst du Lehrer? Ich sagte, ich wüßte es nicht, wir bekämen Bescheid.

4

Nur wenige Tage später wurde mir eine Tür geöffnet. Ich habe übrigens Lebenstüren nie selbst geöffnet. Irgendwann ging immer eine Tür wie von selbst auf, und ich ging hindurch.
Ich kannte den Bannführer der örtlichen Hitlerjugend, einen kräftigen, sehr beweglichen Mann, von gewisser Einfachheit, dem etwas Plebejisches anhaftete, eine Nuance, die ich als solche damals noch nicht erkannte.
Der fragte mich: Hast du Lust, nach Münster zu gehen? Sie suchen dort jemanden, der für sie eine Zeitschrift macht. Ich fragte, was stellen sie sich vor?
Keine Ahnung. Sie suchen jemanden, der schreiben kann und der sie halt macht, die Zeitschrift.
Ich kann mich nicht erinnern, erstaunt gewesen zu sein. Da war auch kein Selbstzweifel, der mich quälte. Ich war erfüllt von Erwartung, genoß die Erwartung und blieb darin der, der ich war, immer halt ein wenig unrealistisch, das Neue als Selbstverständliches ansehend. Ich legte mir selbst nichts in den Weg.

So kam ich nach Münster, zum sogenannten Gebiet Westfalen der Hitlerjugend, und machte eine Zeitschrift. Es war die Landesjugendpflegezeitschrift. Mein Vater war zufrieden, obwohl er die Tragweite nicht überschauen konnte; meine Mutter war besorgt, da ich nun den Umkreis ihrer Fürsorge verlassen sollte. Ich mußte ihr versprechen, ihr regelmäßig die Wäsche zu schicken. Ich tat es nie und kam nie wieder auf Dauer in meine Heimatstadt zurück.

Die Arbeit an der Zeitschrift war interessant, es gab keine Vorbilder, keinen vorgegebenen Stil, die Thematik würde sich wenig ändern. Es hatte die Zeitschrift immer schon gegeben, mit Jugendthemen allgemeiner Art. Nun kamen die neuen Bilder hinzu, die Bilder der Hitlerjugend. Dennoch gab es da keinen radikalen Umbruch, etwa einen völlig neuen Ton. Wir alle sahen damals die Jugendthemen in einer Kontinuition, ein Heraus- und Weiterwachsen aus den Themen der bündischen Jugend, der kirchlichen Jugend, da fand also keine Revolution statt, keine Radikalisierung, wir führten die Themen fort: Unterhaltung, Wissenswertes, Sport, Kultur, Heimatgebundenes ebenso wie Interessantes aus der ganzen Welt. Es handelte sich um ein eher sanftes Einschwenken auf einen neuen Zeitbezug, den man nicht als gewollt, sondern als natürlich empfand.
Ich war der Chefredakteur, hatte zwei, drei Mitarbeiter, Räume mit Schreibtischen und bewegte mich auf den Feldern der Phantasie, wohl auch der üblichen Denkweisen, ohne darin programmatisch zu sein.

Und ich genoß etwas. Ich genoß ein unglaubliches Gefühl von Freiheit. Ich hatte mich gelöst aus bürgerlichen Engen, die Phase der Stummheit war vorbei, ich sah mich um und bewegte mich.
Ich bewegte mich in Räumen der Freiheit, ohne Kraft aufwenden zu müssen, Hindernisse zu überwinden. Ich hatte die Chance bekommen, herauszubringen, was in mir war, zu schreiben und zu gestalten, Themen zu suchen, Bilder zu ordnen, mit Unterschriften zu versehen, optische Eindrücke zu erzeugen, zu überprüfen, dabei stets zu lernen, und alles ohne Anstrengung; halbe Schritte in eine gewisse Intellektualität, die nicht scharf gefaßt war, noch auf keine Kritik stieß, schon gar nicht auf Selbstkritik.

Ich fühlte mich wohl im Leben. Die Bedrückungen der Vergangenheit, der ökonomischen wie der politischen, waren verschwunden, das Land, und zwar das ganze Land, war ergriffen von Optimismus, und dies in einer Weise, die heute nicht mehr vorstellbar ist. Die Elendszeit war vorüber, die Zeiten der Unruhen waren vorbei, die Zeit der Straßenkämpfe gehörte der Geschichte an; jeder glaubte an die Zukunft, an eine bessere Zukunft. Mit dem Glauben an eine wirtschaftlich bessere Zukunft verband sich eine neue Erfahrung, die Erfahrung nationaler Gemeinsamkeit. Eine neue Art von Stolz machte sich zum Erlebnis. Das war nicht mehr der trotzige Stolz von einst, nicht mehr die gereckte Flagge über dem untergehenden Schiff, nicht mehr bloße Rede, das mündete ein in eine Überzeugung: Wir haben es geschafft. Und das Selbstgeschaffene wurde zur Selbstverständlichkeit. Und das Selbstverständliche zu etwas Unumstößlichen. Sicherheit breitete sich aus.
Ich weiß, ich weiß. Da ist er erreicht, der schmerzliche Punkt. Jetzt wird man mich fragen, welche Sicherheit meinst du eigentlich?
Für viele war die Zeit, die du so schön findest, eine Zeit der größten persönlichen Unsicherheit.
Die Zeitphase, die mir soviel bedeutete, mir so viele Freiheiten gab, war für andere von ganz anderer Bedeutung. Da wurde in Schutzhaft genommen, da wurden Gegner des Regimes verhaftet oder aus ihren Stellungen entfernt, da wurden Freiheitsrechte eingeschränkt oder ganz genommen. Alle diese Vorgänge sind heute offen zu sehen, sie bieten sich heute *gesammelt* an; da ist alles, was damals an Unrecht geschah, zusammengetragen, liegt voll im Licht, so voll im Licht, daß es fast unglaubhaft erscheint, wenn man sagt, wenn man beteuert, daß dies damals fast unbemerkt vor sich ging, hie und da hörte man etwas, wenn man hie und da jemanden kannte, weil es sich um einen Nachbarn handelte oder um jemanden, dessen Schicksal man vom Hörensagen erfuhr.

Erst nach dem Kriege und im erschrockenen Rückschauen auf alles Vergangene habe ich mich gefragt: Was für Vorgänge haben sich da abgespielt? Was für Reaktionen hast du gehabt? Oder was für Reaktionen hat man allgemein gehabt? Was sagte die Umwelt zu den willkürlichen Festnahmen, zur Einrichtung von Lagern, jenen Lagern, aus denen die Konzentrationslager wurden und in ihre schließliche, schreckliche Bedeutung hineinwuchsen?

Ich habe nach einer Erklärung gesucht für das Vorbeischauen, für das Nichtreagieren, schließlich gar für das Achselzucken. Es gibt Erklärungen, aber keine, die für sich in Anspruch nehmen kann, absolut richtig zu sein. Richtige Erklärungen gibt es überhaupt nicht, es gibt immer nur Halbwegserklärungen, Erklärungen als Mutmaßungen, zwischen denen man sich zurechtfinden muß.

Ich vermute also, daß in jener Zeitphase, die ich hier beschreibe, der psychologische Zustand der Menschen ein besonderer war. Sie waren in den wilden Nachkriegszeiten anomalen Prüfungen ausgesetzt gewesen, in materieller Not hart geworden, hart auch im Sinne von Unempfindlichkeit. Man hatte sich durchzuschlagen auf dem freien Feld eines unwirtlich gewordenen Lebens, nur auf sich gestellt, ohne Hilfe, sich allein fühlend.

Das Kriegsende hatte auch Auflösung bedeutet alles dessen, was miteinander verband, Auflösung auch des Schützenden als des besonderen Charakters des Miteinanderverbundenseins, was immer auch miteinander verband.

Zu lange hatten sich so viele Leute ihre Gegnerschaft beteuert, sich die Gegnerschaft gleichsam um die Ohren geschlagen.

So hatte sich so etwas wie eine Distanz eingestellt, Distanz zu anderen, auch Distanz zu anderem Schicksal – um es auf einen Nenner zu bringen: Es gab eine allgemeingültige *Distanz zu fremdem Leid,* als Folge auch eines Wehr-, eines Abwehrinstinktes zum Nutzen, zum Schutze der eigenen Person.

Es gab ein Gefühl von: Man hat uns übel mitgespielt. Jeder, der dies auf sich selbst bezog: Wir sind verraten und verkauft worden. Unvergessen, traumatisch wirkend die Inflationszeit, mit der Vernichtung des Geldes als eine Phase des Sich-hineingeworfen-Fühlens in totale Unsicherheit. So sagten sich viele: Man hat mich arm und elend gemacht, aber ich habe etwas gelernt, etwas ist mir beigebracht worden: daß ich selbst meinen Weg zu suchen habe, meinen Weg, und den muß ich gehen, ohne rechts und links zu schauen.

Es mag aber auch sein, daß die Negierung fremden Leids *menschentypisch* ist. Sie ist dies manchmal mehr, manchmal weniger. Dieses Manchmal-mehr-manchmal-Weniger mag zuweilen harmlos sein,

zuweilen aber auch schaurige Ausmaße annehmen.
Die Negierung fremden Leids, die Jahre '34 und '35 betreffend, war eher harmlos, wenn ich die Skala im Blick habe, auf der die Abstufungen sich änderten wie auf einem Fieberthermometer. Eine Erklärung der einfachen Art: Wer sich im Glück weiß oder wähnt, was immer er darunter versteht, wer etwas genießt, plötzliche Lebenssicherheit, irgendeinen Glauben oder etwas, das glaubensähnlich ist, der möchte darin nicht gestört werden. Er wird immer jeden Gedanken abwehren, der ihm diesen Glauben nehmen will. Es wollte einfach niemand zurück in eine Zeit, die er glaubte, hinter sich zu haben. Man hatte das Gefühl, einen Weg beschritten zu haben, einen Weg, der das Werk einer sowohl äußeren wie inneren Entscheidung war.
Man wollte in der Vorwärtsbewegung nicht gestört, verunsichert werden. Man wollte seinen Glauben behalten, die Sicherheit des Glaubens, den Schutz des Glaubens. Man wollte den Optimismus nicht beeinträchtigt sehen, nun, da man die Freuden, die Segnungen des Optimismus erfuhr und sie überall bestätigt sah.
Niemand, der sich gern stören läßt, wenn die Engel des Optimismus ihn gleichsam auf Flügeln davontragen.

5

Wir sind noch im Jahre 1934, in dem viele, darunter auch ich, sich in der Gewißheit eines unglaublichen Aufschwungs befanden.
Kein Zweifel, daß die Leute, die so empfanden, nicht besondere Menschen waren, sie waren ganz normale Menschen, ganz übliche, sie waren warmherzig, begeisterungsfähig, glaubenslustig, genossen etwas, was sich als Gemeinschaft anbot; die Gemeinschaft feierte ein Fest, viele Feste, darunter sehr große, massenhafte Feste, mit Aufmärschen und Gesängen, und die Leitworte waren verständlich, etwas naiv zuweilen, aber immer einfach, Leitworte wie: Gemeinnutz geht vor Eigennutz, Blut und Boden, Kraft durch Freude, Glaube und Schönheit, Du bist nichts, dein Volk ist alles.
Es gab einen neuen Ton und neue Bilder, gegen die niemand unempfindlich war, die Bilder einer »strahlenden Jugend« etwa, die Mädchengesichter, lachende Augen, geflochtene Zöpfe, die Jungengesichter ähnlich, alles blitzend von Frische und Gesundheit. Es ist die Rede von Gesundheit, *wie man sie damals empfand,* eine äußere Gesundheit, kurze Hosen, das offene braune Hemd, Kameradschaft, die über alles ging, Kameradschaft und Freundschaft, einer für alle, alle für einen, der Wimpel weht uns voran, wir wandern durch die Welt, wir marschieren, wir messen uns im sportlichen Wettkampf.

Ich denke, es ist nicht falsch, wenn ich sage und glaube, daß jeder Mensch sein Gehäuse hat, sein *Zeitgehäuse,* ein Drumherum von Meinungen, Gewohnheiten, Üblichkeiten, und dies alles zeitgebunden, gleichsam Ausarbeitungen der Zeit, die sich darstellt, im Zeitenhinfluß jeweils augenblickliche, augenblickgebundene Festlegungen trifft.
Man befindet sich immer in solchen Zeitgehäusen, die einander ablösen, sich gültig und dann ungültig machen, und dies in steter Folge bis auf den heutigen Tag und darüber hinaus, sie ständig neu bildend, die Zeitgehäuse, in denen sich die Maße für eine Weile gültig machen mit Bezugspunkten, die jeder Mensch braucht.
In solchem Zeitgehäuse lebten auch wir damals und hielten etwa die Jugendbilder für richtig, die wir sahen, denen wir uns einfügten.
An die Zeit in Münster habe ich keine großen Erinnerungen mehr, ein paar Personen ziehen an meinen Augen vorbei, ein paar Mädchen, blond und bezopft, ein bißchen alt- oder hausbacken, romantisierend und ohne Pfeffer. Der Gedanke an Sex kam da nicht, aber möglicherweise bin ich da selbst ein Opfer inzwischen stattgefundener Mentalitätsänderung.
Ein Mann steht mir noch klar vor Augen, der Gebietsführer, ein straffer junger Mann, dessen Haltung nicht militärisch war, und die es dennoch war, nur in einem anderen Sinne: führerhaft, anführerhaft, kein Offizier in dem, was man mit diesem Wort verbindet, eher kumpelhaft, dennoch distanziert. Heute weiß ich, daß er jenen Typ verkörperte, der schließlich typisch sein würde für den Frontoffizier neuerer Prägung. Dieser junge Mann wurde im Krieg Jagdflieger und verlor sein Leben über dem Kanal. Damals war er der erste, der einen neuen Stil bot. Auch er fuhr einen offenen Mercedeswagen. Mit ein paar Leuten aus seinem Stab fuhr er ins Sauerland zum Skifahren, die Skier eingeklemmt zwischen Kotflügel, dem dort stehenden Reserverad und an das Trittbrett gebunden.
Da war der ganze verdammte Wohnküchendunst vorbei. So wurde gelebt, und nur so. Wir waren jung, und das war unsere Art zu leben. Auch dies gehört zur Selbstdarstellung einer Zeit. Und immer war auch ein bißchen Aggressivität dabei. Dies so und nicht anders. Ich sehe auf jene Zeit zurück ohne große Emotionen, ich trauere ihr nicht nach, es handelt sich um einen eher sachlichen Rückblick. Alles, was ich hier beschreibe, ist längst in jenen großen Zusammenhang gestellt, der einem nach so vielen Jahren möglich ist. So hat heute alles die Wertigkeit, die ihm zusteht. Aber wer die Zeit, etwa das Jahr '34, begreifen will, sollte wissen, wie damals gedacht wurde.
Ein Jahr später war ich in Berlin. Es hatte sich herumgesprochen, daß es in Münster jemanden gab, der eine hübsche Zeitschrift machte. In

der Reichsjugendführung suchte man jemanden, der die Jungvolkzeitschrift machte, ihr ein neues Gesicht gab. Die Zeitschrift hieß »Der Pimpf«. Man fragte mich, ob ich nach Berlin gehen würde. Berlin? Was für eine Frage. Alle Wege führten nach Berlin. Berlin war das Ende aller Wege, Höhepunkt und Spitze von Karrieren. Mein Vater war ganz begeistert. Junge, sagte er, du hast das große Los gezogen. Es war also doch richtig, daß wir dich auf eine gute Schule geschickt haben. Du weißt, daß ich immer Bedenken hatte. Ich habe Kollegen bei der Bahn, die damit schlechte Erfahrungen gemacht haben. Ihre eigenen Söhne, hochmütig geworden, haben ihre Eltern nachher nicht mehr gekannt.

Meine Mutter war besorgt. Nun verlor sie mich endgültig, wie sie meinte. Münster war ja noch nah, aber Berlin war hinter dem Horizont.

Mein Vater nahm das in die Hand. Ich habe einen guten Kriegskameraden, der wohnt in Berlin. Ich werde ihm schreiben. Vielleicht kann er dich aufnehmen. Er wohnt an der Jannowitzbrücke.

Er schrieb also diesem guten Kriegskameraden, der zurückschrieb und meinte, daß er mich sehr gern aufnehmen würde, bis ich etwas gefunden hätte. Billige möblierte Zimmer gäbe es in Berlin massenweise.

Er würde mir helfen, ein Zimmer zu erwischen, in dem es keine Wanzen gäbe. Wie gut, sagte mein Vater, daß man Freunde hat. In dieser Hinsicht hatte der Krieg auch sein Gutes.

Ich fuhr also nach Berlin, lernte den guten Kriegskameraden kennen, der in sehr einfachen Verhältnissen lebte, aber Platz machte für einen jungen Mann, der gerade im Begriff war, aufzuwachen.

Aufwachen und dann in Berlin? Im Berlin der dreißiger Jahre, in dem der Glanz der zwanziger Jahre noch nicht vergessen war?

Einen Monat später hatte ich das erste meiner vielen möblierten Zimmer in Charlottenburg, natürlich in Charlottenburg, im Westen der Stadt. Der gute Freund meines Vaters konnte mir nicht viel helfen, weil ich die Hilfe nicht mehr nötig hatte.

Seufzend hatte er gesagt: Du gehst einfach los, suchst die Adressen der Anzeigen auf und siehst dir die Zimmer an. Und paß auf, daß du nicht in einen Puff gerätst. Ihr aus der Provinz habt keine Ahnung, wie es hier zugeht. Und kein Zimmer über vierzig Mark. Die gehen nämlich schon auf sechzig los.

So suchte ich also mein Zimmer. Revier Kantstraße, Savignyplatz, Lietzensee. Einmal öffnete mir eine junge Dame die Tür in flatternden und zudem noch durchsichtigen Gewändern. Sie sah mich etwas schläfrig-erstaunt an, schien zu überlegen, ob ich ihr passe, fragte mich, was ich mache. Ich sagte, ich sei Journalist.

Sie zog die Brauen hoch, fragte mich nach der Zeitung. Ich sagte ihr, es handle sich um eine Jugendzeitschrift.
Daraufhin schien sie mit der Besichtigung meiner Person zu einem schnellen Ende gekommen zu sein und sagte, das Zimmer sei schon besetzt.
Ich gebe zu, daß ich erleichtert war. Ich hatte das Gefühl, daß ich mich dieser Person in flatternden, durchsichtigen Kleidern nicht gewachsen gefühlt hätte. Außerdem wollte sie sechzig Mark für ein Zimmer.
Ein anderes Mal stieß ich auf einen Herrn, der kompakt aussah, auf stämmigen Beinen stand, ein strammes Gesicht zeigte, mit einer strengen Haarbürste. Wie, sagte er, wo sind Sie? Was machen Sie? – Kommen Sie doch mal herein. Er führte mich in ein Zimmer, das wie das Zimmer eines Buchhalters aussah. In offenen Regalen standen Ordner, überall lagen Zeitungsausschnitte herum.
Er musterte mich intensiv und neugierig. Wie stehen Sie zum Osten? fragte er mich. Ich fragte ihn, was er darunter verstünde. Er stieß seinen Finger vor und sagte: Wissen Sie, daß der Osten Deutschlands Schicksal sein wird. Der Ostfrage wird nicht genügend Aufmerksamkeit geschenkt.
Er meinte, wie sich herausstellte, den deutschen Osten, der unterentwickelt sei. Die Teilung Deutschlands in einen Industriewesten und einen Agrarosten werde zu großen Konflikten führen. Sie sind in der Reichsjugendführung, sehen Sie manchmal den Führer?
Ich sagte, ich hätte keine Gelegenheit, den Führer zu sehen.
Man sollte es ihm sagen, murmelte er. Der Mann ist dabei, neue Wege zu beschreiten, der Mann bewegt etwas. Wissen Sie, sah er mich grübelnd an, daß es darauf ankommt, in die richtige Richtung zu gehen?
Er sah mich wohlwollend an, nickte: Welche Chance haben wir. Was für eine Zeit. Eine große Zeit. Er schränkte ein: die es werden könnte. Das Zimmer wollte er übrigens an ein Ehepaar vermieten, die Frau hätte ihm auch seinen Haushalt führen sollen. Aber es war nett, mich mit Ihnen zu unterhalten.
Einmal traf ich auf einen jüngeren Mann, dem ich den Wunsch nach einem Zimmer vortrug. Sie haben die Anzeige falsch gelesen, sagte der Mann, ich wil kein Zimmer vermieten, ich will die ganze Wohnung loswerden, mit allem Drum und Dran. Er stieß die Wörter Drum und Dran hervor, fixierte mich und fuhr fort: Ich verlasse Deutschland. Da war es wieder, das dunkle Gefühl, das Unbehagen erzeugte: Jemand wollte Deutschland verlassen. Nein, nein, sagte ich, ich suche nur ein Zimmer.
Von wo kommen Sie denn? Ich sagte ihm, woher ich komme, aus dem Westen, ich sei nach Berlin berufen. Berufen, murmelte er, ließ kei-

nen seiner nachdenklichen Blicke von mir, wiederholte es: Berufen sind Sie? Es war keine Ironie spürbar oder eine Art davon, die ich noch nicht kannte. Sie werden die Wohnung nicht nehmen mit dem ganzen Drum und Dran, meinte er, machte eine Pause, aber ich hätte mich gern mal mit Ihnen unterhalten. Haben Sie Zeit? Ja, sagte ich, Zeit habe ich genug.
Wollen wir uns heute abend sehen, »Im Groschenkeller«, in der Kantstraße? Kennen Sie sich schon hier aus? Nein, sagte ich, ich werde mich erkundigen. Bis heute abend, sagte er, ich hätte gern mehr von Ihnen gewußt.
Ich fuhr zurück zur Jannowitzbrücke, da ich noch immer bei dem guten Kriegskameraden wohnte. Junge, sagte er, du bist an einen Juden geraten. Die wollen natürlich alle weg. Hingehen oder nicht hingehen, das war die Frage. Ich sage es gleich: Ich bin nicht hingegangen. Ich fühlte mich nicht sicher auf einem Boden, der mir so unbekannt war. Heute weiß ich, daß ich damit eine Unterlassung beging, und ich kann nur mutmaßen, welche Wirkung von einem Gespräch mit diesem Mann ausgegangen wäre. Diese Angst vor Irritation. Die wohl auch zeittypisch war.
Ich wohnte schließlich bei einer verarmten Adligen mit einem Hugenottennamen. Sie vermietete zwei Zimmer, eins davon an eine junge Frau, die sich auf dem Wege zum Badezimmer ständig in der Tür irrte. Auf solche Angebote war ich damals noch nicht eingerichtet, lebte also auf meine Weise und, wie ich fand, ganz großartig.
Ich gehörte dem Presseamt der Reichsjugendführung an, der RJF, wie man zu sagen pflegte. Das Amt verteilte sich auf eine Reihe von Zimmern, die alle alt, eng, etwas dunkel waren. Ich bekam ein sehr kleines Zimmer, das sehr dunkel war, mit einem Fenster, das zum Hof hinausging. Als ich das Zimmer zum erstenmal betrat, erhob sich ein junger Mann vom Stuhl, ein hoher Jungvolkführer, der nach Wind, Wetter und Wald roch. Er war aus dem Saargebiet geholt worden, um die Jungvolkzeitschrift zu machen, fühlte sich dabei sehr unglücklich und war froh, daß ich kam, um ihm die Arbeit abzunehmen.
Weißt du, sagte er, hier in einem so engen und dunklen Zimmer fällt mir nichts ein. Du mußt wissen, daß sie mich geholt haben, weil ich Gedichte gemacht habe, offenbar sehr gute Gedichte, aber sie sind mir draußen eingefallen, in der Natur, in frischer Luft, beim Herumlaufen. Jetzt frage ich dich: Wo kann man hier herumlaufen, am Schiffbauerdamm, am Prenzlauer Berg? Ich bin froh, daß ich das hier los bin.
Mir ist hier in Berlin nicht eine Zeile eingefallen.
Er verschwand also wieder zu seinen Jungens in Feld, Wald und Wiese.

Ich mochte ihn, er hatte einen offenen Blick, war ein bißchen idealistisch-verträumt und mit ganz anderen Entwürfen beschäftigt als mit der Gestaltung einer Zeitschrift.

In anderen Räumen saßen die Kameraden oder die Kollegen, beides hielt sich die Waage. Da waren Berufsjournalisten dabei und Anfänger im Beruf wie ich. Da wurde der Pressedienst herausgegeben von wirklichen Könnern, erfahrenen Leuten, guten und ausgebildeten Schreibern, da gab es die Zeitung der HJ im Großformat. Sie fiel auf durch eine verwegene Art des Umbruchs, mit stilisierten Zeichnungen auf der Titelseite, gemacht von einem jungen Mann, der aus Essen kam: von der Folkwangschule.
Er hatte sich selber ein Tor aufgestoßen zu den Kunstrichtungen der zwanziger Jahre, mit der Lust an ihren Weiterentwicklungen, an Fortführungen der Wege ins Neuland, das man ahnte, schon vor sich sah, und dies undeutlich; aber das Undeutliche daran war das Abenteuer.
Im Presseamt gab es eine ziemlich bunte Mischung von Temperamenten und Talenten, darunter Versager, die sich später auch als solche herausstellten, und begabte Leute, deren Namen man nach dem Kriege in den Redaktionslisten großer Zeitungen wiederfand.
Eine Erfahrung gebe ich im nachhinein wieder: Talente nehmen angebotene und bestehende Situationen schnell ein. Mit ihrem ausgeübten Talent beginnen sie allerdings auch, *Situationen zu rechtfertigen.*
Im Jahre '35, von dem ich hier berichte, gab es eine ausgezeichnete Frankfurter Zeitung, so wie es nach dem Kriege auch wieder eine ausgezeichnete Frankfurter Zeitung gab. Und wie schnell fand sich beispielsweise in der DDR eine Reihe von ausgezeichneten Journalisten, die mit größter Selbstverständlichkeit, intelligent und leidenschaftlich, die gegebenen, die vorgefundenen Zeitumstände vertraten, fundamentierten.
Ein Grundsatz, vielleicht ein Lehrsatz: Talente, die man hat, werden ausgeübt, wo und wie auch immer. Ich überlege, ob man es nicht auch so sagen kann: *Eher werden Überzeugungen weggeworfen als Talente.* Talente drängen einfach nach außen, in die Verwirklichung. Das ist möglicherweise ein wichtiger Punkt in der Beurteilung von vergangenen Zeiten. Wobei das Wort »urteilen« vielleicht schon falsch ist. Sagen wir so: Wenn man einen Einblick bekommen will in vergangene Zeiten, wenn man ein wenig mitbekommen will von ihrer Farbe, ihrem Geschmack, von der Kraft sich bewegender Gefühle.
Ich saß also in einem kleinen, dunklen Zimmer, zum erstenmal eingespannt in einen größeren Redaktionsbetrieb, der sehr vielseitig war, beherrscht von Leuten, die sich auf Büroabläufe verstanden.
Ich saß da zunächst ziemlich stumm herum. Ich verstand mich nicht

darauf, mich in Szene zu setzen, suchte mir keinen der ersten Plätze in dieser kleinen Gemeinschaft, sondern machte die Zeitschrift so, wie ich die erste gemacht hatte. Ich versuchte, das in die Zeitschrift hineinzubringen, was ich selber gern gelesen hätte, Unterhaltsames und Wissenswertes. Pate stand da die Reihe »Das Universum«, prachtvolle Jahresbände, in denen eben das angeboten wurde, was wißbegierigen Jungen gefällt. Vielleicht ist es in diesem Zusammenhang ganz interessant, zu erfahren, daß mir in der ganzen Zeit, in der ich diese Zeitschrift machte, *niemals* jemand eine Order gegeben hat: Du mußt die Zeitschrift so oder so machen, mehr Politik, mehr politische Standpunkte. Es gab da keine Sprachregelungen mit dem Zwang, ihnen zu folgen. Sie ließen mich gewähren. Ich könnte es noch weiter fassen: Sie ließen uns gewähren.

Die Parteigroßen waren beschäftigt mit der Ausübung, mit der Handhabung von Macht. Mit Macht hatten wir nicht viel zu tun. Wir schufen uns Bilder, die noch unbekannt waren, die man ausfüllte, denen man Form und Farbe zu geben bemüht war. Ich will nicht von Träumen sprechen, das Wort wäre nur in etwa richtig, nicht ganz richtig, aber auch nicht ganz falsch.

Was vor einem lag, war unbekannt, es kam darauf an, das Unbekannte sich selber bekannt zu machen, und zwar in der Weise, die einem die persönliche Einwirkung erlaubte. In der Jugend gab es unendlich viele Leute, die in diesem Sinne tätig waren, und dies aus besten Beweggründen.

Ich machte also meine Zeitschrift ohne große Schwierigkeiten, fand mich immer besser zurecht in einem Redaktionsbetrieb wie in Druckereien, sauste in Berlin hin und her, hatte meine ersten Freunde, erst die Kameraden aus der RJF, dann Journalisten, die ich im Journalistencafé in der Zimmerstraße kennenlernte, Redakteure von Pressediensten von großen Zeitungen.

Berlin war die Pressehauptstadt Deutschlands, eine Hauptstadt schlechthin, eine der großen Hauptstädte der Welt, im Begriff, es den ganz großen Metropolen gleichzutun.

Wie ein Schlag war es, als ich nach dem Kriege, 1959, zum erstenmal in New York war und im Twenty-one-Club über der Bar ein Straßenschild hängen sah: Unter den Linden.

So viele Jahre später und nach einer so schrecklichen Zeit und Weltentwicklung war ein Hauch von Faszination immer noch da. Und um es gleich anzuschließen: Ein Berliner Produzent ließ sich einmal mit einem Taxi durch New York fahren. Der Fahrer merkte, daß er einen Deutschen fuhr, gab sich selber zu erkennen im unverfälschten Berlinerisch: ein Berliner Jude, der in Berlin schon Taxi gefahren war.

Er war ganz aufgeregt, und so saßen sie schließlich beide im Taxi, der

Filmproduzent und der Taxifahrer, sangen Berliner Lieder, das Lied von der Krummen Lanke ebenso wie Puppchen, du bist mein Augenstern.

Für einen jungen Mann, der in der Zeit kein Problem sah – womit er zu den Glücklichen gehörte, was er heute durchaus weiß –, war Berlin ein Ereignis, das unvergeßlich war.
Ich gestehe es heute: Die Berliner Jahre bis zum Jahre '39 waren die schönsten, die glücklichsten meines Lebens. Wenn mich heute jemand fragt: Wann bist du jemals glücklich gewesen?, dann lautet meine Antwort: in den Jahren '35 bis '39. Vier, fünf Jahre auf ein Leben gerechnet. Zuwenig? Das weiß ich nicht. Ich weiß nur: Ich war es nie wieder, nicht in der Weise, in wenn man so will, unschuldiger Weise oder besser: unbefangener Weise. Hinzu kam sicher die freie Entfaltung dessen, was man in sich hatte, mit dem Gefühl von Kraft, innerer wie äußerer, das Wachwerden im Gefühl von Kraft, als jemand, der noch keine Störung empfand, sich auf einem Felde bewegte, auf dem es keine Zäune, keine Grenzen gab, das Beste gebend, aber auch das Beste wollend, und der sich darin einig wußte mit vielen anderen.
Was für ein Pflaster war Berlin, was für ein Angebot an Theatern, an Varietés, an Film, was für ein Angebot an Menschen.
Ich erinnere mich an Rosa Valetti, die Schauspielerin, mit ihrem Jour fixe. Einer nahm mich mit. Kein Problem, sagte er, man geht einfach hin, stellt sich vor und redet mit den Leuten. Jeder ist froh, jeden kennenzulernen. Du kannst zuhören, und wenn dir danach zumute ist, kannst du loswerden, was du loswerden willst.

Als junger Mann, der in jener Phase seines Lebens war, in der alles aufregend, neu war, zum erstenmal geschah, war man wie im Taumel, alle Sensoren voll beschäftigt mit Information, Bewunderung, Respekt. Man respektierte Namen, Leistungen, Persönlichkeiten. Man stellte sie nicht in Frage. Möglicherweise ist da ein großer Unterschied zu sehen gegenüber der heutigen Zeit, in der junge Leute in fast exaltierter Weise alles in Frage stellen: besonders Ansichten und Arbeiten älterer Leute, fast so, als sei das Alter ein Fehler an sich, als verdiene es nur Mißtrauen, Widerstand. Deutungen darüber werden nötig sein, jedoch an anderer Stelle.
Ich möchte mich einfach nicht unterbrechen lassen in der Schilderung dieses überwältigenden Berlin. Ich berichte von einer Zeit, in der Berlin an jeder Straßenecke ein Ereignis war, die Luft durchaus eine spezifisch Berliner Luft, durchweht von Musik, von Worten, die man aus dem Theater mit nach Hause nahm, aus dem Wintergarten, aus

dem Kabarett; es gab sie noch, die Comedian Harmonists mit den heiteren Spottgesängen über den Umbau Berlins: Wo heute steht die Charité, da fließt ab morgen schon die Spree.
Der Berliner Spott war nicht ätzend, er enthielt eine Art von Nachsicht oder besser, von Großzügigkeit. Es ergab sich eine Heimatfindung, Berlin wurde zur Heimat, die Straßen Berlins, die Plätze, machten sich immer vertrauter in dem Maße, wie Lebensinteresse, Lebenswachheit zunahmen, die Fähigkeit zum Genuß zunahm, des Genusses an Begegnungen, mit Menschen, mit Landschaften. Alles war Heimat plötzlich, der Wannsee, die Havelseen wie der Müggelsee, wie die unglaublich schönen Seen im Berliner Norden, sie lagen wie ein Kranz um Berlin herum, ein bekränztes Berlin, Zentrum und Mittelpunkt, mit der verströmenden Kraft von Mittelpunkten, die Kraft, die sich wie in Ringen verbreitete, das ganze Reich umfaßte.
Von Berlin aus fuhr man nach Stettin, nach Bansin an die Ostsee, oder man fuhr hinunter nach Dresden ins Elbsandsteingebirge oder weiter ins Riesengebirge, wanderte über die Kämme hinweg von Baude zu Baude, und alles war Heimat. Ich denke nicht, daß ich hier eine romantische Schilderung gebe, unter anderem auch von mir selbst. Ich denke, daß dies damals ein ganz allgemeines Gefühl war, von größter Selbstverständlichkeit, geborgen zu sein auf dem Boden dieses Landes, so als schlage sich der Erdboden an den Enden hoch und hülle jeden ein mit Seen, Bergen, Feldern und Wäldern und gebe jedem seinen Atem, wie jedes ihm seinen Atem gibt.
Aber das besondere Ereignis jener Jahre war etwas ganz anderes. Ich meine nicht die Konsolidierung der Macht, den Ausbau der Macht und die Akzeptanz der Mehrheit der Bevölkerung.
Ich meine etwas ganz anderes, ich meine den Weg des Menschen Hitler, so wie er sich mir heute darbietet; und wie ich ihn zu deuten versuche in der Kenntnis der Zeit, die ich miterlebt habe. Ein Volk war nun jahrelang durch Nacht und Verzweiflung gegangen, zutiefst verunsichert, existentiell bedroht, hatte Besetzungen erlebt, war durch eine Inflation gegangen, die nicht gezähmt war, die als unheimliche Kraft zum erstenmal auftrat, Vermögen vernichtete, Besitzende zu Habenichtsen machte, es hatte die Straßenkämpfe erlebt und immer stärker werdende Arbeitslosigkeit. Und da kam jemand und sagte: Ich bin der Führer, ich führe euch heraus aus dem Elend, gebt mir nur ein bißchen Zeit, gebt mir vier Jahre.
Er beseitigte die Arbeitslosigkeit, er gab dem Volk Selbstvertrauen zurück, der Mann war in der Tat ein Kraftpaket; fast in jeder Woche geschah irgend etwas, er markierte seinen Weg, den allgemeinen Weg, mit Fakten, mit Erfolgen und mit Erlebnissen.
Wer einmal einen Reichsparteitag miterlebt hat, der weiß, was für

unglaubliche Wirkungen ausgehen von inszenierter Massendarstellung.

Ich erlebte eine Kundgebung des Reichsarbeitsdienstes, Zehntausende von jungen Männern, alle mit nacktem Oberkörper, in riesigen Blöcken stehend, feldfüllend, hantierend mit ihren Spaten, als ob es sich um Gewehre handelte, mit geschliffenen Flächen, so geschliffen, daß sich beim zehntausendfachen, gleichzeitigen Wechsel und Drehen der Spaten ein Lichtblitz ausbreitete mit der Kraft von Sonnenlicht. Das Licht, gespiegelt von den Spatenflächen, wogte im Spiel der Bewegungen hin und her, zuckendes Licht, eine Orgie von Licht und von Jugendkraft. Was für eine Verführung! Empfindungen wurden ausgelöst, die weit in die Tiefe reichten, da war nicht nur Bewunderung über die Exaktheit des Schauspiels, da teilte sich noch mehr mit: das Gefühl von Stärke, wir sind stark, nicht nur die jungen Männer dort unten, sondern wir selbst sind es, sind die Starken.
Inzwischen kennt man diese Art von Schauspiel aus jedem Olympiastadion, aber damals war dies für uns neu, wurde zudem erlebt in einer besonderen und nicht wiederholbaren Situation, in einer Situation, in der die Nerven bloßlagen, den Reiz erhöhten in einer fast inbrünstigen Weise.
Und immer war dieser Mann dabei, stand vorne, ließ die Blicke über alle hinwegschweifen, ob es nun die fabelhaften jungen Männer waren oder Zehntausende von Jungen und Mädchen, alle in Hinwendung zu ihm, der sie sah als sein Werk. Die nächsten Sätze um Himmels willen in Anführungszeichen: Sein Werk war es, das Ergebnis seiner Kraft, seiner formenden, verändernden Kraft, aber die Kraft kam auch zurück, wie in Brennspiegeln gebündelt, und richtete sich auf diesen Mann, auf den, der sich schon selbst erhöht, überhöht hatte und der weitere Erhöhungen, Überhöhungen erfuhr.

Ich empfinde durchaus die Notwendigkeit, für einen solchen Bericht eine Art Notenschlüssel einzuführen, Vorzeichen, die man setzen müßte, etwa Ironiezeichen, Ehrlichzeichen, Halbehrlichzeichen, Zeichen, die vorausschicken: so gemeint wie es da steht, oder: nicht ganz so gemeint.
Vor die letzten Sätze hätte ich gern eine Art Ironiezeichen gesetzt, in der Bedeutung von: Ich weiß, ich weiß, keine Sorge. Sachlich gemeint: Dem Menschen Hitler wurden im Lauf der Jahre Verehrung und Liebe dargebracht, und dies im Übermaß. Wo er sich zeigte, rief er Begeisterung, Ergriffenheit, Taumel und Verzückung hervor. Alles Beispiele einer Massenhypnose. Aber reicht dieses Wort überhaupt aus?

Die Erfahrung sagt uns, daß es keine festen seelisch-geistigen Zustände im Menschen gibt. Da wogen Empfindungen hin und her, unterliegen Schwankungen, unbekannten, nicht beherrschbaren Einwirkungen, im Hinundherwogen entstehen Gefühle, die langlebigen ebenso wie die kurzlebigen, wie die Momentgefühle, die Sekundenausbrüche. Niemand, der die Gesetze solcher Entwicklung kennt. Es ist durchaus möglich, daß es solche Gesetze nicht gibt, daß alle Menschen abhängig sind von Kräften, die sie nicht kennen, schon gar nicht beherrschen; die Gefühle, die sie erzeugen, haben die Neigung, sich aneinander zu orientieren, so als walte da eine Art unbewußter Überzeugung, daß Gefühle kurzlebig und fragwürdig sind, daß man der Kurzlebigkeit, der Fragwürdigkeit aus dem Weg gehen kann, indem man sich aneinander orientiert. Kann falsch sein, was viele für richtig halten? Aber dies ist mir weniger wichtig als die Überlegung, welcher Einwirkung der Mann selbst ausgesetzt war. Millionenfach sagte man ihm: Du hast recht, du bist der Führer, wir lieben dich, wir geben dir unsere Stimme. Wo du uns begegnest, werden wir die Arme heben, dich ansehen mit leuchtenden Augen, wir werden rennen, alle Würde vergessen, nur um dich zu sehen, dir zujubeln zu dürfen.
Ich frage: Wie kann das ein Mensch aushalten? Was wird es in ihm erzeugen? Die Überzeugungen, die er hatte, werden sich festigen, überhöhen. Er hatte sich immer für etwas Besonderes gehalten, von der Vorsehung auserwählt. Nun schlug ihm das Gefühl entgegen, es brandete gegen ihn wie die Wogen des Meeres.
Er rief immer wieder den Allmächtigen an, und ganz sicher hielt er sich schließlich selbst für den Allmächtigen. Ich denke, das ist nach allen Regeln der Psychologie logisch und verständlich. Diesem Glauben nicht zu erliegen, hätte eines Menschen bedurft, der anders hätte ausgebildet sein müssen, anders erzogen, der mehr hätte mitbringen müssen: innere Größe, Bescheidenheit, er hätte eine Ausnahmeerscheinung sein müssen als Mensch, als besonderer Mensch, als elitärer Mensch, als Weiser womöglich. Das war dieser Mann nicht, deshalb erlag er der Wirkung, die er ausübte, selbst und zog auf eine Kometenbahn, die ihn, außerordentlich glanzvoll zwar, aber offenbar jeder Erdennähe entzog. Und auch jeder Kritik.

Noch war die Verehrung ebenso rein wie allgemein. Die Jungen der Hitlerjugend marschierten, sangen, bastelten, teilten sich auf in besondere Gruppen, sie ritten, sie fuhren Motorrad, sie flogen.
Bei der Gelegenheit kann ich auch sagen, wie ich selbst unter anderem zur Hitlerjugend gekommen bin. Man machte eine besondere Abteilung auf, die Segelflieger-HJ. Zu jener Zeit war das Segelfliegen eines der großen Abenteuer. Jeder kannte die Rhön, die Wasserkuppe, von

der die Flugbegeisterten mit ihren schlanken, weitflügeligen Segelflugzeugen starteten.
Das sollte für alle sein? Daran hätte man teilnehmen können?
Vielleicht war bei mir noch ein besonderer Effekt im Spiel. Hervorgerufen durch die äußeren, äußerlichen Umstände, das Wohnen in kleiner Wohnung, keine Heizung im Winter, in einem Zimmer ein Kanonenofen, in jenem Zimmer, das nur sonntags benutzt wurde. Man lebte in der Wohnküche, weil dort der Herd immer brannte. Ein Badezimmer gab es nicht, es gab einen sogenannten Spülstein. Samstags wurde in der Wohnküche eine Zinkbadewanne aufgestellt. Als wir Kinder größer wurden, spannte man eine Wolldecke quer durch das Zimmer, um dem erwachenden Schamgefühl Rechnung zu tragen.
Die Toilette gab es eine halbe Treppe tiefer. Man hatte sie gemeinsam mit der Familie von nebenan.
Ich will nicht sagen, daß mir diese Verhältnisse sehr bewußt gewesen wären. Auch sie hatten sich als normal angeboten. Aber vielleicht versteht man, daß das Segelfliegen auch dadurch eine besondere Bedeutung bekam: Auf Flügeln würde man sich erheben über die real existierenden Verhältnisse. Sich in die Lüfte zu erheben – was für ein Traum!
Ich trat also der Segelflieger-HJ bei. Jemand, der seinen C-Schein schon hatte, stolz das Abzeichen mit den drei Schwingen trug, organisierte den Unterricht, der schulmäßig aufgezogen wurde.
Wir saßen in Schulbänken und wurden vertraut gemacht mit den Grundbegriffen des Fliegens, mit Vortrieb und Auftrieb.
Ich erinnere mich, daß ich kunstvolle Zeichnungen anlegte, Schnitte, Profile, Luftströmungsbilder, so akkurat, wie ich es von der Schule her gewohnt war, ich war ja noch Schüler, in der Oberprima.
Einen erheblichen Dämpfer erhielt die Begeisterung, als ich mal nach der Praxis fragte: Wann fliegen wir eigentlich? Da hieß es: Noch sind wir nicht soweit, es gibt zuwenig Flugzeuge, und wenn es sie gibt, dann sind erst die an der Reihe, die körperlich am besten geeignet sind. Du bist leider Brillenträger. Aus und vorbei. Ich verließ die Segelflieger-HJ sofort, habe die wundervollen Zeichnungen, die reinen Bauzeichnungen weggelegt, weggelegt zusammen mit den Träumen vom Fliegen. Sie verbrannten schließlich im Kinderzimmer, so wie die Wohnung verbrannte, das Haus verbrannte, die Stadt verbrannte, die Menschen in dieser Stadt verbrannten, umkamen durch Bomben, die aus Flugzeugen geworfen wurden, in denen niemand mehr träumte. Höchstens, wie man heil nach Hause kam – aber das war wohl eine andere Art von Traum.
Berlin wurde mir immer vertrauter. Meine kleine Zeitschrift erschien

in regelmäßiger Folge, versehen jeweils mit bunten Titelbildern, unterhaltsam, spannend, voller Abenteuergeschichten und natürlich mit Berichten aus dem Jungvolkleben. Ich half mit, ein Bild zu erzeugen, einen Eindruck zu erzeugen, der mir selbst gefiel, der vielen gefiel und der zeittypisch war, ein Bild bietend einer »gesunden« Jugend, gesund in dem Sinne, in dem ein solches Wort *damals* empfunden wurde. Man war äußerlich gesund und innerlich gesund. Man lief, man rannte, man marschierte, man nahm teil an Wettkämpfen ebenso wie an großen Fahrten, man hatte einen freien, offenen Blick, es zählten Kameradschaftlichkeit, das Füreinander-da-Sein; ich müßte all die Vokabeln aufzählen, die einem einfallen, wenn man das Wort Idealismus gebraucht, Idealismus im zeittypischen Sinne. Heute würde man darüber anders denken, diese Form des Idealismus, diese Auffassung von Idealismus eingeschränkt nennen, naiv, möglicherweise sogar einfältig oder gar freiheitsbeschränkend. Die Forderung nach gut sein, tapfer sein, kameradschaftlich sein trat ja mit Anspruch auf, mit dem Anspruch als Maxime, befolgt zu werden, eine Einschränkung also der Möglichkeit, ganz anders zu denken, so als sei das Dagegen-Andenken nicht erlaubt.
Ich erinnere mich an Unterhaltungen mit HJ-Führern aus dem Kulturamt, dem Rechtsamt, dem Sportamt. Wir folgten einem ganz natürlichen Diskussionsbedürfnis, wenn man so will: Wir übten uns in Rede und Gegenrede, ausweitend und untersuchend die Frage, wo wir eigentlich stehen. Wir waren auf der Suche nach philosophischen Hintergründen, so als suchten wir uns Schwergewicht, Verankerung und Verbindung mit der Geschichte. Hegel, Kant, Nietzsche, in ihnen suchten wir die Mitredner, Mitdenker. Unter ihnen spielte Nietzsche eine besondere Rolle, weil er, wie es schien, der Kompromißloseste war, alles in Frage stellte, immer auf der Suche nach dem Menschen der Zukunft, dessen Bild er entwarf, und das wir nachzuempfinden versuchten.
So fühlten wir uns eingebunden oder gar mitgestaltend an einem Zukunftsmuster, das noch keine Form hatte, aber eben das war ja das Aufregende.

Wir übersahen dabei allerdings die nächstliegenden Themen. Etwa die Judenfeindlichkeit des Systems, die Einschränkung persönlicher Rechte, die Freiheitseinschränkung Andersdenkender. Auch die Konzentrationslager, die es ja schon gab, und deren Namen man kannte, wie Dachau, Buchenwald und Oranienburg, waren kein Thema. Ich frage mich heute: Warum nicht? Und finde keine befriedigende Antwort darauf. Heute weiß jeder, daß Konzentrationslager Leidensstätten in extremer Weise waren, mit Praktiken der Men-

schenbehandlung, die alle ein Merkmal gemeinsam hatten: Mißachtung von Menschenwürde.
Dies weiß ich, wie es jeder heute weiß. Wie jeder andere kenne ich nun die Lager, weiß, was in ihnen vorging, kenne zahllose Geschichten, menschliche Geschichten. Damals war das Wort KZ ein nebelhafter Begriff, der sich abwehrend gab, sich verschloß, wie eine Wand war, mit der Kälte des bloßen Begriffs an sich. Das brach erst später auf mit der endlichen Wand- und Begriffszertrümmerung, als hinter den Wortmasken die Menschengesichter auftauchten und das menschliche Elend sich im Strom darbot, im fließenden Strom von Geschichten mit endlich aufgebrochenen Gefühlen.
Ich schreibe von vergangenen Zeiten und erwähnte die interessanten Diskussionen und weiß heute und empfinde es ganz stark, überwältigend stark – von was für Gegensätzen ich berichte. Und ich begreife auch die Unfähigkeit, beides nebeneinanderzustellen, und begreife, daß meine Erinnerung immer blasser, immer unwirklicher wird, als bekomme sie etwas Naiv-Monströses, eine Nebenbeibedeutung einer Sache, die wir damals so wichtig nahmen.

Wie kann man das Phänomenale der Gleichzeitigkeit der verschiedensten Lebenswege beschreiben?
Zunächst vielleicht einmal so: Jeder hat seine eigene Lebensspur, die scharf gefaßt, gerändert ist, und die er gewöhnlich nicht verläßt, denn sie *kanalisiert* auch.
Jede Lebensspur gibt sich als alleinmögliche, sie bestätigt sich selbst, bezieht aus ihrer Realität ihre Berechtigung. Und sie ist darin von großer, überzeugender Kraft, und es gehört viel dazu, den eigenen Lebensweg in Frage zu stellen, ihm die selbstgegebene Berechtigung zu entziehen. Im nachhinein und als intellektuelle Leistung besonderer Art begreift man, daß die eigene Lebensspur sich ihre Berechtigung fast stets in unzulässiger Weise gibt. Sie verliert die Allgemeingültigkeit, die sie ständig zu postulieren, zu beteuern scheint – und man erkennt die *Gleichzeitigkeit von Vorgängen,* das Nebeneinander der verschiedensten Lebensspuren. Ich denke an den Juden, der seine Wohnung loswerden wollte, der mich ansah und sagte: Aha, berufen sind Sie? Wollen wir mal miteinander reden, treffen wir uns im »Groschenkeller«?
Da war sie da, die Begegnung mit einer anderen Lebensspur. Im nachhinein enthüllten sich die Details anderer Lebenswege, im Fluß von Informationen, von der Phantasie in der Verlebendigung zurückgeholt. Man bekommt einen Eindruck von Ängsten, von Zwangslagen, von Traum- und Furchtnächten, von Verlusten – nein, nicht von Geld und Sachen, sondern von Lebenssicherheit.

Alles das war uns damals nicht sichtbar oder nur halb sichtbar, in einer Art Wegwischaktion, gleichsam mit blinden Flecken im Auge. Das Nachhinein ist stark im Wissen, die Erregung des Lebensaugenblicks, das durch ihn Völlig-in-Anspruch-genommen-Sein ist vorüber. In der Rückschau gibt es nun keine blinden Stellen mehr, man hat nun den vollen Anblick auf die Gleichzeitigkeit von Lebensspuren, so wie sie nebeneinanderliefen, verliefen, qualvoll die einen, erregungsblind die anderen, alle Lebensspuren mit ihrer Eigendynamik. Ich war in der Sicherheit meiner Lebensspur, nur in dieser, zudem in der Freiheit eines Lebensanfanges, unerhört gutgläubig, so wir wie es alle waren, mit denen ich diskutierte, alle voll engagiert mit Zukunftsmustern, bezogen auf die sogenannte Jugendarbeit.
Die Zeugnisse liegen vor, die Sportprogramme, Gesundheitsfürsorge, Jugendschutzgesetze, Ausbildungsmöglichkeiten jeder Art wurden geschaffen. Ihr Höchstausdruck war der Reichsberufswettkampf. Es gab musische Wettbewerbe, Musikkurse, Gesangs- und Tanzkurse. Nur an etwas erinnere ich mich nicht: an Schießwettbewerbe, obwohl es sie sicher gab. Wir umgaben uns mit Programmen, die in sich so ehrlich waren, so gutwillig, gutmeinend, daß sie ihre Ehrlichkeit, ihr Gutmeinen gleichsam zurückgaben als Wohltat für das eigene Gefühl.

Die HJ-Führer, die ich gekannt habe, mit denen ich Umgang pflegte, mit denen ich diskutierte, sind so wie ich nach dem Kriege gleichsam aufgewacht, im Schreck, im Entsetzen aufgewacht, sich seitdem zuweilen in ratlosen Zuständen befindend, mit der Aussichtslosigkeit, sich zurechtzufinden zwischen dem unbestreitbar Gutgewollten mit seinen dokumentarischen Zeugnissen und einer anderen entsetzlichen Wahrheit, der Mordwahrheit, die so atemberaubend groß ist.
Heute noch leben viele einstige Jugendführer, die der festen Überzeugung sind, daß sich aus der HJ die Opposition formiert hätte, die zu werden man ihr keine Zeit gelassen hat. Viele dieser ehemaligen Hitlerjugendführer, die sich heute nur noch als ehemalige Jugendführer bezeichnen. Das »Hitler« lassen sie weg. Sie haben den Namen abgeschnitten wie faules Fleisch als Folge eines schmerzlichen, aber notwendigen Prozesses.
Aber damals gab es die Mordwahrheit noch nicht. Ich will mich nicht beteiligen an Mutmaßungen, ob und wieweit der Mord, der entsetzliche, der atemberaubende, alles umstülpende und total verändernde Mord, schon sichtbar, im Keim zu sehen war.
Wir sahen ihn nicht. Wir hatten, so schien es, die schönste Aufgabe der Welt: Jugend zu führen, zu unterrichten, auszubilden, zu schützen.
Und nirgendwo wurde Gefahr gesehen. Gefahr gab es nicht.
Es gab sie nicht nur bei uns nicht.

Wir pflegten Diskussionen ja nicht nur im eigenen Kreis, sondern hatten und fanden Anschluß dort, wo er ganz natürlich war: bei Künstlern, Schauspielern, Produzenten, Redakteuren von Zeitschriften, bei der »Berliner Illustrirten« angefangen bis zur »Jungen Dame« – wir verkehrten im Hause von Verlegern, die ihre wirklich große Karriere überhaupt erst nach dem Kriege machten.
Niemals wurde auch nur ein Hauch von Gefahr spürbar. Die Kritik war kein großes Thema in den Gesprächsrunden. Man kritisierte Parteiführer, manche wegen ihres unmöglichen Benehmens, manche wegen ihrer einfältigen Reden, Göring etwa wegen seiner Prunksucht. Man erzählte sich gängige Witze, die wie gesagt berlinerisch waren, nie ätzend, zwar treffend, aber auch nachsichtig, ja, großzügig. Die Erfolge der Regierung Hitler waren zu offensichtlich. Herrschaft übt immer auch Faszination aus, und jeder dachte daran, sich in dieser Herrschaft einzurichten, mit ihr auszukommen, auch die Verleger taten es, bei denen ich zu Gast war. Die gescheitesten Geister verloren ihre Fähigkeit der kunstvollen Formulierung nicht, sie übten sie weiter wie eh und je, mit jenen gewissen kleinen Rücksichtnahmen auf das Regime, die niemandem sehr weh taten. Das sogenannte Große und Ganze ließ sich noch hantieren, es zeigte sich, es schien sich zu zeigen als *Hinstrom von Geschichte.*
Wir jungen Journalisten waren alle anglophil. Hemingway war »in« – wir lasen »Farewell to the arms«, wir sahen die amerikanischen Filme, unter ihnen »Broadway-Melodie«, wir rauchten amerikanische Zigaretten, die »North-State«, handhabten die Papierpäckchen, indem wir sie auf die jeweils bleibende Größe zusammenknüllten. Wir fühlten uns zu Hause im Presseviertel Berlins, zwischen Zimmerstraße, Kochstraße und dem Potsdamer Platz, wir trafen uns in Pressecafés, bei Kranzler oder im Adlon am Brandenburger Tor. Der Bekanntenkreis weitete sich aus. Über meinen Freund Christian Bock lernte ich Günther Weisenborn kennen, der von der Reportertätigkeit in New York berichtete in seiner nüchternen, trockenen, witzigen Art. Man spürte den Anschluß an große Reporterpersönlichkeiten wie Kisch und andere. Alles dies fand statt im großstädtischen, nein, weltstädtischen Flair.
Man wußte nicht, wohin der eigene Weg ging, man wußte nur, daß man auf einem Weg war, daß man in Bewegung war, andere Menschen ebenso kennenlernend wie sich selbst, und dies immer besser. Es wuchs das Gefühl der eigenen Kraft, man spürte in sich die Möglichkeiten, die vorhanden waren, selbst nach Wegen suchend, ohne ein Programm zu haben. Was für eine Lebensphase, in der man sich kein Programm gibt, keins hat, sondern selbst eins ist, oder, bescheidener gesagt, sich selbst – und dies ganz bewußt – als solches fühlt.

So kam das Jahr '36, es kamen die Olympischen Spiele. Die Superschau erfaßte die ganze Welt, wirkte in die Welt hinein, auf eine erregende Weise. Es wurde nun international vorgeführt, was man unter dem neuen Leben, einer neuen Gesellschaft, einem neuen Formwillen verstand. In Rekordzeit wurde das Olympiastadion gebaut, und um Rekorde ging es, um den Vergleich mit anderen, um einen Kampf, der schon ernstgenommen wurde.
Zuhauf strömte die Welt ins Stadion, zuhauf war gekommen die internationale Presse, alle politisch Interessierten und Neugierigen dieser Welt.
Man ließ sich vorführen, was das Regime zu bieten hatte: zunächst mal ein begeistertes Volk, ein Volk, das ganz offensichtlich seinen Frieden gefunden hatte, auf einer Welle schwamm, getragen wurde, sichtbar getragen wurde, auf einer Welle des Erfolgs; es wurde der allgemein vorhandene Optimismus vorgeführt, das stolze Wieder-erstarkt-Sein. Zum erstenmal sah auch ich – ja, was war es? Ein Wachbataillon der SS. In der Nähe des Eingangs hatten die Männer ihr Marschgepäck abgelegt, in Reih und Glied, da lagen die Felltornister in einem Karree, die Stahlhelme, sonderbar schweigende Attribute einer Macht, sich eher unauffällig präsentierend. Das Volk, wir alle, füllte die Ränge und nahm teil am Einzug der Nationen. Einfach nicht zu beschreiben ist die Wirkung des Einzugs der französischen Mannschaft, die in Reih und Glied an Hitler vorbeimarschierte und mit ruckhaft vorgestreckten Armen und geöffneten Händen den deutschen Gruß entbot – nein, es war nicht der deutsche Gruß, es war der olympische Gruß, der in den zwanziger Jahren eingeführt wurde, aber – er sah halt so aus wie der deutsche Gruß, wurde auch so empfunden und hatte überall staunendes Atemholen zur Folge. Da wuchs Sympathie auf, im Gefühlsüberschwang manifestierte sich etwas: Wir sind aufgenommen im Kreis der Völker, wir gehören zu ihnen, sie gehören zu uns, vor uns allen liegt eine glückliche Zukunft. Und wieder stand *er* da, ließ seine Blicke schweifen, nahm auf, was er sah, nahm entgegen, was ihm entgegenschlug, Verehrung und Liebe, Bewunderung und Staunen; der Mann, der sich sagen mußte: Ich, ich bin es, der dies bewirkt hat, ich, ich habe in Wirklichkeit umgesetzt, was ich immer gedacht, immer gewollt, wovon ich immer geträumt habe. Ich nehme an, daß dieser Mann in jenen Tagen eine so spürbare Erhöhung seines Selbstgefühls erfuhr, daß er wohl endgültig jeden Selbstzweifel hinter sich ließ, wenn er ihn je gehabt hatte. Er hatte das deutsche Volk gewonnen, nun gewann er die Welt, so mußte es ihm vorkommen, und er sah sich wohl als Weltführer, als einer der Großen dieser Welt, wahrscheinlich sah er sich als der größte überhaupt.
Und wieder überlege ich: Wie konnte das ein Mann aushalten, der

über so wenig innere Größe verfügte, so wenig ausgebildet war, dem jede Bescheidenheit fremd war, dem fremd war, in Bescheidenheit Größe zu sehen, der weit entfernt war von preußischen Grundsätzen, etwa dem, mehr zu sein als zu scheinen.
Der Mann war auf dem Weg einer wahnsinnigen Selbstüberschätzung, auf dem Weg in den Wahnsinn selbst. Ich glaube heute, halte es für ganz sicher, daß dieser Mann sich selbst zum Opfer fiel, und daß er in jenen glücklichen Tagen des Jahres '36, als ihm die Aufmerksamkeit, die Bewunderung der Welt zuteil wurde, einen bedeutenden Schritt auf diesem Weg tat. Das alles sind Bemerkungen sozusagen nach rückwärts gesprochen, damals lag die Zukunft hell vor uns. Ich weiß, wie schwer es ist für Zurückblickende, die jene Zeiten nicht miterlebt haben, sich zu trennen von dem, was man heute weiß. Man kennt das Ende der Geschichte und kann sich einfach kein anderes vorstellen, damals war ein solches Ende nicht vorstellbar, nicht einmal in einer blassen Ahnung, wenigstens bei den meisten nicht, besonders bei den Gutwilligen, Gutherzigen nicht.
Das waren außerordentlich glückliche Momente, die ich auch im nachhinein noch als solche empfinde, selbst wenn heute neben dieser Erinnerung eine Unzahl von Informationen steht, zahllose Geschichten ganz anderer Art, traurig, tragisch, erschütternd und entsetzlich, dargeboten heute in zahllosen Einzelschicksalen; alles Geschichten, die ihren Platz gefunden haben in jenem Zeitgemälde, das sich bis zum heutigen Tag ausgebildet hat und allgemeiner Besitz ist.
Es scheint fast unmöglich, diese Gegenbeispiele fernzuhalten von der Erinnerung an jene Tage, die ich als glücklich empfand. Vielleicht ist das auch der Grund, weshalb ich im Rückblick jene Zeit sehe wie durch eine Milchglasscheibe hindurch, etwas undeutlich in den Konturen, aber durchaus hell, zugleich mit einem Schimmer von Unwirklichkeit.

6

Aber noch befand ich mich in der Realität jener Tage, voll beschäftigt damit, zu leben, die vorhandenen Räume, die äußeren wie die inneren, auszufüllen.
Immer noch fand ich mich unzuständig für Kritik. Kritik war mit Schmerz verbunden. Ich erinnere mich des ersten Schmerzes dieser Art. Er widerfuhr mir in Münster im Jahre '34. Der sogenannte »Röhm-Putsch« war gerade »niedergeschlagen« worden. Die Berichte darüber las ich im Aushang der Münsterschen Zeitung. Ich war gerade am Verlagsgebäude vorbeigekommen, las die Berichte und hörte zum

erstenmal von Homosexualität, von SA-Führern, die mit Männern zusammen in einem Bett liegend überrascht wurden. Da war er da, der erste Schmerz, eine unglaubliche Verwunderung: Was war das? Von was wurde da geredet?

Heute empfinde ich es als sonderbar und dennoch typisch, daß der Schock sich einstellte durch das, was man damals sexuelles Fehlverhalten, nein, noch genauer, eine Schweinerei nannte.

Die sogenannte sexuelle Befreiung ist heute Allgemeingut, wobei ich nicht zur Debatte stelle, was daran gut, was daran nicht gut ist. Wir waren damals alle ungeheuer prüde, über bestimmte Dinge sprach man nicht. Man wurde nicht aufgeklärt, nicht vertraut gemacht mit den Fakten des sogenannten körperlichen Erwachens.

Mühsam fand man sich zurecht oder suchte seinen Weg durch die Ratlosigkeit und Unsicherheit jener Lebensphase.

Ich erinnere mich eines Erlebnisses in unserem Landschulheim in Weilburg, im sogenannten Windhof. Wir waren Sekundaner. Ab und zu hatten wir Ausgang, durften hinunter in die Stadt. Eines Abends kamen einige der Sekundaner vom Stadtgang zurück, in ziemlicher Aufregung, wie es schien, sie begaben sich gleich unter die Dusche. Und auf die Frage: Was ist denn mit denen los?, erfuhr man den Grund der Aufregung: Sie hatten Mädchen geküßt – an einem Bahndamm, in der Nähe eines Zigeunerlagers. Sie wuschen sich das Abenteuer, von dem sie dachten, daß es eins sei, vom Leibe, daß sie wieder »sauber« würden.

Daß im Verlauf der Röhm-Affäre Männer an die Wand gestellt und ohne Gerichtsverfahren erschossen wurden, war zwar verbunden mit Fragen, die man sich jedoch nicht genau formulierte und die keinen grundsätzlichen Charakter hatten. Man fühlte sich für das Grundsätzliche nicht zuständig. Ein einfaches Reichsgesetz erklärte alle Maßnahmen, die zur Niederschlagung des sogenannten »Röhm-Putsches« getroffen wurden, für rechtens. Auch der Generalfeldmarschall widersprach nicht. Und so war schließlich fast jedermann zufrieden.

Wir waren jünger, als die Jahre vermuten ließen, jünger, unselbständiger, gehorsamer, noch erfüllt vom Glauben daran, daß »die da oben« es schon richtig machen würden. Kritik muß man lernen, wir hatten nicht gelernt, sie zu handhaben, zu gebrauchen. Kritik wäre so etwas wie Aufstand gewesen. Und das wurde es ja schließlich auch.

Die allgemeine Wehrpflicht wurde eingeführt. Ich machte einen Lehrgang mit in Rathenow in der Mark Brandenburg.

Eine Zweimonatsausbildung in einer Schweres-Maschinengewehr-Kompanie. Ich machte das ohne große Freude mit, ich fühlte mich gestört in der Ausübung von Freiheit, so ungeheuer beschäftigt mit mir selbst. Ich wurde dort zum Unterführeranwärter ausgebildet und genügte einer Pflicht, der man das Beste abzugewinnen trachtete. Aber da wurden plötzlich ganz andere Prioritäten gesetzt, es wurde ein Rahmen abgesteckt, in dem man sich zu bewegen hat, und das war ein enger Rahmen, eingeengt durch Wichtigkeiten, die keine waren oder die man nur schwer als solche akzeptieren konnte. Es waren Unteroffiziersbegriffe, eine Unteroffizierswelt, schwere Knobelbecher, graues sperriges Tuch, Schweiß und Sand, Sand in den Stiefeln, Schweiß am ganzen Körper.

Irgendwie kam einem das sinnlos vor, dennoch wurde es akzeptiert als eine sicher notwendige Begegnung mit einer Sinnlosigkeit, die ja sehr schnell zu Ende gehen würde. Eine Begebenheit ist mir im Gedächtnis geblieben: eine Vorführung der Reichswehr, einer Abteilung, die uns ihre Fertigkeit zeigte in der Feuerbereitstellung von Panzerabwehrgeschützen.

Das Heranpreschen der Abteilung, das Abkuppeln der Geschütze, das In-Feuerstellung-Bringen, jeder Griff war eingeübt, das Ganze wirkte wie ein Zauberstück an Schnelligkeit, an Perfektion. Es stellte sich noch ein Eindruck ein, ein noch ganz unbestimmter: der Eindruck einer tödlichen Bedrohung.

Die Rohre der Pak-Geschütze zeigten auf ein Ziel, das kein sichtbares war, aber das denkbar wurde. Zugleich aber mischte sich mit diesem Eindruck ein anderer, der akzeptabler, weil gefälliger war, der Eindruck von Unüberwindlichkeit und von Stolz.

Ich war froh, daß die zwei Monate zu Ende waren, denn ich hatte mich verliebt in ein junges Mädchen, das als Sekretärin in der RJF arbeitete.

Übrigens: Das erste Mädchen, das man liebte, heiratete man. Das war der Brauch der Zeit.

Ich heiratete mit jener Fraglosigkeit, Bedenkenlosigkeit, die wohl auch zum Zeitcharakter gehörte. Wir waren Jetztmenschen. Das Lebensinteresse in seiner vollen Fülle richtete sich auf Augenblicke, auf die Augenblicke, die sich im Jetzt darboten. Vorausschauen ist wie Kritik wohl etwas, das man lernen muß.

Wobei das Vorausschauen wohl die höhere Kunst ist, wohl kaum beherrschbar. Und die, die die Kunst des Vorausschauens am besten beherrschen müßten, die Politiker, können es zuweilen am wenigsten. Weit und breit gab es niemanden, der weit vorausschaute, der die Jetztzeit einzubinden wußte in eine Gesamtschau.

Es gab sie nicht nur nicht in Deutschland, es gab sie auch in Frankreich nicht, in England nicht. Denn wenn es sie gegeben hätte, hätte es Hitler nicht gegeben.

Man hätte nur wissen müssen, daß es kein Europa gibt *ohne eine gesunde Mitte*. Um die gesunde Mitte hätte man besorgt sein müssen. Ganz wenig hätte dazu gehört, diese gesunde Mitte wiederherzustellen.

Nach dem Ersten Weltkrieg hätte man nur zehn, zwanzig Jahre lang vorausdenken müssen. Aber das Jetzt wollte die Rache. Was für ein gewaltiges, schreckliches, tiefbefriedigendes Urgefühl. Man weiß es inzwischen: Die Rache der Sieger, einmal in voller Tätigkeit, räumt das Feld der Unvernunft nur widerwillig und ganz zuletzt.

Berlin ließ sich auch als junges Ehepaar genießen. Es bot sich geradezu verschwenderisch an, im glücklichen Hochmut jener Zeit, mit seinen unglaublichen Attraktionen an Natur.

Wir sausten herum im offenen Wagen. Die Hochzeitsreise ging nach Wyk auf Föhr, man pflegte damals am rechten oder linken Kotflügel kleine Standerstangen mitzuführen. Für die netten, kleinen, fröhlichen Hakenkreuzflaggen – die damals wirklich noch so wirkten: freundlich, fröhlich, siegbewußt – heute ist mit dem Zeichen nur noch Abscheu verbunden –, nein, das Wort ist zu simpel, es manifestiert sich in diesem Zeichen all das Grauenhafte einer schließlich total entarteten Zeit.

Im Jahre '37 trugen die Autos diese kleinen Wimpel nicht mehr, die kleinen Stander waren hilfreich beim Einparken. Aber nach Wyk auf Föhr fuhren wir mit einem langen, blauen Seidenwimpel, Stoff vom Hochzeitskleid. So trug man seine Freude, seinen Stolz, die ganze irrsinnige Lebenszugewandtheit in einem Wimpel spazieren.

Oder wir fuhren an die Ostsee, nicht wir allein, sondern Freunde, Kollegen, junge Journalisten, die auch gerade geheiratet hatten, so daß wir unsere Lebensfreude wie in einen Topf zusammenwarfen.

Was für gute Freunde hatte man? An einen erinnere ich mich besonders, und jedesmal stellt sich bei mir Trauer ein. Hans Heinrich Henne war so jung wie ich, ein wenig offener, ein bißchen rothaarig, nicht sehr, aber so sehr, daß es zu seinem Charakter paßte, der offen war, wach, lebendig, und der diese Lebendigkeit sichtbar machte, für jedermann sichtbar machte. Ihm drängten sich die Worte auf die Lippen, er hatte keine Mühe, sich auszudrücken, seinen Optimismus nicht nur zu zeigen, sondern zu praktizieren. Wie oft waren wir in Bansin an der Ostsee, nach einer schönen Fahrt durch Pommern. Wir fuhren durch die Schorfheide, in der Göring, der Prächtige, eine Art germanisches Jagdschloß gebaut hatte. Ich erinnere mich noch an das akustische Signal, das jedesmal ertönte, wenn man auf dem Weg durch die Waldstraße der Schorfheide eine bestimmte Stelle passierte.

Niemand, der über den Sinn eines solchen Signals nachdachte. Auch Mißtrauen muß gelernt werden. Mißtrauen paßte nicht in die Zeit,

und wir waren es ganz bestimmt nicht. Hans Heinrich Henne wurde später Kriegsberichter wie ich auch. Wir trafen uns einmal in Karelien und dann wieder nach dem Kriege in Oldenburg an einer Omnibushaltestelle. Er trug einen noch sehr guten Anzug unter einem Monteurkittel, hatte an einem Riemen zwei Aktentaschen, die er geschultert trug.
Er erzählte mir, daß er wieder beim Film anfange, die Engländer hätten ihn angeheuert, mitzuhelfen, die deutsche Filmindustrie wieder auf die Beine zu stellen. Er sei auch sehr gut mit den Russen. Er bestieg dann seinen Omnibus und verschwand aus meinem Leben. Er wurde von den Russen auf einem Gefängnishof erschossen. Ohne Gerichtsurteil, und noch heute weiß niemand, warum. Ein paar Mutmaßungen gibt. Das Buch, das er geschrieben hatte: »Das Weiße im Auge des Feindes«? Oder war es die Spionenfurcht? Was tat er bei den Engländern? Ein Mitgefangener sah vor seiner Zelle das aufgeschichtete Häufchen seiner Kleidungsstücke. Die wurden nicht miterschossen, das war nicht Sitte in jener Zeit, wo immer auch erschossen, erschlagen, getötet wurde.
Aber noch waren wir in Bansin, in der Sonne, in einer Umwelt, die durchleuchtet war, besetzt von fabelhaften Ichgefühlen. Oder wir waren an der Havel, hatten den Wagen in den Wald gefahren. Noch heute genieße ich in der Erinnerung den Eindruck, den es machte, das Gaspedal mit der nackten Fußsohle zu bedienen.
Ganz Berlin war an schönen Sonntagen an den Seen, die Straßen besetzt von Autos, die S-Bahn voll von Menschen.
Ich habe nach dem Kriege mit Robert Siodmak über meine Berliner Zeit gesprochen, er erzählte mir von seiner Zeit, die er dort ein wenig früher verbrachte, um ein paar Jahre früher, um Welten früher.
Er erzählte mir von seinem Film »Menschen am Sonntag«. Verrückt, sagte er, absolut verrückt. Der Film hatte nur fünfzigtausend Reichsmark gekostet und war eine Sensation. Sein Inhalt: dein Sonntag in Berlin, mein Sonntag in Berlin. Keine kunstvolle Handlung, nur eine Wiedergabe der Ereignisse, gleichsam ohne Kommentar, ein Film mit Bildern wie von Monet, im Hintergrund und mitspürend, ja, was? Liebe. Wir waren erfüllt von Liebe, von ganz unbewußter, von Lebensliebe. Liebe ist unklug, Liebe, jene, die ich meine, ist selten wissend. Das Wissen ist nicht Sache der Liebe, denn Wissen, endgültiges Wissen macht traurig.

Meine Berliner Zeiteindrücke sind verbunden mit den Seen, welcher es auch immer war. Wir genossen das Feuerwerk in Treptow ebenso wie das Bootfahren auf dem Wannsee.
Und da stellt sich wieder ein Bild ein. Zeit: Mitte des Krieges. Nach

dem ersten großen, verheerenden Angriff auf Hamburg. Man hatte gerade Einzelheiten gehört über die *planmäßige Ermordung* einer Stadt, daß die Stadt Straße um Straße vernichtet wurde, daß man in der nächsten Nacht dort weitermachte, wo man in der Nacht vorher aufgehört hatte, daß ein ganzer Stadtteil gar nicht mehr betreten werden konnte, da er sich in eine Wüste des Todes verwandelt hatte. Und wir trieben in einem Boot auf dem Wannsee. Die Fröhlichkeit war weg, wie weggetragen worden von einem Eiseshauch.

Es mag jeder seinen besonderen Zeitpunkt haben, an dem er aus seinen Träumen herausgerissen wird, aus seinen Träumen, aus seiner persönlichen Gedankenwelt, in der er sich eingerichtet hat wie in einer Wohnung, in der er jedes Zimmer kennt, möbliert, tapziert mit den Gedanken, die zu ihm gehören.

Mein Zeitpunkt der Entfernung aus der persönlichen Welt, in der es trotz des Krieges immer noch Restbehagen gab, war jener Tag auf dem Wannsee, als ich gegen Berlin sah und wußte: Das, was Hamburg passiert, passiert auch Berlin, dieser über alles geliebten Stadt. Niemand wird es verhindern können. Berlin wird verbrennen, mit allem, was es ist, was es hat, was es bedeutet. In jenem Augenblick verließ ich das Land der Kindheit, das es bis dahin noch gegeben hatte.

Das Land der Kindheit, der Geborgenheit, wird von jedem Menschen irgendwann verlassen und zuweilen aus besser begreifbaren, weil persönlichen Anlässen. Kein Beweggrund, der geringer einzuschätzen ist. Bei manchen Leuten bleibt das Fruchtwasser sehr lange.

7

Aber noch sind wir im Jahre 1937.

Noch nicht hineingezogen in das Schicksal von Opfern und Tätern. Waren wir es damals schon, ein bißchen Täter, ein bißchen Opfer? Wie liefen wir darauf zu, auf jene Zeitphase, die ringsum gleichsam Wände hochzog, wie um Fluchtversuche zu verhindern, um keinen aus der Verantwortung zu entlassen, jenen Umkreis, in dem sich schließlich die Begriffe Opfer und Täter endgültig und in aller Deutlichkeit herausbildeten, ein Umkreis, der schließlich auch den Unschuldigsten miteinbezog, in Versuchungen miteinbezog, ihn konfrontierte mit Situationen von bis dahin nicht gekannter Art, Menschen, die den Versuchungen und radikalen Fragestellungen in gar keiner Weise gewachsen waren.

Waren wir alle, mit unseren besten Absichten, damals schon Täter, ein bißchen Täter? Aber gibt es den Begriff des Ein-bißchen-Täters überhaupt? Wo ist die Grenze zwischen Schuld und Unschuld? Was ist

Schuld eigentlich? Was ist direkte Schuld? Und gibt es eine indirekte? Wie verantwortlich muß jemand sein, um direkt schuldig zu sein? Wie nah muß man einer Tat sein, um verantwortlich zu sein? Was ist mit halbnah? Wer mißt solche Distanzen, und auf welcher Skala?
Diese Sätze sind erste Formulierungen, die fast ausschließlich die Tragödie des Judenmords betreffen, jenes Ereignis, das nun wie ein unbewegbarer Block aus Zement auf dem Boden unserer Vergangenheit liegt, jener Vergangenheit, die damals noch unbekannte Zukunft war.
Wie weit entfernt war man damals von solchen Fragen.
Es gab sie nicht. Man genoß den scheinbar unaufhaltsamen Aufstieg, den wirtschaftlichen ebenso wie den politischen. Deutschland präsentierte sich der Welt mit großem Stolz, und man registrierte die Achtung, den Respekt, den man im Ausland dem sogenannten neuen Deutschland entgegenbrachte.
Den Respekt gab es natürlich nicht überall. Hitler hatte gleichsam einen Brandsatz geworfen, seinen Antisemitismus, der viele Leute nicht störte, auch im Ausland nicht, denn der Antisemitismus war keine deutsche Erfindung, den gab es in vielen Ländern und durch alle Zeiten hindurch, aus welchen Gründen auch immer. Das mag mitgeholfen haben, nicht sehr zu protestieren. Viel eher sah man ebenso fasziniert wie besorgt auf die Macht, die sich da in Europa neu gebildet hatte; eine Macht mehr im Machtkonzert der Großmächte, intensiv nationale Gleichgewichte berührend.
Nur die Juden selbst, etwa in Amerika, nahmen sehr früh sehr wichtig, was da geschah, empfindlichst berührt, existentiell berührt, im tiefsten Inneren aufgewühlt in der Furchterfahrung von Jahrhunderten – jener Juden, die, wie Arthur Miller sagte, zweitausend Jahre lang angesichts des Abgrundes gelebt haben.

Für die Berufspolitiker des Auslands war mit den deutschen Judengesetzen noch nicht viel passiert, zu sehr blendete zunächst einmal der Glanz der Macht, das Beispiellose und Faszinierende daran.
Man pflegte diplomatischen Umgang in der üblichen höflichen Form, mit der man einer Großmacht Respekt erwies. Dieser Respekt schlug zurück und erfüllte die Menschen einmal mehr mit Stolz, mit nationalem Stolz, dem etwas Familiäres anhaftete: *Wir* sind das, *wir* sind gemeint, *wir alle* haben da etwas geschaffen, mitgeschafft, jeder einzelne schien sich beteiligt zu haben mit dem selbstverständlichen Recht, seine ihm zustehende Ration an Stolz und Befriedigung abzubekommen.
Allgemein hatte man keine genaue Kenntnis jenes philosophischen Hintergrundbasis, den sich der Nationalsozialismus gegeben hatte.

Man nahm beispielsweise die Rassentheorie hin, etwas achselzuckend, im Sinne von na ja. Schließlich war es ja auch ganz interessant, in der Familiengeschichte herumzuforschen, woher man kam, wer Eltern und Großeltern waren. Viele Leute hatten geradezu ein neues Hobby gefunden, eine neue Wochenendbeschäftigung, im Auffinden von Ahnenbelegen, im Sammeln von Geburts- und Todesbescheinigungen, man schrieb an Pfarrämter, die zuzeiten mehr mit Post dieser Art beschäftigt waren als mit aktiver Seelsorge.
Das waren Gesprächsthemen: Was? Thüringen? Sie Glücklicher. Da gibt es fabelhafte Pfarrämter, aber gehen Sie mal nach Ostpreußen. Schweigen im Walde. Ich weiß gerade, daß mein Großvater Schnapsbrenner war und sehr früh gestorben ist. So schnell, daß der Pfarrer seinen Tod offenbar nicht zur Kenntnis genommen hat. Der sogenannte »germanische« Gedanke beschäftigte uns zunächst nicht sehr, aber er machte sich mit der Zeit stärker, auch interessanter.

Wir nahmen einmal teil an einer Sonnenwendfeier der SS. Sie fand in einer Kiesgrube statt. Es war Nacht, die Szenerie von Fackeln erleuchtet. Mein Haupteindruck, der mir bis heute geblieben ist: Ich sah SS-Männer, junge Männer, in Stiefeln, schwarzen Breeches und weißen Hemden, mit Fackeln in der Hand um ein Feuer tanzen. Tanzen kann man nicht sagen: Es war mehr ein rhythmisches Schreiten; fast an einen russischen Volkstanz erinnernd. Ich gebe zu, daß wir HJ-Führer uns ansahen, es sonderbar fanden, aber sonderbar mehr deswegen, weil es uns unbekannt war, aber schließlich nahmen wir es hin, wie man einen bayerischen Schuhplattler hinnimmt, der für Ortsfremde ja auch exotisch ist.
Der germanische Gedanke machte sich aktuell, und weil er sich aktuell machte, belebte er sich, fand hier und da ein Echo, nicht auf dem Felde der Vernunft, sondern eher als eine Art Vision, mit dem Glanz und der Anziehungskraft, die Visionen zuweilen haben. Um ein Beispiel dafür zu geben: Mitten im Kriege war ich mit einigen anderen Kriegsberichtern bei einem norwegischen Historiker zu Gast in seinem prachtvollen Holzhaus hoch über dem Oslofjord. Ein lebhafter Mann, mit geradezu leuchtenden Augen berichtet er vom Volk der Wikinger. Er sagte: Sehen Sie mal den Reichsführer der SS, Herrn Himmler? Ich möchte ihm ein Geschenk machen. Ich bin im Besitz eines besonderen Holzes, eines langen, geschnitzten Holzstammes, den die Wikinger, wenn sie fremde Küsten sichteten, ins Wasser warfen. Sie landeten dort, wo dieser besondere Holzstamm angeschwemmt wurde. Ich weiß nicht, was daraus wurde. Aber wie an dieser Geschichte zu sehen, dieser Mann hatte ein germanisches Rundholz im Kopf, das seinen Kopf wohl vollständig ausfüllte. So gab

es bei vielen Menschen Dinge, von denen sie vollkommen ausgefüllt wurden, zuweilen ganz persönliche Dinge wie die Liebe zu einer Frau, zu einem Besitz, zu einer Freundschaft, zu einem ganz persönlichen Glauben, der in seiner Bedeutung an erster Stelle rangierte. *Der Gesamtzusammenhang rangiert nie an erster Stelle,* es sei denn bei besonderen Leuten, die man dann auch mit Recht, ja mit Bewunderung und Ehrfurcht solche nennen kann.

Wir HJ-Führer, die wir wie in einem selbstgesponnenen Kokon lebten, abseits vom Parteibetrieb, um dies noch mal zu betonen, völlig in Anspruch genommen von Vorhaben, die ich heute noch für idealistisch halte – wir lebten nicht so sehr im Kokon, um nicht doch und im zunehmenden Maße nach außen zu sehen.

Ich erinnere mich eines interessanten Gesprächs bei mir in meiner Wohnung in Frohnau.

Da waren ein paar Leute vom Kulturamt, ein paar Journalisten, darunter einer, über den ich noch berichten werde, weil er nach Bildung und Intelligenz ganz ungewöhnlich war, den Naiven weit überlegen, und der es liebte, aggressive Fragen zu stellen, Antworten herausfordernd, die schuldig zu bleiben einer Niederlage gleichgekommen wäre, wir mochten Niederlagen nicht. Jener also stellte die Frage: Gibt es eine deutsche, jüdisch beherrschte, jüdisch vergewaltigte Literatur, oder gibt es sie nicht? Und was ist eigentlich eine deutsche Literatur? Es wurde eine hitzige Debatte, denn einige vertraten den offiziellen Standpunkt, etwa: Schaut euch doch an, wer die Verfasser sind, es sind fast *ausschließlich* Juden, die sogenannte deutsche Literatur wird beherrscht von jüdischen Autoren, dazu noch in jüdischen Verlagen verlegt. Sie haben ein Gefühl füreinander, ein rassisch bedingtes, schicksalhaftes Zusammengehörigkeitsfühl, sie orientieren sich aneinander, füreinander, und erhalten ihren Rang zudem noch verliehen von jüdischen Kritikern.

Nun, sie hatten in gewisser Weise wohl recht.

Nach dem Kriege, weit nach dem Kriege, las ich bei Joseph Roth die erbitterte Klage: Sie haben uns hinausgeworfen, uns, die wir die deutsche Literatur vertraten. Und er zählte sie alle auf, Namen für Namen, glanzvolle Namen, weit- und weltbekannte Namen, ausschließlich jüdische. Es kam ihm nicht in den Sinn, daß eben wegen dieser Massierung sich Widerstand formiert und formuliert hatte. Auch in unserer Diskussion spielte ebendiese Massierung eine Rolle, bis unser Freund die Frage in die Debatte warf, etwas kalt, etwas zynisch: Und wenn es keine spezifisch deutsche Literatur gibt? Was ist das überhaupt? Soll die Edda fortgedichtet werden? Wollt ihr das Siegfriedlied neu verfassen? Selbst das machen die Juden besser. Er erinnerte an Fritz Lang, der den schönsten, den besten Nibelungen-

film geschaffen hatte, einen Weltfilm. Wie hatte er den Zeitgeschmack getroffen und das deutsche Herz mit jenen unvergeßlichen Bildern, die Siegfried zeigen, der an der Spitze einer Zwölferheldengruppe über die Zugbrücke in die Burg reitet, umwogt von Fanfarenmusik.
Unser Freund sagte: Ich wette eine Million Mark und einen Pfennig, daß es keine deutsche Literatur, eine nur deutsche, allein deutsche Literatur gibt. Er sagte: Genau betrachtet, gibt es nur Weltliteratur mit ein paar nationalen Unterabteilungen. Die Stimmen erheben sich, wo immer sie sich befinden. Wenn die Blumen am deutschen Holze blühen, um so besser.
Ich selbst war in der Literatur, in der modernen Literatur, nicht sehr zu Hause – ich fühlte mich zu Hause in der klassischen Literatur, in der, die man in der Schule vermittelt bekam. Man erinnere sich: Als die Bibliotheken geleert wurden von Büchern der sogenannten »lesensunwerten« Literatur, war ich noch in der Schule, und mein Zuhause war kein Buch-Zuhause, wir hatten einfach zuwenig Geld, um Bücher zu kaufen. Ich konnte also nicht mitsprechen.
Ich holte es irgendwann nach, ausgiebig nach. Aber das ist eine Geschichte für sich. Sie hat mit Feuer und Bomben zu tun. Damals war die Diskussion jedenfalls heiß entbrannt. Es gab Leute, die widerwillig anerkannten – immer auf der Suche nach einer objektiven Wahrheit –, daß die jüdischen Autoren genauer waren.
Unser Freund, der Redakteur vom Völkischen Beobachter, hochgebildet und zu einer Art von gebremstem Zynismus neigend, sagte: Sie steigen hinab in die menschliche Seele, gehen die menschliche Seele ab, Zimmer für Zimmer, wo andere mit dem Fernglas schauen, da schauen sie mit dem Mikroskop.
Die Diskussion wurde – das weiß ich heute – um ihrer selbst willen geführt. Es genügte und war reizvoll, über solche Themen zu sprechen, bescheidene Ausweitungen kritischen Gefühls, aber – sie führten zu nichts.
Immer noch fühlte man den »brausenden« Gang der Geschichte, der sich der Handhabung entzog, wenigstens der Handhabung durch uns. Wir saßen im Abteil eines fahrenden Zuges und waren Leute, die interessiert aus dem Fenster schauten. Alles, was schließlich passierte – und was mit dem gerade besprochenen Thema zu tun hatte –, war schlechterdings unvorstellbar. Unvorstellbar bis heute, so unglaublich unvorstellbar, daß ich manchmal heute noch meine: Es muß, es kann einfach nicht wahr sein.
Und daß es wahr ist, hat zu unumkehrbaren Erkenntnissen geführt – zu Erkenntnissen, die nun auch zum »brausenden Gang der Geschichte« gehören, auf dem Weg zu seinen letzten, allerletzten, endgültigen Schlußpunkten.

Aber noch gehörte uns damals die Gegenwart, die man für die eigene hielt, nur für die eigene, so als sei alles passiert zum Nutzen ebendieser eigenen Gegenwart, als sei sie für einen selbst da, und nur für einen selbst.
Im Jahre '38 begann der Zug der Zeit an Tempo zu gewinnen. Österreich wurde besetzt.
Nein, nein, Besetzung war es nicht. So bot es sich mir nicht dar. Es war kein militärischer Überfall. Das war er nur optisch: Ein paar Heeresteile überschritten die Grenzen, sie beseitigten die Schlagbäume, wobei ihnen die Österreicher halfen.
Ich werde nie den Augenblick vergessen, da ich Zeuge wurde, Ohrenzeuge des Beifalls; ganz Österreich stand auf den Zehenspitzen, jubelnd, schreiend, exaltiert schreiend. Ich saß mit Freunden zusammen in einem Berliner Café. Das Radio brüllte den Jubel hinaus.
Im ganzen Lokal hörte man zu, gebannt zu, denn der Jubel fand ein Echo in jedem. Staunen war überall, ungeheures Staunen, ein freudiges Staunen – der Engel der Geschichte flog durch den Raum, er flog über ganz Europa hinweg, ein Weltengel schließlich. Was für ein Ereignis: Da wird ein Land einverleibt, dem Deutschen Reich zugeschlagen, in einer welthistorischen Umarmung. Ja, eine *Umarmung* war es von Menschen, von Völkern.
Und wieder bewirkte es ein Mann, ein einziger Mann, er, der größte, der einzige. Denn so bot er sich dar, so betrat er die Bühne, so stand er da in Wien und verkündete etwas vor der Geschichte. Den Eintritt seiner Heimat in das Deutsche Reich.
Man beachte das Ich-weiß-ich-weiß-Zeichen. Keine Sorge. Der böse Hintergrund bringt sich immer mit ins sprachliche Bild.
Darf ich daran erinnern, daß man uns Geschichte beigebracht hatte als einen Hinstrom von geschichtlichen Bewegungen? Reiche, die gegründet wurden, Reiche, die auf ihrem Höhepunkt glanzvolle Unternehmungen waren, bis sie zerfielen, Beute anderer Völker, sogenannter »stärkerer« Völker, die ihrerseits Reiche bildeten. War es so fremd, sich als Angehöriger, ja, Teilnehmer eines solchen Ereignisses zu fühlen?
Reiche bilden, Reiche gründen, Macht erweitern, Imperien bilden oder Einflußbereiche, das war gang und gäbe, das gehörte zur allgemeinen Bildung, war ein fester Bestandteil der Geschichte. Auch die Sowjets haben nach dem Kriege ihr *Imperium* gegründet. Es gilt wohl noch das alte Gesetz, nach dem Völker Macht an sich reißen, Macht behaupten, bis ihre Kraft erlahmt, nicht etwa, bis ihre Vernunft gewinnt. Von Vernunft war in der Geschichte noch nie die Rede. Das könnte unserer Zeit – die, die wir jetzt haben, in der wir jetzt leben, die eine Zeit *nach einer Weltbelehrung ist* – vorbehalten bleiben.

Jetzt habe ich das Wort gebraucht, viel früher als ich wollte, das Wort *Weltbelehrung*. Denn nun, fast ein halbes Jahrhundert nach dem Zweiten Weltkrieg, gehört zu meiner Erfahrung, daß wir es mit Ereignissen zu tun hatten, die man als eine Weltbelehrung ansehen muß. Wir alle wurden belehrt, die Welt wurde belehrt, sie bekam etwas vorgesetzt, eine Lektion, eine Weltlektion, die gelernt werden muß und in der die Vernunft eine Rolle spielt über alle Zeiten von »Reiche gründen, Reiche bilden, Macht ausüben« hinaus.

Als Österreich an das Deutsche Reich fiel, das sogenannte Großdeutsche Reich bildend, da waren wir noch mitten in uralten Gedankengängen, daß starke Völker gleichsam auf der Geschichte reiten wie auf Wellenkämmen. Der Wellenkamm der Geschichte hob uns hoch, sehr hoch, weit hoch – und einige Dinge, die nach dem Kriege so große Bedeutung bekamen, waren Dinge am Rande – auch die, die man als unschön empfand –, waren *Randgeschehnisse*.

Erst als der Wellenkamm zusammenbrach, sich anschickte, ein Wellentief zu werden, da begannen die an den Rand gedrückten Ereignisse ihre ihnen innewohnende Kraft immer stärker zum Vorschein zu bringen, wachsend und wachsend bis zur Übermacht und als solche Teile des Weltlehrstoffes. Damals aber erfüllte uns Staunen, fast mystisches Staunen, und als Hitler, wie es verbürgt ist, nach dem Anschluß Österreichs seiner Sekretärin sagte: Ich bin doch der größte Deutsche, da gab es sehr viele, die ihm zustimmten. Und dies aus vollem Herzen.

Drei Wochen vorher hatte ein anderes mich später sehr berührendes Ereignis stattgefunden: Meine zweite Frau wurde geboren, in einer Schicksalslandschaft, in Schlesien.

Nach Österreich hatte sich etwas verändert. Die Etablierung des Regimes war fortgeschritten. Die Geschichte nahm ihren Lauf. Diese Metapher gewann ihre Rechtfertigung. Wir waren »im Lauf der Geschichte«. Wir folgten diesem Lauf, der sich »ehern« gab; es schien, als befänden wir uns im sogenannten Einklang mit der Geschichte. Deutschland schickte sich an, die »machtvolle Mitte« Europas zu werden. Was im Kopf dieses einen Mannes vorging, wie weit die Selbstüberschätzung vorgeschritten war, wie weit sie normales Denken zerstört, unmöglich gemacht hatte, das war den meisten nicht ersichtlich. Möglich, daß es ein par Generäle wußten, das spätere Oberkommando der Wehrmacht. Diese Leute wußten ja, warum sie aufrüsteten, bis zu welchem Umfang, und warum über den normalen Umfang hinaus. Etwas von den Plänen Hitlers müssen sie ja gewußt haben.

Wir wußten es nicht, wir ahnten es nicht einmal. Die Besetzung Österreichs vollzog sich unter dem Jubel der »Überfallenen«, und es gab ja noch andere Ungerechtigkeiten, die als solche empfunden wurden. Immerhin wohnten drei Millionen Deutsche in der Tschechoslowakei. Drei Millionen, mehr als die Hälfte der Einwohner der Schweiz. Da waren nach dem Ersten Weltkrieg Grenzziehungen vorgenommen worden, bar jeder Vernunft, da war himmelschreiende Ungerechtigkeit am Werk gewesen; »Siegerwölfe« hatten das Land behandelt wie gerissenes Wild.

Man möge sich nicht täuschen lassen von den Formulierungen, die ich hier gebrauche. Ich versuche nur wiederzugeben, was *damals* gültige Empfindung war. Es gelten niemals im nachhinein berichtigte Gefühle, das Geschehene wird immer bestimmt von im Augenblick gültigen Vorstellungen. Jede im Augenblick gültige Vorstellung gibt sich nachher der Interpretation einer in Wahrheit »anderen« Welt preis. Aber gelebt wird immer im Augenblick, bis der Augenblick zurücksinkt in die Vergangenheit, sonderbar entleert seiner Kraft, daß die Empfindungen später dastehen als totes Gerippe, eher komisch wirkend als traurig.
Damals also warteten drei Millionen Sudetendeutsche darauf, »heimgeholt« zu werden. Das Dritte Reich hatte eine ungeheure Sogkraft bekommen, Kraft über die Grenzen hinweg, fast rauschhaft wirkend. In Europa sah man ebenso besorgt wie fasziniert auf kommende Entwicklungen.
Es spricht für Engländer und Franzosen, daß sie sich Argumenten nicht verschließen konnten. Sie berichtigten Versailler Fehler.
Und wir alle waren glücklich, daß sie es taten. Wie sehr erinnere ich mich der sogenannten Sudetenkrise, als es eine Übung der Propaganda war, Nachrichten mit dem Egerländer Marsch zu beenden. Die Musik war wie ein Trommelwirbel, eine musikalische, geheimnisvolle und zugleich phänomenal wirkende Ankündigung. Man wußte nun: Das alles läuft auf etwas hinaus, auf ein So-oder-So. Unvorstellbar, daß diese Fanfarenmusik eines Tages sang- und klanglos aufhören würde. Diese musikalische Anbindung, Einbindung war ein unglaubliches, bis dahin ganz unbekanntes Mittel der Beeinflussung. Es gibt amerikanische Filme – Western logischerweise –, in denen auf ähnliche Weise die Musik, immer dieselbe Musik, benutzt wurde, um Spannung zu erzeugen, Spannung zu erhöhen, bis ins Unerträgliche zu erhöhen.
Es drückte sich darin aus: Es wird etwas passieren. Wir hören nicht auf, diese Musik zu spielen, bis sich etwas ereignet hat, und zwar *so oder so.* Es lag die Ankündigung von Gewalt in dieser stereotyp wiederholten Musik, das dumpfe: Wir holen uns unser Recht. Die Musik schien dem kommenden Vorgang zur Drohung noch etwas

anderes mitzugeben, die Leidenschaft, den Trotz, auch etwas Flehendes, Überredendes. Es wiederholte sich während der Polenkrise. Auch dann schloß jede Nachrichtensendung mit Musik, mit immer derselben Musik. Und wieder wußte man: Da beginnt etwas abzulaufen, von Tag zu Tag stärker zu werden, auf ein Ereignis zuzulaufen, auf ein So-oder-So.

Aber in diesem Fall lagen Kriegserklärungen in der Luft, die Konfrontation war stärker geworden, direkter, der drohende Ton unüberhörbarer.
In meiner Erinnerung sehe ich einige Bilder ganz unverlierbar. Die Ansammlung von Menschen vor Geschäften auf dem Kurfürstendamm, schweigend den Nachrichten folgend, die Musik als immer drohender, verhängnisvoller empfindend. Es herrschte Atemlosigkeit, Bedrücktheit vor der Wiederholung des Rituals. Aber noch war es nicht soweit. Die Sudetendeutschen kehrten heim, neue Jubelzüge, brausender Lärm, ekstatischer Lärm bei den Heimkehrfesten. Und immer noch waren wir im Einklang mit der Geschichte.
Es schien keinen Grund zu geben, besorgt zu sein. Allerdings hatte sich ein Gefühl eingestellt, das es bis dahin nicht gegeben hatte. Es war so etwas wie ein leichter *Rauschzustand,* den Psychologen sicher gut erklären können. Der Starke, der seine Stärke gezeigt hatte, aus seiner Stärke Rechte ableitete.
Genauer gesagt: Man hatte Aggression gezeigt. Und Aggression ist auch so etwas wie ein Suchtmittel.
Wir bewohnten eine Etage eines Einfamilienhauses in Frohnau, in einer kleinen Straße, mitten in einem Viertel, in dem lauter kleine Häuser standen, kleine und größere. Ab und zu machten wir Spaziergänge durch unser Viertel und sahen uns Häuser an, mochten dieses oder jenes, träumten uns selber hinein, genossen im Traum eine Art von unaufhaltsamem Aufstieg.
Denn alle Dinge hatten sich gebessert, zum Besseren gewendet.
Es gab keine Arbeitslosen mehr, die Wirtschaft florierte, dank eines immer mehr zunehmenden Optimismus.
Ich hatte einen Wagen kaufen können, einen Trumpf-Junior, eine sogenannte Kabriolimousine, mit feststehenden Seitenteilen. Man konnte zwei Stangen quer einsetzen und zog ein Verdeck über das Ganze hinweg. Der Wagen hatte eine Höchstgeschwindigkeit von 95 Stundenkilometern, und es gehörte zur allgemeinen Stimmung, daß man sich ärgerte, die 100-Stundenkilometer-Grenze nicht überwinden zu können, und man freute sich, wenn man die magische Zahl wenigstens beim Bergabfahren erreichte. Was für ein Fortschritt gegenüber den Jahren, die ich hinter mir hatte.

Ich fuhr mit dem Wagen nach Hause, lud meine Eltern ein, am Fortschritt teilzunehmen, an jenem, der ihrem Sohn möglich gewesen war.
Die Familie hatte früher lange Fußwege auf sich genommen, um beliebte Ausflugslokale zu besuchen. Nun fuhren wir im Wagen. Was für ein deutliches Zeichen von Veränderung der Dinge. Mein Vater hatte sich eintragen lassen für einen Volkswagen, jenes Gefährt, das nicht mehr als tausend Reichsmark kosten sollte.
Wie zufrieden war er, daß er mit seiner Meinung recht behalten hatte: Dieser Mann wird Deutschland retten. Und hatte Hitler nicht der allgemeinen Verelendung Einhalt geboten? War nicht Ruhe eingekehrt? War es nicht richtig, daß ein Mann, ein vernünftiger, entschlossener Mann mit der Faust auf den Tisch geschlagen hatte, daß er die Schwatzbude geschlossen hatte, ein Ende gemacht hatte mit dem nutzlosen Palaver, Gejammer mit Streitigkeiten, die zu nichts geführt hatten? War sie nicht notwendig gewesen, die starke Hand? Hatte sich nicht eine uralte Heilserwartung erfüllt? Dieses Gefühl war damals allgemeiner Besitz und übte seine Faszination auch auf andere als nur naive Gemüter aus. Die intelligentesten Leute übten sich nun in weitreichenden und tiefgründigen Analysen eines Weltereignisses.
Die RJF war umgezogen, die Büros befanden sich nun in großen, hellen Gebäuden an der Heerstraße, die Büros besetzt mit lauter jungen Leuten, die zwar Teile einer Hierarchie waren, sich unterschieden nach Rängen und Uniformen; im Presseamt jedenfalls war es üblich, Zivil zu tragen, so daß wir in der Heerstraße immer einen besonderen Status innehatten. Die straff Uniformierten, gleichsam die »Truppe«, umgab uns, die wir fast ein bißchen exotisch waren.
Im selben Gebäude befand sich auch die Redaktion der BDM-Zeitschrift, in ihr herrschte eine Frau im mittleren Alter, klug, ganz unsportlich, mit dunklen, immer etwas traurigen Augen. Sie war gar kein »Mädeltyp«, sondern eine gestandene Frau. Ich fühlte mich zu ihr hingezogen, lernte sehr viel von ihr, und das vom bloßen Hinschauen.
Vorbei, vorbei. Alle diese Bilder, etwas mühsam hervorgeholt aus der Erinnerung, wirken wie blasse Fotos, die ihre Farbe verloren haben. Aber ein Hauch rührt mich immer noch an, ein ganz schwacher Hauch, in dem sich ein merkwürdiger Ernst ausdrückt, weil alle diese Gedankenbilder einen Hintergrund haben, der nachher hinzugefügt wurde.
Und diese Erinnerung bringt hervor die Mädchen des sogenannten BDM-Werkes »Glaube und Schönheit«. Was für eine griffige Formulierung, von der Einfachheit und Kraft eines Werbespruches.
Ich sehe die Bilder noch, die jungen Mädchen in ihren kurzen, weißen Trikots, reifenschwingend, sich in rhythmischen Übungen bewegend,

barfuß natürlich und meistens auf Rasen, das Grün des Rasens, der blaue Himmel, die Anmut der Bewegung – auch dies ist alles vorbei, ein bißchen blaß geworden, aber so drückte sich eine unerhörte Bemühung aus, einen Zeitgeist tänzerisch umzusetzen, Bemühung, sagte ich, denn ganz sicher drückte sich die Zeit nicht selber aus, sondern das alles war auch Teil eines Programms, von Menschen gedacht, erdacht, Teil eines Weltbildes, das hausgemacht war. Ein hausgemachtes Weltbild mit der Kraft eines echten. Hausgemacht mit phänomenaler Kraft.

An dieser Stelle fällt mir ein Verhör ein, das ein sowjetischer Kommissar nach dem Kriege mit einem Freund von mir führte, der als Soldat in Gefangenschaft geraten war. Mein Freund war ein Sudetendeutscher, sprach mit dem Kommissar tschechisch. Dieser Kommissar war ein Neugieriger, der wissen wollte, von welchem Geist die Jugend erfüllt war. Und mein Freund sagte: Man fühlte sich wie vor eine Frage gestellt: Wollt ihr gut sein oder stark? Und er fügte hinzu: Jeder junge Mensch will stark sein.

Als er mir diese Geschichte erzählte, war ich nicht ganz einverstanden. Auch diese Erklärung schien mir zu griffig zu sein, verkürzt auf das Anekdotische. Das Gutsein spielte durchaus eine Rolle. Mehr oder weniger natürlich, je nach der mentalen Grundausrüstung eines Menschen. Diese mentale Grundausrüstung war gleichsam persönliches Eigentum. Zu allgemeiner menschlicher Übung gehört es, seine eigene mentale Grundausrüstung für ganz verbindlich zu halten, so als habe jeder die gleiche, was ganz sicher falsch ist. Diese mentale Grundausrüstung wurde sehr oft auf die Probe gestellt, in Zerreißproben, und da war wohl manche menschliche Grundausrüstung so stark wie ein Spinnengewebe.

So mischt sich heute in der Erinnerung das Phänomenale mit dem Fragwürdigen. Die Erinnerung wird immer noch beherrscht von persönlichen Maßstäben, der Gute sieht das Gute, der Gläubige den Glauben, der Naive ein ganz ungestörtes, flaches, einfaches Bild, der Zynische oder zynisch Gewordene hat das Unterste nach oben gekehrt, läßt nur noch die Rückseiten der Medaillen gelten. Die Feigen sind sowieso immer auf der Flucht.

Die Jugend damals war keine besondere oder gänzlich andere Jugend, keine monströse Jugend, auch das Wort »irregeleitet« trifft keine Wahrheit, von der ich meine, daß es sie sowieso nicht gibt. Die Jugend ist sich immer gleich in ihrer menschlichen Grundausstattung, da ist keine besser als die andere und keine schlechter. Anders ist sie nur in Dingen, die man der Mode zurechnen muß, das Wort Mode im weiteren Sinne gebraucht. Auch der sogenannte Zeitgeist ist eine Ausformung von Geschmack und Gefühl, durchaus folgend oder geprägt von Machtstrukturen, rein äußeren Verhältnissen. In der Millionenschar der Jugend in jenen Tagen, über die ich hier schreibe, gab es gute und schlechte, rohe, geschmackvolle Menschen, Fragwürdige ebenso wie Feingeister, und dies auch durchaus moralisch zu verstehen. Die Jugend ist immer ein Abbild einer Menschengesamtheit. Nur rein äußerlich scheint sie zuweilen geprägt, aber nie dauerhaft, weil es dauerhafte Prägungen wohl nicht gibt.

Wenn ich an dieser Stelle eine Späterkenntnis einschieben darf, die sich notwendigerweise philosophisch anhört: Alles ist Irrtum.

Das Richtige wird jeweils als »richtig« erklärt, eine Erklärung, an die man sich eine Weile lang hält, weil an das »Richtige« zu glauben eine Notwendigkeit zu sein scheint. Das erklärte »Richtige« ist nichts als eine Ordnung, ohne die wohl niemand leben kann. Wir sind alle und immer wieder auf der Suche nach dem »Richtigen«, weil der Zweifel uns keine Ruhe läßt und das gefundene Richtige schon nach kurzer Zeit über Bord geworfen wird.

Am Ende eines Lebens bleibt wohl nur der radikale Satz: Alles ist Irrtum.

Was nicht ausschließt, daß man die Segnungen des für eine Weile Richtigen durchaus erkennt.

Nach dem Kriege habe ich in der französisch besetzten Zone einmal eine Art Kursus mitgemacht. Er fand statt auf dem Höllhof im Schwarzwald und wurde geleitet von einem hohen französischen Offizier, dem heute noch meine volle Bewunderung gilt. Reine Neugier trieb ihn, ehemalige Führer der Hitlerjugend einzuladen, mit ihnen zu debattieren. Er lud Gäste ein, Professoren ebenso wie Politiker oder sagen wir so: Inhaber von politischen Stellungen. Das Ganze spielte sich ab im Jahre '47. Da war einmal ein Schweizer zu Gast, der uns, vorn am Pult stehend, mit ruhigen Blicken überflog und dann sagte: Hitlerjugend? Ich habe euch marschieren sehen. Ihr wart schrecklich. Ein sanfter Mann, durchdrungen von dem, was man »besten Willen« nennen könnte, ein Mann, der sicher nie auf einem Prüfstand gewesen war, sagte dies: Ihr wart schrecklich. Ich dachte: Um Himmels willen, was meint er? Wo waren wir schrecklich? Er projizierte etwas in uns hinein, er hatte sich längst und natürlicherweise ein *Gesamturteil* gebildet über jene Zeit, die nun hinter uns lag, hatte ihre Schauerlichkeiten parat und durchtränkte damit noch nachträglich jedes Erinnerungsbild. Was ich auch heute noch für einen intellektuellen Fehler halte.

Meine Zeitschrift kam einmal im Monat heraus. Ich machte sie immer noch nach meinem Gusto; keine Zeitschrift, in der dem Leser die Ideologie um die Ohren geschlagen wurde. Es war ein Unterhaltungsblatt.

Einmal im Monat mußte ich nach München fahren, benutzte die Wochenenden dazu, um in den Bergen herumzulaufen. Oder ich fuhr mit meiner Frau in das Elbsandsteingebirge, zog mit ihr über das Riesengebirge, von Baude zu Baude.

Und dann zog Hitler in Prag ein.
Im nachhinein begreift man es nicht. Alle Erklärungen waren fadenscheinig gewesen. Zum erstenmal wandte sich dieser Mann gegen ein anderes Volk.
Aber es gab keinen Aufschrei, jedenfalls nicht im eigenen Lande. Im Ausland registrierte man in der Tat, daß Hitler den Rubikon überschritten hatte.
Der Heimholer deutscher Volksangehöriger war nun zum Eroberer geworden. Aber es fiel nicht so auf. Der Mann war seinen triumphalen Weg gegangen. Er hatte scheinbar immer recht gehabt. Er nahm eine Stellung ein, die rational nicht mehr zu erklären war. Er war das Idol schlechthin, es wurde ihm Verehrung zuteil, die alle Grenzen überstieg, vergleichbar der hysterischen Verehrung, die man später den Beatles entgegenbrachte: mit Schreien, Weinen und gewaltigen Ausbrüchen. Ich habe bis heute noch keine Erklärung dafür angeboten bekommen von Psychologen, von Psychiatern, die diese Verehrung eines Menschen zum Gegenstand einer wissenschaftlichen Untersuchung gemacht hätten. Oder ich habe sie nicht zu Gesicht bekommen.
In Menschen gibt es einen tanzenden Haufen von Gefühlen. Da ist nichts fest, nichts unverrückbar, da gibt es Empfindungen, die nicht im Maß sind, nirgendwo dauerhaft gehalten werden, da ist alles noch steinzeitfrisch, und niemand sollte den Fehler begehen, zu glauben, daß er nicht anfällig sei für plötzliche Ausbrüche wildester Gefühle. Beispiele gibt es dafür bis in die jüngste Zeit, und so viele, daß die Zahl allein einen sonderbaren Effekt auslöst: Die ungeheuren Wahnsinnsausbrüche geben sich als normal.
Die Verehrung, die Hitler entgegengebracht wurde, gehört in dieses Kapitel, sich darbietend mit Ausbrüchen von völlig aus dem Gleichgewicht gebrachten Gefühlen, Gesetzen folgend von psychischen Krankheitsabläufen.
Dieser Mann, der Führer, der Guru würde man heute sagen, fiel in die Tschechoslowakei ein. Wie wurde das aufgenommen? Was sagte man dazu? Oder: In welchem inneren Zustand befand sich das Volk?
Ich sage jetzt etwas, was sicher Erstaunen hervorrufen wird, vielleicht leidenschaftlich bestritten wird: Es gab viele Leute, sehr viele, die des festen Glaubens waren, daß *Gutes* gedacht, *Gutes* getan, *Gutes* in Wirklichkeit umgesetzt wurde. Und dies aus einem einzigen Grunde: Weil sie ihr *eigenes* Gutes mobilisiert hatten, es aus sich herausbrachten

und hineinprojizierten in alles, was geschah. Dieses Gute stand nicht für sich allein. Im nachhinein ist zu sehen die nächste Nähe des *Bösen,* Gutes und Böses sich gerade in Umklammerung befindend, auf eine faszinierende Weise zusammengebacken bis zur Unauflöslichkeit. Das Böse war Zwang, Gewalt, Aufhebung von Rechten, Desavouierung, Entlassung aus bisherigen moralischen Vorstellungen und damit aus jedem sittlichen Halt – dies alles heutzutage zu besichtigen wie in einer Ausstellung, in einer *Weltausstellung des Bösen*: düstere Säle, in denen die Exponate ausgestellt sind, von allen Seiten zu besichtigen, offen daliegend, ausgeleuchtet bis in jeden Winkel hinein. Diese Ausstellung gab es damals nicht. Wer heute schauernd durch diese Säle geht, sollte wissen, *muß wissen,* daß das Böse sich selbst wie versteckt hielt, es verbarg sich, es stellte gleichsam Wände um sich herum, nur wenigen bekannt, den meisten unbekannt, so daß es den Guten leichtfiel, sich an ihr Gutes zu halten.

Ich wiederhole: Und nun fiel Hitler, der Mann, dem die Bewunderung der meisten galt, die Bewunderung auch eines nicht kleinen Teils der Welt, in ein anderes Land ein. Man spürte durchaus, daß nun ein Weg verlassen worden war. Diesmal war Hitler nicht mit Jubel begrüßt worden, sondern mit Tränen in den Augen. Wenn man will, beginnt jetzt die Schuld der Guten. Man spürte, daß etwas anders geworden war, man war irritiert, aber man dachte nicht zu Ende, man fing an, *etwas hinzunehmen,* der Glanz der nationalen Stärke war blendend. Es gibt ein Stärkegefühl, das ungeheuer überredend sein kann, überredend und wohltuend.
Jetzt fehlte die scharfe intellektuelle Ausbildung, jetzt rächte es sich, daß es keine Kritik mehr gab, damit war auch die Fähigkeit zur Kritik wie eingeschlafen. Kritiklose Zustände sind wie lauwarme Bäder. Nichts tut mehr weh, und die Übersicht geht verloren. Ich spreche von der Kritiklosigkeit im Volk. Bei einigen stellte sich sehr wohl Kritik ein, beim Generalstabschef Beck, bei hohen Offizieren, die sich wie aufwachend umsahen und die erkannten, daß Hitler vom rechten Weg, dem, den sie dafür hielten, abgekommen war und nun Hasard spielte. Die anderen, wir alle, übten uns in merkwürdigen Beschwichtigungen. Ich erinnere mich, daß jemand sagte: Ein so ganz anderes Land ist die Tschechoslowakei ja nicht, Böhmen war ein Teil Österreichs gewesen, und kein schlechter Teil. Könnte man nicht sagen, daß Hitler nun auch die Tschechen »heimgeholt« hatte, sie zurückgeholt hatte in einen größeren Ordnungsverband, so wie es einst das Habsburgerreich dargestellt hatte? Aber es fand auch ganz insgeheim eine langsame *Gewöhnung* statt. Insgeheim übte etwas seine Wirkung aus, das sogenannte Recht des Stärkeren. Obwohl offiziell alles anders

firmierte: Neuordnung Europas, eine Phase von geschichtlichen Neuordnungen, die es immer mal wieder gegeben hat, Unruhezeiten, die ja, geschichtlich gesehen, Normalzeiten sind.

8

Und es kam ein schöner Sommer, im nachhinein wirkte er besonders schön, erschienen einem alle Farben kräftiger, als hätten alle Blumen intensiver geblüht, als seien die Wolken weißer gewesen, das Blau des Himmels kräftiger. Ich fing an, mein erstes Buch zu schreiben. Ich war immer ein Schreiber gewesen, hatte nie etwas anderes gemacht, Schreiben war mein Leben und ist es bis heute geblieben, und zwar ohne Unterbrechung. Aber es war das normale Schreiben, das Artikelschreiben, das Für-eine-Zeitung-Schreiben; ich hatte zu tun mit Schriften und Umbruch, war in Druckereien ebenso zu Hause wie in Redaktionsräumen. Ein guter Freund von mir, Utz Utermann, gab eine Buchreihe heraus im Verlag von John Jahr. Er sagte: Willst du uns ein Buch schreiben? Schreibe eins. Ich sagte: Ich habe noch nie ein Buch geschrieben.

Er sagte: Jeder fängt mal an. Überleg dir etwas. Mach ein Exposé. Es brauchen nur zwei Schreibmaschinenseiten zu sein, daß man weiß, worum es sich handelt. Du bekommst sofort einen Vertrag.

Ich setzte mich zu Hause hin, überlegte eine Geschichte, schrieb sie als Extrakt nieder, fand mich dabei ziemlich verbrecherisch in der Absicht, andere Leute zu betrügen. Als ich den Vertrag unterschreiben sollte und mit dem Taxi in die Innenstadt fuhr, bat ich den Fahrer, mitten in der Friedrichstraße zu halten. Ich stieg aus, heilfroh, einer Versuchung widerstanden zu haben, der ich wenige Tage später dann doch erlag.

Das Buch kam heraus, der Titel: Der Mann mit der Geige.

Eine Geschichte, die im alten Österreich spielte, den Ersten Weltkrieg beschrieb (was sonst?), das Auseinanderbrechen des Vielvölkerstaates und einen Kriegsblinden treibend inmitten unüberschaubarer Geschehnisse, mühsam Halt und Weg suchend. Es war in gewisser Hinsicht eine romantische Geschichte, Knut Hamsun hatte mir beim Schreiben ununterbrochen über die Schulter gesehen. Hamsun war unser Mann, so wie es Hemingway war, so verschieden beide auch waren. Aber Hamsun gehörte unsere Liebe, meine ganz besonders. Ich habe das Buch über die Kriegszeiten hinweggerettet, wenn ich es in die Hand nehme, fühle ich mich sonderbar berührt von dem Stil, einem tastenden, suchenden Stil; ich schrieb noch rein dem Gefühl folgend, Wege durch das Gefühl suchend. Es mag dennoch etwas an

diesem Buch gewesen sein, obwohl es sicher kein Meisterwerk, sondern ein übliches Erstlingswerk war. Immerhin, die Tobis kaufte und verfilmte es unter dem Titel Der Fall Rainer.
Wer damals, in den Jahren '37/38, anfing zu schreiben, als Schriftsteller nachzuwachsen, fand sich in einer Zeit, in der ihm keine Hilfe zuteil wurde.
Wie weggewischt waren die bis dahin gültigen Autoren, und ihre Werke waren nicht mehr zu bekommen.
Die Bücherverbrennung, einer jener ersten radikalen Akte der Meinungsverbote, der Meinungsdrosselung, der Meinungskanalisierung, fand im Jahre '33 statt, das ich noch auf der Schule verbrachte, mit einer besonderen Hinneigung, Hinwendung zum Schreiben; aber das Schreiben als Beruf war keine akute Vorstellung, und der Vorsatz, Schriftsteller zu werden, bot sich nicht mal in Träumen an. Der Deckel war noch zu, und was sich im Topf befand, bewegte sich damals noch nicht sehr.
Wenn ich mich heute frage, was der Akt der Bücherverbrennung in mir bewegt hat, dann muß ich gestehen: nicht mehr als eine Art von Staunen. Ich nehme an, daß bei jedem Menschen der Intellekt, wenn überhaupt, nicht sofort und in voller Gänze da ist, daß es vielmehr eine Phase der Intellektualisierung gibt, die, wenn überhaupt, irgendwann einsetzt; und da mag jeder seine ganz persönlichen Abläufe haben, beim einen früh einsetzend, beim anderen später, und wie weit sie reicht, mag auch an die Person gebunden sein, abhängig von der Kraft eines sich von natürlichen Fesseln befreienden Verstandes.
So fand die Bücherverbrennung bei dem Schüler keine entsprechende Wirkung; es war eher so, als sehe man auf Ereignisse wie durch eine Fensterscheibe hindurch, aus einem Gehäuse heraus, das man zu jenem besonderen persönlichen Zeitpunkt wohl auch benötigte.

Ich wachte also auf in einer Zeit, in der die interessantesten deutschen Bücher fehlten, und mit ihnen, die stillschweigende Unterrichtung in Stil und thematischer Beherrschung, jene Bücher, die der deutschen Literatur Weltgeltung verschafft hatten. Man wollte andere Bücher. Man schien damals eine Art von gesundem Optimismus aus dem Boden stampfen zu wollen, in einer Art Vision von einer »helleren« Welt, Heimsuchungen dieser Art gibt es immer mal wieder, immer entstehen zu verschiedenen Zeiten und in verschiedenen Weltgegenden die Visionen von *Einfach-Welten*, von Welten ohne doppelten Boden, zuweilen als politische Visionen, zuweilen als religiöse Denkbilder, die alle eins gemeinsam haben: Sie mögen keine Kritik, sie hassen sie bis aufs Blut. Sie verbrennen nicht nur Bücher, sondern schließlich auch die, die sie schreiben.

So gesehen paßte die Bücherverbrennung durchaus in die Geschichte, sie paßte nur nicht mehr recht in eine Welt, die vorgab, eine aufgeklärte, moderne, zivilisierte Welt zu sein. Das war die eigentliche, schauerliche Bedeutung, die den alarmieren mußte, bei dem sich die persönliche Intellektualisierung längst vollzogen hatte.

Die »Weltbühne«, Tucholsky, die angesehenen Kritiker – sie alle waren nicht mehr da. Statt ihrer ein leeres Feld. Heute weiß ich natürlich, was für ein gewaltiger Nachteil es für jemanden ist, schreibend aufzuwachen, aufwachend schreibend, ohne Halt zu finden. Normalerweise wächst jemand hinein in vorhandene Disziplinen, sich unausgesetzt orientierend an Geschaffenem, Gültigem, an gesetzten Maßstäben. Ein rauhes Feld, auf dem man aufwächst, in das man hineinwächst. Wer dort nicht untergehen will, muß Kritik aushalten, so daß seine Wurzeln, falls er welche hat, tiefer gründen, besseren Halt suchen. Damals gab es diese natürlichen Regulative nicht, da war keine Kritik hörbar. Keiner, dem es nur um die Sache ging, um die Sache des Schreibens; da war niemand, der Feind oder Freund war, auch Freunde hätten es ja sein können. Denn zur Jugend gehörte es damals, das Anerkannte zu respektieren. Man traute denen, die über dreißig waren, man achtete sie, verehrte sie.
Und man hätte sie gebraucht, den scharfen Witz von Tucholsky, die beißende Kritik von Kerr, die Schreibmuster von Stefan Zweig, von Arnold Zweig, weil sie den Anspruch gesetzt hätten.
Mir wurde erlaubt, einfach loszuschreiben – wenn man es so ausdrücken will: Ich schrieb daher ein bißchen wie blind.
Das alles sehe ich heute im Rückblick. Nachdem ich sie alle kennengelernt habe, jene Leute, die die deutsche Literatur verkörperten und die man aus dem Land hinausgejagt hatte. Tucholsky nach dem Kriege in seinen Schriften zu begegnen, war, als hätte ich einen Freund gefunden. Beim Lesen habe ich ununterbrochen ja gesagt, als hätte ich einen Bruder gefunden. Nach dem Kriege habe ich zu zwei seiner Bücher die Drehbücher zu Filmen geschrieben, zu Gripsholm und zu Rheinsberg. Zu Rheinsberg besonders gern, weil auch ich mit meiner Frau sehr oft nach Rheinsberg gefahren war. So wie Tucholsky sind meine Frau und ich durch die Schloßgärten spaziert, lagernd schließlich auf der zum See abfallenden Wiese, ähnlich jung, ähnlich unbefangen, ähnlich verwegen und lebensmutig in Gefühl und Phantasie. So war mein Start ins wirkliche Schreiben ebenso leicht, wie er schwer war, leicht, weil ohne großen Widerspruch, begleitet von Ermunterungen, nur sehr wenig von Kritik, die Kritik eher wohlwollend. Heute kommt es mir so vor, als war man damals überhaupt froh gewesen, daß jemand schrieb und sich an seinem Umfeld orientierte.

Dennoch hatte ich einen wichtigen Sprung getan auf dem ganz persönlichen Weg. Ich begann die Räume um mich herum aufzustoßen, so als habe ich nun genug Zeit gehabt, mich zu formulieren, mir über mich selbst klar zu sein. In der Zeit, in der Hitler Angriffspläne mit seinem Generalstab besprach, war ich mehr denn je mit mir selbst beschäftigt, mit einer Ahnung der eigenen Möglichkeiten.
Ich schrieb mein erstes Theaterstück.
Ich hatte einen Kollegen, Friedrich Wilhelm Hymmen, der Theaterstücke schrieb, er war Redakteur wie ich und spielte später in der evangelischen Kirche eine große Rolle; jener also, ein Freund, saß in einem Redaktionszimmer des Eher Verlages und schrieb bei offenem Fenster an einem neuen Theaterstück. Im Hof unten wurde Papier abgeladen, der Lärm war höllisch. He, sagte ich, bei dem Lärm kannst du schreiben? Er sah mich an und erlaubte sich einen Scherz, der ziemlich arrogant klang. Er sagte: Das macht mir nichts aus; was ich schreibe, kannst du auch nicht schreiben, wenn die Fenster geschlossen sind. Ich ließ mir sagen, was er schreibe. Wie gesagt, ein neues Theaterstück. Ich fuhr nach Hause, bewegte seinen Satz in meinem Inneren, etwas zornig, wie ich zugebe, und setzte mich an meinen Schreibtisch. Wie das? Auch nicht, wenn die Fenster geschlossen sind? Ich begann zu schreiben, entwarf eine Geschichte. Ein Theaterstück in fünf Akten, ein Stoff aus der irischen Geschichte, der Kampf der Iren gegen die Engländer. Man verstehe. Der Zeitbezug. Die Orientierung an der Gegenwart. Eine Erinnerung zugleich an den Schulunterricht, an den Ersten Weltkrieg, als deutsche U-Boote die irische Insel anfuhren, dort Verbindungen suchend, Unterstützung gewährend, Waffenhilfe gebend. Die Iren wurden während ihres jahrhundertelangen Kampfes gegen Engländer massenweise gehenkt, gepfählt, erschlagen – weiß man das eigentlich noch? So nebenbei: Gibt es eine Geschichte, die vergißt und verzeiht? Und gibt es eine andere, die niemals vergißt, niemals verzeiht? – Irische Geschichte, die genug bot an Verwicklungen, Höhepunkten, dramatischen Momenten.
Ich schrieb dieses Theaterstück mit großer Begeisterung, aber auch ebenso hemmungslos. Dazu noch in fünffüßigen Jamben. Ich war ja noch bei Hebbel. Wenn ich ein Vorbild hatte, dann war es Hebbel. Ich war also hundert Jahre zurück und fing da an, wo ich anfangen wollte, zu weit zurück natürlich, aber wer sagte mir, wo das Ende des Fadens war, wo er weitergesponnen werden mußte.
Später, als ich mein zweites Theaterstück schrieb, Das Dorf bei Odessa, und dadurch mit Eugen Klöpfer bekannt wurde, sehr bekannt wurde – ich habe Erinnerung an herzbewegende Erlebnisse, besonders gegen Ende des Krieges –, da bot ich ihm mein drittes Theaterstück an. Weiß der Himmel, ich weiß nicht mehr, was es war, ich weiß

nicht einmal, welches Thema ich mir vorgenommen hatte – alles eine Folge eines Wegschmelzungsprozesses, wenn ich es mal so ausdrücken darf. Er las das Stück, sah mich an und sagte, mit seiner dunkelsten und sonorsten Stimme: ein Hebbel. Wenn es ein Hebbel wäre, würde ich sagen, man muß es aufführen. Aber es ist kein Hebbel, denn Hebbel ist tot.

Das irische Stück nannte ich Die Stunde des Triumphs, ich ließ viele Leute aufmarschieren, alle wohl unterschieden nach Schurken und Helden, und ich gab auch eine Prise Poesie dazu – Poesie, wie ich sie damals verstand –; ich berauschte mich am Versmaß und konnte mir zu jener Zeit keine andere Schreibweise vorstellen. Ich war ein Nachgeborener, und dies mit einer Begeisterung, die mir niemand nehmen konnte.
Später, nach dem Kriege, reiste ich mehrere Male durch Irland, sah das wirkliche Irland, aber was ist das wirkliche Irland – selbst die Iren sehen es verschieden, je nachdem, wo sie wohnen.
Ich stand am Grab des irischen Dichters Yeats und las die Grabinschrift: cast an cold eye on death on life – horseman pass by.
Damals dachte ich, auf dem verfallenen Friedhof stehend: Ich hatte Irland adaptiert, ohne Berechtigung, im wilden Zugriff, ohne Kenntnisse wahrer Details. Aber welche Bedeutung haben wahre Details, welchen Vorteil bieten sie gegenüber dem intuitiven Zugriff, da die Zusammenfügung sogenannter wahrer Details selten ein wahres Ganzes bilden.
Es ist wohl so: Man schreibt ein Stück und spricht über sich selbst, über die eigene Art zu denken, aus einem Zeitgefühl heraus, dem der Augenblick Gültigkeit verleiht, für ebendiesen Augenblick.
Wie weit reicht Literatur? Alles wird mit Anspruch auf Dauer geschrieben, aber manches überlebt den nächsten Tag nicht, nicht das nächste Jahr, nicht das Jahrzehnt. Was über ein Jahrzehnt hinausgeht – wie selten. Und wie selten entsteht das *Bleibende*. Aber auch das Bleibende braucht das Fundament der zahllosen Versuche, Bemühungen. Auf der Spitze der Pyramide stehend, hat auch das Bleibende genug Mühe, sich zu halten: in der Gunst der Leser, in einer Wirkung auf die Leser, in seiner weiterwirkenden Kraft.
Geschriebenes hat seine Bedeutung wohl oft nur als Zeitkolorit.
Das Stück Die Stunde des Triumphs wurde 1940 in Saarbrücken uraufgeführt. In den Logen saßen bereits die ersten Verwundeten des Frankreichfeldzuges. Etwa zehn Theater spielten das Stück nach, für ein erstes Stück eines unbekannten Autoren ein Erfolg.
Als ich das Stück schrieb, dachte ich nicht an Krieg, nichts war für mich weiter weg als der Gedanke an Krieg. Hatte Hitler nicht immer

betont, daß er als »Soldat des großen Krieges«, als Frontsoldat die Schrecken des Krieges kenne, war beispielsweise in Frankreich nicht Daladier Ministerpräsident, der ebenfalls Frontsoldat gewesen war? Besonders mir war nichts undenkbarer als Krieg. Jungverheiratet, die erste Wohnung im Grünen, das Auto, mit dem man durch Deutschlands schönste Gegenden fuhr, die Arbeit, die erfolgreich war, das erste Buch, das erste Stück, viele, unendlich viele andere Stücke in sich fühlend, das Erlebnis innerer Kraft; die Zukunft war prall gefüllt mit Vorstellungen, in denen man selbst der Mittelpunkt war. Krieg war die *große Störung* an sich, nichts anderes. Wieder sammelten sich vor den Radiogeschäften die Menschen, um den Nachrichten zuzuhören, wieder endete jede Nachrichtensendung mit Marschmusik. Das alte Ritual war in Kraft, machte jedem in dieser so ungeheuer wirkungsvollen Weise klar: Das alles läuft jetzt auf etwas zu. Auf ein So-oder-So. Dann war es soweit. Das »Oder-So« war eingetreten. Eins der unverlierbaren Bilder, abrufbar sofort und in voller Schärfe: ein Gang durch die Innenstadt. Eine geöffnete Kirche. Eine Tafel war herausgestellt mit der Schrift: Zur stillen Andacht geöffnet.
Kein Jubel, keine Begeisterung, eher ein tiefes Erschrecken, ein Atemanhalten. Da sah man eine ganze Stadt vor sich in ihrer Normalität, aber nichts war mehr normal, da war etwas hinter allem Normalen, ganz unsichtbar und dennoch jedem bewußt. Jeder fragte sich: Was jetzt? Jeder wartete auf die nächsten Nachrichten, da war doch alles in Bewegung, nicht nur die deutschen Truppen, da bewegte sich die Politik wie im Fieber, für alle, für die Welt war dies ein unerwarteter, unglaublicher Moment, ein nicht für möglich gehaltener Moment, der sich selbständig gemacht hatte; die Ereignisse des Moments liefen allen davon, man lief gleichsam hinter den Ereignissen her, um sie einzuholen, ihrer Herr zu werden. Aber der Lärm der Schlacht überdeckte alles. Da rollte jetzt etwas Faszinierendes ab, eine Demonstration von unglaublicher Kraft.
Jahrelang hatte dieses Volk seine Kraft vermehrt, die äußere wie die innere, niemals zuvor hatte es eine solche Geschlossenheit gegeben, eine solche Ausrichtung auf einen Willen, mit einer Bejahung dieses Willens, ein allgemeines, überwältigendes Ja zu allem.
Bisher hatte sich die Kraft, diese »Volksgemeinschaft«, friedlich präsentiert in großen Festen, die schon atemberaubende Zurschaustellung waren, nun folgte die Variante, die Demonstration militärischer Kraft.
Die ähnlich atemberaubend war.
Man erinnere sich: die Tante in Ostpreußen, der Bauernhof, auf dem wir die großen Ferien verbrachten. Das Fahren durch den Korridor, in der Nacht, durch geisterhaft leere Bahnhöfe donnernd.

Ostpreußen eine Insel, abgetrennt durch Siegerspruch, eine willkürliche Grenzziehung, ohne Sinn und Verstand, durch Dörfer hindurch, zuweilen durch Häuser. Die Willkür wurde auch als solche begriffen. Als Hitler Ostpreußen wieder anbinden wollte an das Deutsche Reich, da war gutes Recht vorhanden. Die meisten Deutschen sahen darin eine notwendige *Korrektur* einer Versailler Unrechthandlung. Da war eine herrschende Meinung. Man kann jede herrschende Meinung in Frage stellen, aber nicht, daß sie da ist und Macht ausübt.
Auch für mich war die Anbindung Ostpreußens an Deutschland eine *absolut logische Sache.* Wie die endgültige Ordnung aussehen sollte, wie die Rechte Polens gewahrt blieben, das alles war eine Sache, für die man selbst nicht zuständig war. Irgendeine Ordnung mußte und würde erfolgen. Zumal die Sowjets ja von der anderen Seite einmarschierten *und ihnen niemand den Krieg erklärte.*
Aber noch etwas anderes war das Ereignis jener Tage, ein sonderbarer Vorgang, der erst im nachhinein zu betrachten und zu bewerten ist. Mehrere Jahre lang hatte sich Deutschland »formiert«, um es einmal so auszudrücken. Es war immer »geschlossener« geworden, war immer mehr zusammengewachsen, unter dem Eindruck eingelöster Versprechen: Gebt mir vier Jahre Zeit.
Die Arbeitslosen gab es nicht mehr, es spielte keine Rolle, *wie* dies geschafft wurde, der nationale Stolz war wiederhergestellt, die außenpolitischen Erfolge waren weitere Meilensteine auf dem Weg zu einer ungeheuren nationalen Selbstfindung. Der Anschluß Österreichs, die begeisterte weinende Zustimmung der Heimgeholten half mit, den Glauben an das Regime zu festigen.
Ganz langsam folgte der Schätzung die Überschätzung. Niemals, um es exakt zu sagen, ist ein Volk *gründlicher verführt* worden, nicht nur gründlicher, sondern auch raffinierter. Wobei ich hintanstelle, ob diese Raffinesse menschengemacht war, oder ob die Zusammenstellung zeitgeschichtlicher Fakten – die sich nie wiederholen werden – geholfen hat, Bewegungen in Gang zu setzen, Bewegungen psychologischer Art, die es bis dahin noch nicht gegeben hat, gegen die man sich, ungeschult, nicht zur Wehr setzen konnte. Das alles kulminierte in einem Moment, der Schmelz- und Siedepunkt war mit gewaltsamen Freisetzungen jeder Art von Kraft und Gefühl, auch der irrationalsten Art. Der Moment, von dem ich spreche, der zu seiner Entstehung Jahre brauchte, war wie explodiert – und ist heute in seinen Resten staunend, erschreckt und ungläubig zu betrachten.

Als der Polenfeldzug begann, war die Verführung noch im vollen Gange. Aber jetzt wurde auch eine andere Art Grenze überschritten. Die Erkenntnis hatte sich atemlos bekannt gemacht: »Es ist Krieg, es ist Krieg.« Ihr folgte noch nicht der Nachsatz: »Und ich begehre, nicht schuld daran zu sein.« Aber die Zeit führte jeden über die Atemlosigkeit hinweg, über Staunen, Irritiertheit, über merkwürdige Schwächemomente, die der Verstand produzierte, mit sonderbaren Ahnungen. Sie wurden wie beiseite geschoben von einer Demonstration militärischer Kraft. Dieser Vormarsch, diese Tapferkeit, diese Meldungen: *erreichten die deutschen Truppen heute* -- zügiger Vormarsch auf -- wurde genommen die Festung Modlin und so weiter.

Ich sagte es schon: Da wurde eine andere Art von Grenze überschritten. Die Atemlosigkeit schwand und wurde ersetzt durch sonderbaren Stolz, eine ganz neue Art von Stolz, der wie aus den alten Schlachtfeldern des Ersten Weltkrieges herauswuchs. Da war er wieder: mein Soldat vom Fort Douaumont, der das Fort nahm, als erster auf der kahlen Höhe erschien und die Arme hochriß. Da stellte sich ein ganz neues Gefühl ein. Nicht nur: Wir haben recht, und wir holen uns unser Recht, sondern es kam etwas *Rauschhaftes* hinzu, etwas die Welt Erschreckendes, ein Schauspiel von militärischer Kraft, die sich in einer Form äußerte, die es bis dahin noch nicht gegeben hatte.

Ich erwähnte schon, daß Aggression als Erlebnis auch ein Suchtmittel ist. Man stieg gleichsam ein paar Stufen zurück in eine alte Begriffswelt, in die Zeit der Kriege, als gäbe es nur diese Form der Geschichte, die wirkliche und gültige und normale. Nun war sie wieder da, die Kriegszeit, die sich als geschichtliche Normalzeit gab, der man sich ebenso seufzend wie zugleich auch merkwürdig erleichtert hingab.

Im Sinne dieser Akzeptanz wurde ein neuer Ton in der Berichterstattung geboren, eine Art Rausch drückte sich aus, mit dem Merkmal eines lustvollen, stolzen Leichtsinns.

Selbst die Frankfurter Zeitung schloß sich diesem heroischen Stil an und brachte zu einem Schlachtfeldfoto die Bildunterschrift: Mit Mann und Roß und Wagen hat sie der Herr geschlagen.

In der Hitlerjugend hatte man ein Lied gesungen: Als die gold'ne Abendsonne sandte ihren letzten Schein, zog ein Regiment von Hitler in ein kleines Städtchen ein.

Das war – im nachhinein hört es sich kaum glaublich an – ein romantisches Lied, ein bündisches Lied, eine Variation eines Landsknechtsliedes.

Nun zogen die Regimenter Hitlers in kleine Städtchen ein, in natura, und da war nichts mehr romantisch.

Der Krieg hatte klein begonnen, kein großer Auftakt, der blutige Krieg hatte sich auf Tage beschränkt – dann war Ruhe. Russen und Deutsche waren sich begegnet, hatten sich auf Brücken die Hände geschüttelt, so wie sich Russen und Amerikaner später an der Elbe die Hände schüttelten. Der Krieg wurde nicht ernstgenommen. Man

dachte: Na also, jetzt ist es doch passiert. Jetzt wird die Sache in Ordnung gebracht, und dann ist der Frieden wiederhergestellt. Was hält man davon? – Ist das, war das naiv? Was immer es war, es war eine gängige Meinung. Man wollte so schnell wie möglich zurück zu angenehmen Zuständen. Danzig war nun wieder deutsch, und um nach Ostpreußen zu fahren, mußte kein Zug mehr in der Nacht und ohne Halt durch Geisterbahnhöfe fahren.
An dieser Stelle muß ich gestehen, was für ein Fehler es war, nicht mitzudenken. Man wartete auf Frieden, auf irgendeine Art Frieden, aber man konzipierte nicht mit, man brachte eine eigene Meinung nicht zur Geltung, kaum, daß man sie formulierte. Die allgemeine Meinung war: Sie werden es schon machen, oder: Er wird es schon machen. Es muß ja ein Konzept da sein.
Denn an den übrigen Grenzen blieb es ruhig. Man erinnere sich: »Drôle de guerre«. Man hatte doch allgemein keine Lust, Krieg zu führen. In Frankreich noch viel weniger.

Viele Jahre später schickte mir jemand eine kleine Geschichte mit der Frage, ob sie sich irgendwann verwenden ließe.
Der Vater des Schreibers war Lokführer gewesen und fuhr jeden Tag den P 1442, einen Personenzug, von Landau nach Wissembourg, einem Ort jenseits der Grenze, ins Elsaß hinein. Der Krieg war von Frankreich zwar erklärt worden, aber ihm, dem Lokführer hatte man nicht gesagt, was er tun solle. Da keine Order kam, ließ er die Lok an und fuhr mit dem Zug, wie er es gewöhnt war, über die Grenze nach Frankreich hinein. Er kannte auf der anderen Seite jeden Beamten, war mit jedem gut Freund. Der französische Stationsvorsteher auf der anderen Seite war erstaunt und fragte: Wo kommst du denn her? Wir haben doch Krieg! Und unser Lokführer erwiderte: Mir hat keiner was gesagt. Die Fahrt steht auf dem Dienstplan.
Sein französischer Freund wußte nun auch keinen Rat, meinte aber dann: Ich glaube, es ist das beste, du fährst wieder zurück.
Da fuhr unser Lokführer den P 1442 also wieder zurück über die Grenze. Da war nun die gesperrte Grenze, über die niemand mehr herüber und hinüber durfte, man sah sich eher staunend an, was das nun für ein sonderbarer Zustand sei. Und alle warteten. Die Sache ist erledigt, war die Rede bei Gesprächen mit meinen Freunden. Es geht nur darum, eine Lösung zu finden, bei der niemand das Gesicht verliert.

Das Leben ging in gewohnter Weise weiter, fast, als sei nichts passiert; die Theater spielten, in den Kinos liefen Filme, der Verkehr war nicht mehr ganz normal, weil Benzin gespart werden mußte, da das Fahren mit Privatwagen nicht mehr erlaubt war. Das war nun allerdings schmerzlich. Der schöne Wagen – der erste Wagen, der immer der schönste ist – wurde in die Garage gefahren, nein, ich mußte ihn hineinschieben, weil ich bis zum letzten Tropfen Benzin gefahren war. Man bockte ihn auf, löste die Räder, man hob die Batterie heraus, um sie jeweils nachzuladen. Aber mit ihr war es schneller zu Ende als mit dem Krieg.

Ab und zu hörte man in der Innenstadt Fliegeralarm, war ganz verwundert, wo sollten denn Flugzeuge herkommen, und wie sollten sie es geschafft haben, so weit zu kommen? Die Alarme stellten sich meistens auch als Fehlalarme heraus. Derjenige, der das Ende der Geschichte kennt, für den, der jedes Detail der dann folgenden Ereignisse kennt, der diese Details bis in den letzten Winkel kennt, für den sie sicherer Besitz sind, für den mag es schwer sein, sich eine Situation vorzustellen, in der immer noch alles möglich war, die nicht nur *einen* Weg kennt, sondern *sehr viele*, obwohl die Geschichte nachher beteuert: Es gab nur diesen einen Weg. Da begegne ich wieder meiner Überzeugung, daß die Geschichte nicht ehernen Gesetzen folgt, daß nichts vorbestimmt ist, daß zu jedem Zeitpunkt immer auch *alles* möglich ist.

Der Winter '39/40 war so gesehen eine merkwürdige Zeit.

Die Ängste waren noch nicht sehr ausgebildet, jedenfalls bei den meisten nicht, die Erwartungen nahmen den ganzen Spielraum ein, den die Phantasie möglich macht.

Wie sehr fehlten jetzt die Kritiker. Wie wäre man jetzt angewiesen gewesen auf Warner, auf informierte Leute, die ihre Meinung hätten ausbreiten können, wie hätte man es gebraucht, das offene Aussprechen des Für und Wider, wie nötig wäre die Kraft von Vorausschauenden gewesen! Kritik zwingt immer zur Abwägung, zur Frage, wie gut, wie richtig, wie fest der eigene Standpunkt ist. Kritik bremst, aber wenn Kritik fehlt, schießt der Mut ins Kraut und mit dem Mut die Illusion, mit der Illusion die Unvernunft.

So blieb man ungewarnt, unkonfrontiert, und dies, ohne es eigentlich wahrzunehmen.

Das Leben ging weiter. Man benahm sich wie eh und je, vielleicht ein bißchen anders, aber nicht sehr anders. Auch in besonderen Zeiten ist der Mensch sich selbst das wichtigste. Und er behielt dieses Interesse für sich selbst, seine Privatheit, auch in den wildesten Kriegsjahren. So gab es schließlich ein sonderbares Nebeneinander von sogenanntem Schicksalshaften der Geschichte und der Bewahrung des ganz Persönlichen. Da wurde nichts weniger und bedeutungsloser. Das private Leben ging immer vor, füllte das Leben völlig aus, ließ sich nie vertreiben und hatte seine Wirkung schließlich noch im letzten Gefangenenlager.

So war es für mich überaus wichtig, an einem Kursus der Tobis-Filmgesellschaft teilzunehmen. Man suchte Drehbuchautoren. Ich genoß die Ausbildung, die Berührung mit dem Film, wurde herumgeführt in Babelsberg, sah die Ateliers, die Schneideräume. Man führte uns Filme vor, machte uns mit dem Medium Film bekannt.
In den Räumen der Tobis traf ich auch Christian Bock wieder. Er, der geniale Feuilletonist der Vossischen Zeitung, saß nun in einem Zimmerkäfig. Ich las das Inventarverzeichnis an der Wand: ein Schreibtisch, Fichte braun, ein Schrank, Fichte braun, ein Stuhl, Fichte braun, ein Garderobenständer, Fichte braun. Christian hatte daruntergeschrieben: Ein Dramaturg, keine Fichte und nicht braun.
Mit ihm zusammen schrieb ich meine erste Arbeit für den Film, einen Fünf-Minuten-Sketch.
So nahm man das Private wichtig wie eh und je und hatte noch nicht begriffen, wie sehr das Private bis zur Auslöschung bedroht war.
Der Frieden kam nicht. Dafür fuhr der Zug über die Grenze, nicht der kleine P 1442, sondern der Expreßzug der deutschen Wehrmacht.
Eine Lösung, eine andere hatte sich offenbar nicht eingestellt.
Für denjenigen, der sich über die Mentalität Hitlers immer noch täuschte, schien es gar keine andere Lösung zu geben: Hatte man nicht lange genug gewartet, und zwar auf beiden Seiten gewartet. Wer hatte die Zeit nicht genutzt! Blieb uns nichts anderes übrig, als zu tun, was man nicht tun wollte: den wirklichen Krieg zu beginnen?
Dies ist kein historischer Bericht. Die historischen Fakten liegen auf dem Tisch. Ich kann ihnen nichts hinzufügen, außer, daß ich eine *Meinung* mitteile, die allgemein war: Warum wird jetzt nicht Schluß gemacht? Nun ist die Sache mit Polen doch erledigt. Das muß doch jeder einsehen, daß es unser Recht war, Ostpreußen wieder mit Deutschland zu verbinden.
Und dann dieses: Was jetzt? Was passiert denn da jetzt? Dieses Warten auf Signale, auf Friedenssignale, auf Konferenzen.
Und dieses fragende Nein? Nichts? Da passiert nichts?
Monatelang war Ruhe, diese merkwürdige Ruhe. Da war der Stolz noch da, der frische Ruhm, der Schlachtfeldruhm. Die Militarisierung der Denk- und Begriffswelt machte Fortschritte, so ergab sich ein merkwürdiges Durcheinander von Krieg- und Friedenszeiten, das es in dieser Form bisher noch nicht gegeben hatte.
So kam der 10. Mai 1940. Es begann der wahre Krieg.
Die Propagandatätigkeit war im vollen Gange. Es hieß: Sie lassen

uns ja keine Wahl. Haben wir ihnen nicht die Friedenshand hingestreckt? Niemand hat sie ergriffen. Nun, dann sollen sie ihren Krieg bekommen, den sie uns erklärt haben. Möglicherweise ist dies kaum glaubhaft und könnte angesehen werden als Versuch, die Dinge in unzulässiger Weise darzustellen, als ein Wegdenken, Wegwünschen, Wegerklären von Schuld. Um Schuld geht es aber überhaupt nicht. Hitler war der Urheber, der Veranlasser, die historische, treibende Kraft, der Mann, der etwas wollte, im Besitz einer Vision, einer Zukunftsvision, zusammengeträumt, zusammenphantasiert und mit abenteuerlicher Kraft in Szene gesetzt. Danzig, der Korridor, Ostpreußen, Polen, das bot sich dem Träumenden real an – aber der Traum hatte kein Ende, verlief sich im Ungewissen, in der Spekulation, dort, wo sich die Träume offenbar am wohlsten fühlen.
Möglich, daß Hitler den Krieg mit Frankreich und England nicht wollte. Aber er riskierte ihn.
So wurde der Krieg seine Sache und damit auch vorwiegend seine Schuld.
Als der Frankreichfeldzug begann, ging erneut ein tiefer Seufzer durch das deutsche Volk. Man tröstete sich mit einer Überzeugung: Es geht nicht anders. Ein Zurück gibt es nicht. Wäre ich nicht gern zurückgekehrt zu meinen Büchern, die ich schreiben wollte, zu den Stücken, die ungeschrieben waren, in jenem Zustand also, in dem sie am kräftigsten sind, herzausfüllend? Wäre jeder nicht gern zurückgekehrt zu seinen Geschäften? Aber nun, da Krieg war, begann für uns junge Leute etwas anderes eine immer größer werdende Rolle zu spielen:
Es ging um Deutschland.
Noch war Hitler Deutschland, aber der Begriff Deutschland, das deutsche Vaterland, rückte in seiner Bedeutung nach vorn. Ein Vorgang, wie er später ähnlich in der Sowjetunion zu sehen war, als nach dem Einmarsch der deutschen Truppen nicht die Kommunistische Partei verteidigt wurde, sondern Rußland, im Großen Vaterländischen Krieg.

Man mochte kein begeisterter Anhänger der Partei sein, man mochte die Braunen nicht mögen, ihren Stil nicht, ihre Überheblichkeit nicht, die sich breitmachte und ganz offensichtlich war; das spielte jetzt keine Rolle mehr.
Es ging um Deutschland. Deutschland darf den Krieg nicht verlieren, darf nicht untergehen.
Auch der spätere Oberst Graf Stauffenberg ging in den Krieg mit dieser Überzeugung: Deutschland muß diesen Krieg gewinnen. Was für ein Weg bis zu seiner Erkenntnis: Hitler muß sterben, damit der

Krieg beendet werden kann, ehe er *total* verloren ist. So starb er auch mit dem Ruf: *Es lebe Deutschland.* Manche bezeugen, er habe gerufen: Es lebe das *heilige* Deutschland.

Wir waren durchdrungen von Nationalgefühl, einem Wort, das nicht vollständig ausdrückt, was es beinhaltet. Wir standen noch in der Tradition vaterländischen Denkens. Da war Friedrich der Große noch lebendig, der Hohenfriedberger Marsch war geläufig, wurde gespielt, da waren die Freiheitskriege noch viel näher, als die Distanz der Jahre glauben ließ, da gab es noch die Schillschen Offiziere, und wer Leipzig besuchte, besuchte ganz gewiß auch das Völkerschlachtdenkmal, und, nicht zu vergessen, der Sedantag wurde noch gefeiert. Es gab zahllose Bünde, Vereine, in denen Deutsches gefeiert wurde, in welcher Form und wie auch immer, zuweilen im Übermaß, im nationalen Rausch, aber Übermaß und Rauschhaftes gehörten in jenen nun so weit zurückliegenden Zeiten zum Stil, der der Poesie verwandter war als der Realität.

Der Sinn für Realität begann sich gerade erst zu entwickeln, etwa in satirischen Zeitschriften wie dem Simplicissimus, aber Realität gab sich eher als etwas Störendes. Man fühlte sich gestört im *Genuß*. Man kann Poesie genießen, jede Form von Entrücktheit, aber man kann Realität nicht genießen. Wir waren erst auf dem Weg in die Realität, sagen wir so: Man wurde in die letztendliche Realität hineingestoßen, und dies auf brutale Weise, in jene Realität, die nicht zu genießen ist, in der man sich nur zurechtfinden muß und die keine Entrücktheiten mehr zuläßt. Aber damals war Deutschland noch mehr als ein bloßer politischer Begriff, mehr als nur grenzumschlossene Gemeinsamkeit von Sprache und Ordnung – es fällt schwer, zu beschreiben, was so total verschwunden ist, vielleicht verschwinden mußte, wie möglicherweise überhaupt Nationales auf dem Rückmarsch ist, das Poetische am Nationalen, jene Hingabe am Nationalen, die zuweilen mit Religiösem, einer Art davon, zu tun zu haben scheint.

So gibt sich die Nation heute eher als ein Zweckverband, in dem die gemeinsamen Interessen an oberster Stelle stehen, die es zu bewahren, zu verteidigen gilt, eher in materialistischem Sinne: Es soll uns allen so gut wie möglich gehen, die äußeren Befriedigungen mögen zunehmen, vielleicht werden die inneren dann wie von selbst folgen. Ich verhehle nicht, daß wir damit durchaus im Lauf der Zeit sind, in jenem Ablauf, der möglicherweise zwanghaft ist, im langsamen Hin- und Näherrücken an einen Zustand – ich bin versucht, von einem Endzustand zu sprechen –, der uns noch mit ganz anderen Realitäten bekannt machen wird als mit jenen, die wir dafür halten und auf die wir uns heute soviel zugute halten. Da wird keine Poesie mehr herrschen und keine nationale Entrücktheit, die in meiner Jugend noch Bestandteil innerer Grundeinstellung war, sozusagen als Mitgebrachtes aus dem Zeitengang, jenes Nationalgefühl, das auch das Schützende eines Gehäuses besaß. Im Kriege wurde – und dies wurde immer stärker empfunden – Deutschland verteidigt, das »Gehäuse«, das man nicht verlieren wollte. So war es nahezu natürlich, daß selbst jemand, der nach dem Gesetz ein Hochverräter war, mit dem Ruf starb: Es lebe Deutschland.

9

Man wuchs hinein in den Krieg. Er wurde widerwillig begonnen. Es ist bekannt, daß Hitler wütend war über die Kriegsunwilligkeit der Deutschen. Aber mit dem Frankreichfeldzug hatte er es geschafft.
Nicht daß das Volk kriegslüstern geworden wäre, aber die glanzvollen Erfolge, dieses rasche Niederwerfen Frankreichs, schufen eine andere Stimmung. Ganz langsam waren wir alle hineingezogen in eine Kriegsstimmung. Man begann sich im Kriege zu Hause zu fühlen. Man hatte sich an ihn gewöhnt, zumal der Sieger sich immer leichttut, sich an den Krieg zu gewöhnen. Die Psyche veränderte sich. Eine Art von Angst wich, und eine Art von Übermut, von Hochmut stellte sich ein.
Wir waren wohl wirklich etwas Besonderes. Dieses Besondere begann mystische Kraft zu gewinnen, eine Durchtränkung fand statt mit kriegerischem Geist, eine Durchtränkung, die sich ganz langsam vollzogen hatte und nun vollzogen war. Die Feldzüge waren kraftvoll geführt worden, hatten nur wenige Kampfwochen gedauert, und dann war wieder – Frieden?
Eine Art Frieden mitten im Krieg.
Man lebte weiter, wo man immer lebte. Man machte Urlaub im Gebirge, an der See, die Theater spielten, die Kinos brachten Filme, einige darunter von ganz neuer Art, Kriegsfilme, in denen die Szenerie von Männertaten gezeigt wurde.

Die Illustrierten brachten Berichte von Feldflughäfen, von Jagdflugzeugen, von den jungen Männern, die sie flogen, alle gerade zwanzig, nur wenig älter, mit jenen offenen Gesichtern, die Mode waren; lächelnd, stolz, selbstbewußt, so standen sie vor ihren Flugzeugen, auf deren Leitwerke sie ihre Abschüsse markiert hatten, so wie Westernhelden die Zahl ihrer getöteten Gegner auf dem Colt eingravierten. Ich sprach von der Szenerie, die sich darbot als eine andere Welt, als eine in Wahrheit völlig andere Welt, die nichts zu tun hatte mit der gewohnten, bürgerlichen Welt. Man wußte oder erfuhr: Ein normaler Jagdflieger hat eine durchschnittliche Lebenszeit von drei Monaten. Sie wußten es und lächelten dennoch in die Kamera, weit weg, einer

anderen Welt zugehörig, um die man sie insgeheim beneidete, als handle es sich um eine Welt, die *wahrer* sei gegenüber der ganz normalen Welt.
In solcher »wahren« Welt bewegte sich auch Kapitänleutnant Prien mit U 47, der nach Scapa Flow eindrang und seine Torpedos auf die englische Flotte abschoß.
Eine Ansammlung von »guten Geschichten«, mit jener Wirkung, die gute Geschichten immer ausüben, ich meine nicht die moralisch gute Geschichte, sondern die an sich und in sich gute Geschichte.
»Gute« Geschichten möblieren die Welt bis auf den heutigen Tag: auf dem Felde des Krieges, auf dem Felde des normalen Lebens, auf dem Felde der Literatur. Diese guten Geschichten wurden nun angeboten, Tag für Tag, sie beschäftigten die Phantasie, befriedigten die Nachfrage an Stolz und Selbstbewußtsein. Ich selber habe später als Kriegsberichter dafür gesorgt, solche »guten Geschichten« zu sehen, aufzufinden, zu beschreiben.
Diese »guten Geschichten« haben mitgeholfen, die Stimmung zu verändern, das normale Leben zu verändern. Und das war keine Sache der Propaganda, sondern eine zwanghafte Folge von Ereignissen; der Krieg durchdrang das normale Leben langsam, aber immer gründlicher.

Ich erinnere mich an eine Begegnung mit einem guten Freund, der über besondere Beziehungen zu informierten Leuten verfügte.
Er hielt mich an und sagte: Weißt du, wo die Franzosen den Waffenstillstand unterzeichnen müssen? Ich wußte es nicht. Er sagte: In Compiègne. Im Salonwagen des berühmten Zuges.
Hitler hat diesen Waggon extra aus dem Museum holen lassen. Eine schnelle, kleine Überlegung: Warum das? Warum so? Ach so, Versailles.
Ja, wie war das noch gewesen in Versailles? Was hatten wir in der Schule gehört?
Clemenceau hatte die deutsche Delegation bestellt, ihr den Vertragstext überreicht mit den Worten: Sie haben vierzehn Tage Zeit, ihn anzunehmen oder abzulehnen. Wenn Sie ablehnen, greifen wir wieder zu den Waffen.
Reichskanzler Scheidemann las den Text und sagte, fast weinend: Ein befristetes Todesurteil für Deutschland.
Was hatten wir jetzt getan, zwanzig Jahre später? Wir hatten ihnen das Todesurteil zerrissen zurückgegeben.
Das war eine öffentliche Meinung, dargeboten mit dem Hochmut des Siegers. Kein Sieger ist großmütig. Auch wir machten da keine Ausnahme.

Der Sieger hat immer recht. Alle Sieger haben immer recht. Die großen Sieger, die kleinen Sieger, wo immer ein Kampf gewonnen wird, und wenn er im Büro errungen wird oder auf der Straße, in einer Werkshalle oder auf dem Sportplatz. Die Welt ist auf Sieger programmiert. Sie haben Idolkraft. Jedem Sieger wird Verehrung angeboten, eine delikate Form von Unterwerfung, eine Unterwerfungsgeste, denn Sieger müssen freundlich gestimmt werden.
Hitler, der Sieger. Selbst in der feindlichen Welt übte er seine Wirkung aus. Man verehrte ihn gewiß nicht, aber man respektierte die Kraft, die er vertrat. Wenn Hitler seine Reden hielt, dann wußte man, daß auch Roosevelt ihm zuhörte. Der Mann *war* jemand in der Welt, er war ein Ereignis, er war das Ereignis seiner Zeit. Auf das man im nachhinein natürlich gern verzichtet hätte.

10

Vielleicht wundert es, daß von Verbrechen bisher noch nicht die Rede war. Alles bot sich bisher an als eine Folge von geschichtlichen Details, wie immer man sie bewerten will. Mit den divergierenden Beurteilungen teilen sie nur das Schicksal der meisten geschichtlichen Vorgänge, die immer wieder und wahrscheinlich auf ewige Zeiten verschieden dargestellt werden. So gesehen gibt es keine Vergangenheiten, die totenstill in einem endgültigen Geschichtsbuch liegen. Ob also der Krieg gegen Polen berechtigt war oder nicht, das ganze Dieses und Jenes jener Zeiten sind Details der Geschichte, der ständig neue Kleider angezogen werden.

Jeder zieht der Geschichte jene Kleider an, in denen er sie gern sieht und mit denen sich Staat machen läßt. Aber da gibt es in der Geschichte, in unserer Geschichte einen feuerheißen Punkt, der den Boden so heiß macht, daß die Geschichte sich darauf nicht bewegen kann, in welchen Kleidern auch immer.
Jeder weiß, welchen Punkt ich meine: die Judentötung als Programm. Eben dies, fast nur dies, wird *auf immer* verhindern, daß die Kriegsvorgänge im Zweiten Weltkrieg als normale geschichtliche Vorgänge halbwegs zur Ruhe kommen. Ich wiederhole es, eben dies, fast nur dies wird wie ein Feuer sein, das nicht ausgehen wird. Es desavouiert alles, entzieht Rechte und Rechtmäßigkeiten auch dort, wo sie vorhanden sind, nehmen sie weg, machen sie ungültig, so unbestreitbar sie auch sein mögen. Eben dies und fast nur dies hat alles geändert, verändert, unbeweglich gemacht, in Starre versetzt, die wie Totenstarre ist. Eine in Starre verfallende deutsche Geschichte. Wie durch

Glas zu betrachten. Alle Vorgänge beschattet, als sei ihnen etwas eingefärbt worden, als seien sie wie mit einem Ruck auf Distanz gebracht, so weit weg, daß ihnen etwas Unwirkliches anhaftet. Die Judentötung als Programm. Dies, fast nur dies hat uns die *Normalität der Geschichte* genommen, jene Normalität, die die Geschichte für fast alles bereithält. Nur dies nicht. Es hat in diesem Krieg irrsinnige Exzesse gegeben in der Kulminierung von Kriegshandlungen, die alles bisher Übliche in den Schatten stellen – aber es waren immer noch Kriegshandlungen, selbst im Range von Wahnsinnstaten, von denen noch zu sprechen sein wird.

Aber ein anderes ist es, in Büros gleichsam in einem Verwaltungs- und Verfügungsakt zu beschließen, anzuordnen, Millionen Menschen zu töten, gleich ob Mann oder Frau oder Kind, daß man sie im Vollzug einer Verwaltungsmaßnahme einsammelt und zu *Tötungsanstalten* führt.

Das, fast nur das ist es, was Geschichte nicht erlaubt, großzügig zu sein, jener Geschichte, die Tausende von Jahren lang großzügig war mit dem Geschenk der Normalität.

Wie harmlos nahmen sich die Anfänge aus. Meine erste Berührung hatte ich bei meiner Zimmersuche in Berlin, als ich jenen Juden traf, der mir sagte: Was wollen Sie? Ein Zimmer? Sie können alles haben, die ganze Wohnung, denn ich will weg aus diesem Land. – Bis dann die Synagogen brannten.

Ich habe keine Synagoge brennen sehen, habe keine Glasscherben auf der Straße gesehen, keine leergeräumten Geschäfte, weil ich nicht am Ort der Ereignisse war, und dies war durchaus zufällig.

Nicht dabeigewesen zu sein, nur von etwas zu hören, was für Argumente sind das für den aufgeschreckten Verstand, dem eine Aufgabe gestellt wurde, eine unangenehme Aufgabe, und der diese Aufgabe gleichsam zurückstellt, weil er sich nicht betroffen fühlt, nicht intensiv betroffen, vielleicht, weil er nicht konfrontiert wurde mit Bildern – mit Fotos, die es nachher zur Genüge gegeben hat. Die Ereignisse jener Nacht haben sich im Lauf der Jahre immer mehr nach vorn gedrängt, auf einem Marsch durch die Jahrzehnte. Die nicht gesehenen Bilder haben gleichsam gesagt: Du entgehst uns nicht. Sie werden niemandem entgehen, sie werden als Dokumente auf den Tisch gelegt werden. Und sie wurden als Dokumente auf den Tisch gelegt. Heute hat das Auge alle Bilder nachgeliefert bekommen, und sie sagten: Du warst dabei, *so oder so*. Diese Fotos! Nicht nur die der Brände, nein, ich meine die Fotos von den Opfern in jener Nacht, von den Menschen, die plötzlich wie aufgescheucht aus ihren Häusern auf die Straße liefen, herzanrührende Bilder dabei, die das Gedächtnis bewahrt hat, hat bewahren müssen, etwa jenen Vater mit seinem verstörten Jungen, beide in der Momentaufnahme einer Fluchtbewegung, beide ratlos, wie Wild, das nicht weiß wohin, Gehetzte inmitten einer Unbegreiflichkeit.

Noch wirkungsvoller jedoch war das, was mir ein jüdischer Freund fünfzig Jahre nach der Pogromnacht erzählt hat. Er sagte: Wir wohnten neben der Synagoge, und als die SA-Leute kamen und sie in Brand steckten, da bin ich gelaufen, gelaufen, durch die Nacht gelaufen und habe immer am Himmel den Widerschein des Feuers gesehen, traute mich nicht nach Hause, so voller Angst war ich. Und er war dreizehn Jahre alt. Und so bekommt das Foto, von dem ich erzählte, Leben und wird bis an das Ende meiner Tage lebendig bleiben.

Nur am Rande sei es erwähnt: Schirach hatte rechtzeitig mitbekommen, was da von Goebbels ausgeheckt worden war, hat in der Nacht noch den Stabführer der Hitlerjugend angerufen und ihm einen Befehl erteilt, der es der Hitlerjugend verbot, sich an diesen Aktionen zu beteiligen, die er eine Kulturschande nannte.

Das In-Brand-Stecken der Synagogen war ein Ereignis auf einem Weg, der sich schon sehr früh ankündigte: mit dem Boykottaufruf gegen jüdische Geschäfte im März 1933.

Das war noch der sogenannte »Volkszorn«, von oben verordnet, aber die Verordnungen bekamen Gesetzeskraft, und immer noch nicht begriffen die meisten, was da eigentlich vor sich ging. Immer noch nahm man hin, wie man gewohnt war, hinzunehmen, was »oben« entschieden wurde.

Man hatte selbst ja nichts damit zu tun, ein Satz, der heute undenkbar wäre, weil es inzwischen eine Ausbreitung des Verantwortungsgefühles gegeben hat, so stark, so allumfassend, daß dies ein wirklich wichtiges Merkmal unserer Zeit geworden ist.

Und nun, im scheinbar selbstverständlichen Besitz eines solchen Verantwortungsgefühles, wirkt es ganz unverständlich, daß es an ebendiesem allgemeingültigen Verantwortungsgefühl damals gefehlt hat.

Wir wußten nicht, wir ahnten nicht, daß sich mit den Nürnberger Gesetzen eine Strecke markierte, auf der sich das unheimliche, das undenkbare, alle Vorstellungskraft übersteigende Verbrechen als *Möglichkeit* auf den Weg machte, als eine unbekannte, als eine unerkannte Möglichkeit, als eine, man erlaube mir ein Paradoxon, für unmöglich gehaltene Möglichkeit. Man nahm eine Behandlung von Menschen hin, eine Registrierung, eine Abtrennung, eine Separierung, die vorgenommen wurde ohne Gewalt, sie wurde »erklärt« mit der Absicht und dem Ergebnis, sie für normal zu halten. Es wurde »zu einer Sache gemacht«, was letztlich bedeutete, Menschen zu einer Sache zu machen. Eine Sache ist hantierbar, bequem hantierbar, in

Bausch und Bogen hantierbar. Ein Mensch, zur Sache degradiert, erfährt ganz neue Methoden des Umgangs; es ist ein Umgang mit Sachen, aus denen sich das Leben zurückgezogen hat, in denen das Leben selbst seinen Wert verloren hat, eine immer geringere Rolle spielt, daß es schließlich fast nichts mehr ausmacht, den letzten kleinen Lebensrest zu entfernen, womit der Mensch endgültig zur Sache wird.

So begann es, und wir wissen, was daraus wurde.

Es begann so unauffällig, die letzte Konsequenz war nicht sichtbar. Sie scheint heute im Rückblick vorhersehbar gewesen zu sein, weil die letzte Konsequenz der Versachlichung von Menschen *Realität* wurde. Jede Realität enthält zugleich eine Behauptung: vorhersehbar gewesen zu sein. Wie könnte sie sonst eintreten?

Diese Lebensentfernung aus Menschen, dies Zur-Sache-Machen, ist übrigens noch gang und gäbe, mal stärker, mal weniger stark zu sehen, zuweilen weit entfernt in anderen Weltgegenden, zuweilen auch durchaus in der Nähe – aber niemals wurde Versachlichung von Menschen exemplarischer vorgeführt als in Deutschland, in der diese Versachlichung bis in die letzte, allerletzte Konsequenz vorgenommen wurde.

Ich hatte nach dem Kriege einen guten Freund , Alexander Fuhrmann, jünger als ich, unglaublich intelligent, sensibel, introvertiert, zugleich unendlich traurig, durchtränkt von Traurigkeit, von Illusionslosigkeit, und dennoch nach Illusionen suchend, zugleich wissend, daß es sie nicht gibt, einfach nicht heraus könnend aus dem ihm bereiteten Schicksal. Wir wollten einmal mit dem Auto fahren, über Nürnberg. Da sagte er: Über Nürnberg fahre ich nicht. Diese Stadt gibt es für mich nicht.

Oder ich erinnere mich an Eric Pommer, mit dem zusammen ich später einen Film machte, den letzten in einer Reihe von glanzvollen Filmen, die zur deutschen Filmgeschichte gehören. Er erzählte mir einmal von seiner Emigration. Er war nach Prag ausgewichen und flog vor dem Kriege nach Paris. Aus irgendwelchen Gründen – Maschinenschaden oder infolge einer Wettersache – landete die Maschine in dem Land, das er zwangsweise verlassen hatte: Sie landete in Nürnberg.

Er beschrieb mir die irrsinnige Atembeklemmung, die ihn überfiel. Die Passagiere mußten das Flugzeug verlassen. Er aber weigerte sich, ließ sich nicht bewegen, die Maschine zu verlassen, sein Territorium war plötzlich eingeschränkt auf Länge und Breite eines Flugzeugrumpfes. Er wartete in der Maschine als einziger Passagier, bis die Maschine weiterflog, Nürnberg verließ.

So besetzen sich die Felder der Erinnerung im nachhinein mit Ge-

schichten, die leeren Felder ausfüllend, jede Geschichte gedankenschwer, mit dem Gewicht dieser Gedanken zu Boden sinkend, dort unverrückbar bleibend, dem eigenen Leben ein anderes Gewicht gebend.
Nach dem Frankreichfeldzug wurde auch ich Soldat.
Natürlich wirst du Kriegsberichter, sagte man mir im Verlag. Ein paar Kollegen waren längst in der PK, in der Propagandakompanie.
Ein Kollege, den ich wegen seiner elitären, vornehmen Gesinnung sehr schätzte, fragte mich: Willst du nicht zu uns kommen? In die Kriegsberichterkompanie der Waffen-SS? Ich habe es getan und sah nicht den geringsten Unterschied zu den Propagandakompanien der Wehrmacht. Übrigens bis heute nicht.
Über die Waffen-SS wird bei Gelegenheit noch etwas zu sagen sein, das nämlich, was ich in ihr erlebt habe, wie ich sie sehe, gesehen habe als Augenzeuge und als ihr Mitglied. Der erste Auftrag, den ich als Kriegsberichter bekam, war ein ganz ziviler. Soeben hatte die Sowjetunion Bessarabien besetzt und mit der Reichsregierung vereinbart, daß die in Bessarabien befindlichen, dort lebenden Volksdeutschen rückgeführt werden in die deutsche Heimat.
Vor mehr als hundert Jahren hatte man sie ins Land gerufen. Sie kamen vorwiegend aus Schwaben, siedelten in Bessarabien bis nach Odessa, schufen Dörfer, betätigten sich als Bauern, als Handwerker, hatten mitgebracht den sogenannten deutschen Fleiß, den schwäbischen Ordnungssinn und einige Gebräuche, die sie nicht verloren gegeben hatten, die sie auch in Rußland gepflegt hatten. Hitler, immer auf der Suche nach »deutschem Blut«, wollte eine erneute Heimführung durchführen und schuf in Zusammenarbeit mit der Sowjetunion die Voraussetzung für eine solche Aussiedlung und Rückführung. Ein Kriegsberichterzug machte sich also auf den Weg, dieses Ereignis zu kommentieren, zumal es an den Fronten ruhig war, der Krieg sich scheinbar schlafen gelegt hatte.
Der Krieg, der sich zwischendurch schlafen legte! Auch dies war eine Besonderheit. Daß es Phasen gab der Ruhe, des Friedens. Kein echter Friede, sondern eine Abart davon, eher eine Art Atemholen: Wir haben zwar Krieg, aber wir haben auch Frieden, wir haben beides gleichzeitig. Im nachhinein erscheint es mir, als seien wir alle wie auf einer Treppe dem Unheil entgegengegangen. Und es gab bequeme Treppenabsätze, auf denen man sich ausruhen konnte. Auf so einem Treppenabsatz befanden wir uns alle im Herbst 1940. Und ruhten uns aus. Ein stolzes Ausruhen, ein siegbekränztes Ausruhen.
Es war die Zeit des größten Optimismus. Man fuhr an die Ostsee, man wanderte im Gebirge, die Cafés und die Theater waren voll. Man genoß die Rolle des Siegers, ob es einem bewußt war oder nicht.

Die erste, die anfängliche Beklemmung war weg, die Siege, die unglaublichen Siege hatten Selbstbewußtsein hervorgebracht, eine neue Art von Gelassenheit. Man sah sich selber nun anders. Als habe man die Rolle angenommen, die die Zeit einem gab, die Zeit oder das Schicksal, alle Ereignisse nunmehr als schicksalhaft empfindend. Mit einem Schiff fuhren wir dic Donau hinunter, auf einem ehemaligen Vergnügungsdampfer der Donau-Dampfschiffahrts-Gesellschaft, einem Passagierschiff mit vielen Kabinen. In Wien waren wir eingestiegen und genossen die Begegnung mit der Donau, mit Donaulandschaften, Donauländern. Bei dieser Gelegenheit ist es sicher richtig, auf einen Effekt hinzuweisen, den Kriege so nebenbei für Soldaten bereithalten. Er lernt unglaublich viel kennen.

Der Mann, der gebunden gewesen wäre an seinen gewöhnlichen Wohn- und Arbeitsplatz, sauste nun vogelgleich durch Länder und Landschaften, erlebte, was er sonst nie erlebt hätte, sah sich hineingestellt, in ungewöhnliche Situationen, befreit von normalen Zwängen. Er genoß eine Art Freiheit, eine Freiheit, die einen besonderen Geschmack hatte durch die Nähe des Todes.

Aber so nah war er ja nicht immer. Die Kampf- und Todesgefahrzeiten waren eher selten gewesen, die Freiräume des Soldaten im Kriege waren weit und fern aller einschränkenden Regeln der Normalität. Dieses Bild des Soldaten und seiner Welt veränderte sich natürlich, als das siegreiche Vorwärtsstürmen zu Ende war, als jener Kriegsalltag einkehrte, der von Eis, Schnee und Schlamm bestimmt wurde, als die Todesnähe permanent war, das Bunte des Lebens gestrichen wurde, sich nur tristes Grau anbot in Not, Elend und Schmerzen.

Von dieser Veränderung wird noch zu berichten sein.

Aber als wir die Donau hinunterfuhren, waren wir noch auf einer stolzen Erlebnisreise. Unsere Aufgabe war es, die Rücksiedlung der Bessarabiendeutschen pressemäßig zu betreuen. Wir genossen die Fahrt durch eine der schönsten Flußlandschaften der Welt in unvergeßlichen Tagen. Aber auf einmal wurde das Idyll gestört. Wir befanden uns mitten im Strom, langsam den Fluß hinabgleitend, zwischen zwei Ländern, zwischen Rumänien und Bulgarien, als wir vorbeifuhren an einem Schiff, das im Strom ankerte. Ein rostroter, verrotteter Dampfer, eher ein Seeschiff als ein Flußdampfer, und eher ein Wrack als ein Schiff. Auf diesem Schiff wimmelte es von Menschen, von Menschen und Wäsche.

Ein so erstaunlicher Anblick, daß alle sich an Bord drängten, um dieses Schiff zu betrachten.

Was ist das? wurde gefragt. Und die Besatzung unseres feinen gepflegten Schiffes gab Auskunft. Das Schiff läge schon länger da. Es sei voll

von jüdischen Auswanderern, die in Preßburg dieses Schiff gechartert hätten, um damit nach Palästina zu fahren. Aber jetzt sei ihnen alles ausgegangen, die Kohle, um die Maschinen zu feuern, das Wasser zum Trinken und Brot, um zu essen. Staunend sah man hinüber. Ja, wie, wurde gefragt, wovon leben sie? Nun, sagte der Mann von der Besatzung, niemand erlaubt ihnen, an Land zu gehen, Bulgarien nicht, Rumänien nicht. Sie wollen sie dort nicht haben. Glaubensgenossen aus beiden Ländern brächten ihnen nachts mit Booten das Essen hinüber.
Wir fragten den Kapitän: Was wird mit diesem Schiff?
Ach, sagte er, man wird schon sehen, daß es weiterkommt. Es liegt ja in der Fahrrinne und ist damit eine Gefahr für den Schiffsverkehr.
Wir fuhren vorbei, das Schiff mit seinen Menschenmassen wurde kleiner und kleiner, wir verloren es schließlich aus den Augen. Wir begaben uns zurück an unsere Plätze. Es gab zu essen, die Bordküche funktionierte, und man aß dreimal täglich.
Ich frage mich heute, was diese Begegnung bewirkt hatte, und ich muß sagen: nicht sehr viel, nichts, was mich sehr aufgeregt oder empört hätte. Man hatte Mitleid, aber es war nicht aktives Mitleid, forderndes, herausforderndes Mitleid. Man hatte eine Begegnung mit einem *Zeitereignis.*
Im nachhinein denke ich, daß damals auch ich ein Opfer der *Versachlichung von Menschen* gewesen bin, der wir alle mehr oder weniger erlegen sind, kaum jemand, der sich davon ausnehmen kann, nur das Mehr oder Weniger mag gegen oder für einen Menschen sprechen.
Da war sie wieder: die *Distanz zu fremdem Leid,* das Gefühl, mitten in einer unaufhaltsamen Historie zu sein, mit seinem Hinstrom von Geschichte, mit allem, was der Geschichte, den gewaltigen, ins Treiben geratenen Zeitereignissen zuzurechenen ist. Ich suche Erklärungen psychologischer Art und bin auf etwas gekommen, was ich zuweilen vorstehend angedeutet habe: die Distanz zu fremdem Leid als zeittypisches Merkmal, nicht nur beschränkt auf den deutschen Menschen.
Während wir also dieses Schiff sahen, an ihm vorbeifuhren, vorbeifuhren an einem Volk, das von allen verlassen war, fuhren wir einem Volk entgegen, das nicht verlassen war, den Bessarabiendeutschen, die auch aus ihren Häusern aufgebrochen waren, ihre Habe mitnehmend, soweit man sie tragen konnte. Und ein starkes Volk half ihnen, organisierte ihren Umzug, die Bessarabiendeutschen wurden heimgeholt, da gab es eine gewaltige Organisation, da gab es Treffpunkte, Übergänge, Verpflegungsstellen, da wurde geleitet, umgeleitet, in Sorge, in Fürsorge genommen. Das Schiff, mit dem wir ihnen entgegenfuhren, sollte sie aufnehmen, die Donau hinaufführen, dem Reich

entgegen, dem starken, dem schützenden Reich, das ihnen neue Siedlungsräume zuweisen würde, den Warthegau. Es kann durchaus sein, daß sich ein Effekt bemerkbar machte, der nicht zu formulieren war, ein Effekt, der nachträglich als solcher empfunden wurde. Da gab es also große Bewegungen in Europa, Aussiedlungen, Übersiedlungen, Massenbewegungen von Volksteilen, Volksgruppen, ein Hin und Her von Menschen, Umgruppierungen, im Sinne von: Wer heute in Preßburg ist, der ist morgen in Palästina, wer heute in einem Dorf bei Odessa ist, der ist morgen im Warthegau oder in Burgund. Wie sangen noch die Comedian Harmonists? Wo heute steht die Charité, da fließt ab morgen schon die Spree.

In Galatz kamen die ersten Bessarabiendeutschen an Bord, ganze Familien mit Frauen, Kindern, zuweilen mit Haustieren, mit Hund und Katze.

Sie kamen und verbreiteten sofort Lebendigkeit, Freude, unstillbare Neugier und Erwartung. Und sie sprachen tatsächlich deutsch. Deutsch und russisch, sie sprachen das Deutsch ihrer Vorväter, das schwäbische Deutsch, sonderbar altmodisch, anrührend, herzbewegend altmodisch, aber im besten Sinne altmodisch, so als werde einem mit der Sprache und mit der Art dieser Menschen die eigene Geschichte wie mit einem Ruck vor die Augen gezogen. Welche bäuerliche Gesundheit, welche Volkstumskraft! Muß ich mich entschuldigen für einen solchen Ausdruck? Aber er trifft den Kern der Sache, oder sagen wir so: Er gibt perfekt meinen Eindruck wieder.

Man nahm teil an einem historischen Vorgang, nach hundert Jahren vollzog sich vor unseren Augen und mit unserer Mithilfe ein Akt deutschen Schicksals. Die nach Osten offene Grenze war ja Teil unserer Geschichte, ganz unvergleichbar mit der Geschichte Frankreichs oder etwa Englands.

England besaß eindeutige Grenzen. Frankreich hatte nach drei Seiten solche festen Grenzen und stets Sehnsucht, nationale Sehnsucht, die vierte Seite, die Ostseite, zu einer halbwegs ähnlich festen Grenze zu machen; daher der Drang, der unaufhörliche Drang, den Rhein zu einer solchen Grenze zu machen.

Geographisch glückliche Länder. Ein solch glückliches Land war Deutschland nicht. Es blieb im Osten, im weiten, sich unendlich verlaufenden Osten offen, unbegrenzt, verzahnte sich dort mit anderen Ländern, anderen Völkern; man durchdrang sich gegenseitig, gleichsam Inseln bildend in fremden Meeren. Daß dies so war, war nicht allein deutsches Schicksal, es betraf viele Völker, die Ungarn, die Rumänen, die Polen, alle verzahnten sich, hielten einander umklammert, lebendige Grenzen bildend, sich ständig bewegend, ständig

Ansprüche erhebend, verteidigend, in großer Kraft, in nachlassender Kraft, zuweilen im gutmütigen Einklang miteinander, zuweilen im scharfen Gegensatz, immer das Fremde abwehren wollend, um das Eigene zu erhalten.
Der Osten: wogendes Land, ein Geschiebe von Grenzen, von Sprache und fremder Sitte. Das war jahrhundertelang so. Man denke an den deutschen Ritterorden, der einen Teil des Ostens kolonisierte, zivilisierte, kultivierte, in zerfließenden Weiten Organisationen bildend, Grenzen schaffend, Grenzen und Mittelpunkte, von denen aus sich kulturelle Impulse wie in Ringen ausbreiteten, dennoch immer gefährdet, immer angewiesen auf dauernde Kraft, die dennoch – wie jede Kraft – sich erschöpfte, Räume freigab. Osten, das hieß Land. Und Landhunger gab es immer. So lockte der Osten mit Land und Weite und mit der Kraft und der Macht, die Land und Weite versprachen. Was das Meer für die Engländer, das war der Osten, das unendliche Landmeer, für die Deutschen. Einladend zu Beute- und Kolonisationszügen.
Gen Ostland wollen wir reiten. Oder: Siehst du im Osten das Morgenrot. Die Bessarabiendeutschen gehörten zu jenen Vortrupps, eingeladen zwar, aber folgend der Einladung, Land zu besiedeln, das vor hundertfünfzig Jahren noch so groß und so leer war, daß es Freiheit versprach.
Nun siedelten sie zurück, die Bessarabiendeutschen, heraus aus einem Land, das sich immer mehr russifiziert hatte, sich immer mehr ideologisch eingeengt hatte – und da war die Anziehungskraft, die Leuchtkraft eines neuen deutschen Reiches. So verließen die Bessarabiendeutschen ihre Heimat sicher unter Tränen, aber zugleich auch mit dem Gefühl, dafür belohnt zu werden, mit mehr Land, mit schöneren Gebäuden, sich wieder einfügend in deutsches Land, das sie aufnehmen würde, herzlich und mit offenen Armen.

Unvergessen jene Abreise aus dem bessarabischen Falciu.
Der Zug gefüllt mit Umsiedlern, mit Männern, Frauen, Kindern, inmitten jener Habe, die sie mitnehmen, mitbringen wollten. Sie ließen aber auch Familienangehörige zurück, jene Frauen, die Rumänen geheiratet hatten, Männer, die bei ihren rumänischen Frauen bleiben wollten – so gab es herzzerreißende Abschiedsszenen. Und als der Zug, der ebensosehr ein Zug der Freude wie der Tränen war, sich in Bewegung setzte, da stimmte jemand im Zug das Lied an: So nimm denn meine Hände und führe mich bis an mein selig Ende und ewiglich. Und viele, die mit einstimmten in den alten Kirchengesang – eine Szene, für sich zu betrachten, loszulösen aus jedem Gesamtzusammenhang und darin wahrhaft ewiglich.

So kamen sie über die Grenze, kein Elendszug, sondern hoffnungsvoll, freudig, und in solcher Stimmung etwas wiedergebend: eine unendliche Gesundheit, naive Gesundheit, Einfalt, fern von Zynismus, von Depression, vom doppelten Boden der Gefühle.
Sie bestiegen die Schiffe, sahen sich ausgeliefert einer Macht, die nun auch ihre Macht war, von dieser Macht beschützt und zugleich beschenkt. Sie gingen einem Schicksal entgegen, das ihnen so unbekannt war wie uns allen: Die Bessarabiendeutschen verschwanden im Staub der Geschichte.
Aber noch füllten sie die Räume, die Gänge, die Decks unseres Donauschiffes mit Lachen, mit Erwartung, Freundlichkeit gebend, Freundlichkeit erwartend; in solcher ausgeübter fast schrankenloser Freundlichkeit lag ein Erlebnis, das ich bis auf den heutigen Tag nicht vergessen habe.
So begann meine Kriegsberichtertätigkeit mit der Beschreibung eines Vorgangs, der dem Frieden zuzurechnen ist, dem Ausgleich zwischen Mächten, dem Versuch einer Ordnung im wilden, ungeordneten Osten, dem Versuch, scheinbar mit Vernunft die Kräfte zu bändigen, die dort allerorts ungedämpft waren. Was wir nicht wußten: Die Faszination des unendlichen Landmeeres im Osten hatte längst ein neues Opfer gefunden, eben jenen großen Veranlasser, dem es das Schicksal erlaubt hatte, sich Träume zu erfüllen. Und er hatte den großen Osttraum. Jenen Osttraum, den vor ihm schon viele gehabt hatten, wagemutige Kaufleute ebenso wie jene Ritter, die sich kleine Reiche schaffen wollten, die irgendwo im Landmeer gleichsam ihre Schiffe ankerten, im wogenden Hin und Her von Menschen und Grenzen Bojen setzten, die dennoch ohne großen Halt waren und im Wind der Geschichte hin und her getragen wurden.
Aber der große Veranlasser träumte gründlicher, er träumte sich bis zum Ural, jene Art von Traum, dem von vornherein etwas Unwirkliches anhaftete, womit er sich decouvrierte, denn die wirklich großen Beweger der Geschichte träumen anders, gezielter, wirklichkeitsnäher und zugleich kreativer, begnadet kreativer, irgendwie wohl auch im Einklang mit der Geschichte, mit der Bewegung in solcher Geschichte. Die wirklichen Weltbeweger *folgten* Bewegungen, überlagerten sie, bändigten sie, lenkten sie schließlich. Aber sie liefen nicht gegenan. Hitlers Osttraum war wie ein Trugbild, das jemanden in der Nacht heimsucht. Sein Traum war von primitiver Art – dem dennoch oder gerade deswegen zuweilen große Kraft zu eigen ist – etwa: Habe ich den Osten, habe ich die Welt; habe ich Indien, habe ich Ägypten und den Suezkanal, habe ich Öl in Hülle und Fülle und bin unangreifbar. Solche Gedankengänge haben die primitive Kraft von Werbesprüchen. Wir haben wohl alle in uns jene Membrane, die bei solchen

Sprüchen in Bewegung gerät; noch sind wir wohl nicht zivilisiert genug, nicht ausgebildet genug, um die Primitivität als solche zu erkennen. Die ganz einfachen Sprüche üben immer noch ihre Wirkung aus, bis auf den heutigen Tag und wahrscheinlich auch noch morgen.

Ich begleitete ein solches Auswanderer-Rückwanderer-Schiff die Donau aufwärts, allerdings nicht sehr weit. Mit Donauwasser abgewaschene Weintrauben bescherten mir eine Amöbenruhr, die so massiv war, daß man mich vom Schiff wegruderte und an Land brachte, mich mit dem Auto nach Bukarest schaffte, wo ich wochenlang auf Tod und Leben lag, in Obhut der deutschen Botschaft, gepflegt von einer bessarabischen Krankenschwester. Ich verbrachte ein halbes Jahr in Deutschland auf Genesungsurlaub.

Immer noch schlief der Krieg, bis Hitler ihn wieder weckte.

Die Schlafpause war erfüllt gewesen von Hoffnungen, die nicht genau zu formulieren waren, aber sie waren vorhanden, wie undeutlich auch immer. Der Frieden schaffte sich Raum, indem er viele Dinge und Freiheiten für normal erklärte, etwa abends auszugehen, Ferien zu machen; er brachte sich gleichsam beschwörend ins Gedächtnis, ebenso beschwörend wie einschläfernd.

Einen Teil meines Genesungsurlaubs verbrachte ich in Bayern, in Garmisch-Partenkirchen, mit der wiedergewonnenen Kraft zum Skifahren.

Ich erinnere mich an große Terrassen, sonnenüberglänzt, mitten im Hochgebirgsschnee. Da lagen sie eingepackt in Decken, die Gesichter der Sonne entgegengestreckt und unterhielten sich über Geschäfte, über Finanzämter, über Steuern, über familiäre Details, die ja nach wie vor wichtig waren.

Auf dem Wank in der Sonne liegend, unberührt vom Krieg, den es zwar gab, aber den man nur in Dosen zu spüren bekam, blähte sich das persönliche, das private Leben auf, blühte auf, schmückte sich mit Geschichten wie eh und je, fern der Angst, die es gegeben hatte und die nun langsam und wie zögernd zurückgewichen war. Wo die Angst zurückweicht, da kommt der Mut, der Übermut, der Optimismus: Irgendwie wird die Sache doch zu Ende gehen, und wir werden bleiben, was wir sind, was wir haben, ein offensichtlich unerhört geeintes Volk, glanzvoll sich behauptend im Kreis der Völker.

Niemand kann auf Dauer schreckgebannt auf Tod und Untergang schauen, so nahe diese auch immer sind, das ganz normale Leben drängt sich nach vorn mit den immer gleichen uralten Geschichten von Liebe, Eifersucht, Eigensinn und Eigennutz, menschliche Geschichten, die Herz und Verstand ausfüllen, in Beschlag nehmen und ihnen den Vorrang geben gegenüber den schwierigen gedanklichen Rück-

kopplungen, die Zeitgeschichte betreffend, die den meisten zu groß und nicht handhabbar erscheint.
Als ich in Bukarest im Krankenhaus lag, erhielt ich einen Brief von meiner Frau, ein Kind sei unterwegs. Ich lag auf den Tod und erhielt eine Botschaft des Lebens. Das waren die privaten Handlungslinien, in die man sich in Wahrheit eingebettet fühlte.
Mussolini, Hitlers Verbündeter hatte dem Krieg, dem schlafenden Krieg, einen Tritt gegeben, ihn aufgescheucht, daß er wieder in Bewegung geriet. Griechenland, Jugoslawien, Kreta.
Da sprangen sie, die Fallschirmjäger, da stürmten die Regimenter durch die Berglandschaften Jugoslawiens, erreichten Griechenland, den Peleponnes, während Rommel durch die libyschen Wüsten zog. Was für Bewegungen, was für Kriegsgesänge. Der Krieg färbte sich dem normalen Leben ein, gab der Normalität eine heroische Note, ohne die die Normalität jeden Glanz zu verlieren schien.
Und der Krieg gegen die Sowjetunion bereitete sich vor.
Erst viele Jahre nach dem Kriege wurde bekannt, wie an diesem Krieg »gearbeitet« wurde, von welcher Hochstimmung man in den Planungsbüros erfüllt war. Die fabelhaften Siege hatten eine Überzeugung zur Folge gehabt, die Überzeugung von Unüberwindlichkeit. Hitler und seine Generalfeldmarschälle waren der *absoluten Überzeugung*, vor den »größten Siegen der Weltgeschichte« zu stehen. Sie waren davon so felsenfest überzeugt, daß in Hitlers Dunkelkammern schon die Befehle ausgearbeitet wurden, die sich auf Auslöschung, Vernichtung, Umsiedlungen bezogen; da wurde das Fell des russischen Bären schon zerlegt, die Beute schon verteilt, da wurde von der Halbinsel Kola gesprochen wegen der Nickelvorkommen, da wurde Öl verteilt, das man noch gar nicht besaß, da wurde die Krim schon das Urlaubsgebiet der Deutschen. Da rührte man herum im Völkertopf der Sowjetunion, als dürfe jeder den Träumern seinen eigenen Traum hinzutragen – denn wir waren ja unbesiegbar. *Die meisten Deutschen wußten von diesen Plänen nichts.* Die Euphorie in den Generalstäben wurde wie ein Geheimnis gehütet, man genoß sie gleichsam im kleinen Zirkel, im innersten Zirkel und in *stolzer Vorfreude.*
Jedenfalls war dies mein Eindruck, als ich Jahrzehnte später ein paar Unterlagen zu Gesicht bekam und plötzlich einen Eindruck hatte, eben jenen, daß alle erfüllt waren von absoluter Gewißheit, von solcher Gewißheit durchdrungen bis in den letzten Winkel ihrer Herzen, daß Rußland der Apfel am Baum war, nach dem man nur die Hand auszustrecken brauchte.
Und dann? – Dann war es wohl geschafft! Wie wenig wir davon wußten. Oder berührte uns schon ein Abglanz solcher »Vorfreude«?

Ich war wieder bei den Kriegsberichtern, diesmal bei der sogenannten Kampfgruppe Nord der Waffen-SS, der späteren Division Nord.
Wir wurden verladen und rollten in langen Zügen nach Norden. Wir fuhren nach Dänemark, setzten über nach Oslo.
Wir hielten uns in Oslo auf – wo wir den begeisterten norwegischen Wikingerhistoriker trafen mit seinem germanischen Rundholz. Dann gingen wir in aller Ruhe nach Schweden. Wie das? War Schweden nicht neutral? Natürlich war es neutral, aber es gestattete einer ganzen Division, der Waffen-SS-Division Nord, die Eisenbahnfahrt durch Schweden hindurch. Da war er also sichtbar, der insgeheime Respekt vor der Kraft, vor der unglaublichen militärischen Kraft Deutschlands.
Langsam rollten die Waggons durch schwedisches Land.
Die Bahnhöfe wurden für uns gesperrt, wir bekamen nur selten schwedische Zivilisten zu Gesicht. Auf Nebengleisen standen keine anderen Züge, da waren keine schwedischen Reisenden. Nur ab und zu Gesichter von fernher. Man sah förmlich das Staunen, die Zeugengesichter, wie ich es nennen möchte, Zuschauer an fremden Ereignissen, nicht sie selbst betreffend, aber durch eine sonderbare Gunst der Verhältnisse in die Lage versetzt, zuzusehen, wie sich die Bahnhöfe überschwemmten, feldgraue Soldaten, die sich um Wasserhähne drängten; man hörte das laute Gelächter, Gesang zuweilen, auch Musik, aber eher war ein anderer Ton dabei, metallisches Scheppern von Gerät und Eisennägeln. Wir fuhren gen Norden. Ja, wohin denn? Wem galt das eigentlich?
Ein Kriegsberichterzug bestand aus Wortberichtern, Bildberichtern, Zeichnern und Malern. Sie wurden umgeben, gehalten, geführt, auch militärisch geführt von Soldaten, Unteroffizieren, Offizieren.
Wir hatten einen militärischen Führer, Dr. B., im Privatberuf Physiker, ein begabter Physiker, Feingeist und zur Philosophie neigend. Er blieb nicht lange bei uns, kehrte zurück in seine Laboratorien, durfte seine Begabung nutzen, so sehr wie möglich zum Wohle des Reiches. So trafen sich in einem Kriegsberichterzug sehr interessante Leute, ungewöhnlich nach Bildung und Ausbildung und in der kreativen Kraft als Schreiber, Fotographen und Maler.
Wir rollten also im Güterzug nach Norden, Narvik entgegen, und unterhielten uns. Wem gilt das? Rußland, der Sowjetunion? Klar, sagten wir, da gab es auf der welthistorischen Bühne, auf der ein Weltschicksalsstück gespielt wurde, einen Zuschauer, der nach Art der Dinge nicht auf ewige Zeit ein Zuschauer bleiben würde. Stalin spielte mit, ohne aufgetreten zu sein. Er war wie jemand, der auf sein Stichwort wartet, der weiß, daß das, was da gespielt wird, auch sein Spiel ist, ihn mitbetrifft, mitbetreffen wird, und zwar, ob er will oder

nicht. Er hatte seinen Anteil am Spiel schon gehabt, er hatte einen Nichtangriffspakt mit Hitler abgeschlossen. Als Hitler Polen überrannte, setzte sich dieser Mann als Komplize in Bewegung, tat *seinen* Zug, er besetzte *seine* Hälfte Polens. Und sah zu.
Sah fasziniert zu, wie man ohne Bedenken annehmen kann, fasziniert und wohl auch erschreckt wie alle, denen ein ungeheures Schauspiel vorgeführt wurde. Aber er blieb nicht untätig. Er besetzte Litauen, Estland, Lettland. Ganz ohne Aufsehen. Eher still und ruhig. Dennoch den Blick nie von der Szene lassend.
Er registrierte den Aufmarsch von Divisionen an seiner Westgrenze. Keine Sache, groß beunruhigt zu sein. Der Mann war von der Gelassenheit eines Schachspielers. Er sagte sich: Logisch, Hitler muß seine Ostgrenze sichern. Er darf da keine offene Tür lassen. Wir fuhren mit unserer Division nach Norden, zugleich bewegte sich eine russische Division auf der anderen Seite nach Norden, alles ruhige Generalstabsspiele, glaubten wir, glaubte man. Ich fragte meinen Zugführer, den Physiker, den Feingeist, den Philosophen. Wollen wir Rußland angreifen?
Ich weiß noch genau, wo ich ihm diese Frage stellte. Wir hatten in Narvik einen Truppentransporter bestiegen, der uns nach Kirkenes bringen sollte. Wir sahen auf ein steingraues bewegtes Meer hinaus, das im fahlen Glanz des Nordens lag, Eiseskälte ausströmend. Er sah mich an, meinte dann: Ich würde Rußland nicht angreifen. Warum würden Sie Rußland nicht angreifen? Er sagte etwas Erstaunliches: Wegen Tschaikowsky. Ich machte den alten Witz: Wieviel Gewehre geben Sie ihm? Er sagte, und dies mit Recht: Das hat mit Gewehren nichts zu tun. Und fügte hinzu: Außerdem glaube ich nicht an einen Krieg mit Rußland.
Was wir hier treiben, sind gewaltige Spielchen, mit denen erpreßt wird und mit denen man sich vor Erpressungen schützt. Ja, sagte ich, es geht das Gerücht um, daß zu Hause die Fahnenfabriken zu tun haben, deutsche und sowjetische Fahnen zu nähen, für den Empfang Stalins in Berlin. Sie werden sich treffen, und die Überlebensinteressen werden ungleiche Brüder gemeinsam aneinanderschmieden.
Ach, sagte mein Freund, der Physiker, ungleiche Brüder haben es immer noch vorgezogen, aufeinander dreinzuschlagen. Er sah mich an: Lieber Freund, die Welt wird nicht von Vernunft regiert. Vernunft hat nämlich keine Kraft, was als ihr größter Nachteil anzusehen ist. Die Vernunft trägt ein zu graues Kleid, das nur Leuten paßt, die es vielleicht noch gar nicht gibt. Aber sagten Sie nicht gerade, daß Sie nicht an einen Krieg mit Rußland glauben? Wieder sah er mich groß an: So unvernünftig kann nun wirklich niemand sein. Aber es war eine kleine Irritation in seiner Stimme. Nach einer Weile setzte er fort,

etwas schwächer und unruhiger: Aber in Berlin hat man mich gebeten, mich über Tiflis zu informieren. Wieso über Tiflis? Weil es als zukünftiger Standort eines Kriegsberichterzuges in Frage käme. Da bewegten sich zwei Namen eine Weile in meiner Brust: Tiflis und Tschaikowsky.

Die Fahrt nach Kirkenes verlief ruhig, wenn auch gespannt.

Das Schiff war ein norwegisches Schiff, die Besatzung Norweger, die sich deutlich zurückhielten, nicht mehr taten als das, was ihre Pflicht war: Sie hielten das Schiff in Fahrt und auf Kurs.

Bei einigen Fahrten vorher hatten Norweger Seeventile geöffnet, ein Schiff zum Sinken gebracht. Sie selbst brachten sich in größter Eile in ein Rettungsboot, wegrudernd durch eine Menge im Wasser treibender Soldaten, die in der eisigen See in Minutenschnelle alle Kraft verloren.

Sie hielten sich dennoch mit klammen Händen am Bord des Rettungsbootes fest, brachten es zum Schaukeln und riefen: Wenn wir schon sterben sollen, dann ihr mit.

Sie kippten das Boot um.

Die Leichen trieben in der See, ein Opfer der Möwen. Das waren die Geschichten, die man sich an Bord unseres Truppentransporters erzählte. Möwen haben es auf die Augen abgesehen.

Die Möwen, die Augen, die Ratten, die einem nachts über den Leib liefen, das waren Worte, Begriffe und Bilder, die eine Weile im Gedächtnis blieben und die Fahrt zu keiner besonders fröhlichen machten. So kamen wir nach Kirkenes, einem jener sonderbaren Nordlandorte, die sich von allen anderen zivilisierten Orten auf eine einfache Weise unterscheiden: Zivilisierte Orte halten das Land besetzt. Nordlandorte von der Art Kirkenes können Land nicht besetzen, das Land hat Vorrang, mit dem Land die Natur, mit der Natur der Erdball selbst, der sich in Szene setzt, die paar Häuser nur widerwillig auf seinem Rücken trägt, ihnen Fremdheit wie mit einem Stempel aufdrückend, Fremdheit, Verlorenheit, gegen die man sich zur Wehr setzte mit Straßenschildern, Richtungspfeilen, die alle nach Süden zeigten und sagten, wo und in welcher Entfernung die deutschen Heimatorte zu finden waren. Die Tage nahmen kein Ende. Die Sonne, wenn sie überhaupt zu sehen war, ging nicht unter, sondern schlug einen flachen Bogen, berührte den Horizont in einer schwachen Bewegung, die nur ein Poet für eine zärtliche halten konnte. Kosmische Dimensionen waren zu sehen, wollten als solche verstanden werden. Mitten in einer Nacht, die keine war, hielt die Division in einem jener Wälder, die keine waren, Birkengestrüpp auf moosigem Grund. Post wurde verteilt. Hier bekam ich den Brief meiner Frau, in dem sie mir mitteilte, daß wir eine Tochter bekommen hatten.

Das ist jetzt fast fünfzig Jahre her. Die USA waren noch nicht in den Krieg eingetreten, obwohl auf der anderen Seite des Atlantiks ein anderer großer Zuschauer die Szene beobachtete, auf seine Weise schon mitspielte, auch auf sein Stichwort wartete, wahrscheinlich sehnsüchtig wartete, das Hitler ihm dann gab. Er erklärte den USA den Krieg.

Im nachhinein faßt man es nicht, dieser Mann erklärte den USA den Krieg, im arroganten Hochmut ohnegleichen, der stärksten Macht der Welt und decouvrierte sich damit endgültig als das, was er war: ein Abenteurer, der den Boden der Realität nun vollends verließ, umgeben nur von den Traumgestalten seiner kranken Phantasie. Jetzt kamen die Flugzeuge aus Amerika nicht in Frachträumen von Schiffen, die nach Murmansk fuhren, sondern sie kamen direkt, nicht nur die Flugzeuge, sondern auch die Panzer und dann die amerikanischen Soldaten selbst. Deutschland hatte einen Feind mehr, mit dem ich später besondere Erlebnisse hatte. Eins fand 1944 in der Normandie statt. Ich befand mich im Zweikampf mit einem amerikanischen Jagdflugzeug. Es war kein Zweikampf, denn ich hatte keine Waffe. Ich war mit dem Wagen auf dem Weg irgendwohin, als dieses amerikanische Jagdflugzeug mich angriff. Ich war herausgesprungen aus dem Wagen, hatte mich in Deckung gebracht. Damals waren die französischen Straßen alle hundert Meter mit mannstiefen Deckungslöchern gesäumt, weil jene Tieffliegerangriffe an der Tagesordnung waren. Der Pilot sah mich in meinem Deckungsloch und feuerte seine Bordwaffen auf mich ab. Ich duckte mich, so gut es ging. Wenn die Maschine wie ein Raubvogel über mich hinweggeflogen war, sprang ich auf, rannte zum nächsten Loch, ließ mich atemlos hineinfallen, denn das Flugzeug kehrte zurück, griff erneut an, fand mich nicht, suchte mich und griff das neue Deckungsloch an. So sahen wir uns an, ich den Piloten, der Pilot mich. Ich erkannte, er wollte mich unter allen Umständen zur Strecke bringen, es war für ihn eine Hasenjagd, die er erfolgreich abschließen wollte. Der Hase saß im Loch, mit Angst im Herzen und mit Wut, in einer Erregung, die zugleich auch erfüllt war von Klarheit, Nüchternheit, in der Nähe jener Sekunden, die die letzten sein können. Vielleicht ging ihm der Sprit aus, der Amerikaner drehte ab, vielleicht hatte er ein neues Ziel gefunden. Und da gehst du raus aus dem Graben, dem du ähnlich geworden bist, lehmverkrustet, dreckverschmiert. Das war *ein* Erlebnis. Ich hatte noch ein anderes, auch in jenen Normandietagen.

Ich sah einen Bomberschwarm gegen Deutschland fliegen. Nicht zehn oder zwanzig, nein, es waren Hunderte, mehr als Hunderte, vielleicht waren es *tausend*.

Die dunklen Punkte füllten den Himmel mit ihrem Anblick, erfüllten den Himmel mit dem Lärm von über hundert Motoren, ein Geräusch, das nur die kennen, die es erlebt haben, ein Brausen von ganz unvorstellbarer Stärke, als äußere sich der Himmel selbst, als könne ein solches Dröhnen nicht menschengemacht sein. Man steht unten auf der Erde, jenen Piloten nicht sichtbar, denen man vollkommen gleichgültig ist, die nur sich selbst nicht gleichgültig sind, eine Apartheid ganz besonderer Art, die groß in Mode, die das Kennzeichen der Zeit war. Apartheid, in der sich der Mensch vom Menschen trennte.

Ich erinnere mich des Schauders, der mich befiel. Ich hatte den ganzen weiten Himmel zur Verfügung, ich konnte das Schauspiel, diesen stählernen Dahinzug minutenlang verfolgen, den Dahinzug von Tod und Bomben, dem etwas Unaufhaltsames anhaftete. Und man wußte: Irgendeine Stadt, irgendeine jetzt noch lebendige Stadt, in der Menschen leben, die noch keine Ahnung haben, daß der Name ihrer Stadt im Flugplan, im Angriffsplan steht, eine Stadt, die noch voller Leben ist, angefüllt mit den Üblichkeiten des normalen Daseins.

Amerikaner waren es, Amerikaner und Engländer, da waren sie in der Luft, die vielen tausend Mann mit dem Auftrag, eine Stadt zu vernichten.

Warum ich das an dieser Stelle erzähle? Ich berichte dies, angeregt durch die Erinnerung an jenen Vorgang im karelischen Urwald, als mir aus dem Brief von zu Hause ein handgeschriebener Zettel entgegenfiel: Wir haben eine Tochter. Nun: Die Tochter ist heute Amerikanerin. Und ich habe zwei amerikanische Enkel, die ich sehr gern habe. *So wird Feindschaft ad absurdum* geführt, und als ein ad absurdum geführtes Beispiel von Feindschaft sehe ich dieses Ereignis in meinem Leben an. Als ein lehrreiches Beispiel von grundsätzlicher Bedeutung.

Dies ist ein Zeitbericht, kein Kriegsbericht. Man erwarte also keine Kriegsgeschichten. Die hat es gegeben, so gute, so ehrliche, so hervorragende, hineingestellt in ewig gültige Zusammenhänge, daß es unnötig ist, ihnen weitere hinzuzufügen.

Barbusse mit »Le Feu«, nicht zu vergessen Remarque mit »Im Westen nichts Neues«; ich denke an jene berühmte Szene, in der ein deutscher und ein französischer Soldat in einem Granattrichter Schutz gefunden haben, beide sich anstarrend, reflexartig reagierend, der eine den anderen tötend, ihn sterbend sehend – und im Sterben erfolgte die Rückverwandlung vom Soldaten zum Menschen. Und beim Zusehen dieses Sterbens erfolgte auch beim Tötenden die Rückverwandlung vom Soldaten zum Menschen. Zwei Menschen also, wie von einer höheren Macht, von Gott gezwungen, sich als solche zu erkennen. Was ist dem hinzuzufügen? Ich beschrieb, wie es mein Auftrag war, das Hin und Her des karelischen Krieges, die Besonderheiten jenes

Krieges, der sich ohne feste Front abspielte, geführt an den wenigen Urwaldstraßen und rechts und links davon in den unwegsamen Urwald hinein, Gruppen, die sogenannten Fronten ständig überfliegend, ein Hin und Her von Stoßtrupps, alles schließlich zur Ruhe kommend – das Angriffsziel war nicht erreicht worden, die Eismeerstraße blieb für die Russen frei, eine ihrer Überlebensadern.
So bekam ich meine Ration an Erfahrungen, von Gefahr, Tod und Schmerzen, sie selber sehend, ihnen selber ausgeliefert, jener Stoff, den man hautnah erfahren muß. In Kriegsromanen kann man schmerzfrei spazierengehen. Das Erlebnis, in das man selbst hineingestellt ist, brennt auf der Haut und gräbt sich ein, bei einem mehr, bei dem anderen weniger.
Die meisten Menschen akzeptieren Ereignisse, weil sie nun mal geschehen, weil die Realität sie offenbar rechtfertigt.
So sagte man sich: Es ist Krieg, und es gehört zum Krieg, daß gestorben wird.
Die Realität des Todes rechtfertigt ihn auch. So der Erkenntnisse Anfang. Die ersten beiden, die ich sterben sah, gehörten zur Besatzung eines Panzers, des sogenannten P IV, kein gewaltiges Ding, eher schon ein bißchen unmodern. Der Panzerfahrer hatte mich angesehen, auf die Urwaldstraße vor ihm gezeigt und unglücklich gesagt: Was mache ich mit einem Panzer in diesem Wald? Im Wald bin ich blind. Aber er fuhr los, und ein im Wald verborgenes Pak-Geschütz beschoß ihn, ließ den Panzer explodieren und verbrennen.
Da wurden in einer Waldecke die ersten beiden Gräber ausgehoben. Als ich später dort vorbeikam waren es zweihundert. Da ist dann die menschliche Seele, in die es hineinsickert, jene Erlebnisse in der Wandlung zu Erfahrungen, ein kurzer Weg. Viel weiter der Weg von Erfahrungen zu Erkenntnissen. Und am weitesten der Weg, Erkenntnissen mit Handlungen zu entsprechen. Die meisten, denen das Ereignis von Erkenntnissen zuteil wird, begnügen sich damit, Erkenntnisse zu »genießen«. Man macht sich an ihnen auf eine Weise traurig, die auch durchaus angenehm sein kann.
Ich wurde zurückgerufen nach Berlin, um auf einen neuen Fronteinsatz zu warten. Es hatte sich etwas verändert, fast unmerklich verändert. Die Kriegspause war zu Ende gegangen, jene Pause nach dem Frankreichfeldzug, die man eine heroisch-glückliche nennen konnte. Nun hatte der Krieg eine Wendung genommen, die nicht vorauszusehen war. Der Krieg gegen Rußland war nicht denkbar gewesen. Man hatte schließlich einen Nichtangriffspakt abgeschlossen, der als solcher im Bewußtsein aller war. Natürlich war einem Rußland immer unheimlich gewesen.
So wie einem das Unbekannte, das Fremde immer unheimlich war.

Rußland war ein hermetisch abgeschlossenes Land, mit einer Grenze, die als solche und zu seiner Zeit im Ruf stand, die perfekteste Grenze der Welt zu sein. Auf der anderen, der abgewandten Seite, begann die Unkenntnis, das Geheimnis, das Unbegreifbare. Diese Abschottung war immer Teil der russischen Mentalität, der Vorsicht ebenso zuzurechnen wie der tiefempfundenen Absicht, allein zu bleiben. Rußland hatte sich, wie es schien, nie als Teil dieser Welt betrachtet, es war nie offen gewesen, jedenfalls nicht sehr offen.
Die Gründe dafür mögen vielseitig sein, aber ganz gewiß war auch ein Aspekt dabei von innen tiefempfundener Abwehr. Aus Angst, aus Schwäche, aus Selbstschutz. Die Sowjetunion hatte diese Tendenz verstärkt, den Aspekten von Angst, Schwäche und Selbstschutz noch etwas hinzugefügt: den Fremdenhaß oder, wenn man das Wort Haß vermeiden will, Fremdenfurcht. Sie wollte alleingelassen werden und zugleich die Welt *missionieren.* Eben dadurch wurde sie unheimlich, obwohl das deutsche und das russische Volk inzwischen etwas verbindet. Sie haben nun beide im Remarqueschen Granattrichter gelegen, sich anstarrend, beide aus allen Wunden blutend, und Gott hätte ihnen sagen müssen, sich beide als Menschen zu erkennen. Aber damals, als es überhaupt schwer war, sich gegenseitig als Menschen zu erkennen, war das Unbekannte stärker als das Bekannte – das Bekannte, dem Tschaikowsky zuzurechnen ist, Tolstoi, Dostojewski, das gewaltige, geschichtsgewaltige Bekannte –, das dennoch von Furcht überschattet wurde.
Nun, sagte man sich, unsereiner kann nicht alles überblicken, wir haben die genauen Informationen nicht, die man »oben« sicher hat, und »oben« wird man alles sicher richtig bewerten. Es wird sich ja wohl nicht um Verzweiflungstaten handeln. So ungebrochen war das Vertrauen in den Verstand der Mächtigen. Inzwischen weiß man, daß ebendies vorauszusetzen, einer der größten Fehler ist, den Menschen begehen können.
Kann durchaus sein, daß der Verstand der Mächtigen soviel wert ist, wie der Verstand eines Kindes. Damals war mein Eindruck: Eher seufzend fand man sich mit dem Rußlandkrieg ab. Er war begleitet von einer inbrünstigen Hoffnung: Es möge schnell gehen, so schnell, wie es immer gegangen ist. Es mag Nachgeborenen schwer verständlich sein, vorstehende Worte ernst zu nehmen, weil sie so undifferenziert wirken, so karg und mager, ohne jene intellektuelle Fülle, an die wir uns heute gewöhnt haben und die ihnen das Wissen, das unendliche Wissen des Nachhineins verleiht. Aber die Worte müssen so karg stehenbleiben, so abgemagert auf bloße Mitteilung. Die Menschen haben den Krieg nicht gewollt, sie wurden hineingezogen, und erstaunlicherweise bot ihnen der Krieg einen gedeckten Tisch, er bot

ihnen Ruhm und Stolz und eine ungeheure Selbsterhöhung, die zuweilen satter macht als Brot.
Und schnell ging es ja auch. Was für Zahlen hörte man, wie viele Gefangene wurden gemacht, wie viele Flugzeuge abgeschossen, wie viele Panzer vernichtet. Im nachhinein vermute ich, daß auch Hitler sich des gewaltigen Risikos wohl bewußt war – er verließ das Feld der Normalität, jetzt betrat er die Gefilde seines Traumes, ließ die Hand der Vernunft los – ich nehme an, daß jeder Mensch die Vernunft als Begleiter hat, die ständig die helfende Hand hinstreckt –; jener also ließ sie los, ging allein, gleichsam querbeet, seinem Traum entgegen, jener Art von Träumen, für die man besonders begabt sein muß, die zu träumen man vielleicht die Hand der Vernunft nicht braucht, aber ganz sicher die Hand Gottes. Er selbst mochte ein Gefühl für die Gefahr haben. Er scheiterte vor Moskau, die Offensive geriet ins Stocken, erstarb in Schnee und Eis – und jener Mensch, der auf seinem unwirklichen Weg ein ganzes Volk hinter sich hergezogen hatte, schien plötzlich von magischer Furcht erfüllt. Er rief aus: Wir haben gewonnen, wir haben gewonnen. Der Feind ist geschlagen und wird sich nie mehr erheben.
Nie mehr erheben.
Es war, als hallen diese Worte wie im Echo aus allen Weltgegenden zurück. Er blies die Siegesfanfare zu früh, weil er haben wollte, was er noch nicht besaß. Selten hat es einen beschwörenderen Ruf gegeben als diesen, beschwörend und flehend, so als habe der Eiseshauch, der seine Armeen lähmte, sein eigenes Herz berührt. Man glaubte diesem Ruf nicht. Ich glaubte ihm nicht, niemand glaubte ihm, ohne es auszusprechen.
Was sollte man den Soldaten schicken? Wintersachen, warme Kleidung? Ja, wie? Hatten sie die nicht? Waren sie auf den Winterkrieg nicht eingerichtet? Mein Physiker war auch abgelöst worden, sollte in die Laboratorien geschickt werden. Er besuchte mich in Berlin. Er war ein wenig sorgenvoll. Er sagte: Ich frage mich etwas. Ich frage mich: Was für ein Konzept hat der Mann eigentlich?
Was meinen Sie, fragte ich zurück. Herrgott, sagte er, der Mann muß doch ein Konzept haben. Ein Land niederwerfen, das kann doch nicht alles sein. Da leben zweihundert Millionen Menschen. Was macht er mit ihnen?
Will er ihnen den Kommunismus wegnehmen? Wenn ja, was gibt er ihnen dafür? Er kann sie nicht nackt im Regen stehenlassen. Er verbesserte sich: Entschuldigung, im Schnee. Schnee und Eis sind, wie wir soeben erfahren, sowieso schlimmer.
Der Krieg trat in eine ganz andere, ganz neue Phase ein. Es war, als zeige er endlich sein wahres Gesicht. Es war, als decke sich nun alles

langsam auf, als werde Hülle um Hülle weggezogen, daß auch Verborgenes sichtbar wurde.
Das Verborgene in den Absichten Hitlers, so als wisse er, daß es nun nicht mehr von Nutzen ist, zu verbergen, was zu seinem Programm gehörte. Es war, als habe er sich diesem Totalprogramm langsam genähert, und als sei der Zeitpunkt nun da, es zu verwirklichen.
Ich spreche von den Einsatzkommandos, die hinter der Front »aufräumten«, ich weiß, daß ich ein grauenhaftes Wort verwende, aber es gehörte zum Vokabular und bot sich eben dadurch auch als eine Art Rechtfertigung an. Aufräumen wie Ordnung schaffen, wie »säubern« – ein Wort, das es allerdings schon gegeben hatte und das immer schon als zwielichtig bekannt war. Da wurden die Bewohner ganzer jüdischer Dörfer zusammengetrieben und gnadenlos getötet, massakriert, und dies im wildesten Exzeß.
Ich habe von diesen Untaten erst nach dem Kriege gehört. Eine Mitteilung, die sich, ich weiß es, eher sonderbar anhört, unglaubwürdig, dazu noch für einen Kriegsberichter, der doch zu allen Informationen sicheren Zugang haben müßte.
Aber nein, da war nichts, nicht mal, daß es Gerüchte gegeben hätte. Wenn es sie gab, so haben sie mich nicht erreicht, und mit mir fast alle anderen nicht.
Nun gab es in jener Zeit Kriegsnachrichten jeder Art, Berichte von Kesselschlachten, von wilden Vormärschen, auch von Kriegstaten, die man Heldentaten zurechnete, *das* bot sich dar, wurde dargeboten und nahm als Dargebotenes das ganze Interesse in Anspruch, als Lebenswichtiges.
Darin versank das Geheimgehaltene, obwohl eben dies in seiner Bedeutung das eigentliche Feuerzeichen jener Zeit war, es war eine Vorankündigung, so als sei eine Tür, eine für Menschen verriegelte Tür wie mit einem Fußtritt aufgestoßen worden, die Tür zum Verbrechen, nicht zum gewöhnlichen Verbrechen – davon wird die Menschheit Tag für Tag begleitet wie von Normalitäten –, nein, als sei die Tür aufgestoßen zum Verbrechen selbst, beiseite schiebend all die kleinen Verbrechen, um zum höllischen Kern vorzustoßen, dem *Verbrechen an sich.*
Kein Zweifel, daß die »Arbeit« der Einsatzkommandos wie eine Generalprobe anzusehen ist auf das Holocaustverbrechen. Und daran hatte man nun Anteil. Man hatte Anteil daran, ohne zu wissen, daß man daran Anteil hätte. Man sah sich selbst immer noch ganz anders, Teilnehmer und Teilhaber eines Kriegsereignisses, das sich als normal gab. Es war aus bestimmten Gründen begonnen, zuzurechnen gewaltsamen Neuordnungen und als solche der Geschichte angehörend, für die Schuld und Sühne unbekannte Begriffe sind.

So gab man sich das *Recht zum Kampf*, so wie sich Kriegsgegner immer das Recht zum Kampf geben, jeder durchdrungen von seinem Recht, dies leidenschaftlich beteuernd und dafür sterbend.
Und im Rücken des kämpfenden Soldaten gab es nun diese entsetzlichen Ereignisse, die ihm, dem kämpfenden Soldaten, etwas entzogen: sein Recht zum Kampf, seine moralische Legitimation, wie stark oder wie schwach sie auch immer war.
Im Osten, tief auf dem Lande, gleichsam weltenfern, wurde Auschwitz geprobt, da begann sich das Verbrechensfeld zu öffnen, auf dem man die ersten Schritte tat, noch exzeßhaft, aber schon mit der Absicht, den Mord *systemhaft* zu machen.

Ein guter Freund von mir, Gustav Memminger, von dem in diesem Buche noch die Rede sein wird, schrieb zu diesem Punkt in einem Brief: Ich habe zwei Brüder, wir alle waren im Kriege Soldat. Einmal trafen wir uns alle drei im Heimaturlaub. Unser Jüngster war bei der Infanterie, in der Heimat gehörte er zur Allgemeinen SS.
Als er von der Front im Osten kam, unterhielt er sich kurz mit Vater und Mutter, verschwand in seinem Zimmer, kam wieder heraus mit einem Paket und verschwand. Er kam zurück, und auf die Frage, was er getan habe, erklärte er: Ich habe meine SS-Uniform auf der Dienststelle abgegeben und meinen Austritt erklärt. Er habe im Osten ein SS-Einsatzkommando bei der schrecklichen »Arbeit« gesehen.
Er hatte daraus die Konsequenzen gezogen. Ihm ›selbst entstanden durch diese Handlungsweise keine Nachteile, und für uns war unser Kleinster von diesem Tage an der Größte‹.
Vielleicht ist es kein Zufall, daß eine Vokabel immer stärker in den Vordergrund rückte. Man begann vom Schicksalskampf des deutschen Volkes zu sprechen. Das konnte man auffassen, wie man wollte. Ein Schicksal ist anzunehmen, hinzunehmen, vor einem Schicksal gibt es kein Zurück, es ist einem auferlegt. Wie ernst die Zeiten wurden, das machte sich nun immer sichtbarer. Die Zeit, das teilte sich nun jedem mit, wurde grauer, kälter, böser und auch herzbeklemmender. Die Zeit der »fröhlichen Kriege« war vorbei. Eine Hoffnung hatte sich nicht erfüllt: Es ging nicht schnell vorbei. Es war, als hätte man eine Straße beschritten, tue darauf die ersten wirklichen Schritte, auf einer Straße, die eine Elendsstraße sein würde. Wie sehr sie das sein würde: unbekannt.
Im Winter wurde ich nach Rußland geschickt, von Frontleitstelle zu Frontleitstelle, so weit die Züge fuhren, und dann weiter über die sogenannten Rollbahnen immer tiefer nach Rußland hinein und immer näher an die Front heran. Welche Änderung der Szenerie. Der Krieg, der über Westeuropa hinweggebraust war, hatte Städte und

Dörfer nahezu unversehrt gelassen, unversehrt Straßen und Gärten, das eroberte Land war nahezu unverletzt, zivilisiert, schön geblieben. Nun sah ich zum erstenmal ausgebrannte Straßenzüge, graue Steinfassaden vor gähnender Leere, schwarzgeränderte Fensterhöhlen, die Hausgerippe, knochenbleich, so wie sie später in Deutschland immer vertrauter wurden. Staraja Russa, die Stadt, die mir als erste solche Bilder bot und in solchen Bildern zugleich etwas anderes: Verlassenheit, Menschenverlassenheit, Bewohntes plötzlich unbewohnt, das Gefühl von Katastrophe, die normales Maß übersteigt. Da war nicht in Resten Schönes geblieben, da hatten sich die Mauern, sinnlos ragend, mit Trauer überzogen, Trauer und Fremdheit gleichsam ausdünstend und alles damit durchtränkend.
Zudem herrschte Winter, eisige Kälte, eisige Winde. Nur wenige Menschen zu sehen, farblos, grau, fast schwarz gegen das schmutzige Weiß, geduckte Menschen, sich gegen Wind und Schicksal stemmend, kleine Jungen, die das Gepäck der Soldaten auf Schlitten zogen. Für sie war die zerstörte Stadt ein Überlebensfeld geworden. Hineingesteckt in die Erde Richtungszeiger mit Nummern von Einheiten, das ganze Nummerngewirr, das zum Kriege gehört, die Felder abstekkend, sonderbare Bedeutung erlangend, als handle es sich um eine Geheimschrift, um einen besonderen Code.

Eines dieser Zeichen wies auch mir den Weg. Zu einer neuen »Rollbahn«. Ein ganz neuer Begriff. Damit war keine Straße gemeint, sondern ein Spuren- und Rillenfeld von zuweilen hundert Metern Breite, über eisige Felder gehend, das fahle Weiß in Linien aufgebrochen, Räder und Ketten, die die Erde nach oben gepflügt hatten, daß die grauen, die braunen, die schwarzen Linien Muster bildeten, und dies von Horizont zu Horizont, ganz neue Dimensionen ankündigend. Man mochte nicht in der Lage sein, sich dies zu formulieren, aber man spürte es, sofort und mit großer, eindringlicher Kraft: Dies hier ist ein anderer Krieg. Es ist *der* Krieg. Und als Krieg ein ungeheures, jeden Rahmen sprengendes Ereignis, ein Urereignis. Man fühlte sich herausgenommen aus der Normalität. Das war anders gewesen bei den vorangegangenen Feldzügen, wo man hin- und hersprang zwischen Tod und Leben, zwischen Krieg und Frieden, in denen einem immer erlaubt wurde, zurückzukehren in Normalität.
Selbst das Anomale war noch normal gewesen, normal an seinem untersten Rande. Jetzt aber war die Normalität weg, ganz weg. Selbst der Blinde mochte fühlen, daß er vor seinem Schicksal stand, daß alle vor ihrem Schicksal stehen, daß etwas betreten war: ein ganz neues Feld mit unabgesteckten Grenzen, sich im Endlosen verlaufend.
Auch die Zeit bekam ein anderes Maß, sie dehnte sich, sie wurde

langsamer, bekam gleichsam einen anderen Atem, einen ganz langen, tiefen Atem. Weggewischt die polnischen achtzehn Tage, weggewischt die sechs Wochen Frankreich; die Tage zu zählen, war keine Beschäftigung mehr, zu sehr glich ein Tag dem anderen, wenigstens im Winter, da sich Deutsche und Russen auf eisigem Feld gegenüberlagen, von Kälte gelähmt, gequält, gefoltert. Da begannen sich die Dinge zu verändern. Art und Maß der Veränderung im nachhinein sichtbar und zu verfolgen. Der Mensch veränderte sich. Der Soldat veränderte sich. Er bekam ein anderes Gesicht. Gut sichtbar ist das an den Arbeiten der Bildberichter. Da war das Lachen wie weggewischt – wenn man es noch sah, dann wirkte es falsch am Platze, es war nicht verbindlich, verbindlich war ein anderes Gesicht. Es war hager, gefurcht, voller Falten, grau überdeckt vom Stahlhelm oder von verfilzten, verschwitzten Haaren. Es ähnelte jenem Gesicht des Soldaten von Douaumont. Den Leidensgesichtern aus dem Ersten Weltkrieg. Wer als Soldat nach Rußland kam und wenn es zudem im Winter war, der fühlte sich hineingestellt in eine neue *Form des Daseins,* die intensiver war als jede andere, intensiver, ausschließlicher, schicksalhafter – alles mag schicksalhaft sein, nur hier zeigte sich das Schicksal unverhüllt. Alles war oder wurde unverhüllt. Alles wurde bloßgelegt bis zum letzten Nerv, als gäbe es schließlich nur dies: das Nervengeflecht von Menschen mit seinen letzten zuckenden Reizen, weggewittert, weggeschwemmt alles Drumherum, das sogenannte Fleisch des Lebens. Die Folge einer *totalen Inanspruchnahme.*
Man möge sich die Formulierung merken: totale Inanspruchnahme. Sie engt die Freiheit ein, schränkt den freien Willen ein, setzt die Fähigkeit, über den Dingen zu stehen, herab.
Ich werde auf diesen Begriff der totalen Inanspruchnahme noch zurückkommen und seine tragischen Aspekte aufzeigen.
Die Veränderung des Krieges zeigte sich noch in anderer Weise, in einer rein äußerlichen. Man grub sich in die Erde, so wie man sich schon im Ersten Weltkrieg in die Erde gegraben hatte. Die Winterstille in Rußland war Bunkerzeit. Im nachhinein fallen mir vier Episoden ein, in denen Bunker eine Rolle spielten, und sie mögen interessant sein, weil sie Rückschlüsse zulassen und als solche erhellende Wirkung haben. Das erste Erlebnis dieser Art hatte ich in Karelien. Ein dänischer Journalist hatte uns besucht, ein vitaler junger Mann, für den der Krieg ein Abenteuer war, von dem er sich ausgeschlossen fühlte. Er sagte: Ich will an die Front. Ich ging zusammen mit ihm durch finnischen Urwald, bedeutete ihm, ruhig zu sein, denn Russen und Deutsche lagen einander in Urwaldstellungen auf etwa achtzig Meter gegenüber. Und nicht immer war ein Vogelruf der Ruf eines Vogels. Der Kompaniechef hatte seinen Befehlsstand in einem Erdbunker,

der sehr solide war, abgedeckt mit Baumstämmen, Holz gab es ja zur Genüge.
Wir stiegen also die Erdstufen hinunter in den Bunker *und hörten Musik.* Ein Radio spielte oder es lief ein Plattenspieler. Was es war, weiß ich nicht mehr, aber die Musik war bekannt. Es war die Leonorenouvertüre – Beethovenmusik in einem Erdbunker, ein Eindruck von Feierlichkeit, nicht nur von Feierlichkeit, es schien auch eine Form des Protestes zu sein, als solche ganz unverstanden, ganz unbewußt. Es mochte sich darin Widerstand ausdrücken gegen die reale Situation, auch dieser Widerstand eher mechanisch, ganz unverstanden, als wolle jemand sagen: Das ist meine Welt, ich nehme sie mit, so weit nach vorn, wie es geht, bis an den Rand der Existenz. Um sich von ihr trösten zu lassen, erheben zu lassen oder auch nur, um sie nicht zu vergessen.

Der dänische Journalist wurde von einem Untersturmführer noch näher an jene Grenzlinie gebracht, die Russen und Deutsche voneinander trennte, russische Granatwerfer wurden wach, schossen ein paarmal wild in den Wald hinein. Dem Untersturmführer wurde das Bein halb abgerissen, und wir trugen den Verletzten im keuchenden Lauf durch den Wald zurück, während die Beethovenmusik hinter uns zurückblieb, feierlich und wohl auch ein wenig höhnisch.
Das zweite Bunkererlebnis hatte ich auf den Waldaihöhen. Ich besuchte einen Artilleriekommandostand, der sich in einem Bunker befand, der ziemlich groß war, Bürogröße hatte und auch als ein Büro eingerichtet war, als Rechenbüro, andauernd liefen Meldungen ein, wurden Zahlen genannt, die Zahlen wurden durchgerechnet, hochgerechnet, umgewandelt in ballistische Kurven, auf denen dann Artilleriegeschosse ihren Weg nahmen.
Ich hatte einen beklemmenden Eindruck von Intelligenz, von Könnerschaft, von Präzision und funktioneller Tüchtigkeit. Das Erstaunliche aber war, das Ganze fand unter der Erde statt, und es schien nichts Besonderes zu sein, daß dieses tüchtige Rechenbüro sich zwischen Erdwänden etabliert hatte, daß der Boden aus gestampfter Erde bestand, eine merkwürdige Verlagerung aus einer bürgerlichen Welt in eine ganz andere, ganz provisorische, eine Verlagerung, bei der niemand etwas zu empfinden schien.
Ganz sicher hatte ich einen sehr persönlichen Eindruck, den Eindruck von etwas ganz und gar Unpassendem, aber so, als hätte ich als einziger diesen Eindruck.
Das dritte Erlebnis hatte ich in einem Feldlazarett, als man mir einen Verwundeten zeigte, dem beide Unterarme abgenommen waren: ein ruhiger Mann, Typ eines verläßlichen Handwerkers, dessen Gesicht

einen sehr ruhigen Ausdruck zeigte, der indessen täuschen mochte, er schien zu jenen Leuten zu gehören, die ihre Unruhe nicht nach außen bringen können, vielleicht, weil sie zu groß war, den Rang existentieller Verstörung besaß und damit zu groß war für ein kleines Gefäß. Dieser Mann hatte sich mit anderen in einem Erdbunker befunden, in einem Gelände, das die Russen gerade erstürmt hatten. Sie warfen eine Handgranate durch einen Luftschlitz hinunter in den Bunker. Und unser Mann, der Ruhige, Verläßliche, nahm einen Holzschemel, preßte ihn auf die Granate, die explodierte, das starke Holz des Schemels in Splitter verwandelte und ihm selbst die Arme so sehr verletzte, daß sie amputiert werden mußten. Der Mann, der seine Hände in einem Bunker verloren hatte, hatte auf mich einen sehr großen Eindruck gemacht, weil die Szene sich auf phantastische Weise übertragen ließ, auf andere Situationen, erhöht, vergrößert, projiziert ins Extreme, ins Extrem-Menschliche, ins Extrem-Politische.
Diese Übertragungen nahm ich damals gewiß nicht vor, aber es war, als würde man von Ahnungen gestreift, jener Ahnung, die uns alle in die Enge und Begrenztheit eines Bunkers hineinsetzte mit dem herabgeworfenen Sprengstoff in der Mitte, so als befänden wir uns alle in jener Situation, schreckgebannt stehend, jede Bewegung angehalten und auf den wartend, der das Opfer bringt.
Mein viertes Beispiel ist ein eher trauriges Erlebnis, in ganz anderer Weise traurig, es gehörte schon an den Rand des Krieges. Ich hörte die Geschichte von einem, der dabei war. Sie ereignete sich in der Normandie im Jahre 1944. Ich war damals als Kriegsberichter bei der Division Hitlerjugend. Die Invasionstruppen waren im Vormarsch, die Division wurde zurückgedrängt, an manchen Stellen überrollt. Auch damals war Bunkerzeit, einige Soldaten, Offiziere und Männer befanden sich in einem Erdbunker, hatten sich überrollen lassen. Ein alliierter Panzer hatte sich auf den Bunker gestellt, drehte sich, versuchte mit mahlenden Ketten, den Bunker einstürzen zu lassen, was nicht gelang. Man warf Handgranaten durch den Eingang, der aber winklig angelegt war, so daß die Explosionen vom Erdreich aufgefangen wurde. Man schrie von außen in den Bunker hinein: Kommt raus. Ergebt euch.
Auch ganz junge Soldaten waren dabei, denen die Situation alles abverlangte, mehr vielleicht, als ihnen zuzumuten war. Sie sahen ihre Führer an. Gehen wir raus? Ergeben wir uns? Nein, sagten die Offiziere. Die gehen auch wieder, und sie wissen, daß sie uns nicht herausholen können. Die Engländer oder wer immer es war, es konnten auch Kanadier sein oder Amerikaner, stocherten außen herum wie in einen Maulwurfshügel, ließen nicht locker, sparten nicht mit Drohungen, den ganzen Bunker in die Luft zu sprengen. Da saß das kleine Häuf-

lein der Zusammengedrängten, und einer der jungen Soldaten verlor die Nerven. Er rannte plötzlich hinaus. Schweigen im Bunker. Der Offizier, der mir diese Geschichte erzählte, noch abgemattet, erschöpft und müde, sagte: Du liebe Zeit, ich verstand den Jungen. Sie alle hatten in den letzten Tagen entsetzlich viel mitgemacht. Die Engländer oder wer immer es war schickten den Jungen wieder hinein in den Bunker. Er meldete: Ihr sollt alle herauskommen, euch gefangengeben. Ich soll euch das sagen.
Der Führer der Gruppe sagte ihm: Wir kommen nicht raus. Wir haben eine Chance. Es ist gleich Nacht, und sie müssen weiter, sie können sich mit uns nicht ewig aufhalten. Geh raus und sag ihnen, daß wir nicht kommen. Er sagte: Du kannst gehen. Wir nehmen es dir nicht übel, wenn du gehst.
Ich kann nur ahnen, was in dem Jungen vorging. Aber er ging nicht. Er bat seine Kameraden um Entschuldigung. Und die sagten: Macht nichts. Diese Geschichte ist mir im Gedächtnis geblieben aus mehreren Gründen. Es fehlte völlig der heroische Ton, es war nicht die Rede von Befehlsverweigerung, von Überlaufen. Das Ganze wurde mir berichtet in einem etwas traurigen Ton, mit einer Trauer, die als solche gar nicht begriffen wurde, es war ein bißchen Resignation dabei, ohne daß das Wort den Sinn der Szene genau trifft, ein bißchen Resignation zugleich mit einer Einsicht in die Natur des Menschen und in Erkenntnis einer Szene, die eine besondere war und einen Höhepunkt hatte: Der Junge war zurückgekommen. Er separierte sein Schicksal nicht, worin möglicherweise die Kraft, die schicksalhafte Kraft dieser Szene lag, zu wissen, zu erfahren, daß kein Schicksal sich separieren läßt, daß es gemeinsam getragen werden muß, daß im gemeinsamen Ertragen auch Trost liegen kann und vielleicht sogar ein letzter, ein allerletzter Halt.

11

Da war ich also nun in den Waldaihöhen mit seiner Hauptstadt Demjansk, eingefroren, tiefgefroren wie die ganze Division, die Totenkopfdivision.
Ich war während des Krieges bei drei Waffen-SS-Divisionen als Kriegsberichter.
SS. Diese zwei Buchstaben. Das Doppel-S. Nicht geschrieben mit angenehmen Rundungen, sondern steil geschrieben, blitzhaft, aggressiv. Diese zwei Buchstaben sind zu einem Begriff geworden. In der Welt zu einem Begriff geworden für Kälte, Härte, Erbarmungslosigkeit. Und dies im direkten Zusammenhang mit dem Mord an Millionen jüdischer Menschen.

Auschwitz, Majdanek, Treblinka liegen nun nicht mehr im Dunkkel, gleichsam zugedeckt, umschlossen von Wänden, als Geheimnis errichtet, als Geheimnis bewahrt – heute wissen wir und weiß die Welt, was dort geschah, und wie es geschah. Die Zeugnisse liegen vor, jener, die lebend davongekommen sind. Mit einem jener Überlebenden habe ich nach dem Kriege stundenlang, tagelang darüber gesprochen. Alles, was dort geschah, liegt im riesenhaften Schatten von zwei Buchstaben.

In diesem Schatten liegen nun auch die ehemaligen Angehörigen der Waffen-SS.
Es ist nun mal eine geschichtliche Tatsache, daß der sogenannte Reichsführer SS der Befehlsempfänger und Vollstrecker des Auftrags war, jüdische Menschen einer sogenannten Endlösung zuzuführen – was Mord bedeutete, brutalen, unmenschlichen, erbarmungslosen Mord an Männern, Frauen und auch an Kindern.
Die Mörder trugen – das ist es! – die gleiche Uniform wie die Soldaten der Waffen-SS *und die kämpfende Truppe hatte mit ihnen doch nichts zu tun.* Und es kann niemanden wundern, daß es heute unmöglich scheint, aus dem Sammelbegriff SS herauszufiltern, was dieser Schuld nicht zuzurechnen ist. Aber so unmöglich es scheint – und so unbequem es vielleicht ist –, ich muß versuchen, diese Filterung vorzunehmen, denn ich bin ein Zeuge, ein gewissenhafter und der Wahrheit verpflichteter Zeuge, der eine Aussage macht:
Es ist ein Fehler, absolut und ganz zweifelsfrei ein Fehler, jeden Soldaten, der die SS-Runen am Kragenspiegel trug, automatisch für einen Verbrecher zu halten. Ich kenne Leute, die absolut integer sind, charakterlich absolut einwandfrei, zweifelsfrei, in ihrer Denkungsart vornehm, tapfer, mit jener Hinneigung oder innerer Verwandtschaft zum Opfer, zum Opferbringen, auch Sich-selbst-zum-Opfer-Bringen. Ich weiß, ich weiß, es ist nicht zeitgemäß, dies zu sagen, aber die Leute, die ich meine und so beschrieben habe, verdienen es, herausgenommen zu werden aus der Schar jener, die Verbrechen begangen haben und die – wie es jemand mal formulierte – nicht zu uns gehören. Sie gehören nicht zu uns und wir nicht zu ihnen. Das Wort wurde immer bekannter: Wo das Verbrechen anfängt, da hört die Kameradschaft auf.

Die begangenen Verbrechen – sie werden ihren Platz in diesem Bericht bekommen – sind so groß, so jeden Rahmen verlassend, so als Jahrhundertereignis zu sehen im bösesten Sinne, daß auch die Reaktionen diesem Ereignis entsprechen, in ganz natürlicher Weise so überaus heftig sind, fast einem Schrei gleichen, in dem sich auch

Schmerz ausdrückt, ein Wahnsinnsschmerz, der – das ist meine Meinung – als solcher noch gar nicht begriffen ist und der immer fühlbarer werden wird, je mehr Zeit vergeht. Ein sonderbarer Vorgang, auf den ich noch kommen werde, kommen *muß* – weil es sich um einen wesentlichen Teil dieses Berichtes handelt.

So stehend im Wind der Geschichte, in dem man sich kaum halten kann, muß ich dennoch meine Stimme erheben: für die Leute, die ich kenne, für die, die ich kennengelernt habe und für die ich meine Hand ins Feuer lege.

Und wieder muß ich sagen: Ich persönlich habe keine Verbrechen gesehen, keine erlebt, bin kein Zeuge für Vorkommnisse, die Verbrechen zugeordnet werden müssen – es sei denn, ich bin selbst ein Verbrecher, weil ich am Kriege teilgenommen habe. Ein Standpunkt, für den ich – so extrem er auch ist – sogar Verständnis aufbringen könnte, obwohl es sich dabei um Standpunkte handelt, die ganz neuen Gefühlen Rechnung tragen würden, Gefühlen, die ein Merkmal einer neuen Weltsituation sein müßten, die möglicherweise zu wünschen, zu ersehnen ist. Aber noch leben wir in einer Welt, in der Kriege geführt werden und die unserer menschlichen Natur zu entsprechen scheint, jener angeborenen Aggressionslust, die immer noch existent ist und den Erdball erschüttert, dies nicht nur heute, sondern für den Skeptiker wohl immer, für den Idealisten noch lange und für den Utopisten bis spätestens nächstes Jahr.

Wenn ich sage, ich habe keine Verbrechen gesehen, dann mag ich damit Glück gehabt haben, vielleicht sogar eine Ausnahme sein, aber selbst dieser Gedanke entbindet mich nicht von der Pflicht, auszusprechen, was *meine* Wahrheit ist oder – da ich skeptisch bin dem Begriff Wahrheit gegenüber –, was ich für wahr halte. Ich möchte zwei Beispiele anfügen. Bei der SS-Division Totenkopf hatte ich im Divisionsstab einen Freund, einen jungen Untersturmführer, der LDN, Leiter der Nachrichten, war. Divisionskommandeur war ein gewisser Eicke, der nun allerdings kein unbeschriebenes Blatt war, ein alter SS-Haudegen und der Mörder von Röhm. Auch dies liegt heute als historische Tatsache auf dem Tisch. Diesen Mann möchte ich nicht herausfiltern, der gehört in der Tat auf die andere, auf die Mörderseite. Obwohl dieser Mann in seiner Division sehr beliebt war und man ihn nur Papa Eicke nannte. Dieser Eicke ließ meinen Freund, den jungen Untersturmführer, kommen und befahl ihm, drei Partisanen aufzuhängen: Gehen Sie hinaus und hängen Sie sie auf. Nun war damals jeder ein Partisan, der als Mann und jung genug aufgegriffen wurde und gute Schuhe trug. Mein junger Freund reagierte wie folgt. Er sagte: Obergruppenführer, erlassen Sie mir das. Ich kann das nicht. Ich kämpfe mit der Waffe in der Hand gegen Leute, die Waffen in der Hand haben. Aber ich kann niemanden aufhängen. Der ganze Divionsstab hörte wie gebannt zu, erschrocken, tief erschrocken, nehme ich an. Denn da ereignete sich etwas Unerhörtes: Jemand widersprach, jemand verweigerte einen Befehl. Eicke selbst schien einen Augenblick wie erstarrt, schien völlig überfordert, schien zu schwanken zwischen dem Befehl, diesen Mann in seinem Stab gleich mitaufzuhängen, und anderen Alternativen, die er suchte und in Sekundenschnelle finden mußte.

Er schrie den jungen Mann an: Hauen Sie ab, Sie Schlappschwanz. Kommen Sie mir nicht mehr unter die Augen.

Diese Geschichte hat eine Fortsetzung. Sie findet Jahre später statt, nach dem Kriege, etwa im Jahre '46. Dieser junge Mann war mein Freund geblieben, wir hatten uns in München getroffen und waren wie die meisten Überlebenden beschäftigt, hin und her zu reisen, und dies aus den verschiedensten Gründen, etwa, um Freunde zu finden oder, weil das tägliche Leben es erforderte, mit Nahrungssuche, Wohnungssuche. Jene Zeit hatte dieses Merkmal: Alle waren ständig unterwegs. Die Menschen hingen in Trauben an den Zügen, füllten die Trittbretter, die Kupplungen zwischen den Waggons, sogar die Dächer, was besondere Aussicht versprach, aber auch Geschicklichkeit verlangte im schnellen Kopfeinziehen, wenn sich ein Tunnel näherte. Zur Sorgfaltspflicht des Lokführers gehörte es, darauf rechtzeitig aufmerksam zu machen. Mit jenem Freund also war ich unterwegs. Wir rannten zu einem oberbayerischen Bahnhof, um einen Zug zu erreichen, der noch stand, jede Sekunde abfahren würde. Aber der Schalterbeamte war schon gegangen, hatte seinen Platz schon verlassen. Komm, rief ich meinem Freund zu, über das Gitter, wir kriegen ihn noch.

Das Gitter war nur halbhoch, kein Kunststück, es zu überwinden.

Aber mein Freund, der keine Partisanen hängen mochte, mochte auch nicht über den Zaun springen, denn der Schalterbeamte war ja schon gegangen. Wie finden Sie diese Pointe einer Geschichte? Er war einfach nicht der Typ, über einen Zaun zu springen. Es gehörte nicht zu seinem Charakter, Partisanen aufzuhängen und über einen Bahnhofszaun zu springen.

Wo bleibt da die Marke SS? Man begreife: Es bleibt immer die ungeheure *Vielfalt* von Menschen, von denen keiner dem anderen gleicht, jeder anders geartet, entschieden anders, von Gott geschaffen und in einen ganz persönlichen Habitus gesteckt, aus dem der eine gar nicht heraus kann, der andere schwer heraus kann, wieder ein anderer leicht heraus kann.

Ich habe diese Vielfalt von Menschen zu respektieren und bei ihrer Beurteilung ebendies in Rechnung zu stellen. Leider habe ich diesen

Mann ganz aus den Augen verloren und möchte mir wünschen, daß er diese Zeilen liest und sich meldet.

Ein weiteres Beispiel betrifft meinen Aufenthalt bei der Division Hitlerjugend.
Sie wurde geführt von einem Brigadeführer, Generalmajor Witt, einem Mann, der aus meiner Heimatstadt gekommen war, wo er und sein Bruder zu jenen jungen Männern gehört hatten, die arbeitslos waren, deren Vitalität jedoch so groß war, daß sie sich mit diesem Zustand nicht abfinden mochten und der SA beitraten. Es geht die Rede, daß die beiden Brüder so arm waren, daß sie nur ein Paar Schuhe besaßen, so daß nur jeweils einer von beiden auf die Straße gehen konnte.
Ich weiß nicht, ob diese Geschichte wahr ist. Immerhin ist sie als Geschichte so wahr, daß sie auch von solcher Seite eine Situation beleuchtet: die prekäre ökonomische Situation, die damals gegeben war.
Dieser Mann war bei der Leibstandarte gewesen, hatte sich hochgedient mit Tapferkeit und Tatkraft, kein sehr intellektueller Mensch, obwohl ich dies mit Vorsicht sage. Er hatte jedenfalls tiefen Respekt vor Wissen und Bildung. Ich konnte mich davon überzeugen, als die die Division in Frankreich lag, Atemzüge vor der Invasion. Der Divisionsgefechtsstand befand sich in einem alten, wundervollen Schloß, das den Broglies gehörte, einer Familie, die Frankreich einen Feldmarschall gestellt hatte und einen Physiker von hohen Graden, einen Nobelpreisträger des Jahres 1929. Witt selber führte mich durch das prachtvolle Schloß, zeigte mir eine Bibliothek, die atemberaubend war: zwei Etagen hohe Bücherwände, in der Mitte des Raumes breite Tische, auf denen die besonderen Buchwerke lagen, in Foliantenbreite, Kunstbücher, die ganz sicher einen immensen Wert hatten. Witt hatte strengsten Befehl gegeben, diese Bibliothek mit Respekt zu behandeln, sie unversehrt zu lassen, obwohl gewiß manchem die Finger juckten, die eine oder andere Kostbarkeit beiseite zu schaffen. Er führte mich weiter, ein paar Treppen hoch, und zeigte mir eine kleine Kammer mit einem Feldbett. Das war die Schlafstelle jenes weltberühmten Physikers. Witt sah mich an: Da hat er geschlafen, auf einem Feldbett, ein solcher Mann! Das nötigte Witt tiefen Respekt ab, fast Ehrerbietung. Er wußte, daß er ein solches Haus als Eroberer betreten hatte. Auf mich machte er den Eindruck eines Mannes, der sich die Schuhe ausgezogen hatte, gleichsam behutsam gehend auf einem Boden, der ihm fremd war und dem er Respekt erwies. Dennoch war es ein Respekt von gleich zu gleich; er wußte, wer Herr Broglie war, aber er wußte auch, wer er selber war. Er war tapfer, hatte den Krieg in Rußland mitgemacht, war durch die verschieden-

sten Feuer gegangen und im Kern gehärtet, wenn ich es mal so ausdrücken darf. Er war sich sicher seines Gefühls, seiner Urteilskraft, seines Common sense, für den ich ein Beispiel erhielt. Wir lagen in Flandern auf einem Truppenübungsplatz. Noch Ruhe in Frankreich und noch Ruhe in England, wo Eisenhower die größte Invasionsarmee aller Zeiten aufstellte. Die Division wurde aufgefüllt, die Unterführer waren auf Lehrgängen, es gab keinen geordneten Dienstbetrieb, es fehlte die straffe Führung.
Ich nahm an einer Gerichtssitzung teil, die Witt als Divisionskommandeur und Gerichtsherr führen mußte. Es lagen ein paar Fälle an, die der Jurist der Division, ein gelernter Jurist, vortrug. Die Fälle sind mir alle in Erinnerung geblieben. Einer davon ganz besonders. Der blasse, der eifrige Jurist trug vor: Da war ein junger Wehrpflichtiger aus Lübeck zur Division gekommen, hatte sich nach ein paar Tagen verdrückt, war zurück nach Hause gefahren. Es handelte sich also um einen eindeutigen Fall von Fahnenflucht. Der Vater des Jungen, in heller Aufregung, hatte den Jungen schleunigst zurückgeschickt. Und nun stand sein Fall zur Debatte.
Witt hörte zu, ruhig, unbewegt, ein kräftiger Mann mit gesunder Gesichtsfarbe, da er sich am liebsten draußen aufhielt, dort, wo ausgebildet wurde, wo an Waffen gearbeitet und unterrichtet wurde. Er nahm den Akt zur Hand, studierte ihn und sah den Juristen dann aufmerksam an. Ich hatte den Eindruck, daß er Juristen überhaupt nicht mochte, grundsätzlich nicht mochte. Er sagte: Was denn? Diesen Jungen wollen Sie bestrafen? Lesen Sie sich den Akt doch noch mal durch. Erstens, der Junge wollte gar nicht zur Waffen-SS, er wollte zur Luftwaffe. Man hat ihn trotzdem hierher geschickt. Was hat er hier vorgefunden? Einen Sauhaufen, jedenfalls keine intakte Division. Eine Einheit, die sich in Aufstellung befindet, ist noch nie attraktiv gewesen. Was für eine Initiative hat dieser junge Mann, daß er sich sagte: Da bleibe ich nicht. Er entschied: Dieser Junge wird nicht bestraft. Wir werden ihn im Auge behalten, kann sein, daß er aus dem Stoff ist, aus dem man schleunigst einen Unterführer machen muß. Das hat mir damals großen Eindruck gemacht. Und jetzt überlege ich. Dieser junge Mann, der gar nicht zur Waffen-SS wollte, ist bei ihr geblieben, hat die Kämpfe in der Normandie mitgemacht, die Rückzugskämpfe bis in die Eifel. Und es könnte durchaus sein, daß er in Bitburg begraben liegt und nicht nur der Fall eines Divisionskommandeurs war, sondern möglicherweise sogar der Fall eines amerikanischen Präsidenten.

Ich weiß natürlich, daß die Aufregung, die durch den Bitburgbesuch des amerikanischen Präsidenten entstanden ist, nicht den paar armen

Soldaten galt, deren zerschundene und zerfetzte Körper dort begraben wurden, aber sie gehörten zur Waffen-SS und hatten ganz sicher nichts zu tun mit den Mördern von Auschwitz, aber es war *wieder das Zeichen,* es waren die zwei Buchstaben und die offenbare Unmöglichkeit, unterscheiden zu können oder unterscheiden zu wollen. Da war er wieder, der riesenhafte Schatten, der Mordschatten, der wuchs und noch wächst, ein Schatten, über ein ganzes Volk geworfen, das in solchem Schatten um seine Fassung ringt.

Viel früher als ich dachte, bin ich hineingeraten in das Gestrüpp von Überlegungen, Gedanken, quälenden Gedanken, in denen man sich gefangen und erfaßt fühlt, wie von den Saugarmen eines Polypen. Das alles wird noch zur Sprache kommen. Ich bin immer noch im ersten Rußlandwinter und sprach von der beginnenden *totalen Inanspruchnahme* des Soldaten.

Diese totale Inanspruchnahme betraf natürlich nicht nur den deutschen Soldaten, für den das absolute, uneingeschränkte Kriegserlebnis begann, wenn man will, das wahre, das ungeschminkte, das existenzberührende, ich meine jetzt nicht nur die biologische Existenz, sondern die geistige, alles das, was Fleisch belebt, was Bewußtsein ist, Sinn gibt.

Totale Inanspruchnahme dieser Art führt immer auch zur Abstumpfung, als knüpfe man das Empfindungsnetz gröber, lasse auch durch die Maschen gehen, was normalerweise in solchem Netz hängenbleibt.

In der Abstumpfung lassen sich lebensbedrohende, sinnumstülpende Ereignisse besser ertragen. Was ist Abstumpfung? Es ist auch *Nichtreaktion.*

Die totale Inanspruchnahme betraf natürlich den russischen Soldaten genauso. Ich erinnere mich an die Winteroffensive der Russen, die zum Kessel von Demjansk führte. Die Russen kamen über den zugefrorenen Ilmensee, der in nichts mehr an einen See erinnerte, er war als solcher unkenntlich; Eis und Schnee der Erde bezogen den See mit ein, so daß seine Grenzen verschwammen, das Weißgrau der Erde sich unterschiedslos mischte mit dem Weiß- und Eisgrau des Himmels. Die Russen kamen durch eine Eiseshölle, taumelten nur noch. Jemand sagte: Sie kamen und waren unfähig, die Gewehre zu heben, sie fielen ihnen aus den froststarren Händen. In ihren Gesichtern brach das Frostfleisch auf. Auch bei ihnen totale Inanspruchnahme.

Das machte Deutsche und Russen auf eine merkwürdige Weise schicksalsgleich. Da spielte es keine Rolle mehr, wer den Krieg angefangen hatte und warum. Der Krieg war als Ereignis total, schränkte die bewohnte Welt ein, schuf eine eigene Welt, die drei Tage breit

und lang war und doch ein Kosmos für sich war, ein Kosmos mit Wänden allerdings, die man nicht durchdringen konnte, von denen man zurückgeworfen wurde nach innen, in diesem Kosmos bleibend, ihm ausgeliefert.
Nach jedem Kriege gibt es Veteranenvereine, Kameradschaftstreffen ehemaliger Soldaten. Und dies ausschließlich und bedingt durch die Erinnerung an diesen sonderbaren Kriegskosmos, in dem man eingeschlossen war, der eine Welt für sich war, eine vielleicht sogar wahrere Welt, in ihrer Ehrlichkeit, Brutalität und Todesnähe möglicherweise dem eigentlichen naturgegebenen Menschenbild besser entsprechend. Wer zurückkam und sich einfügen mußte in das normale Lebens-Hin-und-Her, mochte dies spüren, daß die Kriegswelt, in der er sich befunden hatte, in ihrer Extremheit fundamentaler war, daß in der Rückschau die Todesnähe das Leben spürbarer werden ließ. Sie legte die Nerven bloß, drängte jeden an einen existentiellen Rand und gab Auskunft über seine seelische Beschaffenheit. Der Aufenthalt im Kriegskosmos, wie ich es nenne, blieb unvergessen, unbewältigt, zuweilen sogar unbeantwortet, hatte nie verloren die Kraft tiefster Anrührung.
So gesehen verstehe ich die jährlichen Treffen von Angehörigen bestimmter Divisionen, von Leuten, die einander in Extremsituationen kennengelernt haben und einfach in Verbindung bleiben wollen. Sie sehen die Runen, die sie einstmals auf den Kragenspiegeln trugen, anders, und für sie waren sie auch anders. Dieses Zeichen verband sie miteinander, gleichsam als Ausweis höherer Tapferkeit, größerer Hingabe. Um eben dies zu bewahren, zu beschützen, negieren sie geradezu zwanghaft, daß sich mit den SS-Runen unlösbar millionenfache Menschenvernichtung verbindet, mit der sie – ich wiederhole es – nichts zu tun haben. Wie in einer Trotzreaktion und in leidenschaftlicher Weise akzeptieren sie nicht, daß sie, ob sie wollen oder nicht, *Mitbetroffene* der Schandtat des Jahrhunderts sind.

Die Russen kamen also über den Ilmensee. Manche erreichten sein Ende gar nicht, waren schon vorher entkräftet liegengeblieben, sie lagen als dunkle Punkte im Schneegrau.
Die dunklen Punkte im Schneegrau zu sehen, war schließlich ein Anblick, der üblich wurde. Immer wieder rannten russische Soldaten gegen befestigte Stellungen an, scheinbar blindlings, Befehlen gehorchend, die deutsche Offiziere für unsinnig hielten; sie kamen in immer neuen Wellen, rannten dem Tod entgegen, und dies sonderbar unaufhaltsam, daß es manchem vorkam, als sähe er einem unvorstellbaren Ereignis zu, das sich normaler Fassungskraft entzog und eben dadurch besondere Empfindungen verursachte, Empfindungen, als sei man

Teilnehmer an einem unwirklichen Vorgang, der kaum noch etwas mit einer Kriegshandlung zu tun habe.

Man schreibt gewöhnlich aus einer Sicht, auf *einer* Seite stehend, nur die eigene Seite kennend, die andere Seite außer acht lassend, angerührt vom Leiden und Sterben der eigenen Leute, dem gefallenen Gegner eher eine Zahl zubilligend – wurden vernichtet 100, 1000, 2000, 30 000 Mann und so weiter. Um die eigenen Toten weinte man, der Gegner wurde zur Zahl gemacht. Aber aus der Zahl der toten Russen wuchs einem ein Bild entgegen, *auch ein Menschenbild.* Die Zahl schützte nicht mehr. So befand man sich schließlich in einem gegenseitigen Vernichtungskampf, der sich verselbständigt hatte, der kein Anfang und kein Ende zu haben schien, der sich ständig aus sich heraus erneuerte, eine Art Todes-Perpetuum mobile. Ich versuche etwas zu formulieren, was jenseits der Kriegsgeschichte liegt. Viele Bände habe ich im Schrank mit genauen Aufzeichnungen, Analysen, Gefechtsvorgängen, Kesselschlachten, Vormärschen und Rückzügen. Ich habe noch nicht beschrieben gefunden, was jenseits sachlicher Kriegsbeschreibung liegt, jene sonderbaren Vorgänge psychischer Veränderung, die sich unaufhaltsam vollzogen, und dies in phänomenaler Weise, die Veränderung vom sieggewohnten, triumphierenden Soldaten zum leidenden, zum standhalten müssenden, eingebettet in den Lauf der Jahre, dem Leiden das Element Zeit hinzufügend. Die Bilder änderten sich, und mit den äußeren Bildern die inneren Entsprechungen, irreale Dinge betreffend, Treue und Glauben, Selbstbewußtsein und Selbstverständnis ebenso wie den Stil der Sprache. Erkenntnisse werden zuerst geahnt, dann möglicherweise formuliert und dennoch selten verstanden.
Mein Eindruck war, daß sich im ersten russischen Kriegswinter, besonders natürlich im zweiten Kriegswinter, Erkenntnisse vorbereiteten, tief im Bewußtsein eines jeden, Erkenntnisse als Kraftzeichen, die Divisionen wert waren, Divisionen *weniger,* nicht *mehr,* da brach ganz langsam etwas auseinander oder verlor seine Stärke – ein Vorgang, der auch Gewinn war, menschlicher Gewinn und als solcher uninteressant für Generalstäbler. Jeder unterlag solchen geheimen Veränderungen. Der eine mehr, der andere weniger.

Ich möglicherweise weniger. Ich war nicht wie ein einfacher Soldat ständig extremen Situationen ausgeliefert. Als Kriegsberichter hatte man es ganz ohne Zweifel leichter, wenn auch nicht sehr viel leichter. Dazu sind zu viele gefallen. Aber es fehlte der Zwang, ständig an einem Platz bleiben zu müssen. Man beschrieb Leiden, an denen man nicht in voller Gänze teilnahm. Man sah immer zuerst die gute Geschichte, die zuweilen wie ein Schlaglicht war. Eine ist mir unvergeßlich. Die Division auf dem Rückzug. Hinter der Front hatten sich längst Verwaltungsorgane etabliert, unter anderem Landwirtschaftsoffiziere. Die Soldaten besetzten im Rückzug ein Dorf, suchten nach Eßbarem und fanden in einem Stall einen Stier, prachtvoll gesund. Er trug ein Schild um seinen Hals, das ein Landwirtschaftsoffizier sorgenvoll angefertigt hatte. Darauf stand: Dieses Tier nicht schlachten, es ist zur Aufzucht bestimmt. Man schlachtete das Tier, vervollständigte das Schild um einen weiteren Text: Auch wir sind zur Aufzucht bestimmt und müssen sterben.

Ich habe den Ereignissen vorgegriffen. Ich hatte nach meinen Erlebnissen bei der Umsiedlung dcr Bessarabiendeutschen ein Theaterstück geschrieben: Es nannte sich »Das Dorf bei Odessa«. Es hatte zum Inhalt den Krieg gegen Rußland, den Vormarsch deutscher Truppen gegen ein Dorf zu, in dem sich noch die Deutschstämmigen befanden, die Bauern, die noch deutsch sprachen und die sich nun hineingestellt sahen in einen Konflikt: Was sind wir nun? Noch Deutsche? Oder sind wir Russen? Dieses Theaterstück wurde uraufgeführt in der Volksbühne in Berlin unter Eugen Klöpfer, hatte gleichzeitig Premiere in Breslau, Königsberg und Hannover und wurde auf etwa hundert Bühnen nachgespielt.

Es war ein zeitgenössisches Stück und wohl daher sehr erfolgreich, obwohl man beim Reichsdramaturgen Dr. Schlösser zuerst Bedenken hatte: Es war nicht kräftig genug, nicht einseitig, man vermißte den ganz und gar heroischen Ton. Dieses Theaterstück, das überaus erfolgreich war, brachte mir eine Freundschaft mit Eugen Klöpfer ein, die bis zum Kriegsende hielt. Ich verdanke diesem Mann sehr viel. Er sagte: Sie haben ein gewisses Zeug in sich. Ungeformt, möglicherweise unbedacht. Ach du liebe Zeit, hatte er hinzugefügt, man muß es Ihnen wünschen, durch ein Meer von Schwierigkeiten zu gehen, jedem Menschen muß man es wünschen, auf daß er einen Gewinn davonträgt, so minimal er auch schließlich ist. Er hatte mich angesehen, ernsthaft, lange: Leiden Sie, lieber Freund? Ich verneinte die Frage, denn immer noch war ich trotz Krieg und Tod auf meinem Weg, auf dem Schreibweg, der noch kein Denk- und Demutsweg war. Nun, tröstete er mich, das wird sicher noch kommen. Besonders in Erinnerung geblieben ist mir meine letzte Begegnung mit ihm. Wir wurden durch einen Luftangriff in einen U-Bahn-Schacht getrieben, standen dort mit vielen anderen Menschen in jener sonderbaren Untätigkeit herum, die, verbunden mit allgemeinem Stummsein, eine so besondere Stimmung schuf, in der sich das total Ungewöhnliche ausdrückte, ein Jenseits von Normalität und die Nähe von Urschicksal. Auch Klöpfer – er trug einen verwaschenen, roten Ledermantel –

stand ganz stumm, ein Riese von einem Mann, mit zerklüftetem Gesicht und plötzlich ganz in sich gekehrt.
Er sagte: Was spielen wir da nur in unseren Theatern? Es paßt doch nicht. Aber was paßt zu dieser Zeit? Oder zu der Zeit, die kommt? Das, lieber Freund, ist alles noch nicht geschrieben, und ich frage mich, ob es je geschrieben wird. Er sah mich an, als frage er sich, ob ich, sein Autor, der Mann sein könnte. So empfand ich es jedenfalls. Über diese unausgesprochene Frage habe ich später nachgedacht, viel später.

Fast zur gleichen Zeit hatte ich einen Drehbuchauftrag bekommen. Die Ufa wollte einen Film herstellen, mit einem Jugendthema. Mein Freund Alfred Weidenmann hatte sich schon vor dem Kriege hervorgetan als Verfasser von Jugendbüchern, die er selbst mit eigenen Fotos illustrierte. Er war ein sehr guter Fotograf und jemand, der in der Jugendarbeit völlig aufging und sie hervorragend darzustellen vermochte. Es war fast logisch, daß er später die Laufbahn des Filmregisseurs einschlug. So kam er zu mir und fragte, ob ich ein Drehbuch entwerfen könnte: über ein Jugendthema, irgendeins, such dir eins aus.
Am Anfang dieses Berichtes habe ich erwähnt, wie ich zur Hitlerjugend gekommen war, ich war fasziniert vom Segelfliegen, war der Segelflieger-HJ beigetreten, hatte lange Schulungskurse mitgemacht. Als man mir sagte, daß ich als Brillenträger keine Chance habe, in einem der wenigen Schulflugzeuge fliegen zu können, habe ich die Segelflieger-HJ sofort verlassen.
Aber die Liebe zum Segelfliegen war geblieben. Und so bot sich für mich das Thema wie von selbst an. Ganz abgesehen davon, daß ich inzwischen so viel von der Filmherstellung verstand, daß es auf Schauplätze ankommt, die etwas hergeben – das ist bis heute so geblieben und wird immer so sein, daß ein Film von interessanten und aufregenden Schauplätzen lebt –, so fand ich eine Halbwegsgeschichte, die in einem Flugzeugwerk spielte.
Nach dem Kriege haben nachgeborene Zeituntersucher bei diesem Film politische Absichten unterstellt, etwa Propaganda zu machen für die immer wichtiger werdende Rüstungsindustrie.
Wieviel einfacher war es: Ich hatte nur einen guten Schauplatz gesucht, der interessant war, natürlich auch in seinem aktuellen Bezug. Ich wurde dann wieder abgerufen, ehe das Drehbuch fertig war, es wurde fertiggestellt von Alfred Weidenmann selbst und von Wolfgang Liebeneiner. Sie haben in der Ufa gesessen, das Buch geschrieben, wobei Liebeneiner nicht vergaß, das obligate Hitlerbild gegen die Wand zu kehren, mit den Worten: Er muß uns dabei nicht zuschauen.

Ich habe die Premiere dieses Films nicht miterlebt, da ich in Rußland war. Ich habe ihn später gesehen, war etwas verwundert, was aus meinem Entwurf geworden war, und erfuhr zum erstenmal, daß ein fertiger Film durchaus nicht ganz den eigenen Vorstellungen entsprechen muß, eine Erfahrung, die zu machen ich nach dem Kriege bei meiner Arbeit als Drehbuchautor noch oft genug Gelegenheit haben würde, und dies bis auf den heutigen Tag.

Als der Film gedreht wurde, hatten die Alliierten längst die Zerstörung deutscher Städte beschlossen. Die »Jungen Adler« haben dies nicht verhindern können.
Der Luftkrieg hatte längst begonnen, eine Art von Krieg, die ebendieser Einrichtung eine ganz neue Dimension verlieh. Um es auf den kleinsten gemeinsamen Nenner zu bringen: Die Zivilbevölkerung wurde nicht mehr ausgespart, wie das früher noch eine schöne Regel war. Jedes Lebewesen wurde nun zum Feind, Frauen und Kinder eingeschlossen. Vielleicht war diese Ausweitung nur natürlich und paßte in die Zeit, die völlig ihre Fassung verlor und aus jeder Feindschaft eine Todfeindschaft machte und jedem Lebewesen Lebensberechtigung absprach – und dies in einer Weise, die es bis dahin noch nicht gegeben hatte.
In solchen Denkweisen machte sich plötzlich alles möglich, auch das Schaurigste, etwa ein ganzes Volk wie das jüdische auszurotten, ein Entschluß, der »oben« gefaßt wurde, von wenigen. Von wenigen, von Leuten, die »oben« zu entscheiden hatten, wurde auch der totale Luftkrieg beschlossen.
Auch Hitler hatte keine Bedenken, Bomben auf Städte zu werfen, siehe Coventry, eine eher schwache Geste dieser Art. Von ihm stammt das Wort: Ich werde ihre Städte ausradieren.
Er hätte es getan, wenn er es gekonnt hätte. Die Alliierten konnten es, und sie haben es getan. Und sie taten es in großem Stil. Nacht für Nacht stiegen die Bomberflotten in England auf, nahmen Kurs über See auf Deutschland, formierten sich, ein gewaltiger schattenhafter Hinzug durch den Nachthimmel, eine Schleppe von dröhnendem Lärm hinter sich herziehend, aus dem nachtdunklen Land eine Stadt heraussuchend, um sie zu vernichten. Es ist sicher nicht falsch, sich eine Szene vorzustellen, eine Anfangsszene, die zwischen Politikern und Militärs spielt und in der der totale Luftkrieg beschlossen wurde. Jemand muß ja den Vorschlag gemacht haben: Vernichten wir ihre Städte. Und ganz sicher wird jemand Bedenken geäußert haben: Ja, wissen Sie denn, was das heißt? Das heißt Frauen und Kinder töten. Man wird die Frage ernsthaft erörtert haben, nehme ich an, ob man es in Kauf nehmen soll, was man riskiert, was man gewinnt.

Auch dort hatte wohl eingesetzt, was ich *Versachlichung von Menschen* nannte. Eine Herabminderung der Lebensbedeutung an sich, eine Zunahme der Angewohnheit, den Mensch als Sache zu sehen. So machte sich die Hoffnung wichtig, die man wie folgt formulieren könnte: Sie werden es nicht aushalten. Wir werden sie in der Seele treffen. Wir werden einen solchen Schrecken verursachen, daß die Leute aufstehen werden, rufen werden: Macht Schluß.

Wie heute jeder weiß, erfüllte sich diese Hoffnung nicht, sie war eine Fehlspekulation, denn sie hat den Krieg nicht verkürzt, nicht um einen Tag. Dennoch war etwas Entscheidendes passiert. Es war wieder eine Grenze überschritten worden, eine Grenze, die sowieso nie ganz deutlich war, nie sonderlich respektiert wurde: das Herauslassen von Zivilisten aus Kriegsereignissen. Immer noch herrschten bis dahin gewisse Regeln, wie man Kriege zu führen hatte: Man steckte Männer in Uniformen, daß man Freund und Feind gut voneinander unterscheiden konnte, führte sie in Schlachtordnung gegeneinander und befahl ihnen dann, sich gegenseitig zu töten, auch dies nach Regeln – siehe Genfer Konvention –, die einem erlaubten, den Krieg, wenn er schon sein muß, in halbwegs »zivilisierter« Weise führbar zu machen.

Das Ereignis des Zweiten Weltkrieges war wohl, daß diese Regeln mißachtet wurden, ihre Gültigkeit verloren, und dies ganz langsam, aber unaufhaltsam, und Tag für Tag mehr. Und zwar von allen Kriegsteilnehmern.

Die Alliierten schickten die Bomber in den Himmel und vernichteten mit den Städten auch Frauen und Kinder. *Und sie wußten, daß sie es taten.*

So erfüllt sich wohl der Satz: In einem Kriege behält niemand seine Unschuld.

Der erste Schlag geplanter Städtevernichtung traf Hamburg. In mehreren Nächten hintereinander starben vierzigtausend Menschen, darunter über fünftausend Kinder. Ich erzählte schon, daß ich in Berlin war, als die Einzelheiten dieses Luftmassakers bekannt wurden, und sie trafen jeden von uns in der Seele. Jeder spürte, daß da eine Grenzlinie überschritten war, daß der Krieg, so wie er sich jetzt darbot, in nichts mehr früheren Kriegen gleichen würde. Mit der Explosionskraft von Tausenden von Bomben wurde hinweggefegt, was den Krieg halbwegs in Grenzen gehalten hatte.

Nun brach auch hier die Gewalt sich Bahn, es gab für sie keine Grenzen mehr, ungehindert breitete sie sich aus, als habe sie es endgültig geschafft, *Teil dieser Welt* zu sein, alles durchdringend, jeden durchdringend, Bestandteil einer Weltmentalität. Und als solche nicht mehr zu vertreiben. Man mag es für eine Spekulation halten, aber ich glaube, daß im Zweiten Weltkrieg die Gewalt, zwar immer vorhan-

den, aber auch immer geächtet gewesen, sich aus allen Verankerungen gelöst hat *und noch in der Welt* ist und sich daraus auch nicht mehr hat vertreiben lassen.
Fünftausend tote Kinder in Hamburg. Diese schreckliche Nachricht hatte etwas zur Folge: eine Rettungsmaßnahme, eine Vorsorgemaßnahme, wie es sie in der Welt noch nicht gegeben hatte. In der sogenannten Kinderlandverschickung wurden Zehntausende, Hunderttausende von Kindern aus den Städten herausgeholt, mitsamt den Schulen, in denen sie unterrichtet wurden, in der Hauptsache organisiert, geleitet, durchgeführt von der Hitlerjugend; ein Lebensrettungswerk, das in der Welt ohne Beispiel ist und das es verdient, der Vergessenheit entrissen zu werden. Die Parole hieß: Weg aus den Städten, die nun Nacht für Nacht heimgesucht wurden, sie wurden angesteckt wie Scheiterhaufen.
Der totalen Inanspruchnahme des Soldaten folgte die totale Inanspruchnahme aller. Die kleinen Friedensinseln hatten sich aufgelöst oder waren in Auflösung begriffen. Nun ergriff die innere Veränderung jeden.
Das Merkmal des Jahres '43 war Veränderung, langsame Veränderung der Psyche. Vorwiegend zu beschreiben als eine Einengung, Einschränkung, als ein Gröberwerden der Empfindung, als ein Verlieren von Nuancierungen, von Wertvorstellungen. Man könnte auch sagen, daß man nun mit angehaltenem Atem durch das Leben ging, und zugleich auch ein wenig blind, als ertaste man seinen Weg und habe den vollen uneingeschränkten Blick nicht mehr zur Verfügung. *Überlebensmechanismen* übten zunehmend ihre Herrschaft aus.
Auch ich bin nach dem Kriege gefragt worden: Was hast du empfunden, oder was hast du gesagt, als du Leute mit dem aufgezwungenen Judenstern gesehen hast? Es waren sehr zwiespältige Gefühle. Es hat einen geschaudert, ein Gefühl durchdrang einen von etwas Unwirklichem, aber zugleich setzte auch ein, was ich vorstehend beschrieben habe: Atemlosigkeit, Eingeschränktheit des Urteils, das Zurückgeworfensein auf die eigene Existenz, die gefährdet war, mit der man sich ausgeliefert fühlte, Tag für Tag und Nacht für Nacht.

Daß man Menschen auf diese Weise markierte, bietet sich heute an als ein Höhepunkt von Demütigung, als eine Unglaublichkeit, vor der man kopfschüttelnd steht. Als solche bietet sie sich grell an, signalhaft, hervorstechend, wie mit Scheinwerferlicht, und dies bleibend hervorgeholt aus dem Dunkel der Zeit – während die anderen Zeitumstände gleichsam zurückbleiben im Dunkel, im Dunkel nahezu zu verschwinden scheinen. Aber die Zeitumstände wurden beherrscht vom Krieg, der in seine bitterste, entschiedenste Phase trat, nun keinen Zweifel mehr ließ an einem Vernichtungswillen, der jeden betraf, betreffen konnte, ob Mann, Frau und Kind. Man fühlte sich eingebettet, ergriffen, dahingetragen von mächtigen Bewegungen existentieller Art, und dies in hilfloser, hilflos machender Weise. Diese Hilflosigkeit wurde als solche nicht ganz begriffen, es war eher eine immer stärker werdende Durchtränkung von Hilflosigkeit, die dem eigenen Willen kaum eine Chance gab. Ich sagte, es schauderte einen, wenn man Menschen so gezeichnet sah. Es ließ niemanden unberührt, und die Ahnung ergriff einen, daß man auf eine noch ganz unbekannte Weise damit selber gezeichnet war. Zeichen, die die verloren haben, die damals auf diese Weise gezeichnet wurden, Zeichen, die die nun tragen, tragen und aushalten müssen, die damals Augenzeugen waren.

Wenn ich im Verlag war, wurde ich eingeteilt als Brandwache.

Man verbrachte die Nächte auf dem Dachboden, und dies in Erwartung von Luftangriffen. Die Aufgabe war, Brandbomben mit Sand zu löschen.

Da hörte man nun das Dröhnen der Flugzeuge, da sah man den Himmel durchzuckt von suchenden Flakscheinwerferstrahlen, da sah man Feuerscheine, hörte das Krachen der Bomben und fühlte sich selbst ungeschützt, wie hingehalten der Gefahr, ausgesetzt den eigenen Gefühlen, die unter Pression standen, ausgesetzt auch der langsamen Veränderung, die so unmerklich war und sich doch unerbittlich vollzog.

Ich hatte einen jungen Kollegen, einen Journalisten, verheiratet, ein Kind. Er sagte: Du hast es gut, du wohnst in Frohnau, wir haben eine Wohnung mitten in der Stadt. Ich sag dir, ich habe Angst. Ich habe Angst vor jeder Nacht. Daß was passiert. Hast du keine Angst? Mich frißt die Angst auf, sagte er. Wenn Luftalarm gegeben wird, rennen wir los zum Zoobunker. Eine ganz schöne Strecke. Und das Kind muß ja getragen werden. Im Laufen getragen werden. Ich bin immer ganz außer Atem. Ich hatte mit ihm zusammen Brandwache. Blöde Sache, sagte er unglücklich. Jetzt muß sie allein laufen, mit dem Kind auf dem Arm. Und sie ist nicht so kräftig.

Der Luftalarm kam. Mein junger Kollege sah mich an: Jetzt nimmt sie den Koffer, das Kind. Diese verdammte Rennerei durch die Straßen. Sorgenvoll hörte er den Himmel ab. Der noch ruhig und dennoch nicht unbelebt war. Die Drohung belebte ihn, das kommende Unheil, die Erwartung von Feuer und Tod.

Weißt du, sagte er, das Schlimmste ist, aus dem Keller nicht mehr rauszukönnen. Du hast ja gehört, wie es in Hamburg war. Da war der Feuersturm so stark, daß Kinder von der Hand der Mutter weggerissen wurden. Sie flogen davon wie brennendes Papier. Er sah mich an: Meine Kleine. Wie brennendes Papier. Die Flugzeuge kamen, warfen ihre Bomben ab, irgendwo wurde eine kleine Hölle entfacht. Am nächsten Tag kam mein junger Kollege nicht in die Redaktion. Ich fragte nach ihm. Hast du es noch nicht gehört, sagte man mir. Seine Frau ist nicht zum Zoobunker gerannt. Sie ist zu Hause geblieben. Die Straße steht nicht mehr. Ich hörte noch seine Worte. Meine Kleine. Wie brennendes Papier.

Es wurde gestorben in deutschen Städten, und es war jede Art von gewaltsamem Tod dabei. Menschen wurden erschlagen, zerfetzt, zerquetscht, erstickt und verbrannt. Unter glühenden Steinhaufen erlosch Leben. Letzte Lebensminuten, in denen nicht zu Begreifendes Realität wurde. Was für Erkenntnisse zuckten durch verlöschenden Verstand – völliges Alleingelassensein. Sterben auf den Gefilden des Wahnsinns, eines Wahnsinns, der sich als das Natürlichste gab. Vielleicht ist er es ja auch.

Die Gefahr, auf diese Weise um das Leben zu kommen, betraf jeden. Wenn es ihn nicht selbst betraf, dann betraf es Angehörige, Freunde. Um von mir zu sprechen: Unser Haus in Hagen verbrannte, die Wohnung verbrannte, und alles, was sie enthielt, das kleine Lebensumfeld, die paar Ansammlungen von geringem Besitz, die paar Lebenszeugnisse einer Familie. Und meine Mutter irrte mit Hausbewohnern durch die Kellergänge, über ihnen das brennende Haus, in Panik nach Ausgängen suchend, hocherregt, auf der Grenzlinie zwischen Tod und Leben, das Freie erreichend, zwischen Feuern stehend, laufend, in der menschengemachten Hölle, in der das Glas der Scheiben zersprang, zerschmolz.

Meine Mutter zeigte mir das geschmolzene Glas, das in Tropfen auf ihrem Mantel zu sehen war. So häuften sich die Bilder und die Erinnerungen. Das Sitzen mit Frau und Kind – meine Tochter war gerade zwei, drei Jahre alt – im Keller oder im Erdbunker des Nachbarn. Die Erwachsenen schweigend, mit sensibilisierten Nerven, nach außen horchend, die Kinder unfähig, etwas zu begreifen, jedesmal fröhlich kreischend, wenn Bombenkrachen zu hören war.

Wenn der Alarm vorbei war, ging man auf die nächtliche Straße.

Der Himmel war an bestimmten Stellen hell, erfüllt von wogendem Licht.

Man sagte: Das ist Gesundbrunnen oder Tegel, oder das ist im Westen oder im Osten. Man spürte in der Nachtluft das Besondere des Ereignisses, die Feindschaft zwischen Mensch und Mensch, das Unglaubliche dieser Feindlandschaft, das Böse daran, das, was daran Mord war, mordähnlich, mordnahe.

Die Eindrücke vervollständigten sich.

Den eigenen Eindrücken fügten sich die Informationen hinzu, die man erfuhr.

Nach jedem Alarm summten die Telefondrähte, wieviel Qual wurde hindurchgeschickt – natürlich nur, wenn die Telefone überhaupt noch funktionierten. Da wurde mitgeteilt – alles verloren, aber der und der ist tot, diese oder jene Familie hat es erwischt, Frau und Kinder tot. Flüsternde Stimmen, weinende Stimmen in Telefondrähten, wer kann sich das vorstellen? Meine Erfahrung ist, daß die Phantasie Grenzen hat, der Verstand wehrt sich, will sich schützen gegen unerträgliche Bilder, gegen die Ausmalung von Leid, das sich dennoch summierte. Es formierte sich ein Leidenshintergrund, ein Düsterwerden der Szenerie, die Atemlosigkeit nahm zu, jene Blindheit, jenes Kargerwerden an Urteilskraft, eine Vergröberung der Empfindung. Alles, was ich vorstehend genannt habe, führte zugleich zu einer Verwirrung, bis dahin Nie-Erlebtes betreffend, einer Verwirrung, die bis heute angehalten hat.
Was soll ich davon halten, wenn ein Hamburger Verleger heute sagt, er habe am Fenster seines Hauses gestanden in jener Nacht, die die erste von vier Nächten war, in denen Hamburg zerstört wurde, als vierzigtausend Menschen starben, darunter über fünftausend Kinder, nach denen ein Stadtteil gar nicht mehr betreten werden konnte, weil er nichts mehr war als ein Friedhof, da stand also jener Mann am Fenster seines Hauses – etwas weiter weg vom Ort des Geschehens, nehme ich an, und sagte: Er habe sich unendlich erleichtert gefühlt und mit tiefer Befriedigung gesagt: Endlich, endlich tun sie etwas, die Engländer.
Er wollte wohl damit ausdrücken, was für ein Gegner des Regimes er war, und das war er sicher mit Recht und dagegen ist auch gar nichts zu sagen –, aber dennoch, er ist wohl jener tragischen Situation nicht gewachsen gewesen, er müßte mit Schaudern gedacht haben: Nun tun sie etwas, die Engländer, und seine eigene Qual, sein Entsetzen hätte sich in einem Schrei äußern müssen: Aber doch nicht so. So doch nicht. So hätte es sich ausgedrückt, das Mitgefühl mit Kindern, die wie brennendes Papier durch Hamburgs Straßen geweht wurden. Verwirrung also bis heute. In diesem Zusammenhang fällt mir ein, was Winston Churchill gesagt haben soll, als der Plan gefaßt wurde, Dresden zu vernichten. Der berühmt-berüchtigte Luftmarschall Harris, Bomber-Harris, soll einen Einwand gehabt haben. Er soll darauf hingewiesen haben, daß die Stadt überfüllt sei mit Flüchtlingen, mit Frauen und Kindern. Daraufhin soll Churchill gesagt haben: Dann sollen sie braten. Ich weiß nicht, ob dieser Ausspruch authentisch ist. Ich hoffe inständig, daß er es nicht ist. Ich habe diesen Satz nicht im Kriege gehört, sondern viel, viel später. Ich fand ihn so entsetzlich, daß auch dies mitgeholfen hat, die Welt, meine Welt, ein wenig kälter zu machen.

Der Angriff auf Dresden erfolgte in zwei Wellen. Die erste Welle galt der Stadt selbst, ihren Wohnvierteln, der zweite Angriff galt den Parkanlagen, jenen freien Plätzen, wohin sich die Überlebenden gerettet hatten.
So gab es kein Entrinnen, und in jener entsetzlichen Nacht starben – ja, wie viele? Siebzigtausend? Hunderttausend? Kein Mensch wird je die genaue Zahl erfahren, denn Tausende, Zigtausende von Flüchtlingen waren auf ihrem Elendszug, auf der Flucht vor den Russen in die Stadt gekommen, hatten in den Grünanlagen Zuflucht und Unterkunft für die Nacht gesucht und waren ebendort das Ziel, das erklärte Ziel für die Bomber der zweiten Welle. Höllenbilder, die sich anderen Höllenbildern hinzufügten, eine Galerie von Höllenbildern – eines so schlimm, so unerträglich wie das andere, geist- und verstandauflösend mit jenem Phänomen, daß auch die Täter sich den Lebensgrund unter den Füßen weggezogen haben, denn es gibt Taten, mit denen *absolut alles* in Frage gestellt wird – und schon spielt es keine Rolle, welche Uniformen die Täter getragen haben.
Am nächsten Tag ging die Sonne nicht auf, sie war nicht sichtbar hinter Rauch- und Ascheschwaden, die Trümmer dünsteten ihre Qual aus, überall noch qualmender Schutt, immer wieder auflodernde Brände, alles aber zugleich durchdrungen, überlagert und eingefärbt von einer schrecklichen Nachherstimmung, mit einer Ahnung von totaler Endstimmung, als sei ein Schleier wie weggerissen, und das grause Gesicht der Apokalypse zeige sich.
Auf dem Altmarkt in Dresden wurden die Leichen verbrannt.
Es gab keinen so großen Friedhof, es gab auch niemanden mehr, der die Kraft gehabt hätte, Gräber auszuschaufeln. So wurden die Leichen gesammelt, auf Lastwagen gehoben, dort gestapelt wie Holz. Aus allen Straßen, so sie überhaupt noch passierbar waren, kamen die Leute und brachten ihre Toten: Männer brachten ihre Frauen, Mütter trugen ihre toten Kinder, sie wurden auf Armen getragen, auf Leiterwagen gezogen, ein stummer Hinmarsch von Lebenden, die zugleich eingehüllt schienen in Schweigen, von tiefstem denkbarem Schweigen, jenem Schweigen, das des Lebens letzter Rest ist. Da brannten dann die Leichenberge, Tote, die sich im Feuer zu bewegen schienen, als wurden sie von letzten, allerletzten Seufzern verlassen.
Meine zweite Frau, jene, mit der ich nun dreißig Jahre lang zusammenlebe, hat als sechsjähriges Kind an der Hand ihrer Mutter und zusammen mit drei Geschwistern, von denen das jüngste gerade ein paar Monate alt war, Dresden brennen sehen.
Sie waren auf der Flucht aus Schlesien, folgend den riesigen mitleidslosen Flüchtlingszügen, vor Dresden angelangt, sahen die schweigend brennende Stadt am Horizont, als bräche Feuer aus der Erde, als

brenne die Erde selbst und überwölbe eine todgeweihte Stelle mit Flammen und Funken. Die Kriege von einst, wo waren sie geblieben? Als die Schlachten noch ihre Namen von Dörfern erhielten, auf dessen Feldern sie stattfanden. Auf jenen Feldern, auf denen der Mann noch was wert war. Jetzt war er nichts mehr wert, der Mann nicht, aber auch nicht Frau, noch Kind.
Krieg war immer ein Verwandter des Verbrechens, aber jetzt wurde er immer mehr zum Verbrechen. Da wurde eine Grenzlinie endgültig überschritten, da drückte das Verbrechen den Krieg an die Seite oder drückte ihm endgültig den Stempel auf, mit der Aufhebung der Grenze zwischen Soldaten und Zivilisten.
Seit dem Zweiten Weltkrieg gibt es diese Grenze nicht mehr. Das Merkmal zukünftiger Kriege wird sein: Vernichtung aller, und dies in der gleichgültigsten Weise und ohne jede Bedenken. Es ist sicher richtig, an dieser Stelle zu sagen, daß der erste, der diesen Weg beschritt, Hitler war, der mit dem Krieg das Verbrechen verband und dafür historische Beispiele gab.
Es sieht so aus, als sehe ich den Luftkrieg, die planmäßige Ermordung deutscher Städte, die bewußte Inkaufnahme von Verlusten unter der Zivilbevölkerung (was für eine unmögliche Formulierung) als das Verbrechen Nummer eins an. Nein, ganz sicher nicht. Was für ein törichtes Unterfangen, Verbrechen zu bewerten, in einer Negativskala Numerierungen einzuführen. Was für ein Zeichen von Verstandesschwäche, dies zu einem Thema zu machen. Singulär oder nicht singulär?
Auch der Luftkrieg, so wie er schließlich von den Alliierten geführt wurde, war ein Verbrechen, und dies ganz ohne Zweifel und auch eine Folge der Vernumerierung von Menschen, der Vergegenständlichung von Menschen, der Versachlichung des Lebewesens Mensch, seiner Degradierung zur Sache. Sie gehört zum Bild des Zweiten Weltkrieges, zu unserem vermeintlich so »fortschrittlichen« 20. Jahrhundert. Die Zahl spielte eine Rolle, nur die Zahl, die Zahl der vernichteten Städte, die Zahl der getöteten Menschen – Tote, die begannen, eine größere Rolle zu spielen als Lebende. Ich habe später einmal gehört, welche Bedenken das Oberkommando der Wehrmacht heimgesucht haben. Da hieß es: Bei den Russen wachsen jährlich drei Millionen Wehrpflichtige nach. Mit Bedauern und fast hilflos sah man sich vor eine Rechnung gestellt: Man kann nicht so viele töten, wie da nachwachsen.

Die Zahl brachte sich nach vorn, jene schreckliche Art zu rechnen. Auf der anderen Seite begann man im Luftkrieg Menschen zu töten, um Moral zu brechen, dem Kriegsende näher zu kommen. Die Pläne

für den uneingeschränkten Gaskrieg lagen auf beiden Seiten schon ausgearbeitet in den Schubladen.
Churchill wünschte »eine kaltblütige Einschätzung, ob es günstiger für uns wäre, Giftgas einzusetzen. Wenn wir dies tun, dann sollte es hundertprozentig sein«. Und: »Das muß mit vernünftigen Leuten behandelt werden, nicht von psalmodierenden uniformierten Defaitisten, die einem hin und wieder über den Weg laufen.« In den Plänen, die schließlich ausgearbeitet vorlagen, waren 5,6 Millionen deutsche Tote kalkuliert und eine Beendigung des Krieges innerhalb von vierzehn Tagen. Ich will nicht nachträglich anderen Leuten etwas »am Zeuge flicken« im Sinne von »die waren aber auch schlecht«, aber das, was ich die Versachlichung von Menschen nenne, läßt sich beweisen an Zeugnissen auch solcher Art. Es ist wohl so, daß ein Krieg alle in seinen Trichter zieht, unaufhaltsam, ob man will oder nicht, quälend und hilflos machend auch die Rechtschaffenen und in einer Weise, die wie ein Rückwurf ist in Steinzeiten, denen wir wahrscheinlich noch angehören.
Mit dem Luftkrieg jedenfalls erreichte der Krieg eine neue Phase. Die immer stärkere Rücknahme des Privaten, die immer totalere Durchdringung mit sogenanntem Schicksalhaften, ein wachsendes Gefühl von Angekettetsein an Schicksalhaftem, zugleich das Gefühl, im sogenannten Schicksalhaften verloren und ganz und gar hilflos und ohnmächtig zu sein.
Da gab es keine Hoffnungen mehr, keine Triumphgefühle von Siegen, man befand sich in einem *Schicksalsalltag,* mit der Sorge für den nächsten Tag, für die nächste Woche.
Dennoch muß ich etwas festhalten, etwas, was ich im nachhinein als etwas Positives ansehe, ja als ewas unglaublich Positives, sowenig die Verwendung eines solchen Wortes angebracht scheint. Was ich meine, ist, daß es zuweilen, nicht immer, einen besonderen Kontakt gab, eines jeden zu jedem. Das gemeinsame Schicksal, die gemeinsame nächtliche Gefahr, die Gefahr für jeden, der einen Angehörigen an der Front hatte, schuf eine besondere Stimmung von Gemeinsamkeit. Das überragende Interesse galt wie immer der eigenen Person, der eigenen Familie, aber man fühlte sich auch eingebunden in das Schicksal aller, man konnte sich Isolation nicht erlauben, man war Teil von einem Ganzen, mit dem Ganzen nicht lose verbunden, sondern ungeheuer eng verbunden, mit Nervenbahnen, durch die es hin- und herzuckte, Schmerzen weitertragend ebenso wie Freude, Anteilnahme, Mitgefühl, auch Zorn und Zank – ein Erlebnis, das ich nie mehr gehabt habe, das offenbar Notzeiten vorbehalten bleibt und ganz sicher kein Merkmal von normalen Zeiten ist, von Wohlstandszeiten schon gar nicht. Im Wohlstand isoliert man sich, die Beziehung zum

Nachbarn löst sich, verliert die Bedeutung, es handelt sich um eine *Weg-voneinander-Bewegung.*

Die heutigen Friedens- und Wohlstandszeiten haben ein Merkmal: Der Nächste wird vielen immer gleichgültiger, man registriert Fakten, man summiert Ereignisse, man überblickt sie ohne großes Interesse, bewertet sie nur danach, wie und ob sie einem nutzen, ob sie die Ruhe nicht beeinträchtigen, die man ersehnt, die man haben will – Ordnung überall, möglichst rings um die eigene Person. Dieses atemlose Zusammensein, Aufeinanderangewiesensein, dieses gemeinsame Ausgesetztsein in Ur- und Todesgefahren gibt es nicht mehr – und so gesehen haben die schrecklichen Kriegszeiten auch etwas »Gutes« gehabt, etwas, was Nachgeborene gar nicht nachvollziehen können –, eine unendliche Beziehung zueinander, untereinander, vielfach gewoben, der eine mit dem anderen verknüpft, jeder Schmerz auf Nervenbahnen zum anderen geleitet, Schmerz ebenso wie Freude, so daß das Herz ständig in Bewegung war. Jeder, der sich mit dem anderen verbunden fühlt.
Dieses totale Miteinanderverbundensein schuf so etwas wie eine in sich geschlossene Welt, und ich bin versucht, uns alle, die wir jene Zeit durchlebten, zu sehen als ein Individuum, zusammengesetzt aus lauter Individuen, gleich denkend, gleich leidend, gleich hoffend, gleich verzweifelt, etwas Gemeinsames darstellend bei aller Verschiedenheit, miteinander verbunden durch gemeinsames Fühlen, und dies mit der Kraft eines Geheimnisses. Dieses Individuum wuchs schließlich hinein in eine Verstörung, die bis heute geblieben ist.
Ich versuche ein Bild zu geben, ein inneres Bild hinter den äußeren Bildern. Der Krieg produzierte ununterbrochen Fakten, die sich nach vorn drängten, als solche gewürdigt werden wollten. Viel wichtiger war, was sich hinter den Fakten heranbildete an Denkweisen, an Mentalität, das Muster, das gewebt wurde aus Lebensstoff, unter Schmerzen, vorwiegend unter Schmerzen, in jener unendlichen Vielfalt, die so ganz unüberschaubar war, sich jeder Vorstellung entzog.
Ich war beurlaubt worden, um die »Junge Welt«, das Bilderblatt der Hitlerjugend, weiterzumachen.
Meine Frau und meine Tochter waren evakuiert, wohnten in Bansin an der Ostsee, waren dort vor Luftangriffen halbwegs in Sicherheit, genossen eine Art von Frieden, ein Ort, der seine äußeren Ferienattribute zur Verfügung stellte, die inneren nicht geben konnte.
Ich war allein in Berlin, hatte meine Arbeit, meine Freunde, Journalisten ebenso wie ich, Gesprächspartner in einer Zeit, in der man ununterbrochen miteinander redete. Ich traf Robert Krölz wieder, jenen Kriegsberichter, der im Vorleben Redakteur beim Völkischen

Beobachter gewesen war, den überaus gescheiten Mann mit einem sekündlichen Ausstoß an bemerkenswerten Ideen, Meinungen, Beispielen. Stell dir vor, sagte er, ich wurde abkommandiert, in einer Maschine mitzufliegen mit dem Reichsführer SS, Himmler. Er flog mit seiner Begleitung nach Kirkenes, um dort eine Division zu besuchen. Mein Gesicht paßte ihm nicht, vielleicht auch nicht, was ich sagte. Ich habe den Fehler gemacht, mich nicht rechtzeitig erkundigt zu haben, in welchen Kategorien so ein Mensch denkt. In Kirkenes wurde ich auf dem Flugplatz stehengelassen. Der Reichsführer wünscht nicht, daß Sie mitfliegen.
Er fuhr fort: Ich entspreche möglicherweise nicht seinen Rassevorstellungen, ich bin nicht groß, nicht blond, habe keine blauen Augen, ich habe kein Antlitz, kein nordisches, nur ein Gesicht, das ihm offensichtlich nicht gefallen hat.
Robert war ab und zu in Berlin: Mein Lieber, sagte er, es sieht düster aus. Die Sonne geht nicht im Osten auf, sie geht im Osten unter und vielleicht später mal im Westen auf. Auch das hat dann ein Mann zuwege gebracht. Er beugte sich vor, flüsterte: Willst du ein Geheimnis wissen? Wir haben einen Fehler gemacht, als wir den Mann zum Reichskanzler gemacht haben. Er hob die Hände: Entschuldigung, wir haben ihn ja gar nicht zum Reichskanzler gemacht. Die anderen waren es, die, die ihn jetzt auf Tod und Leben bekriegen. Ich fragte besorgt: Hast du getrunken? Muß man, antwortete er, um einen Weg nicht mehr gerade gehen zu können. Er setzte hinzu: Ich überfordere dich doch nicht. Er gab sich als Antinazi, wie er im Buche stand, war in seinen Formulierungen verwegen-witzig, immer geneigt, sich auf Ironie zurückzuziehen.
Ohne Ironie kommen wir nicht mehr aus, sagte er. Besorge dir eine Portion davon, aus jener Abteilung, die man Selbstironie nennt.
Er war in Fahrt und setzte fort: Es wird eine Zeit kommen, da ein normaler Schriftsatz nicht mehr verstanden wird. Man wird Zeichen erfinden müssen, wie etwas zu lesen ist, Zeichen wie Notenschlüssel, Ironiezeichen, Ehrlichzeichen, Einfaltszeichen. (Man sieht, von ihm habe ich das.) Dieser Freund, dem ich viel verdanke, auch was Einsichten und Ansichten meiner eigenen Person angehen, sagte mir einiges mehr:
Ist dir aufgefallen, wie sehr Tod und Liebe zusammengehören? Wir sind alle verwirrt, befinden uns in einem ungewöhnlichen Zustand; jeder Soldat ist verwirrt und kennt nur einen Wunsch, sich mit einer Frau zusammenzutun. Vielleicht unterliegen wir da ohne es zu wissen Naturgesetzen. Pestzeiten waren immer auch Unzuchtzeiten, sogenannte, fügte er hinzu. Da gibt es Verbindungen, die man untersuchen könnte. Ich habe keine Lust dazu, ich folge dem Gesetz und fühle mich

entschuldigt. Was kann man falsch machen, wenn man Naturgesetze befolgt.
Er war ein großer Liebhaber vor dem Herrn, nicht mit dem Körper, der dem Reichsführer SS nicht gefiel, sondern mit seinem Verstand, mit seiner unglaublichen Einfühlungskraft. Er sagte: Sie müssen mich nur reden lassen. Ich verführe Frauen nicht, ich sage ihnen, was ihnen fehlt. Auch sie unterliegen Naturgesetzen, da wir gerade Pestzeiten haben. Ich habe darüber nachgedacht, und ich habe gefunden, daß er recht hatte. Jeder Soldat träumte von seiner Frau, und nicht nur von seiner, er war bereit zu jedem Abenteuer, wo immer es war, wo immer es Frauen gab, um das zu tun, was er gern mit seiner Frau getan hätte; er tat es in Erinnerung an seine Frau, um des großen Trostes teilhaftig zu werden, der darin liegt, sich mit einer Frau zu vereinigen und damit an der Schöpfung teilzunehmen, die er im Töten verrät. Ich selbst konnte mich nicht davon ausnehmen. Der aufgescheuchte irritierte Verstand, all die mobilisierten und so total in Frage gestellten Lebenskräfte, hatten eine Richtung auf Liebe hin, auf physischen Trost.
Jetzt muß ich eine Geschichte erzählen. Ich stehe im Mittelpunkt dieser fast komischen Geschichte, aber ich habe später selbst sehr darüber gelacht. Ich traf in einem Lokal auf dem Kurfürstendamm eine junge, attraktive Frau, ein bißchen lasziv, ungewöhnlich und faszinierend, ein bißchen träge in der Bewegung, verhalten, nachdenklich, sie sah mich eine Weile intensiv an, sie annoncierte sich und vielleicht ein paar Wünsche, mindestens den Wunsch, mit mir bekanntzuwerden. Ich wurde mit ihr bekannt.
Ich setzte mich zu ihr an den Tisch, und sie veränderte ihr Verhalten sofort, sie wurde lebhaft, freundlich, lächelte, eine gescheite Person und ungeheuer weiblich. Ich wollte nach Hause fahren, es war dunkel geworden, und ich wollte nicht vom Luftalarm überrascht werden. Sie holte Atem, eine kleine Atembeklemmmung war hörbar: Warum wollen Sie nach Hause fahren? Ich habe eine Wohnung gar nicht weit von hier. Übernachten Sie doch bei mir.
Da war sie, die Verlockung, der Traum nach Berührung, Haut an Haut, der Trost, der darin liegt, herauszukommen aus der Isolation, die so unerträglich geworden war. Sie wohnte direkt am Kurfürstendamm.
Sie ging mir voraus die Treppe hinauf, groß, schlank, mit behenden Bewegungen, zurückblickend, dabei lächelnd wie jemand, der sich offensichtlich freut. Eine große Wohnung, eine Wohnung, wie ich sie nicht gewöhnt war, mit modernen Möbeln, nicht im mindesten bieder, eher eine künstlerische Wohnung, mit Weiß und Schwarz und Seidenstoffen. Sie sah mich an, sagte: Besten Dank. Sie wissen nicht,

wieviel Angst ich habe bei Luftalarm. Ich gerate völlig in Panik und weiß nicht, was ich tun soll. Ich brauche einfach einen Mann in der Wohnung, der mir dann hilft. Allein wäre ich absolut verloren. Gut, daß ich heute wieder jemand gefunden habe. Ich ertrage es nicht, allein zu sein. Wenn ich draußen gar keinen Mann finde, dann bitte ich den Hausmeister, zu mir raufzukommen. Sie zog sich aus, sie war nicht prüde, trug einen schwarzen Seidenschlafanzug, was damals sehr ungewöhnlich war, hatte mir im Nebenzimmer eine Couch aufgedeckt und sagte: Danke. Und darf ich die Tür offenlassen? Da lag ich nun auf der Couch und hatte etwas begriffen: Diese junge Dame hatte wirklich Angst. Eine eher zarte Angst, eine Angst, die nicht schrie, von der sie aber völlig durchdrungen war. Es half ihr, daß jemand in der Wohnung war, *wer auch immer.*
Sie sprach aus dem dunklen Zimmer heraus von ihrer Angst. Sie habe so viel Angst, daß ihr das Gehen über die Treppe schwerfalle. Die Beine versagten ihr den Dienst. Da lag ich nun und direkt neben einer Bücherwand. Die Couch war so an die Bücherwand herangeschoben, daß ich mit den Händen nach den Büchern greifen konnte. Und da waren sie alle, die Bücher, die ich nicht gelesen hatte, die verbrannten Bücher, die Bücher, die es in Büchereien nicht mehr gab, da las ich die Namen Stefan Zweig, Arnold Zweig, Franz Werfel, Joseph Roth, Jakob Wassermann, Hermann Kesten, alle die Namen, die ich kannte und nicht kannte, weil ihre Bücher nicht mehr zu kaufen waren. Die junge Dame im schwarzseidenen Schlafanzug wartete auf den Alarm, an der Obergrenze des Schlafes, halb wach vor Angst, während ich in jener Nacht Bücher las und ein ganz anderes Erlebnis hatte als das, was ich glaubte erwarten zu dürfen. Am nächsten Morgen – es war kein Alarm gekommen – bedankte sich die junge Dame: Schön, daß Sie die ganze Nacht das Licht haben brennen lassen. Es hat mich sehr beruhigt. Das war die Nacht, in der ich jüdische Autoren kennenlernte. Ich erhielt eine Einführung in Subtilitäten, die mir bis dahin unbekannt waren.
Ich erkannte – ich weiß dies im nachhinein –, daß die Welt, in der ich lebte, auch die Welt, in der ich schrieb, von gröberem Muster war, näher dem Klischee, dem Werbespruch, daß die Schreibmuster einfacher waren, einfältiger, denen dennoch Kraft nicht abzusprechen war, auch Überzeugungskraft, wenn man den üblichen Maßstab anlegte, den, der üblich geworden war und an den man sich gewöhnt hatte. Man wußte plötzlich, daß man nicht gefordert war, daß man nicht streng genug beurteilt wurde und daß die literarische Landschaft eintöniger war, gegenüber jener aufregenden Landschaft, in die ich einen Blick tat und aus der ich mit gewisser Verwirrung entlassen wurde. Ich sprach mit meinem Freund Robert darüber. Er sah mich

groß an. Was, rief er, Zimmer an Zimmer mit einer Frau, und du liest Bücher? Das beschäftigte ihn eine ganze Weile. Du hast sie enttäuscht. Eine Frau vergißt ihre Angst nur in den Armen eines Mannes. Weil sie dann stark ist. Er schüttelte den Kopf, wandte sich dann den Büchern zu. Weißt du, sagte er, wir sind Teil eines Verhängnisses, dem wir nicht entrinnen können, so sehr wir es vielleicht wollen. Da haben wir die ausgezeichneten jüdischen Schriftsteller, die auch ausgezeichnet bleiben, wenn wir sie in die Ecke stellen.

Aber es gibt Zeiten, da sind Schreiben und Lesen nicht die Hauptbeschäftigung. Sie jedenfalls kriechen in der menschlichen Seele herum und machen da große Entdeckungen, aber es handelt sich um Entdekkungen, die letzten Endes nichts bewirken, nachdem die Welt sich entschlossen hat, Blut zu vergießen. Blut ist dicker als Tinte, nein, Tinte ist blasser als Blut. Worte, geschriebene Worte, haben im Moment die Neigung, sich vom Papier, auf dem sie stehen, zu lösen, und sie werden vom Wind davongeweht. Aber, aber, schien er mich trösten zu wollen, wir neigen immer dazu, Literatur zu überschätzen. Wir halten mit irrsinnigem Eifer fest an dieser Überzeugung und werden damit allein gelassen. Dem geneigten Leser wird im Moment der Stuhl unter dem Hintern weggezogen.

Es breitete sich eine kritische Stimmung aus. Nicht sehr kritisch, nicht aggressiv kritisch, dazu wurden die Ereignisse zu schicksalhaft gesehen, zu unlenkbar, aber es bereiteten sich im Hintergrund, im Untergrund Fragen darauf vor, konkreter gestellt zu werden. Sie begannen sich zu formulieren.

Die Autorität Hitlers war immer noch unbestritten, von den meisten Leuten, vom Volk – wenn man dieses Wort gebrauchen will –, unbestritten. Der Mythos, der sich um diese Person gebildet hatte, war von unglaublicher Kraft. Es mag – sonderbarerweise – auch etwas Positives in der Kraft zu sehen sein, Mythen zu bilden. Es mag geschichtliche Kraft sein, mit zahlreichen Beispielen in der überschaubaren menschlichen Geschichte. Immer wieder hat sich die dumpfe, die unartikulierte Kraft von Völkern im Hinstrom der Zeit zuweilen verdichtet, personalisiert – wie immer man es sehen will, als eine Form von Krankheit oder von biologischer Stärke, vielleicht trifft beides zu, und Mythen sind ebenso Krankheit wie Kraft.

Der Mythos Hitler machte blind, er setzte die normale Urteilskraft gleichsam außer Gefecht, da gab es keine Logik mehr, kein Zusammenzählen von Fakten mit Schlußstrich und Endsumme, was doch im wesentlichen die Aufgabe von Generälen hätte sein müssen, von deutschen Generälen und Generalstäblern erst recht, da man sie zuweilen für die besten, die gründlichsten der Welt gehalten hat.

Das Urteil, wenn es noch bestehen sollte, müßte wohl revidiert werden.
Als am 20. Juli 1944 das Attentat auf Hitler fehlschlug, war ich gerade in Frohnau. Mein Hauswirt, ein biederer Angestellter der Mitropa, rief mir die Nachricht von der Straße aus zu.
Haben Sie gehört, rief er mit vor Empörung heiserer Stimme, die Schweine wollten den Führer umbringen.
Da hatte sich inzwischen einiges ereignet: Die sechste Armee war geopfert worden, die Alliierten waren in der Normandie gelandet, an der Ostfront fluteten die deutschen Verbände zurück – aber der Führer blieb als Mythos, als Autorität, als eine Art Übervater, um den herum sich die erschreckten Kinder versammelten, ihn flehend ansahen, Wunder von ihm erwarteten.

Lange vor diesem Zeitpunkt, in einer Phase dumpfer Aufbereitung der Gefühle, hatte ich ein Erlebnis, das einen großen Eindruck auf mich gemacht hatte und im nachhinein auch von besonderer Bedeutung war. Mein Freund Christian Bock nahm mich mit zu einem Abend bei Günther Weisenborn. Später erzählte mir Christian Bock, was Weisenborn ihm gesagt hatte. Was, wen willst du mitbringen? Wer ist das? Das ist doch der aus der Reichsjugendführung! Er hatte überlegt und dann gesagt: Gut, bring ihn mit. So hatte ich einen unvergeßlichen Abend bei Weisenborn, mit einigen Gästen, guten Freunden, wie es hieß. Es wurden Shanties gesungen, Gitarre gespielt, eine Art Bohemestimmung breitete sich aus, eine Atmosphäre, die in Berlin ganz unbekannt geworden war. Harmonie und Freundschaft manifestierten sich in Liedern und Gesprächen, im Aufsagen von Texten, im Flair von Weltweitem.
Gäste waren unter anderem der Oberleutnant Schulze-Boysen mit seiner Frau, Arvid Harnack, Hans Coppi, alles Mitglieder der Spionageorganisation Rote Kapelle, wie sich später herausstellte. Es war kein Spionageabend, an dem ich teilnahm, es war nur ein Atemholen jenseits der Ereignisse. Es herrschte eine Stimmung von Gleichgesinnten, was man nicht besonders zum Ausdruck bringen mußte; es war auch so spürbar und teilte sich mir mit in einer Erfahrung oder Überzeugung: Ich begegnete interessanten Menschen, denen ich mich in Sympathie verbunden fühlte.
Viele Monate später fragte mich Christian Bock: Erinnerst du dich noch an das Ehepaar Schulze-Boysen, an den Abend bei Weisenborn? Ja, natürlich, sagte ich. Besonders erinnere ich mich an Frau Schulze-Boysen, sie war so besonders gutgelaunt und sang und spielte zusammen mit Joy Weisenborn. Nun, antwortete Christian Bock, diese nette, junge Frau ist aufgehängt worden. Zusammen mit ihrem Mann.

Und Günther Weisenborn sitzt noch im Gefängnis und wartet auf den Galgen. Ich fiel aus allen Wolken, fragte, was man Weisenborn denn vorwerfe.
Da hörte ich zum erstenmal das Wort Rote Kapelle.
Es hieß, die Informationen, die die Russen über Schulze-Boysen erhalten haben, hätten zum Einsturz der Mittelfront geführt und Zehntausenden von deutschen Soldaten den Tod gebracht.

Da war sie wieder, die unbegreifliche Situation mit unbegreiflichen Fragen, auf die eine Antwort immer fragwürdig bleiben würde.
Widerstand aus »edlen« Motiven und zugleich selbst Tod verursachend, Tod, den man wie Mord ansehen kann? Keine Chance also, unschuldig zu bleiben? Mit besten Absichten, mit bester Gesinnung nicht? *Ist in solchen Zeiten Schuld allgemeines Schicksal?*
Ich höre sie noch singen, Frau Schulze-Boysen, eine junge Frau, und Joy Weisenborn, zwei junge Frauen, die gegen die Zeit ansangen, mit einfachen Seemannsliedern, zugleich etwas verkörpernd, eine Gesundheit weg von der Zeit, ein Herausgehen aus der Zeit, und damit eine Sehnsucht ausdrückend und auch eine Erwartung, die ich als solche begriff, ohne jene Rückschlüsse ziehen zu können, die mir heute zu ziehen möglich sind.
Ich traf Günther Weisenborn nach dem Kriege in Ascona wieder. Er erinnerte sich nicht mehr an jenen Abend, der mir so unvergeßlich wurde. Ach, sagte er, wir haben immer sehr viel musiziert und gesungen. Sie sind also auch davongekommen? Ja, sagte ich, ich bin auch davongekommen. Unversehrt? fragte er. Nein, unversehrt nicht. Spielen Sie Schach? fragte er. Er war ständig auf der Suche nach Schachpartnern. Ich spielte mit ihm Schach, sehr unaufmerksam, und er gewann. Ich sagte, ich habe Ihr Buch gelesen, den Gedichtband. Lieder unter dem Galgen gesungen. Er war ganz erstaunt. Wie, fragte er, man liest es? Es war keine Bitterkeit dabei.
Er hatte Jahre im Gefängnis verbracht, stets in Gefahr, zum Tode verurteilt zu werden. Diese Bedrohung, die Erfahrung jener Zellenzeit, diese Begegnung mit letzten Dingen, hatten ihn ziemlich stumm gemacht. Aber es war nicht das leere Stummsein, das es auch gibt, es lag in seinem Schweigen auch das, was wohl die letzte Antwort genannt werden muß auf letzte Fragen.
Die Jahre '43 und '44 waren besondere Jahre, aufgeregte Jahre, nach innen aufgeregt, Jahre, in denen Meinungen umgepflügt wurden; sie verloren sich, bildeten sich neu, schränkten sich ein, bestätigten sich – aber allen wurde etwas hinzugefügt, eine besondere Dringlichkeit, eine besondere Intensität, nervöse Jahre in der Vorbereitung von Exaltationen.

Man spürte, daß die dumpfe Erwartung nicht ausreichte, so als breche auseinander, was die eigene Person, das eigene Denken, bisher geschützt hatte, als könne sich nun niemand Denkprozessen entziehen, denen man sich unterziehen mußte, ob man wollte oder nicht.
Erst im nachhinein wird sichtbar, wie sehr sich unter aller Dumpfheit, unter aller Oberflächeneintönigkeit die Denkprozesse in die Formulierung drängten, überall, in allen Schichten, bei ganz jungen Leuten, die gleichsam im Kriege aufwachten, sich umsahen, erschreckt umsahen, unbehindert durch Festlegungen ihres Lebenslaufes, deren Lebenstafel noch unbeschrieben war, die im Innern nichts mitzuschleppen hatten an einer Vergangenheit, da sie noch gar keine besaßen – sie hatten den ganz und gar unbefangenen Blick und eine unbeschädigte Moral. Ich denke an die Geschwister Scholl. Aber nicht nur an sie, ich denke an einige Militärs, an einige Politiker, aufgescheucht durch die Ereignisse, den Zwang fühlend, sich zu orientieren, sich zurechtzufinden im Irrgarten von Meinungen, Hoffnungen und Realitäten, sich gezwungen fühlend zum Handeln, zum Vielleichthandeln, zum Irgendwiehandeln.
Ich erinnere mich heute an das Buch von Oswald Spengler, »Jahre der Entscheidung«. Er hatte das Buch 1932 geschrieben, es kam im Frühjahr 1933 heraus, und er hatte seinem Text ein Vorwort gegeben. Es begann mit dem Satz: »Niemand konnte die nationale Erhebung dieses Jahres mehr herbeisehnen als ich.« In Erinnerung ist mir besonders stark der Satz: »Die deutschen Träumer sind aufgewacht.« Und die Erinnerung bringt auch fern den Ruf zurück, ganz schwach allerdings: Deutschland erwache. Man sagte ja zu dem Buch. Aber es enthielt auch eine Warnung, aufregend deutlich formuliert, in tiefer Sorge formuliert, man spürte die Angst des Autors. Er sagte: »Das große Spiel der Weltpolitik ist nicht zu Ende. Die höchsten Einsätze werden erst gemacht. Es geht für jedes der lebenden Völker um Größe oder Vernichtung.«
Und zum Schluß die Sätze: »Deutschland ist eine Insel. Wenn wir nicht unser Verhältnis zur Welt als das wichtigste Problem gerade für uns sehen, geht das Schicksal – und was für ein Schicksal! – erbarmungslos über uns hinweg.«
Nun war es sichtbar, das *erbarmungslose Schicksal*, geradezu furchterregend stand es vor erschreckten Augen, Ursache von nervösen Denkprozessen, von Gesprächen, Verhandlungen, Thema bei geheimen Treffen von Leuten, die die Kraft, die Fähigkeit zum Handeln in sich spürten, zuweilen in Überschätzung der eigenen Kraft, der eigenen Möglichkeiten, mehr in Angst, in Atemlosigkeit, zuweilen sogar nur schwätzend, gegen die Angst anschwätzend, jeder daran beteiligt nach seiner Mentalität, als ganz persönliche Antwort auf eine Weltsitua-

tion, vor der man hilflos stand. Jeder spürte, daß sich etwas vollziehen würde, daß sich Schicksal vollziehen würde, und jeder hatte darauf seine Antwort. Starke Antworten standen neben schwachen Antworten, erschreckte Reaktionen neben trägen, fast schlafbefangenen, von Leuten, die sich in Blindheit flüchteten, die eigene Hilflosigkeit als solche begreifend, im Hingetragensein durch einen geschichtlichen Strom, der seine höchste Kraft erreicht hatte, und gegen den anzurudern, anzuschwimmen wohl nicht möglich war. In jener Zeit die von heute aus gesehen »richtigen« Reaktionen zu haben, war jeweils eine Frage der persönlichen Situation, der äußeren wie der inneren. Fast jeder befand sich in einer eingeschränkten Situation, die Soldaten an der Front sowieso, deren Kraft beansprucht wurde von der Notwendigkeit, den Tag zu überleben, selbst immer mehr zu Opfern werdend, denen das Gesetz des Handelns längst aus der Hand genommen war.

Ich erinnere mich einiger Gespräche mit Jugendführern, die als Soldaten im Kriege gewesen waren und nun, meist verwundet, ihren Dienst taten, in einem Gebäude, das von Bomben getroffen war. Ein Flügel des Gebäudes war weggerissen, die Bürogänge endeten in freier Luft, durch die der Wind hindurchfegte.

Man hockte in Behelfsbüros zusammen und der Tenor der Gespräche bestand aus Zweifel und Hoffnung, beides miteinander gemischt, nicht resultierend aus einem Gesamtüberblick – so wie er heute jedem zur Verfügung steht –, sondern resultierend aus sehr eingeschränkter Information und eingebunden in die eigene Interpretation der Dinge, die immer noch idealistisch war, wenngleich es sich schon um Restidealismus handelte, mit dem man einen Traum zu bewahren versuchte, der seine Kraft verlor, blaß und farblos, geisterhaft wurde, der Traum von einem mächtigen, glücklichen Deutschland, in den die Jugend so viel investiert hatte in der Mobilisierung bester Tugenden, ihrer Tugenden, von Jugendtugenden, die die reinsten und zuweilen die törichsten sind.

Dieser Traum war immer noch da, beschattet zwar, sich mühsam behauptend inmitten schrecklicher Realitäten, sich langsam wandelnd zur Illusion, sich mischend, fast möchte ich sagen, sich schmückend mit dem merkwürdigen Glanz des Illusionären, fast so, als würde man willkommen geheißen von der Illusion an sich als der Urheimat des Menschen.

Am 30. Januar 1944 gratulierten die Alliierten auf ihre Weise zum Tag der nationalen Erhebung, sie bombardierten Berlin. Der Himmel färbte sich wieder rot über der Stadt, schweigend brannten die Häuser; Leben wurde verbrannt, erstickt, erschlagen, wieder fiel das Telefon aus. Nur Schweigen im Hörer. Jedesmal nach einer Bom-

bennacht versuchte man Freunde zu erreichen: Seid ihr noch da, lebt ihr noch, wie geht es euch, wen hat es getroffen?
Mitten in der Nacht läutete das Telefon, ein Wunder. Die ferne Stimme des Mädchens vom Telegrafenamt. Ein Telegramm aus Bad Aussee. Sie haben einen Sohn bekommen. Ungläubiges Stottern. Einen Sohn?
Ja, einen Sohn, sagte das Mädchen vom Fernamt und fügte hinzu: Ich bin wohl der erste, der Ihnen gratuliert. Ja, sagte ich, Sie sind natürlich der erste. Und legte den Hörer auf, stand ganz betroffen, sah noch den Feuerschein über Berlin, fern und schweigend, ein Grabfeuer, ein Todfeuer, und aus der Dunkelheit eine unbekannte Stimme, die sagt: Sie haben einen Sohn bekommen. Da wurde gerade Leben genommen und Leben gegeben.
Kurz darauf wurde ich wieder Kriegsberichter, kam nach Flandern, wo die Division Hitlerjugend aufgestellt wurde. Man ist versucht, in dieser Namensgebung etwas Besonderes zu sehen, als wolle man eine besonders fanatische Truppe aufstellen. Ein solcher Eindruck stellt sich automatisch ein, so wie man an der Ostfront sogenannten Stalinschülern besonderen Fanatismus zuschrieb. Davon kann keine Rede sein. Es handelte sich um eine normale Truppe von jungen Männern, die gerade ihrer Wehrpflicht genügen mußten. Es waren aber auch Freiwillige dabei. Ganz sicher war man bestrebt, eine besonders tüchtige Division aufzustellen. So gab man ihre Aufstellung und ihre Ausbildung bewährten Truppenführern in die Hand.
Ich habe den Divisionskommandeur Witt schon erwähnt, und ich muß an dieser Stelle auch Panzermeyer erwähnen, der unter diesem Namen bekannt und eine Legende war, als einer der tapfersten Soldaten überhaupt.
Ich habe oft mit ihm gesprochen und mir von ihm berichten lassen, in welchen Situationen er gewesen war, wie er sie bestanden und überlebt hatte.
Panzermeyer war kein Intellektueller, aber eine in sich ruhende Persönlichkeit, er war in sich zu Hause, seine Aufgabe war nicht, über Sinn oder Unsinn von Kriegen nachzudenken, er akzeptierte die Aufgabe, einen Krieg für Deutschland zu führen und sah sich fraglos und zweifelsfrei hineingestellt in Kriegstraditionen, in soldatische Traditionen, und zwar in einer Weise, daß man ihn nicht oberflächlich nennen konnte, er war ganz gewiß nicht jemand, den man einen Kommißkopf hätte nennen können, einen Kriegsautomaten, einen nur funktionierenden und gut zu gebrauchenden Landsknecht. Er besaß Tiefe, Gefühlstiefe. Er hatte zuviel erlebt, zu viele Leute an seiner Seite sterben sehen. Er kannte den Tod, war ihm selber oft genug begegnet, solche Begegnungen hatten ihn geprägt und ihn sich

seine Welt schaffen lassen, die seine eigene, seine ganz persönliche war, in der oben und unten geordnet waren.
Bevor die Division sich in der Normandie bewähren mußte, machte Panzermeyer mit einigen Unterführern einen Besuch in Verdun, besichtigte die Schlachtfelder des Ersten Weltkrieges, um, wie er sich ausdrückte, einige seiner Leute bekanntzumachen mit dem, was er *deutsches Soldatentum* nannte.
Im nachhinein sieht man einen solchen Begriff ganz anderen Auslegungen ausgesetzt, da sich Begriffe dieser Art sowieso und ganz offenbar in Auflösung befinden, vielleicht notwendigerweise und ganz zu Recht und im Hinblick auf grundsätzliche Veränderungen, die innere Situation von Menschen betreffend wie ihre äußere, da Bestimmung und Schicksal von Menschen heute ganz anders gesehen werden, einer Gefährdung ausgesetzt, von der man vor fünfzig Jahren keine Ahnung hatte.
Eine Zeit kann nur begriffen werden aus der Zeit heraus, mit dem Rüstzeug jener Zeit, mit dem, was an Gedanken und Gefühlen Gegenwart war, eingebunden in Zeitmeinungen, eine laufende Rechnung, die noch keine Endsumme hat.

Als die Division in der Normandie unter schärfsten Druck geriet, die unerfahrenen, jungen Soldaten zurückwichen, zurückfluteten, einen Moment erlebend, da sich jeder allein fühlte, da ging ihnen Panzermeyer entgegen, aufrecht im feindlichen Feuer, um ihnen Halt zu geben, Mut zu geben, nicht sie vorwärts befehlend, sondern im Verständnis ihrer Situation ihnen ein Beispiel gebend.
Das alles ist heute vorbei, zurückgesunken in die Vergangenheit, lebendig nur noch bei wenigen, auch bei denen nicht präsent – es muß ja auch nicht präsent sein, präsent bleiben. Alles sind nur Details von unendlich vielen Details, die in solcher Fülle vorhanden sind, daß man keines der Details für sich sehen sollte, sondern nur im Zusammenhang mit allen anderen, im Bewußtsein eines Zusammenhangs, selbst wenn es sich um ganz andere Dinge handelt, um Dinge, über die ich bisher noch nicht geredet habe, die zu gleicher Zeit stattfanden, die sich hineinfügen in das Gesamtbild. Jedes Detail macht sich größer als es ist, jedes Detail erhebt immer einen Gesamtanspruch. Wenn ich von jenen Tagen spreche, dann weiß ich heute, daß ich von einem persönlichen Lebensdetail spreche, das sich damals größer gemacht hat, als es war, dem allgemeinen und heute noch üblichen Brauch folgend.
Ich sehe es nun eingeordnet, es hat seinen Platz gefunden, die laufende Rechnung hat eine Endsumme bekommen. Sagen wir besser eine Zwischensumme. Die Endsumme wird uns noch irgendwann präsentiert.

Die Invasion kam. Hunderte von Schiffsgeschützen brüllten los, schickten ihre schweren Kaliber ins Land, ganze Bomberflotten griffen an, legten Caen in Asche.
Der Krieg hatte seine bitterste Phase erreicht. Es wurde keine Rücksicht genommen. Nun nicht mal mehr auf französische Zivilisten. Caen sah nach wenigen Tagen aus wie eine zerstörte deutsche Stadt. Und wie man in einem Bombenteppich liegt, erfuhr ich nun auch. Man liegt ausgebreitet auf der Erde, die unter einem zu beben beginnt, die Druckwellen, die sich fortpflanzen, ein Lärm, der die Ohren völlig betäubt, daß sie nichts mehr aufnehmen, da die Schmerzgrenze längst erreicht ist. Es ist, als brennen einem sämtliche Nerven durch, ein Durcheinander von Nervenreizen, die außer Kontrolle geraten.
Du bist nur noch Fleisch und Blut, fühlst deine extreme Verletzlichkeit und hast jeden Schutz verloren. Als der Angriff vorüber war, standen die auf, die davongekommen waren. Erst im Haus sah ich, daß ich in beiden Händen noch die Grasbüschel in der Hand hatte, in die ich die Hände gekrallt hatte.
Der Divisionskommandeur Witt fiel wenige Tage später an meiner Seite. Ein Feuerüberfall von Schiffsgranaten hatte uns in einen Splittergraben getrieben, der getroffen wurde und Witt und andere tötete.
Ich wurde verschüttet, befreite mich von Erde und herabgestürzten Balken. Witt starb in einem Parkgrundstück, das zu einem großen Einfamilienhaus gehörte, in dem der Divisionsstab eingerichtet war. Ein Bild, das ich nicht vergessen habe: der Sarg mit Witt in einem Personenwagen, aus dem man zwei Sitze entfernt hatte. Im Portal des Hauses stand Panzermeyer mit den Leuten seines Stabes. Er stand ganz ruhig, etwas abwesend, schweigend, verharrte minutenlang, denn wieder einmal nahm er Abschied von einem Freund. Da war Urtrauer, Urschweigen, nah dem grundsätzlichen Nichtwissen, dem Unbegreiflichen. Dann drehte er sich um und ging ins Haus. Ich begleitete den toten Divisionskommandeur eine Strecke des Weges. Der Fahrer saß vorn, ich auf dem verbliebenen Sitz neben dem Sarg. Der Tote sollte zurückgebracht werden zu seinem letzten Befehlsstand, jenem französischen Adelssitz, den er so sehr geliebt hatte. Ich fuhr weiter, mit einem anderen Fahrer, auf dem Weg nach Paris. Diese Fahrt verlief nicht ohne Störungen. Die Straßen waren auch am Tage fast unpassierbar geworden.
Andauernd mußte man Deckung nehmen, sich vor Tieffliegern schützen, die den Himmel zur freien Verfügung hatten und auf alles schossen, was ihnen in die Quere kam. Auf dieser Fahrt geschah mir, was ich an anderer Stelle schon berichtet habe: mein Zweikampf mit

einem Tiefflieger, der mich von Deckungsloch zu Deckungsloch jagte, während der Fahrer nur kurz gehalten, es dann vorgezogen hatte, durchzufahren bis ins nächste Dorf.
Dort hatte er sich im Geviert eines Bauernhofes mit seinem Wagen versteckt, sah mir entgegen, als ich atemlos ankam. Mann, sagte er, ich hab zugesehen. Sie sind ja gesprungen wie ein Hase. Er lachte: Aber der andere war auch nicht schlecht.
Die explodierende Granate, die Witt getötet hatte, hatte mir eine schwere Gehirnerschütterung beschert. Wenig später war ich in Berlin, meldete mich bei meiner Dienststelle, wurde ärztlich untersucht, bekam Urlaub, blieb nur ein paar Stunden in Frohnau und setzte mich dann in einen Zug, der nach Bansin fuhr, wo meine Frau mit beiden Kindern Unterschlupf gefunden hatte.
Es war Juni, ein schöner Sommer. Das Meer war blau, der Strand goldgelb, absurde Verwandlungen, es gab ein Kurkonzert, es spielten die »Lustigen Vier« aus Wien. Der Unterschied war kaum zu glauben. Da wurde gebadet, da spielten Kinder im Sand, meine Tochter grub mit einer kleinen Schaufel im Sand herum, mein Sohn lag in einem Kinderwagen, braun gebrannt.
Das Leben wurde bestimmt von alten Leuten und von jungen Frauen, all den jungen Frauen mit Kindern, deren Männer im Krieg waren, den jungen Frauen, die nun schon seit Jahren um normales Leben gebracht wurden, die ihre Jugendjahre verloren, gleichsam ins Leere blühten.
Na ja, nicht ganz ins Leere. Ein paar Männer waren immer da, und es ergab sich ein Leben am Rande der Moral, ein bißchen am Rande, ein bißchen über die kleine Grenzlinie hinweg, die bürgerliche Moral gezogen hatte. Da zog das große Unheil auf, da gab sich die Zukunft dunkel, verhüllt, und eben dies fügte der Sommerluft in Bansin ein wenig Leichtsinn hinzu, eine Art von Leichtsinn, in der sich die Sehnsucht ausdrückte nach Liebe, nach Geborgenheit, nach Zärtlichkeit, die jeder bedroht sah, möglicherweise, ohne es zu wissen; irgend etwas im Innern wehrte sich gegen Tod und Verhängnis, und dies mit aller Kraft.

12

Im Oktober überschritt die Rote Armee die Grenze nach Ostpreußen. Es ist viel geschrieben worden über die Greueltaten der russischen Armee, über die Vergewaltigungen, die zum Ritual der Besetzung gehörten, mit all den schrecklichen Begleitumständen von Mord, Plünderei und Brandstiftung, daß dies heute gesicherte Historie ist,

und ist dennoch auf eine merkwürdige Weise wenn nicht unbekannt geblieben, so doch unterdrückt, verdrängt, etwas, das keine Rolle mehr spielt, einfach nicht zu Buche schlägt.
Irgendein Urhaß kam da zum Vorschein, aus den Sümpfen der Urzeit: Du bist mein Feind, ich nehme dir deinen Besitz, aber zunächst einmal gehört deine Frau mir. Dies einmal begriffen und ausgeübt, hat Folgen, nämlich völlige Freisetzung von Grausamkeit, nach dem Motto: Ab nun ist alles erlaubt. *Und wirklich alles.*
Ich bin sicher, daß ich mit dem, was ich jetzt und hier sage, immer auch mit einer anderen Reaktion rechnen muß, man wird sagen: Und? – Vergißt du Auschwitz? Die Ermordung von Hunderttausenden von Polen? Von Russen? Das Dörfer- und Menschenauslöschen der Sondereinheiten?
Ich habe es nicht vergessen, ich weiß, daß das eine neben dem anderen steht. Neben all den schrecklichen Dingen steht nun auch dies: die Besetzung des deutschen Ostens durch die Rote Armee mit den schrecklichen Grausamkeiten, die nun auch in das Schandbuch der Geschichte gehören.
Es ist wohl so, daß in jedem Menschen auch das Untier wohnt, gewöhnlich wohlverwahrt in festen Käfigen – aber wenn die Zeit aus den Fugen gerät – und das tut sie in Kriegs- und Revolutionszeiten, in Haßzeiten –, dann werden solche Käfige wie mit einem Fußtritt aufgestoßen, und die Untiere im Menschen geraten ins Freie, gleichsam aufgefordert: Ihr dürft jetzt, es ist alles erlaubt. *Und ein Ebenbild Gottes erschlägt das andere.* Mühsam, die Untiere wieder einzufangen, in die Käfige zurückzusperren. Dann dieser sonderbare Augenblick danach, wenn alle sich ansehen, jeder den anderen, ein Volk das andere, irritiert, mit unguten Gefühlen, beschämt und entsetzt, mit der unausgesprochenen Frage: Was war denn da eigentlich? Wie benahmen wir uns? Und jeder weiß, daß es die Käfige noch gibt, in denen das Untier im Menschen eingesperrt ist, aber jeder weiß auch, es ist halt noch da, immer noch da. Ostpreußen wurde besetzt, erobert. Ich kannte das Land ja, ich hatte eine Beziehung dazu, eine tiefe Beziehung, es war mir ans Herz gewachsen, wie sehr, begriff ich erst viel später, als mir bewußt wurde, was wir da verloren haben, für immer verloren haben, diese unendliche Kostbarkeit, dieses wie von Gott selbst Zusammengepackte an Erde, Wäldern und Seen.
Als die Russen an der Oder standen, habe ich meine Familie erneut evakuiert, diesmal in den Harz, nach Westen. Sie fanden Unterkunft in einer Harzpension bei Rottleberode. Aber viele, die ich kannte, viele Freunde sind mit ihren Frauen in Berlin geblieben, und alle können ihre schrecklichen Erfahrungen hinzufügen. In der Straße in Frohnau wohnte ein sehr nettes Ehepaar, eine wunderschöne Frau,

hochgebildet, herzlich, mit einer Ausstrahlung, die sich jedem mitteilte, eine verehrungswürdige Frau.
Nach dem Kriege habe ich gefragt: Was ist aus dieser Frau geworden? Man sagte es mir. Die Russen haben sie nackt ausgezogen und mit in den Panzer gesteckt, in dem sie gekommen waren und sind mit ihr davongefahren.

Im Winter war ich wieder bei meiner Division und nahm an der Ardennenoffensive teil, die sehr bald steckenblieb und die letzte Kraftanstrengung im Westen war. Nun war das Ende ganz nahe. Ich meine, das Ende vor dem Ende. Ich meine, die innere Kapitulation vor der äußeren. Es war, als falle ein Gebäude in sich zusammen, da es seine Festigkeit verloren hatte, instabil geworden war mit morsch gewordenen Grundmauern. Ein lautloses Zusammensinken dieses Gebäudes, ein lautloses Auseinanderbrechen, ein Hinwegfließen von Moral, von Kriegsmoral, ein totales Sich-nicht-mehr-zuständig-Fühlen.
Ein merkwürdiges Herauslösen aus dem Gesamtverband von Meinungen, den Tag nur nehmen als heute, der Tag war keine Station mehr in einem Zeitfluß, er war Heute als persönlicher Besitz und nur solcher. Ich fühlte mich erinnert an ein Experiment in der Physikstunde, das Experiment mit den Eisenfeilspänchen, die sich auf einem Blatt ordneten, wenn man einen Magneten darunterhielt. Nahm man den Magneten weg, verloren die Eisenfeilspänchen Muster, Linie, Gebundenheit. Sie fielen durcheinander und waren weiter nichts mehr als Einzelteilchen.
Nur war der Magnet weg, und alle Menschen hatten jede Form von Gebundenheit verloren wie Eisenfeilspänchen und waren nur noch Einzelteilchen. Das erste Beispiel für diesen so radikal anderen Zustand erhielt ich nach dem Rückzug aus den Ardennen. Bastogne brannte. Eine riesige schwarze Wolke türmte sich steil in den Himmel, stand dort wie ein kosmisches Ausrufungszeichen im bleichen Himmel. Die Szene: ein Waldrand, eher eine Tannenschonung, eine etwas abfallende Wiese, winterlich grau und hart, ganz ohne Farbe. Vor dem Waldrand liegen tote deutsche Soldaten: sechs, sieben, zehn.
Und an ihnen vorbei gehen Leute in die Kirche, sie verschwenden keinen Blick an die Gefallenen. Da wurde mir zum erstenmal bewußt, wie entsetzlich gleichgültig Menschen gegenüber dem Tod geworden waren, gegen den Tod anderer. Ein zweites Beispiel erhielt ich in den Straßen von Koblenz. Ich sah zwei verwundete Soldaten ohne Beine, sie saßen auf Kistenbrettern mit Rädern, bewegten sich mit den Händen vorwärts. Sie unterhielten sich dabei, und auch ihnen wurde nicht die geringste Aufmerksamkeit zuteil – die Distanz zu fremdem Leid war riesenhaft geworden.

So mag jeder seine Erlebnisse gehabt haben, die wie Blitzlichter gewirkt haben, jähe Erhellung von Zuständen, in denen sich offenbarte, was ich vorstehend gesagt habe: Auseinanderfallen zu Einzelteilchen. Da gab es keine Verbindungen mehr, außer denen zur eigenen Familie, alle weitergehenden Verbindungen waren plötzlich nicht mehr vorhanden. Dieses Auseinanderfallen prägte das Klima, das immer deutlicher wurde und sich äußerte in Verlorenheit, Einsamkeit, Depression, Müdigkeit und in einer merkwürdigen Zurückgezogenheit nach innen, in einer Form von Immer-privater-Werden.

Keine Handlung, die sich mehr koordinieren ließe. Selbst sogenannte Befehlsgewalt verlor ihre Macht, als bemerke jeder die ihr immer mehr innewohnende Sinnlosigkeit.

Daher auch die besondere Empfindlichkeit jener, die Befehle gaben, noch geben mußten, daher die Exzesse, die Befehlsverweigerungen zur Folge hatten, aber selbst die Exzesse erhielten einen merkwürdig privaten Charakter. Aus einfachem Grund: Es stand keine Vernunft mehr hinter den Befehlen. Das Befehlsgebäude stand noch da, ausgehöhlt, sinnlos, ausgebrannt, hielt sich mühsam, aber schwankend; der Respekt hatte sich verloren und verlor sich immer mehr. Da es keine allgemeine Vernunft mehr gab, war man auf die eigene angewiesen, deren Handhabung man fast vergessen hatte. Dieses Klima, das ich sicher nur unzureichend beschrieben habe, verstärkte sich immer mehr und am deutlichsten, am schmerzlichsten fühlbar in den letzten, in den allerletzten Kriegstagen. Dabei war die Macht noch da, die Macht an sich, verkörpert durch Hitler. Irgendwie war er noch das riesenhafte Denkmal, aber ein Denkmal, dessen Fundamente in Auflösung begriffen waren, es gab keinen Untergrund mehr, nur noch Treibsanduntergrund. Wenn ich das absurde Bild fortführen darf: Das Denkmal schwebte in der Luft, nur noch gehalten durch sich selbst, somit einen gespenstischen Anblick bietend. Der Untergang war nicht heroisch, wie Hitler es wohl gern gesehen hätte, es war in der letztlichen Auflösung aller Bindungen eher banal, in der traurigsten und enthüllendsten Weise banal.

Aber noch war es nicht soweit. Im Februar '45 wurde ich mit einem Auftrag zur Heeresgruppe Weichsel geschickt, ich sollte in Bahn in Pommern über einen Hauptmann berichten, der zehn russische Panzer abgeschossen habe. Ich meldete mich bei der Heeresgruppe Weichsel, die damals von Himmler geführt wurde. Dort traf ich Willi Dissmann, der dort als Kriegsberichter Dienst tat. Er war Jugendführer gewesen wie ich. Er nahm mich beiseite. Hör zu, sagte er, ich muß dir etwas erzählen. Du weißt, daß Himmler manchmal Reden hält vor seinem Führerkorps, Reden, die nicht veröffentlicht werden, Ge-

heimreden. Eine habe ich gehört. Himmler sagte, daß es bei den Seegermanen einen Brauch gegeben habe: Immer, wenn sie in Sturm gerieten, die Schiffe voll Wasser schlugen, zu sinken begannen, habe man, um die Schiffe zu leichtern, gerufen: Knaben über Bord.
Er sah mich unruhig an. Knaben über Bord? Was meint er damit? Will er Kinder an die Front schicken? Er sah sich um, um sich zu vergewissern, daß uns niemand höre, und fragte: Ist der Mann verrückt? Ich hatte noch ein Erlebnis bei der Heeresgruppe Weichsel. Ich traf einen hochdekorierten Offizier der Waffen-SS wieder, dem ich schon an der Ostfront begegnet war, ein baumlanger Mensch, blond, blauäugig, Holsteiner, ein Muster aus einem Rassebilderbuch. Er tat als Adjutant Dienst, nahm mich beiseite und fragte sorgenvoll: Nun sagen Sie mir mal, was jetzt kommen wird. Wir verlieren den Krieg. Geht alles unter, was wir gedacht, woran wir geglaubt haben? Der nordische Mensch ist doch von Gott geschaffen, von der Schönheit einer Blume. Geht er unter?
Er tröstete sich selbst, ohne meine Antwort abzuwarten: Ich glaube, wir werden nach dem Kriege so etwas erleben wie eine Christenverfolgung. Wie hört sich das heute an? Er hielt für wahr, was er sagte. Und nun müßte man über das Phänomen philosophieren, daß Glaube Wahrheiten schafft, kleine Wahrheiten, brauchbare Wahrheiten, Wahrheiten, die Träume sind, sozusagen im ehernen Gewande, bis alle diese Wahrheiten entblößt werden und zeigen, was sie sind: Meinungen, die man sich anzieht wie Kleider, bis sie aus der Mode geraten.
Dann fuhr ich mit dem Wagen nach Bahn über kriegsleere Straßen, Ackerland, Dorflandschaften im Wintergrau, eingehüllt in Winternässe. Traurigkeit ausdrückend, nein, man projizierte die eigene Stimmung hinein, das eigene Grau der Stimmung. Wir fuhren vorbei an einem zusammengeschossenen Lastwagen, der Handgranaten transportiert hatte. Der Wagen brannte noch, die Handgranaten lagen auf der Landstraße wie verschüttete Äpfel. Wir passierten ein Schild: Achtung, Straße liegt unter Beschuß.
Also fuhr der Fahrer schneller. Wir fuhren an einem Panzer vorbei, der vor einem einzeln stehenden Haus gleichsam geparkt hatte. Es war ein russischer. Wir fuhren ins Dorf, ein Gefreiter winkte uns zu, hielt uns an. Mann, sagte er, ihr habt uns entsetzt. Wir sind seit zwei Tagen eingeschlossen. Der Hauptmann, den ich traf, hatte übrigens keine zehn Panzer abgeschossen. Er hatte seinen Gefechtsstand in einem Kohlenkeller. Im Dorf saßen seine Männer, verteidigten sich, geschützt hinter Hausmauern, Ställen, Erdwällen. Eine leere, geisterhaft leere Stadt, ab und zu eingehüllt von Kriegsgeräuschen, von einschlagenden Granaten, vom Zirpen der Gewehrgeschosse.

Zwei Dinge sind mir in Erinnerung geblieben. Einmal die Begegnung mit einem jungen Mädchen. Ein heller Anblick. Es bewegte sich schnell, sicher, ein Mädchen aus Bahn, das nicht rechtzeitig weggekommen war. Sie kochte Kaffee, machte Essen, lachte: Ich kaufe ohne Geld ein. Alle Läden sind voll, keiner sitzt an der Kasse. Ich sagte: Sie sollten sehen, daß Sie davonkommen. Ich weiß, sagte sie, die Russen. Ich höre sie ja nachts, die Frauen, ihr Schreien, ihr Weinen. Sie sah mich in einer Weise an, die ich fast versucht bin, heiter und gelassen zu nennen. Ich bin hiergeblieben mit einem Freund. Er hat mir versprochen, mich zu erschießen, wenn wir hier nicht rauskommen.
Eine zweite Begegnung, mit einem jungen Soldaten, Unteroffizier, den ich nach seinem Beruf fragte. Er sagte, er studiere Jura. Was wollen Sie werden? fragte ich und stellte damit eine Frage, die nun alles andere als zeitgemäß war. Aber er antwortete ganz ernsthaft. Er sagte: Ich möchte zur Geheimen Staatspolizei. Da lag der Krieg für jeden erkennbar in seiner Endphase, und da wollte ein junger Mann noch zur Geheimen Staatspolizei. Das bedeutete zweierlei: Der junge Mann hatte keine Ahnung, was die Gestapo war, und er hatte keinen Verstand für das, was um ihn herum vorging. Das ungeheuer Törichte daran, das Einfältige, das Naive, die absolute Verwirrung, ja, das fast Geisteskranke daran erinnerte mich an meinen Holsteiner, der dekoriert wurde für die Erstürmung einer sehr wichtigen Brücke, der seinerseits an eine kommende Christenverfolgung glaubte. Der Verstand taumelte. Auch er brach auseinander, von nichts mehr gehalten, wild hin und her zuckende Gedankenblitze, die sich im Unwirklichen verloren, Krankheitskurven beschreibend.
In der nächsten Nacht befreite uns ein Fallschirmjägerbataillon. Das nette Mädchen aus Bahn mußte nicht erschossen werden, was das beste Ergebnis meines Besuches in Bahn war, abgesehen von mir selbst, der ich wieder einmal davongekommen war.
Bei der Gelegenheit: Man müßte Frauen ein Sonderkapitel widmen, Mädchen, Frauen, Müttern! Bis dahin war der Krieg so etwas wie Männersache gewesen, und Frauen hatten damit nichts zu tun, außer daß sie die Söhne gebaren, die für den Krieg gebraucht wurden und die sie später beweinen durften, aber ihr eigener physischer Anteil wurde nicht gefordert, was sich wohl jetzt und für immer völlig geändert hat. Ich habe eine Feststellung gemacht, die sich möglicherweise sonderbar anhört: Frauen sind für Krieg und Notzeiten besser ausgerüstet als Männer. Ihre innere Kraft ist größer.
Ich hatte einmal noch Gelegenheit, meine Frau, meine Kinder im Harz zu besuchen. Sie bewohnten außerhalb des Ortes Rottleberode auf einer Höhe, einsam am Waldrand gelegen, eine Urlauberpension.

Sie waren dort halbwegs sicher untergebracht, und ich war ganz beruhigt. Sie würden dort von der Front eingeholt werden, von den Amerikanern, die längst das Ruhrgebiet durchquert hatten und im Vormarsch waren.
Es gab auch hier Luftalarm, Nordhausen wurde massiv angegriffen, eine weitere Stadt, die in wilder Wut zerschlagen wurde, ach, nein, Wut war es wohl nicht, es war die eher mechanische Weiterführung einer Kriegsgewohnheit. Es kam nicht mehr darauf an, Städte zu zerschlagen, es war einfach nicht mehr wichtig, aber man tat es.
Auch über Rottleberode gellten die Sirenen. Ich war der einzige Mann, der sich zufälligerweise im Haus befand, unter lauter Frauen und Kindern. So kam ich nun zu einem Erlebnis, das mir bisher erspart geblieben war, ich suchte Deckung im Wald mit Frau und Kindern, in einer Vertiefung des Bodens, ein Platz, nach alter Erfahrung ausgesucht; da lag ich mit Frau und Kindern, den Arm um meine Tochter gelegt, die dreieinhalb Jahre war, im anderen Arm meinen Sohn, der gerade ein Jahr geworden war. Wir hörten das unglaubliche Röhren der Motoren über den Wolken, jenen himmelfüllenden Lärm, den die Ohren kaum fassen konnten. Wir hatten Deckung gesucht am Waldrand, hatten einen Blick hinunter auf eine Felderlandschaft. Und plötzlich wuchsen aus diesem Feld heraus Feuerblitze. Ein Flugzeug entledigte sich seiner Bombenlast nicht über einer Stadt, entweder aus einer Notlage heraus, vielleicht auch waren die Männer jener Besatzung es leid, mit Bomben zu töten. Mein Gefühl: Wie abwegig war es doch, wie außerhalb jeder Ordnung, wie hirnverbrannt, mit Kindern in einem Wald zu liegen, geduckt auf dem Boden liegend, Herz an Herz, Puls an Puls.
Am nächsten Tag mußte ich zurück nach Berlin.
Wir verabschiedeten uns, ein bißchen für immer. Es wurde nicht darüber gesprochen, aber das Gefühl war dabei, daß dieses Sehen, Umarmen, Kinderküssen das letzte Mal sein könnte.
Ich mußte einen längeren Fußmarsch antreten, um die nächste Bahn zu erreichen, ging durch die Straßen, suchte den Bahnhof – und jetzt kommt die Szene, die ich berichten will und die mir so großen Eindruck gemacht hat. Es kamen mir zwei Frauen entgegen, Frauen im mittleren Alter, ganz sicher Mütter. Sie unterhielten sich, und im Vorbeigehen fing ich einen Satz auf: Eine Frau sagte: Ach was, auch danach wird es weitergehen.
Der Satz wehte vorüber und blieb doch bis heute in meinem Gedächtnis. Da dachte jemand über das Unvorstellbare hinaus, über das hinaus, für das es noch kein Bild gab, als sei da eine Mauer, ganz undurchlässig, Ende verkündend, nichts als Ende.
Der Satz hatte eine unmittelbare Wirkung, er tröstete mich, wunderte

mich ebenso, wie er mich tröstete. Es war Kraft in diesem Satz, die Kraft war weiblich. Das war der zweite nachwirkende Eindruck, die Kraft war bei den Frauen.
Ich war wieder in Berlin. Noch standen die Russen an der Oder, bereiteten die Offensive vor, den Vormarsch auf Berlin, die Einnahme von Berlin. Nacht für Nacht erschienen Einzelflugzeuge über Berlin, die Moskitos, jede Nacht wurde Alarm gegeben, und alle wurden aus dem Schlaf gerissen, der längst keiner mehr war, jedenfalls keiner mehr der alten, gesunden Art, es war ein nervöser Schlaf, ein Taumeln am Rande des Schlafes und am Rande von Träumen, die aus Angst geboren wurden. Man wußte, daß Unheimliches sich vorbereitete, daß überall das Bewußtsein Extremzustände erlebte, sich in Zerreißproben befand. Man spürte förmlich, daß sich überall die unglaublichsten Vorgänge vollzogen, die Fluchtbewegungen aus dem Osten heraus, die unendlichen Treckzüge, die Pferd-und-Wagen-Kolonnen durch Schnee und Eis, die Flüchtlingszüge, die Flüchtlingsschiffe, torpediert, bombardiert. Da wurden keine Kriegsschiffe mehr versenkt, sondern Schiffe, auf denen Menschen, Frauen und Kinder ihre Rettung suchten und ganz gewiß keine militärischen Ziele waren – aber es spielte keine Rolle mehr, ob sie es waren oder nicht, der Krieg wollte keine Herrschaft mehr, schon gar keine der Vernunft, er hatte sich aller Fesseln entledigt und war nur noch Raserei, bar jeder Vernunft, es war in seiner Furchtbarkeit der reine Krieg, der Krieg an sich; das was Krieg letztendlich verkörpert, Grausamkeit, Zügellosigkeit, Gefühllosigkeit. Er war kaum noch gelenkt, er riß auch die mit, die glaubten, ihn noch lenken zu können, ganz vergeblich, der Krieg raste dem Ende zu und *negierte alles, jede Form von Menschlichkeit.* Die Flüchtlingsmassen strömten auf gebrochene Brücken zu, auf Boote, Fähren. Da explodierten die Gefühle im Kampf ums Überleben, da wurden Menschen, Frauen, Kinder an gewissen Stellen, Brükken und Fähren, hineingezogen wie in einen Trichter, in dem das Recht des Stärkeren galt, und nur das.
Ende Februar oder Anfang März fragte mich ein guter Freund, Cornelius van der Horst, ob ich einen Leitartikel schreiben würde für das »Schwarze Korps«. Ich sagte: Ich kann dir einen solchen Artikel scheiben, aber du druckst ihn nicht. Doch, antwortete er, ich drucke ihn. Ich erinnere mich der Szene noch genau, ich diktierte diesen Artikel einer Sekretärin im Büro, ich diktierte ihn mit dem Untergefühl, da kannst du schreiben, was du willst, er wird diesen Artikel nicht nehmen, das darf er gar nicht, kann er gar nicht. Die Überschrift: Völker hört die Signale. Ich weiß heute nicht mehr den genauen Wortlaut, aber es stand darin, daß der Krieg verloren sei und daß die Zukunft Europas vom Verhalten der Westmächte abhänge, daß bei

ihnen jetzt die Verantwortung läge für Mitteleuropa, daß sie diese Verantwortung auch gegen die Sowjets zu tragen hätten.
Dieser Artikel wurde tatsächlich als Leitartikel gedruckt, und er hat mein Schicksal bestimmt, jedenfalls das Schicksal der nächsten Monate.
Lidell Hart, der englische Journalist und Kommentator, der auch meine Kriegsberichte ab und zu kommentiert hatte, antwortete im Rundfunk sofort, mit dem Tenor: Aha, jetzt kommen sie mit der letzten Möglichkeit, eine Politik zu machen, die ihnen helfen soll. Das wollte ich nun ganz gewiß nicht, ich drückte nur aus, was jeder empfand, sicher auch unter dem Eindruck der Greueltaten, die den Vormarsch der Roten Armee begleiteten. Von heute aus betrachtet war es eine Vorwegnahme der Ereignisse, mit denen die Alliierten nach dem Kriege reichlich zu tun hatten, mit einer Art Fortsetzuung des Krieges, sattsam bekannt unter dem Namen »kalter Krieg«.

Auch die Berliner Presse, verwirrt, unsicher, ratlos in der Endphase des Krieges, fragte: Ja, was dürfen wir nun endlich scheiben, daß der Krieg verloren ist? Goebbels reagierte mit äußerster Schärfe: Wer hat den Artikel geschrieben, der Verfasser muß zur Verantwortung gezogen werden.
Erst nach dem Kriege habe ich mich unterrichten können von der barbarischen Letzte-Stunden-Mentalität, die in der Reichskanzlei die Form von Geisteskrankheit annahm, von den Racheaktionen, Vergeltungsaktionen – von dem völlig Außer-Rand-und-Band-geraten-Sein der Machtinhaber, mit sinnlosen Gerichtsurteilen, die zuweilen am Straßenrand gefällt wurden, und fast von jedermann.
Goebbels wußte, daß seine letzte Stunde gekommen war, auch seine letzte Lebensstunde. Ganz offenbar hatte er sich damit abgefunden und nutzte die Freiheit, die Überlegenheit, die eine solche Einstellung bot, in der bösesten Weise aus, in kalter Verachtung gegen jedermann.
Wie bekannt wurde seine letzte Pressekonferenz. Er stand vor den Journalisten, durchtränkt von menschenverachtender Ironie und noch im Besitz uneingeschränkter Macht und sagte: Warum haben Sie mit uns zusammengearbeitet? Jetzt wird Ihnen das Hälschen durchgeschnitten. Dieser Mann fand seinen infernalischen Spaß in seiner letzten Lebensphase in der radikalen Ausnutzung seiner Macht. Er ließ sich von D'Alquen, dem Herausgeber des »Schwarzen Korps«, dem Mann, den man gerade zum General der Propagandatruppen gemacht hatte, den Namen des Autoren nennen, der diesen Artikel geschrieben habe.
D'Alquen ließ mich rufen, sagte: Ich mußte Ihren Namen sagen.

Fahren Sie nach Hause, packen Sie einen Handkoffer, wir bringen Sie sofort in Sicherheit, zum Sonderzug.
Ich hatte nicht das Gefühl, mit dem Artikel etwas Besonderes getan zu haben, ich hatte nichts anderes gesagt als das, was jeder dachte, nein, was jeder wußte. Aber ich wußte nicht um jenen desolaten geistigen Zustand, der sich in Machtpervertierung äußerte, mit Gerichtsverfahren und Todesurteilen am laufenden Band.

Nach dem Kriege erzählte mir van der Horst, daß wir beide angeblich in Abwesenheit zum Tode verurteilt worden waren.
Es warf wohl lediglich ein Schlaglicht auf makabre Letztzustände, die weniger für den Historiker als für einen Psychologen oder Psychiater von Interesse sind. Ich denke, daß man selten jemals zuvor so hat hineinsehen können in eine sich total auflösende Gesellschaft von Menschen in Grenzzuständen.
Ich hatte also meinen Handkoffer gepackt, fuhr zurück zur Dienststelle und wurde in der Nacht noch mit einem Wagen weggebracht, in den Sudetengau gefahren zu einem Sonderzug, von dessen Existenz ich bis dahin nicht die geringste Ahnung hatte. Was für ein Zug war das? Es war ein Zug von D-Zug-Länge, mit normalen Erste-Klasse-Waggons, mit Schlafwagen, mit einem Mitropa-Speisewagen, mit angehängten Güterwaggons, in denen sich Sendeanlagen befanden und eine Menge anderer Dinge, materieller Dinge dabei, Bestände von aufgelösten Bekleidungsdepots beispielsweise. Auch Fahrzeuge führten wir mit, jedoch keine Waffen. Der Zug war ein Befehls- und Kommandozug, ausgerüstet, um den Restkrieg bis in die sogenannte Alpenfestung hinein propagandamäßig, rundfunktechnisch begleiten zu können. Ich weiß nicht, ob ich ohne den Artikel, der das Mißfallen von Goebbels erregt hatte, eingeladen worden wäre, Mitfahrer dieses Sonderzuges zu sein. Der Zug setzte sich in Bewegung, mit d'Alquen, dem neuernannten General der Propagandatruppen, und einem Stab von ausgewählten Leuten, Sekretärinnen, Technikern und militärischen Führern. Er fuhr, um es auf den kürzesten Nenner zu bringen, aus dem Kriege heraus, langsam und in ruhigen Nachtfahrten sich gen Süden bewegend, Österreich zu.
Ich erinnere mich an Mondscheinnächte, sehr gut zu betrachten, zu genießen vom Fenster meines Schlafwagenabteils, Fahrten an Seen entlang, an ruhig im Nachtlicht liegenden Dörfern, Feldern und Wäldern – eine im nachhinein gespensterhaft wirkende Fahrt, wenn man sie hineingestellt sieht in die Gleichzeitigkeit ganz anderer Vorgänge, entsetzlicher Untergangsbilder, Bilder kulminierenden Leidens, vergleichbar den Höllenbildern von Hieronymus Bosch.
Unsere Fahrt endete in Feldkirchen am Wörther See.

Dort standen wir auf einem Abstellgleis – auch auf einem Abstellgleis des Krieges – und verbrachten die Tage. Die Kriegsberichter nun nicht mehr schreibend, gleichsam ohne Themen dasitzend – sicherlich nicht ohne Themen, aber ohne Abnehmer, ohne Interessenten. Das Interesse war nicht mehr übergeordnet, es bezog sich nur noch auf die eigene Person, wie überall im Lande, und zwar bei jedem Menschen, ob groß oder klein. Wir standen über Funk in Verbindung mit Stäben und Kommandostellen, kannten die Kriegslage ganz genau, hörten nur, daß sich der Ring um Berlin schloß, daß die Russen Berlin in Straßenkämpfen eroberten. *Und keiner, der nicht wußte, was es bedeutete.*

So waren die Tage erfüllt von Entsetzen und Trauer, jener endgültigen Trauer, die nie mehr ganz weichen würde.
Und wir befanden uns inmitten einer der schönsten Landschaften dieser Erde, am Beginn des Gailtales, mit Blick auf die Karawanken, hatten zur Verfügung Fahrzeuge, VW-Kübel, mit denen wir an den See fuhren, eine merkwürdige Art von Urlaub genießend, von Nichtbeteiligt-Sein, obwohl wir doch beteiligt waren im Gedanken an Frau und Kinder, dies zuweilen in schneidendem Schmerz, aber zunehmend mit dem Gefühl von: endlich, endlich. Das Ende, so schrecklich es war, bot sich selbst auch dar als Positives. D'Alquen hatte uns versammelt, sprach mit uns, gab jedem die persönliche Freiheit zurück. Jeder kann gehen, wann er will, wohin er will, da liegen die Berge, und die Berge sind Freiheit.
Ich erinnere mich an eine Zusammenkunft mit dem Gebietsführer der Hitlerjugend, einem jungen Mann, der einen hervorragenden Eindruck auf mich machte, ein kluger, ein empfindsamer Mann. Er fragte mich: Was wird mit dem Führer geschehen? Noch jetzt, noch in dieser Stunde, am Ende des Dritten Reiches, war die innere Bindung an diesen Mann zu spüren, die einfach unzerstörbar schien. Fast unmöglich schien es, sich aus jenen Bindungen zu lösen, die jeweils eine persönliche Eigenleistung war, eine Projektion seiner selbst auf eine Person, die Person ausstattend mit Gewünschtem, Ersehntem, so daß die Person bis zuletzt eine Wunschperson blieb. Ich sagte: Er wird sich das Leben nehmen. Tiefes Schweigen auf seiner Seite, als ob ich ihm gesagt hätte, er würde selber sterben. Einen Tag später kam die Radiomeldung: Der Führer ist gefallen.
Wieder traf ich meinen Hitlerjugendführer. Du hast es gewußt, sagte er, du hast es gestern schon gewußt. Ich sagte, ich habe es nicht gewußt. Sein Tod ist logisch. Ich wunderte mich übrigens über die Reaktion bei uns im Sonderzug auf diese Todesmeldung. Sie bewirkte nichts. Einfach nichts. Das Ereignis war plötzlich von einer Sekunde

zur anderen nichts als ein weiteres Ereignis in der Abfolge von Ereignissen. Ich will nicht sagen, daß Erleichterung herrschte, dennoch war es eine, keine atembefreiende, und doch war sie auch wieder atembefreiend, denn jetzt wußte jeder: Nun ist Schluß. Dieses Nun-ist-Schluß entließ uns alle in eine Zeit, von der niemand wußte, wie sie aussehen würde, *dennoch fühlte man sich wie in einer anderen Welt.* Zu Ende war das jahrelange Du-fährst-Dahin, Machst-dies-oder-Jenes, ein Leben mit Marschbefehlen, halt das Leben von Eisenfeilspänchen, die vom Magneten dirigiert werden. Es wurde einem nun die persönliche Freiheit zurückgegeben, mindestens die persönliche Freiheit, von nun an zu tun oder zu lassen, was man selbst für richtig hielt.

Ich hatte im Zug einen Freund gewonnen, Karl-Horst Behrend, Wortberichter wie ich. Er sagte: Komm, gehen wir zusammen. Ich habe schon etwas organisiert. Ich fragte, was er organisiert habe. Ich hatte nie in meinem Leben etwas organisiert, ich war nicht tatkräftig, eigentlich immer *in der eigenen Person* geblieben, mit nur schwacher Fähigkeit von Kommunikation, obwohl ebendiese Fähigkeit die Voraussetzung ist für Erfolg, für normalen Erfolg. Das Reden mit den Leuten ist mir immer schwergefallen, das Kumpelhafte, das Kumpansein, das normalerweise eine Voraussetzung, fast eine Art Notwendigkeit ist für ein Vorwärtskommen der üblichen Art. Karl-Horst Behrend verstand sich besser darauf und hatte Kontakt aufgenommen mit einem weiblichen Arbeitsdienstlager, das er besucht hatte. Er hatte die Führerin kennengelernt, die ihrerseits vor dem Ende normaler Tätigkeiten stand, das Lager auflösen mußte, aber die auch Adressen wußte von Bauernhöfen, Bauernfamilien, deren Töchter im Arbeitsdienstlager waren und nun zu ihren Familien zurückgehen würden. Ich weiß eine Familie, da könnt ihr unterkommen. Wieder war da jemand, der mir eine Tür öffnete, einen Weg frei machte, den ich allein gar nicht gefunden hätte.

Der Mai war schön, warm und sonnig. Der Zug stand immer noch auf dem Abstellgleis, hatte das Bahnhofsgebäude vor sich. Ein Fenster war offen, das Fenster über dem Flaggenstockhalter. Siehst du das offene Fenster, sagte jemand. Da warten sie nur darauf, daß wir verschwinden. Dann werden sie eine Fahne rausstecken. Eine weiße Fahne, sagte ich. Wieso eine weiße Fahne? Das hat doch keinen Sinn, hier wird doch nicht mehr gekämpft. Und mein Freund antwortete: Sie wollen keine weiße Fahne raushängen, sondern die österreichische. Geh mal in die Stadt. Da hängen sie nämlich schon, die österreichischen Fahnen. Na schön, sagte ich, es freuen sich alle, daß es nun zu Ende ist.

Nichts dagegen, sagte mein Freund, aber kann durchaus sein, daß

Mädchen mit Blumen an den Straßen stehen, um die Engländer zu empfangen.
Wie, sagte ich, mit Blumen? Was wunderst du dich, sagte Behrend, vergiß nicht, daß Österreicher geschichtserfahrene Leute sind, sie haben sich immer durchlavieren müssen und eine große Erfahrung im Umgang mit Macht, ob mit der eigenen oder der fremden. Da war also das offene Fenster mit dem leeren Flaggenstockhalter. Österreich wartete.

Bei uns herrschte emsiges Treiben. Da wurde Material vernichtet oder in Sicherheit gebracht. Wagen mit Kisten verließen das Gelände, fuhren irgendwohin, Kisten, die ganze Schätze enthielten von sogenanntem Aktiv-Propaganda-Material, das später mit größtem Interesse von Amerikanern und Engländern aufgearbeitet wurde, in Zusammenarbeit übrigens mit d'Alquen. Aber so weit war es noch nicht. Vorläufig wurde noch aufgeräumt, ganze Papierberge wurden auf dem Bahnhofsgelände zwischen den Gleisen verbrannt. Jemand zerstörte Schallplatten, das Archiv des Rundfunksenders, das sich an Bord des Zuges befand. Mit ruhigen Bewegungen warf er die Platten zu Boden, wo sie zerbrachen. Er sah einen kleinen Jungen, der dabeistand, nachdenklich an und schenkte ihm dann eine Schallplatte. Der Junge zog beglückt von dannen. Was hast du ihm gegeben? fragte ich. Den Totenmarsch der SA, antwortete er lakonisch und machte damit einen jener Scherze, die zu machen einem übriggeblieben war. Am 6. Mai änderte sich die Lage insofern, als plötzlich ein Funkspruch von Montgomery eintraf, gerichtet an d'Alquen, den General der Propagandatruppen.
Montgomery forderte d'Alquen zur Kapitulation auf.
Ich nehme an, daß diese persönliche Aufforderung von d'Alquen gewertet wurde wie ein erster persönlicher Kontakt, der auch einige Aussichten enthielt, mindestens die Aussicht, nicht wie ein gewöhnlicher Kriegsgefangener behandelt zu werden. So vollzog sich wohl in einem Innern eine Güterabwägung, gehen oder nicht gehen? Er entschloß sich plötzlich, die Engländer abzuwarten, um sich dann mit dem persönlichen Funkspruch Montgomerys auszuweisen.
Natürlich war sein Interesse nun, mit einem so großen Stab wie möglich in Gefangenschaft zu gehen. Ich traf ihn in seinem Abteil beim Stiefelputzen. Sicher ein Vorbereitungsakt für die ja nun jederzeit möglich gewordene Begegnung mit Engländern.
Ich sagte ihm, daß ich ungern mit in Gefangenschaft gehen würde, daß ich mich auf seine Zusage berufe, es jedem selbst zu überlassen, was er machen wolle. Behrend und ich wollen unser Glück versuchen, über die Berge zurück nach Deutschland zu kommen. Vielleicht gelingt es

uns, nach Hause zu kommen. D'Alquen war ein wenig ärgerlich, mochte aber seine Zusage nicht zurückziehen. Gut, dann, meinte er, haut ab, versucht euer Glück. Wir bekamen einen VW-Kübelwagen, dazu einige Eßvorräte und, was uns am wichtigsten war, dreitausend Zigaretten. Wir verabschiedeten uns von den anderen, die nun auch anfingen, ihre Stiefel zu putzen, fuhren über die Gleise, vorbei am Bahnhofsgebäude, in dem immer noch das Fenster offen war, nun auf eine fast ungeduldige Weise ostentativ offen.

Behrend saß am Steuer. Wir fuhren ins Gailtal hinein, Richtung Hermagor, begegneten dort schon deutschen Einheiten. Wir unterhielten uns mit einem Hauptmann. Wo wollt ihr hin, fragte er, hinter uns sind schon die Engländer. Es wurde also nichts mit einer Fahrt so weit wie möglich in Richtung Deutschland; wir bogen ab, kletterten mit dem Wagen hinauf ins Gebirge, bis es immer unwegsamer wurde. So landeten wir auf der Hermagorer Bodenalm, sahen uns in immer unwegsamerem Gelände, schweigend umstanden von Bergen. Kein Mensch, kein Haus zu sehen, ein ziemlich einsamer Platz. Tja, dachten wir, das ist also unser Punkt, Abschied zu nehmen von den letzten Dingen, die uns an Krieg und Wehrmacht erinnern.

Wir ließen den Wagen stehen, warfen unsere Pistolen weg, zogen kurze Hosen an, Zivilhemden, verstauten den Hauptteil unserer Zigaretten in einem Erdloch, unauffindbar für andere und jederzeit von uns wiederzufinden, wie wir meinten, und machten uns auf den Fußweg.

Keine Sorge, sagte Behrend, ich weiß, wo wir hinmüssen. Wir werden dort schon erwartet. Wir stiegen die Berge hinunter, hatten herrliche Ausblicke auf den Weißensee, der unglaublich ruhig dalag, ungeheuer entfernt von der Welt, in der und mit der wir unsere Probleme hatten. Wir suchten ein Quartier für die Nacht und bekamen gleich eins beim ersten Haus, in dem wir danach fragten. Zwei junge Frauen ließen uns ein.

Kommt nur rein, sagten sie, gaben uns zu essen und zu trinken und waren neugierig: Wo wollt ihr hin? Sie waren gutgelaunt, ich erinnere mich an so etwas wie gelassene Heiterkeit und möchte heute sagen, daß dies ein Ergebnis war einer besonderen Stimmung, der Es-ist-Schluß-Stimmung. Außerdem waren es Frauen, und sie bestätigten nur, was seit damals meine Meinung ist, daß Frauen das stärkere Geschlecht sind. Das Irritierende und ein besonderes Erlebnis war, daß sie es wußten.

Zum erstenmal und noch ganz undeutlich und gar nicht voll begriffen erlebten wir so etwas wie eine Abwertung, eine Abwertung des Männlichen, nicht des Männlichen schlechthin, sondern des männlichen Verlierers. Irgendeine Macht – wenn Männer sie je hatten –

verlor sich, das was männlich-typisch zu sein schien, sah plötzlich wie ein Irrtum aus. Da waren Männer ohne Macht, ohne die geringste Macht, in Frage gestellte Männer, die ihre Hilflosigkeit selbst noch gar nicht begriffen hatten – und die nun anders behandelt wurden, um eine Kleinigkeit anders, um eine Geringfügigkeit anders, und dies nicht mal bewußt, sondern ganz unbewußt, so als ob es die natürlichste Sache der Welt sei. Das Rollenverständnis begann sich zu verändern, ganz undeutlich, ich erkenne die Anfänglichkeit dieses Vorgangs erst heute, aber nun ganz deutlich.
Die beiden jungen Mädchen gaben uns Quartier für die Nacht eher mitleidig, aber auch mit der Distanz, die im Mitleid liegt. Am nächsten Morgen wanderten wir weiter, nun die Landstraße entlang, nicht auf der Straße, sondern ein paar Meter neben der Straße, in Sichtweite der Straße, im Wald, der bis an die Straße reichte. Auf der Straße selbst fuhren nämlich die Kolonnen der Engländer, offene Wagen, Lastwagen, besetzt mit Soldaten, die zu töten gestern noch unsere Pflicht gewesen wäre.
Behrend sagte: Heb die Hand, wink ihnen zu, so halten sie uns für Österreicher. Ich weiß nicht, ob sie zurückgewinkt haben, aber da fuhren glückliche Leute, eingesprenkelt in diesen Zug: Lastwagen mit jugoslawischen Partisanen, die offen ihre Siegesfreude bekundeten mit riesigen Fahnen und mit Gesängen, die an uns vorbeiwehten.
Der Bauernhof lag etwa zweihundert Meter von der Straße entfernt. Freies Wiesengelände bis zur Straße. Nur ein Feldweg führte von der Straße zum Hof, der sich anlehnte an den Berg, aufsteigendes Gelände mit dichtem Buschwerk und übergehend in Wald. Wir wurden schon erwartet. Die beiden Töchter des Hofes waren von ihrem Arbeitsdienstlager zurückgekehrt, empfingen uns zusammen mit ihrer Mutter, einer Frau, der heute noch meine Verehrung, meine Bewunderung gehört, eine ältere Frau, eine einfache Frau, eine Bäuerin, bekannt und erfahren mit allen praktischen Seiten des Lebens, nicht nachdenkend und im Nachdenken Zeit verlierend, sondern voller Tatkraft und so ganz dem Leben zugehörig, zugewandt, voll vertrauend auf ihr Urteil und darin ganz sicher. Zweifel gab es für sie nicht, da sie sich nicht mit Dingen abgab, die Zweifel verlangten.
Sie empfing uns, wie eine Mutter verlorene Söhne empfängt.
Der Hof hatte mehrere Gebäude, dabei ein Gästehaus, denn in Friedenszeiten brachte sie dort Touristen unter, die ihren Sommerurlaub verbrachten.
Wir bezogen ein Zimmer und waren unter einem Dach mit drei weiteren Mädchen aus dem Arbeitsdienstlager, die noch nicht nach Hause konnten, und der Sekretärin von d'Alquen, die ihrerseits hier die Ereignisse abwarten wollte. Wir verbrachten zusammen drei Mo-

nate auf diesem Hof, geschützt und verpflegt, unter der Fürsorge der Mutter der Mädchen, die den Hof allein bewirtschaftete und selbst noch auf ihren Mann wartete. Sie war wie eine Glucke, die ihr Gefieder ausgebreitet hatte und uns alle darunter barg, es war für sie eine Selbstverständlichkeit.

Es spielte später eine große Rolle, welche politische Einstellung jemand hatte; über die politische Einstellung der Frau, die uns drei Monate lang beherbergte, kann ich einfach nichts sagen. Sie hatte keine. Eine solche Frage betraf sie einfach nicht. Sie behütete, beschützte uns, weil wir in Not waren und auf Hilfe angewiesen waren. Sie gab uns die Hilfe. Sie war das beste Beispiel für eine Erfahrung, die ich in meinem Leben machte und die zur Überzeugung geworden ist: Frauen sind stärker, sie verkörpern in der Erscheinung Flucht das Bleibende. Vielleicht kann man das auf einen ganz einfachen Nenner bringen: Wer Leben gebiert, will es auch erhalten.
Die ganze Fülle, die der Krieg mit sich bringt, war weg, die Zeit bot sich für uns plötzlich dar in der einfachsten Weise, ein bißchen Ferien, ein bißchen Nachkriegszeit, die Nachkriegszeit als solche noch gar nicht begriffen, weil sie ihren Kummer, ihre Tragik noch für sich behielt. Das Schicksal hatte uns an den Rand gespült, in ein Idyll hinein.
Wir mußten uns bei der Gemeinde anmelden. Bei den Mädchen war das keine Schwierigkeit, aber was geschah mit uns, mit Behrend und mir?
Die Lagerführerin des aufgelösten weiblichen Arbeitsdienstlagers, die mit uns im Gästehaus wohnte, wußte einen Rat. In Kötschach gab es ein männliches Arbeitsdienstlager, das zwar auch aufgelöst wurde, aber sie wußte, wo der ehemalige Lagerleiter wohnte.
Vielleicht hat er noch Papiere und Stempel und gibt euch einen Ausweis als ehemalige Angehörige des Arbeitsdienstes. Sie machte sich auf den Weg und sprach mit dem Mann. Sie erzählte uns nachher, wie er reagiert hatte. Was, hatte er gesagt, Ausweise willst du? Für wen denn? Wer will sich dahinter verbergen? Sie sagte es ihm. Gut, hatte er erwidert, ich tu's, aber nur, wenn es keine Österreicher sind. Er hatte da wohl eigene Eindrücke noch nicht ganz verarbeitet.
So bekamen wir unsere Ausweise und konnten uns bei der Gemeinde anmelden. Einige von uns halfen dann zuweilen den Bauern bei der Feldarbeit, mähten in den Wiesen, fuhren das Heu ein und badeten im klaren Bergwasser der Gail.

Aber dann kam ich in den Besitz einer Schreibmaschine und erlag ihrer Faszination auf der Stelle und schrieb ein Theaterstück. Es war nicht so, daß ich einen inneren Auftrag gespürt hätte, kein Thema, das nun, das jetzt, das in diesem Augenblick gleichsam in mir gebrannt hätte, feuerheiß gewesen wäre, ich kehrte nur zurück in die Schreibwelt, die ich verlassen hatte, eigentlich in der einfachsten Weise, der ich auch Naivität zuschreiben muß. Ich hatte zum Schreiben nur dünnes Durchschlagpapier zur Verfügung, begab mich an die Arbeit, hatte mir ein Thema ausgesucht, über das ich heute nicht die geringste Auskunft geben könnte.

Ich verlor dieses Theaterstück auf eine sehr einfache Weise: Ich erzählte von den dreitausend Zigaretten auf der Hermagorer Bodenalm, die wir, wie wir meinten, absolut sicher versteckt hatten. Als unsere Zigaretten zur Neige gingen, machten wir uns auf den Weg, den großen Rest der versteckten Zigaretten abzuholen und wurden bitter enttäuscht. Da war nichts mehr. Irgend jemand hatte sie längst gefunden.

Aber Tabak hatten wir und drehten uns die Zigaretten selbst. Mit meinem Durchschlagpapier. Zunächst schnitten wir die Papierränder neben dem Text ab und drehten uns die Zigaretten. Aber dann gingen wir an den Text. Erst trennte ich mich von den unwichtigen Szenen, die ich glaubte, jederzeit aus dem Gedächtnis rekapitulieren zu können. So verlor das Theaterstück langsam seine Gestalt, wurde äußerlich unansehnlich; wie ansehnlich es innen war, kann ich heute nicht mehr sagen, aber irgendwie war da für mich ein neuer Klang darin, ein bißchen schmerzlich-traurig. Denn etwas war gleich zu Anfang passiert, gleich in den ersten Tagen nach unserer Ankunft auf dem Bauernhof. Der Rundfunk hatte seine Leute gewechselt, mit den Leuten den Ton und die Nachrichten selbst.

Da wurde gesagt, daß man im Westen einen Wagen gefunden hätte, einen Kastenwagen, der eingerichtet gewesen sei, um Leute zu »vergasen«.

Ich erinnere mich, wie empört wir alle waren, wie empört Behrend war, wie außer mir ich selbst war. Aha, jetzt, da sich niemand mehr wehren kann gegen Greuelnachrichten, jetzt wird uns das aufgetischt, eine Lüge, eine Lüge, die auf diese Weise zu verkünden man Mut haben muß, weil sie als Lüge zu offensichtlich ist.

Es ist heute ein Dauerthema, was ein normaler Deutscher von »Vergasungen« gewußt hat, ob es alle waren oder viele oder nur wenige, die wußten, daß Menschen vorsätzlich in Lagern getötet wurden, und dies in fast maschineller Weise, sozusagen in Arbeitsgängen, wie sie in Fabriken üblich sind. Nur hier wurde Tod produziert. Das fiel als Nachricht – als Teilnachricht zunächst – wie eine Bombe unter uns, und mit verheerender Wirkung.

Von da ab hat sich das Leben verändert, mein Leben und das der meisten Deutschen, auf eine Weise verändert, die wir damals noch gar nicht begriffen. Und immer wieder wird die Frage gestellt: Gewußt? Oder nicht gewußt? Und das Nicht-Gewußt wird wie eine Lüge behandelt.

Ich gebe hier einen Bericht über eine Zeit, die meine Lebenszeit ist und so, wie ich sie sehe, ganz sicher eine Interpretation, was kein Fehler ist, da jede Rückschau eine Interpretation ist, aber die Fakten sollten stimmen. Und eine Tatsache, eine absolute Tatsache, eine Tatsache ohne Einschränkung ist, daß wir auf jenem Bauernhof in Kärnten *zum erstenmal* etwas über Vergasungen hörten und nur den Kopf geschüttelt haben über die Infamie einer solchen Lüge.

Die Aufdeckung des ganzen Unheils von Menschenvernichtung ist ein Vorgang, der damals mit dieser kurzen Mitteilung begann, der sich dann fortsetzte, über Jahre und Jahre – ein sonderbarerweise langsamer Vorgang der Aufdeckung, als ob sich da ein Schleier nur langsam und zögernd habe wegziehen lassen, ein schreckliches Bild, das sich wie in einem Puzzle nur langsam füllte mit Dingen, die zueinanderpassen, immer mehr das ganze Bild bietend.

Damals erlebten wir eine erste Irritation, der im Laufe der drei Monate andere folgten. Noch war von Auschwitz keine Rede, es war die Rede von Konzentrationslagern, von den Leichenbergen, die dort aufgefunden wurden, diese Nachrichten allein betäubend, eine erste Empfindung in einer Reihe von Empfindungen, die sich ständig verstärkten und etwas zur Folge hatten: die Auflösung von einem Rest an Selbstvertrauen, Selbstsicherheit, auch von jener Selbstsicherheit, die im allerletzten Kern bleiben muß, weil der Verlust dieser allerletzten Selbstsicherheit zu unglaublichen Instabilitäten führen muß, bis zur Auslöschung der Persönlichkeit. Ich erwähne dies hier nur ganz kurz, weil ich in jenen Tagen in Kärnten den Beginn erfuhr, einen langsamen Beginn, eher ganz nebenbei, aber dieser Punkt verdient, markiert zu werden, der Punkt auf einer Bewegung, die schicksalsentscheidend wurde. Die Informationen, immer stärker fließend, waren sicher mit eine Ursache, daß mein so intensiv geschriebenes Theaterstück für mich an Wert verlor, daß ich es schließlich ansah als eine Schreibübung, ein erstes Sich-neu-Bewegen in einer Welt, die meine war, meine eigene, und in der ich mich wohl fühlte, in der ich mich bis heute noch wohl fühle, in einer geschlossenen Innenwelt, die auch so etwas wie eine Verteidigungsbastion ist.

Unser Idyll war nicht ungestört.

Wir besaßen eine gewisse Übung darin, Gefahren mit den Ohren wahrzunehmen.

Wenn wir auf der Landstraße eine Unterbrechung des Motorenlärms

registrierten, gingen wir sofort an das Fenster. Zuweilen hielten dann die englischen Militärpolizisten vor dem Eingang des Feldweges, der zum Bauernhof führte, schienen zu überlegen, ob eine Fahrt über die zweihundert Meter lange Wiesenstrecke ratsam oder notwendig sei. Bog der Wagen ein, näherte er sich dem Haus, dann wurde gleichsam Alarm gegeben, und wir sausten in den Wald, zunächst in das dichte Gebüsch, von dem aus man die Szene im Blick hatte.
Aber solche Besuche waren verhältnismäßig selten, und wir gewöhnten uns daran, uns ganz frei zu bewegen.
Ich erinnere mich an eine Zugfahrt durch das Gailtal, die mir in Erinnerung geblieben ist wegen einer ganz einfachen, aber herzbewegenden Sache.
Mir gegenüber im Abteil saß ein junges Mädchen von etwa siebzehn Jahren, fast überirdisch schön, gesund-schön, eine fabelhafte Lebensversprechung, sozusagen etwas vom Besten, was Natur hervorbringen kann, und das Beste, was Natur hervorbringen kann, enthält immer auch Unschuld, und das Erlebnis von Unschuld ist und wird immer bleiben ein ganz besonderes, ein einmaliges Erlebnis. Mit diesem Mädchen kam ich ins Gespräch, ich sagte ihr, daß ich Soldat sei, deutscher Soldat, daß wir uns verbergen und daß wir einen Weg suchen, nach Hause zu kommen. Da begann das Mädchen zu weinen. Und hinter dem Weinen wurde Mitgefühl sichtbar, Mitgefühl und Trauer, Mitgefühl mit mir und eine ganz allgemeine Trauer über das, was in aller Welt passierte. Da begann ich Österreich wieder zu lieben.
Inzwischen war es August geworden und wir lebten immer noch wie Bergtouristen, badeten im Fluß oder machten Wanderungen, bestiegen den Reißkofel, aber die Unruhe wurde immer stärker, wir wollten nach Hause.
Wir hatten einen Volksdeutschen kennengelernt, der auch bei der Waffen-SS gewesen war, diese Tatsache aber verschwiegen hatte und aufgrund seiner Sprachkenntnisse bei einer englischen Dienststelle in Hermagor Dienst tat. Der besuchte uns, sagte: Ich kann euch helfen. Ich besorge euch Papiere. Damit könnt ihr durch den Tauerntunnel mit dem Zug fahren. Gewöhnlich werden alle Reisenden vor dem Tunnel noch einmal überprüft. Ich kann euch Erlaubnisscheine geben. Wir fragten: Wie machst du das? Ach, antwortete er, wenn mein Colonel zum Mittagessen geht, nehme ich Blankoformulare von seinem Schreibtisch. Mein Colonel ist ein fabelhafter Mann, er zählt die Formulare nicht nach. Er sagt nur ab und zu: Jetzt müssen wir aber neue bestellen. Von ihm erfuhren wir, daß das Gerücht umgehe, daß Angehörige der Waffen-SS zwanzig Jahre lang in ein Lager gesteckt werden sollten.
Wir waren unendlich verwundert, hatten wir es bis dahin nicht für

etwas Besonderes gehalten, bei der Waffen-SS zu sein, aber eine Ahnung überkam uns von dem, was der SS vorgeworfen wurde, und daß man anscheinend keinen Unterschied machte zwischen Soldaten und den Leuten, die Verbrechen begangen hatten. Welcher Art diese Verbrechen waren, war immer noch unbekannt, ich sagte schon, daß die Aufdeckung ganz langsam vor sich ging, daß den Informationen in unserem Kärntner Idyll etwas Unglaubhaftes, nicht Nachprüfbares anhaftete.

Immerhin wußten wir, daß man unter den Gefangenen die Leute heraussuchte, die das Blutgruppenzeichen unter dem linken Oberarm trugen. Bis dahin wußte ich nicht, daß nur Angehörige der Waffen-SS dieses Zeichen eintätowiert bekommen hatten. Unser Freund aus Hermagor war des Lobes voll über die Engländer und erzählte folgende Geschichte. Ein englischer Kommandant hatte in seinem Gefangenenlager die deutschen Soldaten antreten lassen, er verkündete ihnen, daß er beauftragt sei, nach dieser Blutgruppentätowierung zu suchen. Er befahl allen die Hemden abzulegen, die Arme zu heben. Dann ging er die Reihe der Soldaten entlang, steinernen Gesichtes, ohne auch nur einen Blick auf die gestreckten Arme zu werfen, und sagte lakonisch: Ich sehe nichts.

Englische Offiziere von dieser Art habe ich später kennengelernt und werde darauf noch zurückkommen, aber auch auf eine ganz andere Sorte, was wieder beweist, wie unmöglich es ist, Pauschalurteile abzugeben. Aber von Pauschalurteilen leben wir bis heute, Pauschalurteile sind nicht auszurotten, und über ihre Tauglichkeit, die sie übrigens auch haben, zu sprechen, ist ganz gewiß ein Kapitel für sich, und kein geringes.

Ich hatte nun dieses Blutgruppenzeichen. Ich erinnere mich noch genau, wo ich es bekam, in Karelien, mitten im Busch, und wir alle fanden es eine vernünftige Sache, die im Notfall Leben retten konnte. Behrend besaß es nicht. Er sagte: Keine Ahnung, warum ich es nicht habe. Unsere Bäuerin, unsere Überlebensmutter, wußte Rat, sagte entschlossen: Ich mache es dir weg. Komm, setz dich hin, ich hole eine Schere.

Sie holte eine Schere, wusch die Stelle am Oberarm gründlich mit Wasser und Seife, nahm eine kleine Stickschere in die Hand, atmete schwer, sammelte sich, sagte: Ich mache es ungern, ich verstehe mich nicht darauf, aber es muß getan werden. Ich sah ihr an, wie schrecklich es ihr war, und es spricht für diese Frau, für ihren Mut und für die Bedingungslosigkeit ihrer inneren Einstellung, dic sie hatte und der sie ohne jedes Zögern folgte, sie schnitt die Haut weg, geriet natürlich ein wenig tiefer, aber brachte eher grimmig zu Ende, was sie angefangen hatte, eine Operation, die keine war, eher eine kleine, liebevolle

Gewaltmaßnahme, die außerdem erfolglos blieb, denn die Wunde schloß sich zwar, aber nicht in der gewünschten Weise; sie entzündete sich, eiterte und wurde schließlich zu einer Narbe, die so auffällig war wie die Tätowierung selbst.
Der Tag kam näher, da wir es riskieren wollten, diesen Ort zu verlassen. Drei Monate waren ins Land gegangen, ein Sommer, der seinesgleichen suchte, ein schöner Sommer, winddurchweht, ein Bergsommer, ich sehe und höre noch die schnell dahinfließende Gail, das blaue, klare Wasser, das aus dem Gebirge kam, seine Kühle und Klarheit der Luft abgab.
Unsere Bäuerin verabschiedete uns, packte unsere Rucksäcke, gab Lebensmittel hinein, Brot, Wurst, Schinken, sie grub eine Flasche mit Schmalz aus ihrem Garten – diese Schmalzflaschen hatte sie als Abgrenzung ihres Bauerngartens in die Erde gelassen, gleichsam als Notdepot für schlechte Zeiten. So bekam jeder von uns so eine Flasche in den Rucksack gesteckt. Wir wurden umarmt, von den Mädchen verabschiedet und fuhren mit dem Zug nach Hermagor, stiegen aber vor dem Tauerntunnel aus, wir trauten dem Blankoschein nicht, und machten uns auf den Weg ins Gebirge, unseren Weg suchend, nicht wie der Zug durch den Berg, sondern zu Fuß über das Gebirge, das unseren Aufenthaltsort trennte von Deutschland, von dem, was daraus geworden war.
Wir wanderten hinein in eine andere Zeit. Ich wanderte hinein in meine zweite Lebenszeit.

13

Über die Tauern also hinweg in ein anderes Land und in ein anderes Leben.
Diese Bergwanderung war ein Erlebnis für sich.
Da waren viele Leute unterwegs, alles Männer, die irgendwoher kamen, irgendwohin wollten, herausgelöst aus Normalitäten, ein sonderbares, fast gespenstisches Leben und Treiben auf diesen Bergrouten.
Die Engländer gingen nicht ins Gebirge, vielleicht saß ihnen der Schreck in den Gliedern, die Erinnerung an ein Wort wie Alpenfestung. So war das Gebirge ein unbesetzter Ort, sozusagen feindfrei, was jeder von uns wußte; man traf sich, begleitete einander, sprach miteinander, da trug jeder sein Schicksal über den Berg, jedes Schicksal dem anderen unbekannt, davon nur Bruchstücke bekanntgebend, jeder eigentlich uninteressiert, etwas vom anderen zu erfahren, da ihm sein eigenes Schicksal auf der Seele lag.

Wir überwanden die Hohen Tauern, stiegen auf der anderen Seite hinab und nahmen wieder den Zug, einen überfüllten Zug, quetschten uns hinein in eines der Abteile und fuhren der deutschen Grenze entgegen, stiegen rechtzeitig aus und nahmen Rucksack und Koffer wieder auf und gingen über die grüne Grenze nach Deutschland, schlugen uns durch bis Freilassing, erlebten zum erstenmal das typische wilde Hin und Her von Menschen, ähnlich den Bewegungen von Ameisen, die man in ihrem Ameisenhaufen aufgestört hat, daß jeder nun in Bewegung war, hin und her trug, was er besaß, ein Gewimmel von Menschen, jeder bepackt mit persönlichem Schicksal und keiner, der daran nicht schwer zu tragen hatte.
Wir sind im Gewimmel von Menschen keiner Kontrolle ausgesetzt gewesen. Wir sahen die Amerikaner. Sie sahen ungeheuer fein aus, eigentlich nicht mehr wie Soldaten, sie trugen gebügelte Hosen, gebügelte Hemden, sie waren so unendlich sauber, und, wie es schien, arm an persönlichem Schicksal, fast als hätten sie keins und seien somit Angehörige einer anderen Welt.
Wohin nun, das war unsere Frage. Behrend kam aus dem Ruhrgebiet, ich selbst war aus Berlin gekommen, aber wo war meine Familie? Ich hatte sie im Harz verlassen, war sie zurückgekehrt nach Berlin? Stand unsere Wohnung in Frohnau überhaupt noch?
In Freilassing gingen wir zum Güterbahnhof, denn sehr schnell hatten wir mitbekommen, daß der Menschentransport über große Strecken in Güterzügen vor sich ging. Das Gelände des Güterbahnhofs war voll von Menschen, die auf solche Züge warteten, sich nach Richtungen, Zugzielen erkundigten, die neben den Gleisen kampierten, in ganzen Gruppen oder auch einzeln, jeder voller Sorgen, da brannten kleine Feuer, da wurde Essen besorgt, organisiert, da machten Parolen die Runde: Wenn ihr in offenen Waggons fahrt, paßt auf Augsburg auf, da schießen die Amis von Brücken und Stellwerken hinunter in die Waggons hinein. Ihr müßt euch auf den Boden legen.
Wir fanden einen Güterzug, keine geschlossenen Waggons, sondern offene Waggons. Das Ziel war mit Kreide an die Seitenwände der Waggons geschrieben, und ich las »Hagen«.
Behrend sagte: Hagen? Bist du nicht aus Hagen?
Ja, sagte ich, ich bin aus Hagen, ich bin da geboren, ich bin da zur Schule gegangen, meine Mutter lebt noch da, sie hat da irgendwo ein Zimmer zugewiesen bekommen.
Los, sagte Behrend, wir nehmen den Zug, ich komme nach Hause, und du hast eine Möglichkeit, nach deiner Familie zu fragen.
So nahmen wir also den Zug, überstiegen die Waggonwände und befanden uns in einem Kohlenzug, der Kohlenstaub hatte sich auf Boden und Wände niedergeschlagen.

Wir waren nicht allein, der Waggon füllte sich immer mehr mit einer armseligen Menschenfracht, meistens Männer, aber auch Frauen dabei und Kinder, jeder bepackt mit Dingen, die irgendeine Bedeutung hatten und sich in Koffern befanden, in Rucksäcken, in Taschen und Bündeln. Alle wirkten grau und ungewaschen, eingehüllt vom Elend der Situation, Unterprivilegierte plötzlich, Leute, die sich in solcher Situation zurechtfinden mußten, die für die meisten neu war und die sie entwürdigte, ohne daß sie es so empfanden; sie empfanden es eher unbewußt, aber im Unbewußten besonders deutlich, daß sie zu den Ausgestoßenen gehörten, daß nun die Welt sich aufgeteilt hatte in Etagen und daß sie sich auf der untersten befanden.
Der Zug fuhr sechs Tage lang dem Ruhrgebiet entgegen, fuhr oft nachts, hielt lange an irgendwelchen Streckenabschnitten, so daß man nicht wußte: Fährt er weiter, oder fährt er nicht weiter.
Und alle sahen mit Bangen den Brückendurchfahrten entgegen, weil alle die Mär gehört hatten: Sie schießen aus reinem Vergnügen von oben hinein in die Waggons. Es schoß niemand. Die Fahrt vollzog sich eher schweigend, meine Erinnerung hat die Geräusche hinweggenommen, daß nur die stummen Bilder geblieben sind, aber es sind einige dabei, die mir erhalten geblieben sind.
Einmal hielt der Zug auf freier Strecke, und ein junger Mann, der ganz sicher Soldat gewesen war, schaute über die Güterwagenwand hinaus, atmete tief auf, sah uns fast ungläubig an, sagte: Da drüben bin ich zu Hause, da ist mein Dorf. Na los, riefen alle, steig aus, noch hält der Zug ja. Irgend jemand hat das Signal für dich auf Rot gestellt.
Also dann, sagte der junge Mann, stieg über die Wand, sprang hinunter auf das Gegengleis, ließ sich sein Gepäck herunterreichen und ging hinein in ein weites Feld, auf dem er sich eilig davon machte.
Der Zug stand immer noch, und viele sahen ihm nach und empfanden etwas: Da ist jemand nach Hause gekommen, er hat sein Zuhause vor sich.
Was für ein Vorgang, der jeden bewegte, insgeheim bewegte, der Leute bewegte, die alle nach ihrem Zuhause suchten, die es sicher irgendwann fanden oder auch nie fanden. Ein weiteres Erlebnis, das mir unvergeßlich geworden ist: An einem Halt stiegen neue Leute über die Wand des Waggons, warfen eher rücksichtslos ihr Gepäck voraus, sprangen hinterher, traten dabei auf andere, die halb im Stadium von Schlaf oder Erschöpfung lagen. He he, riefen die Aufgeschreckten. Was wollt ihr, sagten die Neuhinzugekommenen und fügten hinzu: Wir kommen aus dem KZ. Sie sagten dies in drohendem Ton und mit einem Umblick auf alle, die es hörten. Und alle waren auf einmal ganz still.
Zum erstenmal merkte ich, daß der eigene Schrecken Teil eines

Schreckens war, der alle betraf. Plötzlich also atemloses Stummsein, ein Zurückweichen, ein völliges Ohne-Antwort-Sein.
Die aus dem KZ benahmen sich, als seien sie im Besitz von Rechten, für die sie Respekt verlangten. Erlittenes Leid gab ihnen Rechte. Das gab ihnen auch, wie es schien, eine Überlegenheit, die sie zur Geltung brachten. Ich kannte noch zuwenig von den Leiden, denen Menschen in einem KZ ausgesetzt waren, um eine solche Haltung zu verstehen. Eine Ahnung ersetzt das Nichtwissen nur unvollständig.
Heute ist bis ins letzte Detail ausgebreitet, was es an Scheußlichkeiten, an Menschenquälerei in KZ's gegeben hat, so sehr bekannt, daß es einem selbst schwerfällt, sich der Tatsache zu vergewissern, daß man in jener Zeit davon selbst keine Kenntnis gehabt hat.
Der Güterzug rollte also weiter durch Tag und Nacht, mit seinen Menschen, deren Verbindung untereinander nicht mehr existierte, jeder gebunden an sein eigenes Schicksal und nur an seins. Die Einfahrt ins Ruhrgebiet war atemberaubend, eine Einfahrt in ein Gebiet der Verwüstung. Trümmer über Trümmer, die Städte daliegend als Skelette, knochenbleich. Selbst die Luft war anders, nicht windfrisch, nicht sonnenklar, sie wirkte bleich, beladen mit Staub und mit Schicksal, als hätte sich beides demutsvoll, trauervoll über die Steinberge gelegt oder als würde es von ebendiesen Schuttbergen ausgedünstet, und dies schweigend. Ich verabschiedete mich von Behrend, stieg über die Waggonwand, sprang hinunter auf die Gleise, die Reste meines Pappkoffers bergend. Und war zu Hause. In der Stadt, die einmal mein Zuhause gewesen war, in meiner Heimatstadt. Und ich ging durch die Straßen.
Ein Eindruck von Grau, von Steingrau, Sandgrau, Staubgrau, Mehlgrau, Kalkgrau, das Grau von Blutleere, vermischt mit Knochenbleiche, ein Trümmerfeld von Knochen, ein Friedhof von Steinknochen, alle diese aufgeschlitzten Häuser, Trümmerdolomiten mit Steinkegeln, aufragend aus Schutthaufen, Nordwände, Westwände, unbesteigbar, hängend in Geflechten von Rohren, Gasrohren, Wasserrohren, zerplatzte Decken, hängende Steinbäuche, Wände mit Restfarbe, Resttapeten, Restmöbeln, das Bleiche von Wannen und Bekken, Schwingen von Kabeln, Drähten, Leitungen, alles im entsetzlichen Schweigen nach katastrophaler Entfernung des Lebens. Der Geruch war noch da, Brandgeruch, Aschengeruch, Totengeruch, Blutgeruch. Wie riecht Blut, wenn es sich mit Staub vermischt, hineinsickert in den Stumpf von Schuttkegeln, verborgene Seen bildend, Blutseen, der *rote Kern von allen Trümmerstädten?*

Ein paar Leute stolperten durch die Stadt, über die Pfade hinweg, die wie Wildpfade in einer Steinwüste wirkten.

Die Menschen hatten sich eingerichtet in Kellern, noch halb stehenden Häusern, sich Quartiere gesucht, bewohnbar gemacht, Quartiere ohne Fenster, mit Fensterhöhlen, die mit Pappe, mit Brettern abgedichtet waren, lebend in zusammengetragenen Resten von Möbeln, Elendsquartiere neben vom Zufall stehengelassenen Wohnhäusern, ganze Reihen davon, fast unversehrt stehend, dann wieder gräßliche Lücken lassend.
Das Haus, in dem ich meine Jugend verbracht hatte, stand nicht mehr, ein ragender Rest nur bis in die Höhe der Wohnung reichend, in der wir gelebt hatten. Nicht weit entfernt, keine hundert Meter weiter, fand ich eine Tante von mir, die Schwester meines Vaters. Zum erstenmal erlebte ich es: das erschreckte, das freudige, das überraschte Staunen eines Menschen: Was? Du lebst? Du bist da? Man schloß sich in die Arme, mit jener Erschütterung, hinter der sichtbar wurde, daß das Schicksal, das alle betraf, kein gewöhnliches war, sondern menschliches Urschicksal, das Verschwinden, Verlorensein im Grenzenlosen und das Wieder-im-Leben-Auftauchen, alles allein bestimmt von der Gnade Gottes.
Deine Frau und die Kinder sind nicht weit von hier, eine Zugstunde entfernt, in Halver, sie haben dort Unterkunft gefunden in einem Waldhotel. Die Zeit der Zufälle, denen man zuweilen sein Leben verdankte, die es einem zuweilen nahmen. Mir wurde gegeben. Ich fuhr also mit einem der Züge, auf denen mein Vater früher Dienst tat, gen Halver, einen kleinen Ort, nicht weit entfernt, einen Ort, in dem eine weitere Tante verheiratet war. Ihr Mann betrieb dort ein Elektrogeschäft.
Wahrscheinlich hatten meine Frau und die Kinder mit ihrer Hilfe dort Unterkunft gefunden. Ich kam also an, suchte das Hotel auf. Sehr nette Leute dort, viele, die dort vorübergehend wohnten. Ausgebombte, Ausgesiedelte, Evakuierte, junge Leute, alte Leute. Man sah mich neugierig an. Ah, Sie sind es. Von Ihnen haben wir schon gehört. Sind Sie also zurückgekommen?
Meine Frau sei mit den Kindern im Wald, Beeren sammeln, man beschrieb mir den Weg, und ich ging diesen Weg.
Hübsche Landschaft, ein grünes Tal öffnete sich, eine Wiese, begrenzt von Wald, Schmetterlinge taumelten in friedlicher Luft, vermittelten Zeitloses. Das Zeitlose gleichsam als Glück verkündend.

Ich sah meine Tochter, vier Jahre alt, ein bißchen mager, mit dünnen Beinen, einem blassen Gesicht, in dem die Augen größer wirkten. Sie sah mich an, rief dann mit kleiner, heller, durchdringender Stimme: der Vati, der Vati. Meine Frau brach aus dem Wald, wie Wild aus dem Wald kommt.

Sie sah mich an, ungläubig, staunend. Einer der Momente, auf die so viele Menschen warteten, daß jemand nach Hause kommt. Und viele, sehr viele, die diesen Augenblick nie erlebten, die Jahr für Jahr in der Hoffnung auf diesen Augenblick lebten, eine Hoffnung, die nie ganz wich, wenngleich sie immer geringer wurde. Ich quartierte mich also ein, ein Leben in einem Hotelzimmer. Ein Leben, zurückgeschraubt auf den Punkt Null.
Nichts, was war, galt.
Jetzt kam der Augenblick, wo mir meine Situation bewußt wurde. Bis dahin war jeder Tag nichts als eine Fortsetzung gewesen in einer Reihe von Tagen, jeder am anderen hängend, eine Reihe, die sich zurückverfolgen ließ, und dies ungehindert. Aber nun war diese Reihenfolge zu Ende. Die Frage nach der Zukunft stellte sich. Und Zukunft gab es nicht. Zukunft war ein Loch. Sonderbarerweise wurde dies nicht als unangenehm empfunden.
Zu sehr beherrschte eine ganz andere Empfindung das Feld: Da Möglichkeiten nicht sichtbar waren, war alles möglich, man fühlte sich zurückgeworfen in Ungeordnetes, Ungeformtes, man war jemand, von dem nichts verlangt wurde, der statt zu geben aufzunehmen hatte. Man hatte aufzunehmen alle Details von Zeitzuständen.
Und mit diesen Zeitzuständen die Frage zu beantworten, wie es zu diesen Zeitumständen gekommen war. Wenn ich heute an diese Tage im Jahre '45 zurückdenke, dann sehe ich sie, muß ich sie sehen als eine Zeit von Denk- und Fühlprozessen auf der Grundlage einer gewaltigen und gewaltsam gewesenen Veränderung, einer totalen Umkehrung, Neuorientierung, in der sich auch ein bis dahin ungekanntes Gefühl ausdrückte, nämlich einer besonderen Art von Freiheit, eines völlig Auf-sich-selbst-gestellt-Seins in einer Welt, die sich auf den Kopf gestellt hatte; oben war jetzt unten, und unten war oben, dies nicht in einer moralischen Wertung gesehen, sondern von der Macht her, die solchen Rängen innewohnt.

Zudem hatte man zu tun mit einer wachsenden Fülle von bis dahin unbekannten Informationen, ein Strom von Informationen, ein Ausbruch von Informationen, eine Eruption von Details, als würde mit einem Ruck eine Decke beiseite gezogen, und es kam bis dahin Unbekanntes zum Vorschein: all die Mitteilungen, die das Regime unterdrückt hatte, auch unterdrücken konnte.
Zum erstenmal hörte ich den Namen Auschwitz, zum erstenmal, daß Millionen jüdischer Menschen »vergast« worden waren.
Ich hatte in Kärnten schon erste Mitteilungen bekommen, sie nie geglaubt, mit Empörung nicht geglaubt und für »Feindpropaganda« gehalten. Nur war das volle Ausmaß dieser Nachrichten, sich ständig

vermehrend, Detail um Detail, das den ersten Nachrichten zuwuchs, immer noch unglaubhaft wirkte. Alles in einem sagte nein, das ist unmöglich. Und unerbittlich sagte jede neue Nachricht ja. Und es stellten sich Effekte ein, von nie gekannter, nicht für möglich gehaltener Art. Sie waren einem technischen Vorgang vergleichbar, zu starker Strom, der zum Kurzschluß führt, zum Durchbrennen von Sicherungen. Die Informationen über Auschwitz, Treblinka und über das, was dort geschah, durchschlug alle Sicherungen. Alle Empfindungen gerieten in die Phase eines Kurzschlusses. Es war keine entsprechende Empfindungsreaktion möglich, keine halbwegs normale, die Nachrichten durchschlugen alles, gerieten wie in ein Loch, in die Dumpfheit von Abgründen von Sprachlosigkeit.
Wenn ich heute darüber nachdenke, dann wundere ich mich ein wenig, nämlich darüber, daß diese schrecklichen Mitteilungen zunächst einmal Sprachlosigkeit zur Folge hatten, daß das Sensorium für diese Vorgänge einfach nicht vorhanden war, keine entsprechende Reaktion bereithielt, keine, die vor der Geschichte Bestand hat, als sofortig gültige, immer gültige Reaktion.

Im nachhinein sehe ich da eine Entwicklung, die über Jahre geht, über Jahrzehnte – gerade darin liegt wohl die richtige, die allein richtige Reaktion dieses Ereignisses, daß ein Vorgang mit solchem Gewicht zunächst einmal gar nicht begriffen wird, daß aber im Laufe der Jahre, der Jahrzehnte, dieses Ereignis nicht absinkt in die Vergessenheit, ein Schicksal, das sonst üblich, normal und nichts Besonderes ist. Ereignisse von dieser Gewalt liegen auf dem Boden der Geschichte und auch im Bewußtsein von Menschen zunächst wie in atemloser Ruhe, um sich dann zu bewegen, zu wachsen, eine Kraft zu bekommen, die sich bemerkbar macht, stetig zunimmt mit der Kraft eines Urereignisses, Wirkung ausübend, die immer zwingender, immer dringender wird, Macht ausübend, verändernde Macht, eine alles durchdringende Macht, so groß schließlich, so überaus groß, daß alle Veränderungen von Mentalitäten, von Bewußtsein, sich zurückführen lassen auf diese Wirkung.
Ich weiß heute, daß Auschwitz, daß der Völkermord an den Juden sich als ein Ereignis darstellt, das Jahre später, Jahrzehnte später erst ganz begriffen wurde, Bewußtsein und Unterbewußtsein in immer stärkerer Weise durchdrang. Das Entsetzen, zunächst ausgeblieben, hat seine Zeit gebraucht, sich zu artikulieren, und ist heute, vierzig, fünfzig Jahre später, erst voll da und *in einer alles verändernden Weise*.
Mein erster Eindruck war: Die Welt hat ihre Unschuld verloren. Es hat ein Ereignis stattgefunden, das eine weitergehende Wirkung hat, die sich überhöhen läßt mit den Worten: Mörder haben der Welt ihre

Unschuld genommen. Ich weiß nicht, ob es je einen Weltzustand von Unschuld gegeben hat. Ich vermute nein. Wenn es jemandem jemals so vorgekommen sein mag, dann war eine solche Empfindung vielleicht eine Folge von Unwissenheit, von Uninformiertheit, eine Nebenerscheinung von Jugend, damit von Unausgebildetsein. Nun aber ist es dem Mann offenbar geworden, daß Unschuld verlorengegangen ist, bei einigen total, bei manchen weniger, aber niemand, der nicht vom Verlust der Unschuld anderer in irgendeiner Weise mitbetroffen wurde.

Darüber wird noch etwas zu sagen sein, denn Auschwitz und der Mord an Juden haben auch mein Leben verändert; dieses Ereignis war immer parat, stets im Hintergrund eines jeden Gedankens, nie ganz weg, nie weit weg, mal nah, mal ganz nah, mal unerträglich nah, jedesmal tiefe Depression verursachend und im Widerstand dagegen produzierend in geradezu hektischer Weise das Trotzdem-Positive, das Die-Welt-nicht-verloren-Geben, mehr als Trotzreaktion, immer ein wenig atemlos, ein wenig blind, aber nicht anders könnend.

In jenen Tagen im Jahre '45 bereiteten sich all die vorbeschriebenen Dinge vor, zunächst als Ahnung, zuweilen in Abwehr, aber schon Wirkung zeigend im Verlust von Selbstsicherheit. Das Bewußtsein, keine persönliche Schuld zu tragen, half einem wenig, man fühlte sich hineingeworfen in die Welt des Verbrechens, mit der man nichts zu tun hatte, der man dennoch angehörte, und zwar mit und trotz des Besten, das man zur Verfügung und gegeben hatte, allem Idealismus, allem das Gutewollen, das Guteträumen, sich verlierend in neuen Welt- und Gesellschaftsentwürfen, in die man das eigene Beste hineinprojizierte und in denen Verbrechen keinen Platz hatten.

Aber wie nah war man wirklich dem Verbrechen gewesen? Nun, da es sich herausstellte, wie gnadenlos nah es gewesen war. Das Problem stellte sich: Wie schuldig ist man, ohne eine *direkte* Schuld zu tragen? Mein Fall war der Fall der meisten. Fast alle hatten so wie ich das Beste in sich, das Gute, alle Tugenden, die aufgerufen waren, *hineinprojiziert* in etwas, erlagen dann einer gigantischen Verführung in einer Situation, die es in der Welt sicher nicht noch einmal geben wird – und nun standen sie alle da, wie betäubt, mit dem Makel des Verbrechens behaftet, ebenso atemlos wie ich und mit völlig verlorenem Selbstbewußtsein. Pariamenschen, ein Pariavolk. So wurde es natürlich nicht formuliert, aber es war das, was man fühlte und was ein Psychologe an jeder Straßenecke registrieren konnte.

Ich erinnere mich einer Szene auf dem Hagener Bahnhof.

Damals war das ganze Volk in Bewegung, jeder reiste irgendwohin und jeder aus dringenden Gründen, die meistens zu tun hatten mit Nahrungs- und Menschensuche. Da stand ich also, als einer von Hun-

derten, die sich auf dem Bahnsteig drängten, geduldig auf einen Zug wartend, alle verwahrlost aussehend, in dreckigen Kleidern, Anzügen, Schuhen, viele ungekämmt, da es nicht einmal Kämme gab, alle in der Stimmung abgesunken, einfach ein Elendshaufen.
Und auf dem Gegengleis stand ein Zug mit Amerikanern, die neugierig-gelangweilt aus den Fenstern schauten, den Elendshaufen nur registrierend, weit entfernt von Anteilnahme.
Das war ein Augenblick, da ich begriff, daß wir nichts mehr waren, absolut nichts, entblößt von Selbstbewußtsein, ja auch von Selbstachtung, stumm Schicksal tragend, gleichsam auf der untersten Stufe von Existenz.
Wie sehr erinnere ich mich an solche Zugfahrten. Die Züge besetzt mit Menschen, behangen mit Menschen, mit Menschen auf Trittbrettern, auf Dächern, zwischen den Waggons stehend, sich mühsam haltend auf Kupplungen, alle grau, ohne Farbe, alle mager, hungermager, bepackt mit Säcken, Koffern, Rucksäcken, Taschen, jeder in solchen Behältern das momentan Beste hütend, schützend, irgendwohin tragend. Die Bahnhöfe waren überfüllt, die Wartesäle verwandelten sich abends in Übernachtungsstätten. Da legten sich erschöpfte Menschen auf den bloßen Boden, lagen dort Reihe für Reihe, sich mühsam bedeckend mit Mänteln, Wolldecken, atmend in stickiger Luft, zuweilen einander in verzweifelter Weise zugekehrt, das karge Vergnügen der angewandten Liebe genießend, jenseits von allen Regeln der Moral, entfernt aus jener Welt, in der solche Regeln noch galten.
Diese Kurzlieben waren in Mode und ein schreckliches Zeichen von Akzeptanz der Regellosigkeit, in der man sich befand, der man sich immer bewußt war.
In München traf ich Robert Krötz wieder, den hochgebildeten, sensiblen Freund, der eine Neigung zum gepflegten Zynismus hatte. Wir trafen uns im Hotel Regina, das zwar zerstört war, aber frühere Badekabinen im Untergrund als Hotelzimmer vermietete.
Er sah mich an, von oben bis unten. Nett, daß du lebst. Wie lebst du?
Ich sagte: Irgendwie.
Er fragte: Willst du dich damit begnügen?
Ich sagte: Nein.
Er: Wie sind deine äußeren Verhältnisse?
Ich sagte: Meine Frau und die Kinder genießen Waldluft im Sauerland.
Wovon lebt ihr?
Vom Ersparten.
Er: Rauchst du noch?
Ich sagte: Ja, ich rauche noch.
Na, meinte er, dann wird dein Erspartes nicht lange reichen.

Wir freuten uns über unser Wiedersehen, nicht deshalb, weil wir Freunde waren, sondern wir freuten uns, weil wir miteinander reden konnten, weil es aufs Reden ankam, auf Meinungsaustausch. Das Unglaubliche, das Exzessive verlangte nach Deutungen, Erklärungen, Aufklärungen, nach Rede und Gegenrede, weil es uns alle so ungeheuer betraf, bis in den Kern hinein betraf. Wir gingen durch München, über die Sonnenstraße, die noch ein Loch war mit noch nicht zugeschüttetem U-Bahn-Placement.
Alles noch zerstört, das skelettierte München, das tote München, das nur in wenigen Ecken lebendige München, wir gingen und redeten, wir brachten die ständigen Reden, die jeder insgeheim sich selber und anderen hielt, nach außen ins Hörbare.
Ich werde nie vergessen, wie er stehenblieb, mich ansah und fragte: Was willst du machen? Weiterschreiben? Ich sagte: Ich kann nichts anderes. Mann, sagte er, begreif doch. *Du hast deine Themen verloren, noch bevor du sie gefunden hattest.*
Da hatte er etwas auf die kürzeste Formel gebracht. Ich hatte meine Themen noch gar nicht gefunden, wie konnte ich sie finden in einer Phase der Schlafbefangenheit. Und nun? Wo waren sie? Hör, lieber Freund, sagte er, zum Schreiben braucht man eine Art von innerer naiver Gesundheit, von Selbstbesessenheit. Frage: Hast du die noch? Ich sagte, ich verstünde ihn nicht. Er wiederholte geduldig: Zum Schreiben braucht man eine Legitimation, und zwar die, die man sich selber gibt und nicht in Zweifel zieht. Man muß das haben, was ich die Arroganz des Schreibens nenne. Hast du die noch?
Ich sagte: Ich glaube, die habe ich nicht mehr, und meinte: Kann man nicht ohne Arroganz schreiben? Er sah mich nur mitleidig an: Wie steht es mit Schwarzhandel, um vom nächsten und dringendsten zu sprechen?
Ich konnte die Frage nur kopfschüttelnd beantworten: Keine Begabung. Ich war nie Händler.
Aber irgendwie hatte er in jenem Gespräch eine Grundfrage berührt: Schreibe ich weiter? Welche Legitimation hatte ich denn wirklich noch?
Ich habe mir diese Frage nicht beantwortet. Sie war wohl nicht zu beantworten, ich schob die Antwort einfach hinaus. Wie einen Waggon auf ein Abstellgleis. Es war nicht die Zeit für Antworten, für schnelle Antworten schon gar nicht.
Dennoch hatte die Zeit etwas Aufregendes, man watete in existentiellen Fragen, jede atemberaubend, ungeheuer wichtig und in solcher Wichtigkeit Lebensintensität erhöhend. Man lebte schneller, mit tiefergehenden Reaktionen, jede von Erlebnischarakter, wir waren alle weit entfernt vom Schlaf der Gerechten.

Auf den Fahrten quer durch Deutschland traf man immer wieder alte Freunde, einen Kameramann, Bildberichter auch, Dieter Menninger, jenen Rundfunkberichter, der mit mir zusammen mitten im Bombenteppich lag und sein Bandgerät – eines der ersten überhaupt – laufen ließ, der den ganzen Bombenlärm aufgefangen, unverlierbar gemacht hatte, und mit dem Lärm das Entsetzen.
Das Band ist im Rundfunk gesendet worden, und uns wurde berichtet, daß die Leute in den Restaurants aufgesprungen waren, als sie das donnernde Geräusch hörten, mit dem das Schicksal selbst an die Pforten zu pochen schien.
Ich traf einen anderen sehr guten Freund wieder, Willi Dissmann, mit dem ich, wie schon erwähnt, zusammen an der Ostfront gewesen war, ein junger Mann, der ungeheuer lebenszugewandt war, liebenswert, mit sprühender Laune. Nie werde ich vergessen seine Erzählung von einer Nacht in einem russischen Dorf: Ich lag mit einem russischen Mädchen auf dem Ofen und schlief, bis sie mich weckte, mit heftigem Schütteln weckte und rief: Lauf, Willi, lauf. Denn die Russen waren ins Dorf eingedrungen. Ich konnte mir nicht mal mehr die Stiefel anziehen. Auf Strümpfen bin ich durch den Schnee gerannt und wäre beinahe noch von den Deutschen erschossen worden. Diesen jungen Mann traf ich wieder. Er war lebhaft wie eh und je, er war jemand, der zwischen Plänen lebte, der Pläne produzierte, mehr an der Oberfläche lebend, aber diese Oberfläche genießend. Er schob unangenehme Dinge beiseite, er sah nur den Wiederaufbau, die Wiederherstellung von Ordnung.
Er sagte: Die Häuser werden wiederaufgebaut, und es werden wieder Zeitungen erscheinen, und an einer dieser Zeitungen werde ich mitwirken.
Er tat es. Wenige Jahre später leitete er als Chefredakteur die »Stimme« der Vertriebenen.
Und wieder einige Jahre später war er tot, am Steuer seines Wagens eingeschlafen. Niemand, der ihn geweckt hatte.
So füllte sich jedenfalls das eigene Leben wieder mit Begegnungen, es spannte sich ein Netz von Beziehungen, man war selbst ein Teil der Beziehung für andere – so planierte sich wieder ein Lebensfeld, so karg und fragwürdig es auch immer war.
In Hamburg traf ich Albert Müller wieder, einen alten Freund aus der Reichsjugendführung. Ich traf ihn am Dammtorbahnhof, auch noch inmitten von Trümmern, ein einzelner, der mir plötzlich entgegenkam in der Elendsmenge. Er trug ein Brot unter dem Arm.
Wir begrüßten uns, freuten uns, aber gleich danach meine Frage: Albert, wo hast du das Brot her? (Ein Mann, dessen Kopf angefüllt war mit Sozialpolitik, ein Mann, der ungeheuer integer war und seine

Sozialpolitik als seine Lebensaufgabe ansah und sich ihr bis auf den heutigen Tag verpflichtet fühlt.)
Eine der wichtigsten zufälligen Begegnungen hatte ich in Hamburg. Man vergegenwärtige sich immer die Szenerie von 1945. Hamburg war eine Trümmerstadt, eine totgeschlagene Stadt. Ich habe den Stadtteil Hammerbrook noch gesehen, die Mauer gesehen, mit der man den Stadtteil umschloß, ihn zu einem gigantischen Friedhof machte, in dem nur noch Schweigen herrschte, jenes Schweigen, das so ungeheuer endgültig ist, fast so, als sei das Ende aller Zeiten gekommen und als würden Menschenstätten dann so aussehen, im Gesteinsschutt begraben was je Mensch gewesen war, Maststätte nur noch für Ratten. Im Bahnhofs-Hin-und-Her von Menschen traf ich Gustav Memminger wieder, den ehemaligen Presseamtschef der Reichsjugendführung.
Wieder das übliche, das ungläubige Staunen, blitzhaft aufleuchtende Freude: Was? Du lebst? Du bist davongekommen?
Komm, sagte er, was treibst du? Was machst du? Wir setzten uns in den behelfsmäßig eingerichteten Wartesaal. Ich erzählte ihm, woher ich kam, wen ich wiedergetroffen hatte, daß ich vom Abgehobenen lebe – er selbst war es, der damals das abgehobene Geld meiner Frau in den Harz hatte bringen lassen. Er hörte mir aufmerksam zu, dann vertraute er mir ein Geheimnis an. Er sagte: Ich fahre an die Ostsee und treffe dort Arthur Axmann, den Reichsjugendführer. Sie haben ihn noch nicht.
Axmann war in der Reichskanzlei und weiß, wie der Führer gestorben ist.
Nun muß man sich vor Augen halten, daß zu jenem Zeitpunkt der Tod Hitlers fast so etwas wie ein Geheimnis war, im Detail noch unbekannt war, was heute bis in die letzte Einzelheit bekannt und jedem zugänglich ist. Wir verabredeten uns für einen Zeitpunkt etwa drei Tage später. Ich treffe dich wieder und erzähle dir, was ich erfahren habe, sagte mir Memminger. Wir trafen uns in der Tat drei Tage später wieder.
Er sagte: Axmann ist froh, daß du da bist. Er will dir alles erzählen. Gib mir deine Adresse. Wir werden uns dann irgendwo im Allgäu treffen. Axmann hat dort eine Unterkunft gefunden in einer Berghütte. Ich gab ihm meine Adresse. Irgendwie war der Journalist in mir erwacht, der seine »gute« Geschichte gefunden hatte, eine Geschichte, auf die die Welt wartete. Da regte sich wieder der Berichterstatter.
Jetzt erzählte er mir auch ein wenig mehr.
Er sagte: Ich habe viele Freunde wiedergefunden, alles ehemalige HJ-Führer, die sich zum Teil schon wieder etabliert haben. Er gab mir

einige Beispiele: Einer säße beispielsweise schon im Frankfurter Wirtschaftsrat, ein anderer habe einen Schrotthandel, wieder einer handele mit Autoersatzteilen, jeder, der jedem helfe, sie hängen alle zusammen wie Pech und Schwefel.
Memminger freute sich über diese Hin-und-her-Verbindungen. Er sagte: Kein Wunder, es sind ja alles fähige Leute.
Er bestieg einen Zug, der ihn wieder nach Süden führte gemäß dem Schicksal, das in jener Zeit jedem auferlegte, sich zu bewegen, zu reisen, hin und her zu sausen – der zerstörte Ameisenbau, in dem nun ein irrsinniger Betrieb herrschte, in dem jeder irgend etwas hin und her trug, nach kurzen Berührungen wieder allein weiterhastend, neuen Berührungen entgegen.

Mir war zu jener Zeit klar, daß ich in dem kleinen Ort im Sauerland nicht bleiben konnte. Ich war auf Chancensuche, Lebenssuche, ich fühlte mich abhängig davon, alte Freunde wiederzufinden, zu sehen, was sie machten, immer auf der Suche nach Möglichkeiten, genauer gesagt: nach Haltepunkten, Orientierungspunkten. Bei allem Kontaktieren und Miteinanderreden gab es immer noch Sprachlosigkeit, das Reden war eine Form von Sprachlosigkeit. Ich hatte in Hamburg Christian Bock wiedergetroffen.
Er war als Schreiber ein Kind der Vossischen Zeitung, Autor gewesen im Verlag Bruno Cassirer, er war aufgewachsen im Geiste der Essayisten der zwanziger Jahre, unpolitisch, aber es kann auch sein, daß nur sein extrem ausgebildeter, guter Geschmack ihn von der Partei ferngehalten hatte; er war der am wenigsten uniformierte Mensch, den ich gekannt habe. Er haßte jede Exaltiertheit, und er empfand jede Uniform als eine Form von Exaltiertheit.
Ich stand einmal mit ihm vor dem Schaufenster eines Lebensmittelgeschäftes, in dem in jener Zeit nichts angeboten wurde bis auf sonderbare Salate, die in der Substanz undefinierbar waren. Er stand mit anderen Leuten davor, schüttelte den Kopf und rief aus: Was die Deutschen alles so fressen.
Jemand fuhr ihn an: Was sind Sie denn? Auch ich, sagte Christian mit Würde, habe das große Glück ein Deutscher zu sein. Ich kann leider dafür niemanden haftbar machen. Er fuhr nun seinerseits den Mann an: Oder würden Sie gegen Ihre Mutter vorgehen? Christian hatte sich sehr gefreut, als er mich sah. Menschenskind, sagte er, ich wähnte dich in irgendeinem Arbeitslager. Paß auf, sagte er, alle Welt spielt im Moment verrückt.
Niemand, der seinen Verstand unter Kontrolle hat, was bei manchem viel, bei anderen wieder wenig bedeutet, wenig bei denen, die sowieso keinen hatten. Ich denke, daß die Vernunft sich wieder durchsetzen

wird. Sie liegt im Moment darnieder, aber sie wird sich auch von dieser schweren Krankheit erholen, selbst wenn es Jahre dauert. Bleib in Hamburg, wir werden schon irgend etwas finden.

Ich war also in Hamburg geblieben, hatte mir, noch im Jahre 1946, in Hochkamp bei einer Familie ein Zimmer gemietet und gedachte, mich in dieser Stadt zu etablieren, irgendwie, auf eine noch unbekannte Weise. Aber in jener Zeit war es leicht, Bekanntschaften zu machen; man war aufgeschlossen, jeder begegnete dem anderen mit Neugier und Offenheit.
Heute ziehen sich alle Leute in ihre Häuser und Wohnungen zurück, man begegnet einander nur nach Anmeldung, mit Blumen und Vorsicht, da Begegnungen zwischen Menschen nahezu ritualhaft vor sich gehen. Damals war alles offen, gleichsam unverschlossen. Man wußte es bis in die letzte Faser hinein, daß man gemeinsames Schicksal trug, dieses Gefühl von Gemeinsamkeit, ja, von Abhängigkeit voneinander, verlor sich langsam, ganz langsam und im Gleichschritt mit dem sogenannten Wiederaufbau, im gleichen Maße nahm die Entfremdung zu und mit der Entfremdung das Nichtwissen umeinander; und auf dem Felde des Nicht-voneinander-Wissens wachsen die Fehler, jene Irrtümer von der Sorte, die man tragisch nennen muß.
Gustav Memminger hatte sich auf den Weg nach Süden gemacht. Ich habe ihn erst Jahre später wiedergesehen, denn Axmann wurde gefunden, verhaftet, so wie Memminger selbst verhaftet wurde und mit ihm alle Leute, deren Namen und Adressen er in seinem Notizbuch hatte. Darunter war auch mein Name. Die Alliierten, Engländer und Amerikaner, waren wie aufgescheucht. Sie hatten eigentlich immer damit gerechnet, daß sich so etwas wie eine Werwolforganisation aktiv bemerkbar machen würde, irgendeine Untergrundorganisation. Sie trauten dem Frieden nicht, dem Friedhofsfrieden, und waren wie elektrisiert, als sie da auf einmal Namen fanden, Adressen, alles ehemalige HJ-Führer, die ganz zweifellos im Aufbau einer Organisation begriffen waren, einer Untergrund-Umsturz-Organisation.
Und die Alliierten schlugen zu, nach genauem Aktionsplan, alles generalstabsmäßig vorbereitet. In einer Nacht-und-Nebel-Aktion verhafteten sie alle, deren Namen ihnen bekannt geworden ware, sie hatten der Aktion sogar einen Namen gegeben: Aktion Kinderhort. Es hatte sie zutiefst erschreckt, sehen zu müssen, mit welcher Leichtigkeit es jungen Leuten gelungen war, einflußreiche Stellen zu besetzen und mit solchen Stellen auch eine gewisse Macht errungen zu haben. Mein Freund Gustav Memminger wurde nach Oberursel gebracht, ins Zentralgefängnis der Amerikaner gesteckt mit vielen an-

deren zusammen, und in langen Verhören versuchte man herauszubekommen, was die Ziele dieser »Organisation« waren.
Er erzählte mir später: Andauernd wollten sie wissen, wo wir unsere Waffen versteckt hätten. Sie waren nicht kleinlich in der Art, wie sie die Verhöre führten. Sie drehten mitten im Winter die Heizung voll auf, daß wir keinen Atem mehr bekamen und uns auf den Boden legten, um an der Türritze frische Luft zu bekommen, oder sie drehten die Heizung auf Null, daß der Frost in die Zelle kroch und wir an allen Gliedern schlotterten. Er erinnerte sich, daß er dachte: Sieh da, sieh da, die Folter ist keine deutsche Erfindung. Menschen quälen, das können sie alle. Er sagte, ich gebe jetzt seine Worte wieder: Zweimal haben sie mich auf den Hof geführt, auf dem ich erschossen werden sollte. Sie haben mich an die Wand gestellt, das Peleton wartete. Ein Offizier kam und stellte mir, der ich schon an der Wand stand, in Aussicht, nicht erschossen zu werden, wenn ich aussage. Ich konnte nur sagen, ich habe nichts auszusagen. Soll ich etwas erfinden, um Ihnen einen Gefallen zu tun? Man sagte mir übrigens, daß du im selben Gefängnis seiest. Und daß du ausgesagt hättest. Ich sagte, zeigen Sie ihn mir, stellen Sie ihn mir gegenüber. Das konnten sie nicht, und ich merkte, daß sie dich nicht gekriegt hatten. Ich sagte es meinem Offizier, einem Kanadier, auf den Kopf zu, daß sie dich nicht haben. Ich sagte: Machen Sie mit mir, was Sie wollen, aber es wird draußen jemanden geben, der weiß und der ein Zeuge dafür sein wird, daß Sie sich irren, daß alle Ihre Vermutungen falsch sind.
Gustav Memminger blieb zwei Jahre in Oberursel, bis alle, die sie verhaftet hatten, entlassen wurden, ohne Kommentar, ohne Entschuldigung, nach Jahren ohne Beschäftigung, ohne lesen und schreiben zu können, auch ohne Nachrichten, ohne Freigang im Hof, dafür ausgeliefert ständigen Schikanen.
Der Kanadier, der Memminger verhört hatte, schenkte Memminger bei der Verabschiedung sein Zigarettenetui, immerhin, als Zeichen seines Respektes, als Eingeständnis eines Irrtums und wahrscheinlich auch als ein Zeichen von Sympathie, denn jahrelange Verhöre schaffen ja auch ein Verhältnis zwischen Kontrahenten, zuweilen ein fast freundschaftliches.
Jahre später besuchte Memminger noch einmal jenes Zentralgefängnis, um sich nach der Adresse seines Kanadiers zu erkundigen, Sorry, sagte man ihm, beim CIA hat keiner seinen richtigen Namen.
Sie hatten mich also nicht gekriegt. Meine Frau erzählte mir später, daß Engländer systematisch das kleine Hotel umstellt hatten, konzentrisch durch den Wald vorgegangen waren, daß sie harmlose Spaziergänger aus diesem Ring nicht entlassen hatten. Im Zugriff fanden sie meine Frau, meine Kinder, durchsuchten das Hotelzimmer, fanden

meine Hamburger Adresse und schickten eine Mitteilung nach Hamburg. Dort erschienen Angehörige des Secret Service bei meinen Wirtsleuten, fanden mich auch dort nicht und hinterließen eine Nachricht für mich, ich möge mich doch gelegentlich bei ihnen melden.
Ich war jedoch gerade unterwegs von Punkt B nach Punkt A, erfuhr in Hagen von meiner Tante, was sich in Halver ereignet hatte, machte mich trotzdem auf den Weg, traf meine Frau und ließ mir von ihr berichten.
Sie sagte: Ich kenne einen englischen Captain, der weiß, daß du verhaftet werden solltest. Er hat mit dem Secret Service nichts zu tun. Er möchte dich gern kennenlernen.
Sie überredete mich tatsächlich, diesen englischen Captain aufzusuchen. Wir gingen also beide hin. Der Engländer, ein Mann mittleren Alters, stand auf, gab mir die Hand, sah mich an und meinte: Sie sollen der gefährliche Mann sein?
Er fand das so sonderbar wie ich selber, bot mir Tee an, den ersten englischen Tee, den ich trank und der mir fast einen so großen Eindruck machte wie dieser englische Offizier selbst. Es wurde eine fast heitere Gesprächsrunde. Der Offizier, ein Schotte übrigens, was zu betonen er nicht unterließ, gab seine Meinung kund, daß wahrscheinlich der nächste Krieg ausbrechen würde um all das Land, das man den Deutschen weggenommen hätte. Dieser Krieg begann wegen Danzig, der nächste vielleicht wegen Pommern. Diese Aussage machte ihn nicht zu einem sehr denkkräftigen Menschen, vielleicht wollte er mir auch nur einen Gefallen tun, wollte mir sagen, was zu begreifen ich wohl keine große Mühe haben würde. Aber immerhin: Er war so fair, wie ich vertrauensselig war. Wir verabschiedeten uns. Wir begegneten uns noch einmal, er fuhr mit dem Jeep an mir vorbei und hob grüßend die Hand.
Dennoch hatte sich nun mein Status verändert. Ich konnte mir nun keine Lebensmittelkarten mehr abholen, ich konnte mich nirgendwo anmelden, die Freiheit war um eine unangenehme Nuance erweitert worden, da war nun ein bißchen Vogelfreiheit dabei. In einem Lande, das von der Besatzungsmacht nicht gerade drangsaliert wurde. Keine Diktatur, die eine Diktatur ersetzt hätte.
Ich hatte den Eindruck, daß man das geschlagene Land mit seinen hin und her wogenden Menschenmassen eher ein wenig hilflos regierte. Da waren so viele Probleme zu lösen, daß niemand großen Spaß an Verfolgungsjagden hatte.
Es kam noch etwas anderes hinzu: Immer noch nicht war aufgedeckt, vollständig aufgedeckt, was es an unglaublichen Verbrechen gegeben hatte. Der Fluß der Informationen begann erst zu fließen, ein eher dünnes Rinnsal, ganz unvollständig. Wie hatte mein Freund Robert

Krötz gesagt? Die Themen sind dir genommen worden, noch bevor du sie gefunden hattest.
Er hatte hinzugefügt: Nun haben die Opfer die Themen. Aber da ist eine eher sonderbare Feststellung zu treffen; die Opfer sprachen nur zögernd, selber wie atemlos, noch leidend, noch nicht wiederhergestellt, noch nicht zurückgekehrt in Normalität, die sie vielleicht nie wieder erlangen würden. Erst nach und nach im Laufe der Jahre wurden die Stimmen der Opfer stärker, und meine persönliche Empfindung ist, daß sie am lautesten jetzt sind, Jahrzehnte später, als habe der Schrei erst jetzt seine volle Lautstärke bekommen, jene Lautstärke, die dem Entsetzen angemessen ist. Und nun, Jahrzehnte später, beginnt die Erschütterung bis in jede Faser hinein wirksam zu werden und seine verändernde Wirkung sichtbar zu machen. Änderungen, die als zwanghaft empfunden werden.
Ich muß jetzt einiges vorwegnehmen: das Resultat eines Vorgangs, der den Mann betrifft, der das Unglück Deutschlands war, vielleicht sogar das Unglück dieser Welt, seiner Zeit, vielleicht aller Zeiten.
Ich sagte schon, daß mit seinem Tod *keine Erschütterung* verbunden war, die doch hätte angemessen sein müssen im Hinblick auf die absolute allgemeine Verehrung, die diesem Mann zuteil geworden war und die in sich ein Phänomen ist, das ich nicht erklären kann und das sicher ein Dauerthema ist, ein Phänomen, das zu analysieren gewiß ungeheuer verdienstvoll wäre, da mit solcher Analyse möglicherweise Aufschlüsse zu gewinnen wären, nicht nur, was eine Person angeht und ihre Wirkung in einer bestimmten Zeit, sondern möglicherweise über Menschliches überhaupt, über das Böse im Menschen, das als Böses nicht gleich erkennbar ist, zusammengebakken scheint mit sogenanntem Besten, mit Idealismus, mit Tugenden, in solchem Konglomerat mitteilend den Grad einer Verwirrung, die möglicherweise keine Einzelerscheinung ist und als solche durchaus ein Merkmal dieser Zeit sein könnte, dieser und kommender Zeiten, und das in einer Menschheitsphase, in der Gefährdungen das Maß von Absolutheit erreicht haben, so daß die Kenntnis, die eine solche Analyse vermitteln könnte, sich als lebensnotwendig erweisen könnte.
Da brach ein Volk zusammen, da brach ein Land zusammen, so wie ein gesprengtes Haus zusammenfällt, mit brechenden Wänden, mit aufgelösten Räumen, alles mit Gewalt auf den Boden stürzend. Jede Sicht verhüllt von irrsinnigen Staubwolken, Menschenschmerz, Menschenleid kulminierte – *und dieser Mann heiratete!* Dieser simple Vorgang enthüllte etwas, eine andere Art von Denkmalsenthüllung. Hinter dem weggerissenen Tuch erschien – ja wer? – Viele Geister haben sich bemüht und werden sich weiterhin bemühen, herauszufin-

den, wer dieser Mann eigentlich war. Nun: Der Kleinbürger war wohl auch dabei.

Der Mann wußte seit zwei Jahren, daß der Krieg verloren war, hing sich, hielt sich an irren Hoffnungen, an irgendeinen Wunderglauben, wie jemand, der einfach nicht glauben kann, daß er sich in sich selbst getäuscht hat, sich selbst ganz falsch gesehen hat, daß er einfach nicht der war, der er zu sein glaubte.

Er war ein Opfer seiner Selbstüberschätzung, die so groß war, so abenteuerlich groß, daß er damit andere zu überzeugen verstand, so daß es zu einer Wechselwirkung kam; er glaubte an sich, andere glaubten an ihn, so ging das hin und her, wie im Echo, wie im sich wiederholenden Reflex, eins das andere verstärkend, so daß der Mann schließlich mit dem Kopf in den Wolken schwebte, während seine Füße den Boden längst verlassen hatten.

Was für ein merkwürdiger Vorgang. Und wie sehr dieser fanatische Glaube an sich selbst seine Wirkung behielt, fast bis zuletzt behielt, selbst bei den Leuten, die eigentlich die Nüchternsten sein sollten, seine Generäle. Da gab es doch einen Haufen von Militärs, Leuten, deren Aufgabe es war, zu rechnen, und dies in der kühlsten Weise, in jener Weise, die zum Handwerk gehört. Die Beherrschung dieses Handwerks hatte ihnen bis dahin niemand abgesprochen, darin waren sie doch Weltklasse.

Und alle diese Leute versammelten sich wie eh und je zur sogenannten Führerlage, standen um den Kartentisch, starrten die Karten an, auf denen sich das Schicksal Deutschlands vollzog, immer noch im Bann dieses Mannes, der einfach nicht glauben mochte, daß sich nun auch sein Schicksal vollzog. Eine Situation, in der sich eine Form von Geisteskrankheit immer deutlicher abzeichnete, ein Mann, der den Glauben an sich selbst nicht verlieren wollte, nicht verlieren konnte, der sich zu sehr daran gewöhnt hatte, der Größte zu sein, der gewaltige Wegweiser, der Alleswissende, halt der Führer, mit dem gewaltsamen Drang, dies in Suaden aller Welt mitzuteilen, gleichsam unaufhaltsam, nie zu bremsen, mit irrationalen Hoffnungen schließlich, fast wie im gewollten Renkontre mit dem Schicksal selbst, mit dem Schicksalslenker, an den er sicher nicht glaubte, aber den er erfand, wenn er ihn brauchte.

Nun brauchte er ihn, und er klammerte sich an ihn, mit einem ungeheuer törichten Glauben, daß er doch nicht gemeint sein könnte, er doch nicht.

Interessant, die irren Anstrengungen zu beobachten, die Hitler unternahm, um auf ewige Zeiten zu bleiben, wer er glaubte zu sein. Daher die wilden Ausbrüche, das Volk hätte ihn nicht verdient, das Volk hätte ihn im Stich gelassen.

Da muß ich Atem holen: Dieses Volk?
Was hatte es nicht auf sich genommen. Es hatte diesem Mann geglaubt, es war ihm gefolgt, auch auf Wegen, die es nicht voraussehen konnte, bis in den Krieg hinein, den das Volk nicht wollte, schon geblendet von diesem Mann, aber immer auf das Beste hoffend, auf ein schnelles Ende, auf eine Neuordnung, auf Frieden, der jedem gab, was ihm zustand, ihm weiterfolgend schließlich, folgen müssend, wie in einer Falle schließlich, aus der es nicht herauskam, nicht aus eigenen Kräften und dafür bezahlend mit unendlichen Leiden, die schließlich in der letzten Kriegsphase alles Denkbare überstieg.
Zwei Jahre lang, ohne jede Chance auf Sieg, ließ er das Volk leiden bis zur Auslöschung, *er brachte es sich selbst zum Opfer,* er erklärte die Zukunft für wertlos, für die Überlebenden lohne sich das Weiterleben nicht, es lohne sich auch nicht, sich um sie zu kümmern. Und saß schließlich in seinem Bunker, sich klammernd an letzte Hoffnungen, nach der Armee Wenk schreiend, jenem kleinen Haufen von Soldaten, der eigentlich nicht mehr aus Soldaten bestand, da für sie der Krieg ja auch längst zu Ende war.
Ich habe später gehört, daß Hitler sich danach mit Axmann unterhalten habe, gedämpft, nach letzten irren Erregungen eher schlaff, wahrscheinlich angefüllt mit Selbstmitleid, redend über seine Jugendjahre, wie schwer er es gehabt habe. Und ließ dann einen Standesbeamten kommen, um eine Hochzeit zu begehen, mit einer Frau, die wohl auch nicht die größte war, die nach der Zeremonie herumging und kleine Irrtümer berichtigte: Sie können ruhig Frau Hitler zu mir sagen.
Man faßt es einfach nicht, jene sonderbaren letzten Stunden, und ich bin sicher, wer jene Szenen genau untersucht, wird nicht umhin können, zu vermuten als sicher anzunehmen, daß er Szenen sieht, in denen sich ausdrückt, was mit Normalität nichts zu tun hat, sondern über denen ein unmittelbarer Hauch von Geistesverstörtheit liegt. So gesehen sind diese Szenen aufgelegter, ausgebreiteter Lehrstoff, in dem Menschen etwas über sich selbst erfahren. Was ich hier wiedergebe, ist ein Resultat von Informationen, die sich in mir *nach und nach* angesammelt haben, die im Hin-und-Her-Bedenken Zeit gebraucht haben.
Im Jahre '45 und '46 waren solche Ansichten noch unartikuliert. Alles, was geschieht, sinkt in Tiefen ab, bleibt dort und wartet auf Verarbeitung. Es fiel so ungeheuer viel an, daß die Aufarbeitung, Einordnung, Bewertung Zeit in Anspruch nahm: Monate, Jahre, schließlich Lebenszeit. Für solche Aufarbeitung muß man einiges mitbringen: zunächst einmal grundsätzliches Interesse, das nicht jeder hat, das vielleicht die meisten nicht haben, da eine solche Aufarbeitung unbequem ist, eine geistige Anstrengung bedeutet, für die manche die notwendigen Voraussetzungen nicht mitbringen.

Eine solche Aufarbeitung verlangt Begabung, Intelligenz, Ehrlichkeit, die Fähigkeit, bisherige Meinungen über Bord zu werfen, auf einen Punkt Null zurückzugehen, jedenfalls weit zurückgehen, um neu zu sehen, vielleicht aus Distanz zu sehen, gleichsam mit fremden Augen zu sehen. Zudem muß man den festen Willen haben, ehrlich zu sein, sich selbst nicht zu schonen, um die Zusammenhänge zu sehen, in die man hineingestellt, denen man möglicherweise ausgeliefert war, dennoch bedenkend, daß Ausgeliefertsein nicht frei macht von Verantwortlichkeiten. Eine solche Aufarbeitung betrifft nicht nur die unmittelbar Betroffenen, sondern auch die Zuschauer der Szene, die von jener Szene weit entfernt, sich im Stande der Unschuld sehen, diese genießend und meistens in einer Weise, die hochmütig macht. Was in diesem Zweiten Weltkrieg geschah, kann man ein Weltereignis nennen, und die Aufarbeitung aller damit in Zusammenhang stehenden Dinge hat Weltbedeutung. Denn: *Was in dieser Welt geschieht, gehört zu dieser Welt. Es ist nicht von außen gekommen, sondern aus dieser Welt selbst, ist Teil dieser Welt,* etwas, das Kenntnis und Aufklärung verlangt. So ist es kein nur deutsches Thema, sondern ein Weltthema, über das nun nachgedacht werden muß, jenseits von Schuld und Sühne. Und es wird sich herausstellen, daß dies ein unendliches Thema ist.

14

Wir hatten das kleine Hotel in Halver verlassen. Eine Bekannte, kennengelernt über Bekannte, bot uns an, in ein Wochenendhaus zu ziehen, das sich in der Nähe von Hannover in einem kleinen Dorf befinde, etwas abseits vom Geschehen, nicht weit entfernt vom Wald, der sich lange hinziehe, Einsamkeit ebenso verspreche wie gesunde Luft.

So zog die Familie um, packte das Geringe an Habseligkeiten in Koffer und Taschen, preßte sich damit in einen der vollbesetzten Züge und fuhr gen Hannover.

Das Wochenendhaus teilten wir uns mit einer Familie, so daß alles ein wenig eng war, dennoch eine Verbesserung der Lage darstellte. Zwei eigene Zimmer, dazu noch geschmackvoll eingerichtet, in einem Holzhaus, dessen Wände ziemlich dünn waren. Genau betrachtet saß man in einer Holzschachtel, hineingestellt in freies Gelände. Der Wald war nicht weit weg und versprach etwas Gutes: Man konnte dort Holz holen für Herd und Kamin.

Ich selbst war häufig in Hannover, immer noch auf der steten unruhigen Suche nach Menschen und Möglichkeiten.

Ich hatte ein paar Freunde wiedergetroffen, darunter auch Robert Krötz, den Himmler mal in Kirkenes aus dem Flugzeug geschickt hatte, weil ihm das Gesicht nicht gefallen hatte.
Er hatte irgendwo ein Zimmer gefunden und schwamm in Kontakten. Er war eine Zeitlang Geschäftsführer eines Lokals, begrüßte die Gäste in jeder Sprache, die vorkam, auch in russisch.
Diesem Mann fiel alles leicht, sein Verstand war beweglich geblieben wie eh und je. Er sagte: Ich behaupte nicht, daß die Zeiten für mich gemacht sind, aber ich will mich auch nicht von ihnen unterkriegen lassen. Lieber Freund, wir sind ins Wasser geworfen und müssen schwimmen, auch die müssen schwimmen, die es nicht gelernt haben. Ich hatte es nicht gelernt. Mein Freund betätigte sich auch auf jenem Gebiet, das in jener Zeit von lebenswichtiger Bedeutung war, er verstand sich auf die Geschäfte jener Zeit, bewies darin großes Geschick. Von solchen Fähigkeiten partizipierten seine Freunde, er lud sie zum Abendessen ein, ein guter Koch war er auch. Er verstand sich halt auf vieles, blieb aber immer wer er war, ein Zyniker, der hinter seinem Zynismus wohl auch eine Art von Trauer verbarg.
Meine Schwester war auch nach Hannover gekommen und hatte Arbeit gefunden im Niedersachsenkeller, arbeitete dort in der Küche. Wie zu sehen, war ich umgeben von tüchtigen Leuten, die sich nicht in sich selbst zurückgezogen hatten, sondern die nach außen lebten, sich zur Geltung brachten, in der ganz einfachen Erkenntnis, daß man Menschen kennen muß, viele Menschen, daß man von vielen Menschen gehalten wird wie in einem Netz. Bekannte mußte man haben und selber ein Bekannter sein.
Ich selbst hatte immer noch keine Beschäftigung gefunden. Logisch wäre gewesen, das sogenannte Lebenssteuer völlig herumzuwerfen, irgend etwas zu machen, was man praktisch hätte nennen können, ich hätte anfangen können als – ja, als was, als Kraftfahrer, als Angestellter einer Firma, irgendeiner, man begann ja schon wieder herzustellen, zu produzieren; die Kleinstfirmen rührten sich, aus denen später Großfirmen wurden. Die allgemeine Not, das Ganz-unten-Sein betraf ja ein Volk, das in sich noch Leistungserregung spürte. Ihm war jahrelang Ungeheures abverlangt worden, jahrelang waren seine Kraft, seine Erfindungsgabe, sein Organisationstalent gefordert worden, ein Volk hatte sich im Streß befunden, hatte handeln müssen – nun lag es darnieder, aber an seinem inneren Zustand hatte sich noch nicht viel geändert, es spürte in sich noch die Kraft zu handeln, fast wie in einer alten Gewohnheit. Diese Handlungskraft war von einer ungeheuren Potenz, die einfach nicht ins Leere laufen konnte.
Man mag in der Untersuchung dieses Kraftphänomens auch noch auf

andere Zusammenhänge kommen, auf den kürzesten Nenner gebracht: Der Ratlose stürzt sich in die Arbeit. Arbeit lenkt ab. So wehrte man sich in der Konzentration auf das Nächstliegende gegen ein Nachdenken, dem man sich nicht gewachsen fühlte, dies unbewußt, eher instinktiv. Diese Kraft also rührte sich schon, ob man sie als solche bemerkte oder nicht, man hätte ein Teil dieser Kraft sein können – wenn man gewollt hätte. Aber ich wollte nicht, nein, ich konnte nicht. Ich wollte nur eins, schreiben.
In dieser Hinsicht machte ich einige Versuche, wenig genug.
Der SPIEGEL hatte sich schon ins Leben gerufen, besaß ein Büro in Hannover und ich versuchte dort mein Glück.
Ich traf einen Redakteur, der mich ungefähr so musterte wie jener Redakteur der Parteizeitung in Hagen, ein bißchen von oben herunter, durchdringend. Schauen Sie, sagte er, trauen Sie sich das zu, einen Bericht zu schreiben über Sartre? Wären Sie in der Lage, von diesem Mann ein Lebensbild zu geben, das genau wäre, ganz genau? Sie müßten wissen, welche Krawatten er trägt und wie groß seine Halsweite ist. Ich sagte, ungeheuer beeindruckt, ich hätte keine Ahnung, welche Krawatten Sartre trage. Er sei zwar meine Kragenweite, aber seine Halsweite sei mir unbekannt.
Ich versuchte es ein weiteres Mal bei einer SPD-Zeitung.
Der Redakteur war bedeutend freundlicher, fragte mich nach meiner Ausbildung. Ich sagte ihm, ich sei im Presseamt der Reichsjugendführung gewesen, habe Zeitschriften gemacht und überdies Filme und Theaterstücke geschrieben. Er sah mich an, als habe ihn eine Schlange gebissen.
Er stotterte: Wie, wie, wie? Was sagten Sie? Habe ich richtig verstanden? Wo waren Sie? – Sein offener Mund verriet seine Meinung besser, als es Worte hätten tun können. Ich verließ den Mann, ging auf die Straße und sagte mir: Sieht so aus, als bist du ein Aussätziger. Es entsetzte mich nicht, es wunderte mich nur, denn es war die Zeit der großen Pauschalierung, der äußerst unintelligenten, aber möglicherweise notwendigen Versuche, Menscheninneres zu katalogisieren. Da hatte man die Entnazifizierung erfunden, ihr eine Organisationsform gegeben, ein Schema, das man allen Leuten auferlegte, eine Schablone, in die man sie hineinpreßte und das Überstehende, das Nichtpassende, wie mit der Schere wegschnitt. Andererseits war wohl eine Situation gegeben, die es noch nie gegeben hatte. Die Erfinder der Entnazifizierung wußten wohl selbst, daß sie an ihre Aufgabe herangingen mit zu grobem Gerät, nahmen wohl selbst das daran Unvollkommene hin, zuweilen wurde dieses Hinnehmen auch erleichtert durch die eigenen Emotionen, die noch nicht zur Ruhe gekommen waren.

Ein Beispiel dafür war ein Vorgang, von dem ich gehört hatte, der in Hamburg passiert sein sollte, als Engländer Kriegsgefangene verhörten oder gefangene Parteileute; ich bin nicht ganz sicher, um was sich handelte, nicht mal sicher, ob die Geschichte überhaupt passiert ist, aber sie wurde erzählt und hatte infolgedessen ihre Wirkung, mit der eine möglicherweise erfundene Geschichte die Kraft von Realität erhielt. Die Engländer hatten vor dem Schreibtisch des Verhörenden eine Hakenkreuzfahne auf den Boden gelegt, baten die zu Verhörenden, heranzutreten, nahe heranzutreten. Sie sollten mit den Füßen auf die Fahne treten. Wer zögerte, dies zu tun, schien damit ganz eindeutig ein Bekenntnis abzulegen, gab sich zu erkennen als ein Unverbesserlicher. Was für eine unglaubliche Geschichte, dachte ich, als ich davon hörte. Eine unvornehme Geschichte, die nicht einmal »richtig« war, denn derjenige, der die Fahne nicht mit Füßen trat, mochte jemand sein, der das Geschmacklose, das Unvornehme daran erkannte. Er mochte aus diesem Grunde der Wertvollere sein gegenüber demjenigen, den die Absicht nicht kränkte, der ohne Zögern, gehorsam und willfährig herantrat, damit keine Aufschlüsse gab, sondern eher dem Verhörenden ein Vergnügen bereitete, das ganz gewiß kein besonderes war. Der war möglicherweise der wirklich arme Wicht.
Die Entnazifizierung, der ich mich nicht unterzogen hatte, erschwerte meinen Wunsch, mich schreibend zu betätigen, bedeutend. Dennoch kam für mich nichts anderes in Frage, ich wollte schreiben, nur schreiben. Es hätte ohne Schreiben keine Fortsetzung meines Lebens gegeben.
Mehr als zwei Jahre waren seit dem Kriegsende vergangen, und ich war immer noch jemand, der herumfuhr, sich mit Leuten traf, der sich informierte, inmitten von Geschichten, von Lebensgeschichten lebte. Auch von Lebensgeschichten von Opfern, die immer deutlicher wurden, zu immer stärkeren Bildern wurden.
Einige Opfergeschichten sind so stark in mir, daß ich Bilder jederzeit abrufbar habe, Bilder, die ich mir selber gemacht habe, mit Hilfe der Phantasie, und die eine Kraft angenommen haben, als handle es sich um eigene Erinnerungen.
In jenen Jahren, in denen ich mich herumtrieb, abgelöst von allen Haltepunkten, mich nirgendwo einfügen könnend, machte ich eine Erfahrung: die Erfahrung der Abwertung der eigenen Person.
Ansehen ist abhängig von gewissen Attributen. Der Rang macht den Namen, der Rang selbst wird von äußeren Dingen bestimmt, als da sind Stellung in der Gesellschaft, allgemeine Anerkennung dieser Stellung.
Auch das, was man tut, rangiert irgendwo, wird von anderen rangiert,

bekommt einen Stellenwert, der allgemein registriert, respektiert wird.
Es gibt Hierarchien jenseits üblicher Hierarchie, es gibt so etwas wie ein stilles Rangieren, das nicht nur von äußeren Dingen bestimmt wird, sondern in dem auch der Mensch selbst eine Rolle spielt, in dem, was er ist, was er denkt, seiner inneren Natur nach. Die Kraft seines Ichs spielt eine Rolle und hilft mit, ihm seinen Platz zuzuweisen, seinen Platz im Zueinander, Miteinander, Gegeneinander aller Menschen.
Ein interessantes Geflecht von Beziehungen untereinander von hierarchischem Charakter, ganz unformuliert, zuweilen sich auch bewegend, ändernd, ein lebendiges Geflecht jedenfalls mit Rangierungen, die ganz unbewußt respektiert und anerkannt werden.

Den Platz, den ich mal eingenommen hatte, bei Kollegen, Freunden, Verwandten, den verlor ich langsam. Ich fiel, um es sportlich zu sagen, um einige Plätze zurück. Die Verdienste, die ich hatte, gehörten einer anderen Zeit an, hatten ihre Bedeutung verloren, nicht nur verloren, sondern bekamen auch Negatives. Eine Vergangenheit, drei Jahre zurück, war plötzlich unglaublich tot, da war eine Tür krachend ins Schloß gefallen. Ich stand zwar noch da, aber kam mir vor wie staubbedeckt, jeder Wirkung beraubt und gleichsam ohne Stimme. Ich war unhörbar geworden. Ich war umgeben von Praktikern des Lebens, von Parkettwechslern, von Leuten, die sich eingestellt hatten, auf was auch immer, jedenfalls mit der Fähigkeit, sich einzustellen, von Leuten, für die Totes tot war und die daran auch keinen Gedanken mehr verschwendeten, sie waren realitätsbezogen, sahen sich selbst als Realität innerhalb von Realitäten. Das gab vielen Leuten den Anblick großer Tüchtigkeit, ein Wort, das es zwar immer schon gegeben hatte, aber das sich jetzt selbst seinen Platz suchte, seinen besonderen Platz, einen Platz ganz oben auf jener Skala, auf der Eigenschaften rangieren. Es hieß nun: Die Tüchtigen nach vorn, den Tüchtigen gehört das Leben, den Lebensmittelbeschaffern, den Wohnungsbeschaffern, den Beschaffern von Zigaretten und Kleidern; da war eine Wildbahn plötzlich, ein Gelände für Freibeuter und Abenteurer, für willensstarke Naturen, die nicht unbedingt die Gedankenreichsten sein mußten.
Es waren Gründerzeiten für vorwärtsschauende Naturen, was bedeutet, daß Rückwärtsschauen Zeitverschwendung war, auf jeden Fall hinderlich, für Gewesenes gibt niemand etwas, da gab es Vergangenheitsabschüttler, Leute, die sich sagten: Das, was da mit uns passiert ist, kann ich sowieso nicht erklären, warum soll ich also darüber nachdenken? Sie wischten sich den Staub der Geschichte aus den

Augen und »krempelten die Ärmel auf«, eine Sache, gegen die nichts zu sagen ist, denn dies kann auch durchaus ein Zeichen von uneingestandener Hilflosigkeit sein, eine Erkenntnis, daß man selbst keinen Beitrag leisten kann, die miterlebten Phänomene zu erklären, eine Arbeit, die zu unternehmen die meisten zudem nicht richtig begabt, nicht ausgebildet waren, eine Arbeit, die ungeheuer mühevoll war und Phantasie verlangte. Aber Phantasie zu bemühen, hieß zugleich, sich auf ganz unsicheren Boden zu begeben, denn was ist Phantasie? Es ist wie Fliegen durch unbekannte Räume, Beschäftigung mit Dingen, die anscheinend kein Oben und kein Unten haben, eine Beschäftigung, die zudem eindeutig nutzlos ist, wenn man an Nahrungsbeschaffung, an Wohnungsbeschaffung denkt, an das Beschaffen von sogenanntem Lebensnotwendigem.
Ich registrierte das Absinken meiner Bedeutung, das Hinabrutschen auf minderen Rang, nicht bedrückt, eher verwundert, fast ein wenig staunend, nahm es schließlich als einen Lernprozeß, als eine Information über die Natur des Menschen selbst.

Ich habe später sehr viel gelesen über exilierte Autoren, über ihr Leben in anderen Welten, inmitten anderer Sprachen, nachdem man ihnen die eigene entzogen hatte. Ich fand dort Ähnlichkeiten in der Art, wie sie ihre Stellung verloren, ihren Rang verloren, Abwertungen unterlagen. Nun war das, was mir passierte, unvergleichlich milder, und es liegt mir durchaus fern, mein Schicksal zu vergleichen, etwa gleichzusetzen mit dem Schicksal ausgewiesener, ausgebürgerter, vertriebener Autoren. Aber in Spuren erlebte ich etwas Ähnliches. Es hat mich immerhin in die Lage versetzt, exilierte Autoren besser zu verstehen als andere.
Meine Schreibmaschine hatte übrigens die Zeiten überstanden, meine Frau hatte sie im unentwegten Hin und Her der Kriegsjahre immer mitgeschleppt. Sie war also da, meine Schreibmaschine.
Wanderwege einer Schreibmaschine. Nun konnte ich ein eigenes Kapitel darüber schreiben und denke dabei an Max Colpet, der auf seinen Wanderungen und Fluchtwegen auch immer seine Schreibmaschine mitgenommen hatte. Er erzählte mir, wie er auf der Flucht von Frankreich in die Schweiz wechselte, über die grüne Grenze, mit leichtestem Gepäck. Das schwerste seines leichten Gepäcks war seine Schreibmaschine, von der er sich nicht trennen mochte, die er immer mitschleppte. Man hatte ihn an der Schweizer Grenze festgenommen. Die Grenzer verfaßten ein Verhaftungsprotokoll so mühsam und ungeschickt, daß Max sagte: Laßt mich das machen. So schrieb er auf seiner Schreibmaschine seinen eigenen Verhaftungsbefehl, und dies ohne Fehler. Wie ich ihn kenne, erkannte er durchaus das Komische an dieser Situation, und möglicherweise genoß er es auch. Ich hatte meine Schreibmaschine

auch mitgeschleppt, auch durch Grenzbezirke, nicht gerade von einem Land ins andere, aber von einer Zeit in eine andere. Nun saß ich da mit meiner Schreibmaschine. Nicht zu vergessen mit weggenommenen Themen. Neue weit und breit nicht sehend. Oder doch? Ein Freund, auch ein ehemaliger Kriegsberichter, versuchte sich als Leiter und Regisseur eines Kabaretts in Hannover. Es war das Kabarett Ulenspiegel. Er kam zu mir und sagte: Komm, schreib für uns. Wir brauchen ein Programm. Ein Programm schreiben? Ein Kabarettprogramm?

Ich stellte die Schreibmaschine zurecht und fing an, tastete mich durch ein paar Anfänge hindurch, suchte ein paar Themen – keine gewaltigen, keine Urthemen, sondern Tagesthemen, ein paar Dinge: Überlegungen, Ereignisse, die hautnah waren. Hautnähe war geboten. Und meine eigene Haut spürte ich sehr wohl, es gab einiges, was auf der Haut brannte und Schmerz verursachte. Den eigenen hautnahen Schmerz versuchte ich wiederzugeben mit dem Mittel der Überhöhung, der Verfremdung, der Ironie, der Komik.
Es schien sich ein Weg zu öffnen, ein Stil bot sich an, etwas nicht direkt zu sagen – weil ganz direkt weh tut –, sondern Direktes zu vermeiden, zu umkleiden, zu verbergen, den bitteren Tropfen, der in jedem Zeitdetail lag, in jeder Darbietung von Zeitdetails. Ich schrieb das ganze Programm, ohne heute auch nur im entferntesten zu wissen, was ich geschrieben habe. Es war wohl auch nicht mehr als eine Fingerübung, als eine erste neue Bewegung, als ein erstes Etwas-wieder-in-Worte-Fassen.
Aber ich genoß auch etwas: die Rückkehr in das Land der Phantasie mit seinen unendlichen Freiheiten, mit dem irren Angebot von Unbekanntem.
Ich erinnere mich an die Premiere in Hannover, eine Aufführung, die nicht raffiniert war, nicht professionell im heutigen Sinne. Da gab es ein Nichts an Ausstattung, an Dekor, an Kleidung für die Darsteller, sie trugen die Klamotten, die sie besaßen.
Das Gute war allerdings auch, daß die Zuschauer in diesem Punkt nichts erwarteten. Da standen Menschen auf der Bühne, die gleichen Menschen wie die im Parkett, gleich angezogen, der äußere Mangel verband sie alle miteinander. Ich erinnere mich, daß ein Darsteller dabei war, der keine ordentlichen Schuhe besaß, sondern Latschen trug. Schon bemüht um perfekte Darbietungen, überlegten wir, wie wir ihm Schuhe besorgen konnten, fanden aber keine, so daß er weiterhin seine Latschen trug, was ihm allerdings bei der Darstellung deutschen Schicksals Glaubwürdigkeit einbrachte.
Der Ulenspiegel gastierte zwei Monate in Köln.

Ein einfacher, aber sehr vitaler Kölner Bürger, der sich auf die Geschäfte jener Zeit glänzend verstand und über Geld verfügte – noch war es die alte Reichsmark –, hatte eine für seine Verhältnisse nahezu exotische Liebe zum Kabarett.
Er verpflichtete den Ulenspiegel, hatte ein Lokal gemietet mit einer kleinen Bühne, verfügte im selben Haus über eine große Wohnung, in der er die ganze Truppe unterbringen konnte. So spielten wir dann unser Programm in Köln.
Ich spielte nicht mit – wie auch, da ich kein Schauspieler und Selbstdarsteller war –, sondern schrieb das neue Programm. Ich erinnere mich noch genau des kleinen Schreibtisches, an dem ich saß und in den Nächten schrieb.
Ich hatte mich eingeschrieben. Der Kabarettstil gefiel mir, das kurze Abfassen, das Hinarbeiten auf eine Pointe, diese Pointe servierend mit Plötzlichkeit, dabei im Maß bleiben müssend, unter Maß verstehend eine gewisse Eleganz, intellektuelle Geschmeidigkeit – dies alles zu beachten, war sicher nicht einfach. Ich kann dieses zweite Programm nicht beurteilen, da ich es nicht mehr habe. Aber ich erinnere mich sehr wohl eines Zuschauers, der nach der Vorstellung sitzengeblieben war, mich zu sprechen wünschte. Er sagte, tief aufatmend: Ich habe jedes Wort verstanden. Ich gebe Ihnen hier fünfhundert Mark für Ihr Ensemble, trinken Sie, feiern Sie. Da war wohl etwas herzeindringend gewesen.
Aber was ihn beeindruckt, fast erschüttert hatte, sagte er nicht.

Alle diese Texte sind verlorengegangen, aus einem einfachen Grunde, ich hatte mich nicht um ihre Erhaltung oder Archivierung gekümmert. Eine Sache, die mir bis heute gleichgültig ist. Man sah sich selbst in Frage gestellt, abgewertet, und übertrug auch auf das, was man schrieb, unbewußt und fast wie im Zorn.
Viele Jahre später, Jahrzehnte später, rief mich mal ein damaliger Darsteller an, ein Mann, der heute einen Lehrstuhl in Hannover besitzt, und konnte mir am Telefon einige Texte noch auswendig aufsagen. Diese Zeit mit einem ersten Sichbewegen im alten Beruf und dem ersten Sichumsehen in der neuen Schreibwelt ging abrupt zu Ende. Die Währungsreform kam, brachte für viele den absoluten Neuanfang, für manche das Aus zugleich mit dem Verschwinden des alten Geldes. Unser Kölner Mäzen besaß zwar genug altes Geld, um sich ein Kabarett leisten zu können, aber nun mußte er sich um neues Geld bemühen; ich bin sicher, daß seine Geschicklichkeit ausreichte, ihn auch auf diesem Feld erfolgreich sein zu lassen. Aber wir hatten nichts mehr davon, fuhren zurück in unsere Heimatorte, um uns zählen zu lassen. Pro Kopf vierzig Mark.

15

Wir bewohnten immer noch die Baracke in jenem kleinen Dorf bei Hannover. In jenem Ort warfen wir unser altes Geld, das Abgehobene aus Berlin, in einen Waschkorb und erlebten einen Moment, für den wir keine Vorsorge getroffen hatten. Wir hörten von Leuten, die sich durchaus darauf verstanden, Vorsorge zu treffen, Produzenten von Waren, die diese zurückhielten, stapelten, um sie dann einen Tag nach der Ausgabe des neuen Geldes auf den Markt zu werfen, was dann auch prompt geschah.

Da stand ich mal wieder dumm da, mit ein paar Kabarettexten in der Tasche. Dabei hatte ich tüchtige Leute in meiner Familie: Meine Schwester sorgte für uns, meine Frau war mit meiner Mutter mehrmals über die grüne Grenze nach Berlin gefahren. Die grüne Grenze war der Grenzwald, durch den es hin- und herflutete, immer noch ein Volk auf der Wanderschaft, die Ameisen im zerstörten Bau, die ihre Gegenstände hin- und hertrugen.

Man müßte sie einmal schreiben, die Geschichte der Harzwälder in den Jahren nach dem Kriege, mit ihren Schicksalswanderwegen, mit ihren Waldfährten, Trampelpfaden, die Geschichte der Führer, die sich für Geld anboten, die Reisenden vorbeizulotsen an russischen Posten, dieses Hasten durch den Wald, durch Unterholz, das atemlose Verharren, wenn russische Posten sichtbar wurden, die Frage: Was tun sie uns? Was nehmen sie uns weg? Dieser Wald war zugleich auch ein Schauplatz von Verbrechen. Einige Männer hatten sich darauf spezialisiert, Grenzwanderer auszurauben, zuweilen dienten sie sich als Führer an, begleiteten mit Vorliebe Frauen, führten sie an einsame Plätze, erschlugen sie und nahmen das Gepäck an sich. Der Wald war verrufen. Zur Angst vor russischen Posten kam noch die Angst vor den eigenen Landsleuten hinzu, von denen plötzlich jeder ein Mörder sein konnte.

Auch meine Frau, meine Mutter, meine Schwester sind öfter über diese Grenze gegangen, mit Angst im Herzen, in der Aufgeregtheit jener Zeit, gezwungen zu Aktivitäten, die ihnen von Haus aus fremd waren, in einem Klima, das zuweilen an die Zeit erinnerte, in der Grimmelshausen seine Erlebnisse hatte in einer ähnlich wirren, ungeordneten Epoche.

Meine Frau kümmerte sich um die Wohnung in Berlin, die wir verloren hatten und die anderen Leuten zugesprochen war, aber die Einrichtung war unsere. Meine Frau machte den Besitzanspruch geltend und sorgte dafür, daß ein paar Möbel herausgegeben wurden: eine Couch, mein Schreibtisch, eine Stehlampe und einiges mehr.

Sie besorgte dafür einen Lastwagen, der ihr die Möbel bis an die Zonengrenze brachte, mit allen Genehmigungen auch über diese hinaus. Im Westen lud der Fahrer die Möbel aus, stellte sie auf die Straße des Grenzortes. Kein ungewöhnlicher Anblick in jener Zeit, daß jemand inmitten seiner Möbel auf der Straße saß. Ein Freund von uns, Fahrer eines eigenen Lastwagens, hatte sich verspätet, traf Stunden später ein, lud dann die Möbel auf und brachte sie nach Hannover. Was für Aktivitäten, was für Zeugnisse von praktischen Begabungen, was für ein Richtigreagieren in Situationen, in denen es auf richtiges Reagieren ankam. Ich habe sehr wenig dazu beigetragen, ich war kein Hansdampf in allen Gassen, verstand mich nicht auf eine Handhabung des Lebens, so wie es sich anbot. Dennoch nahm mein Schicksal eine Wendung.

Ich hatte bei den vielen Hin- und Herfahrten durch Deutschland einen Bekannten wiedergetroffen, der nun bei Burda in Offenburg arbeitete, dort eine Art Geschäftsführer war, möglicherweise auch etwas von Produktplanung (wie man heute sagen würde) verstand. Andreas Ziegler wollte sich selbständig machen und machte mir das Angebot: Komm nach Landstuhl. Ich gründe dort einen Verlag, ich gebe eine Zeitschrift heraus, eine Illustrierte, ich möchte dich als Redakteur haben. Das Ganze hörte sich gut an, und ich sagte sofort zu, was einmal mehr beweist, wie wenig ich von Realitäten verstand. Ich hätte nach der Finanzierung des Unternehmens fragen müssen, nach dem kaufmännischen Hintergrund. Jemand sagte etwas, und ich glaubte ihm. Diesen Fehler begehe ich übrigens heute noch. Ich überredete meine Frau, was nicht leicht war. Sie war Berlinerin, hatte immer in der Großstadt gelebt und fragte mich: Wo um Himmels willen liegt Landstuhl? Ich sagte es ihr, wir fanden es auch auf der Landkarte.

Ich sagte, es ist ein Ort, der am Rande von Wäldern liegt.

Von Wäldern habe ich gerade genug, sagte meine Frau, ist es ein Ort, in dem es eine Schule gibt, gibt es Geschäfte dort, werden wir endlich wieder eine vernünftige Wohnung haben, wird das Leben wieder ein bißchen normal werden? Ich sagte ihr: Ich mache wieder eine Zeitschrift, das ist es, worauf es ankommt. Wir fuhren nach Landstuhl. An die D-Zug-Fahrt erinnere ich mich noch heute, weil wir mit Stehlampe reisten. Die Möbel würden irgendwann kommen, aber wir mochten die Stehlampe dem Transport nicht aussetzen, nahmen sie also in persönliche Obhut und hatten deshalb keine Sitzplätze, weil wir am Ende des Waggons an den Türen stehen mußten, jene Stehlampe im Arm.

Alles ließ sich gut an.

Wir bekamen zwei Zimmer in einem Haus, das am Rande eines Moorgebietes lag, etwas abseits von der Stadt, fast einem Gehöft ähnlich.

Dort lebten wir in voller Pension, gleichsam in Untermiete, bei einem

Ehepaar, Wohnung und Essen für dreihundert Mark. Mein Gehalt belief sich auf sechshundert Mark. Das Ganze bot sich als verlockendes Arrangement. Ich sagte zu meiner Frau: Wir haben einen Fuß auf eine Treppenstufe gesetzt. Wie viele Stufen hat die Treppe? fragte meine Frau, die ihre Skepsis nie ablegen mochte.
Da hatte ich also wieder ein Büro, eine Sekretärin, Mitredakteure, einen Grafiker, ein zusammengewürfelter Haufen von Leuten, alle sehr optimistisch, was das Projekt anging. Alle sagten sich: Man muß die Zeit nehmen, wie sie ist. Es gab kein In-Frage-Stellen von Zeit und Situation, keinen Zweifel, schon gar keinen Grundzweifel, jedenfalls bei den meisten nicht, und mein Grundzweifel, der ja bei jedem Schriftsteller auf dem Grund seiner Seele liegt, liegen sollte, hatte sich ein wenig zurückgezogen, wie überwältigt von der Chance auf normale Aktivitäten. Der persönliche Grundzweifel an allem kam irgendwann zurück, und er kam, als er kam, mit Macht zurück.
Damals gab es noch die Zoneneinteilung. Landstuhl lag in der französischen Zone, und ein Projekt wie die Herausgabe einer neuen Zeitschrift mußte angemeldet, lizenziert werden.
Unser Herausgeber und kaufmännischer Leiter hatte dies alles besorgt. Einer der französischen Gouverneure war für mich kein Unbekannter.
Ich hatte einmal an einem Kursus teilgenommen, eine Art Demokratiekursus, den ebendieser Gouverneur im Jahre '46 oder '47 veranstaltete. Da gab es den sogenannten Höllhofkreis. Dieser Gouverneur, der perfekt deutsch sprach und ebenfalls Inhaber eines Grundzweifels war und zugleich über gallischen Esprit verfügte, hatte mir damals schon einen großen Eindruck gemacht. Er hatte Vortragende eingeladen, Leute aus Politik und Kultur, die vor den Kursteilnehmern erschienen, ein bißchen mit geschwelltem Gefieder, im Besitz sehr wichtiger Unschuld vor einem Forum von netten Schuldigen, nicht sehr Schuldigen, aber irgendwie mit dem Schmutz der Zeit in Berührung gekommen, dies auch durchaus als Schmutz empfanden und daher einem Reinigungsbedürfnis unterlagen.
Dieser Gouverneur rückte in mir einiges zurecht.
Er gab mir ein Gefühl von: Im Denken, im Nachdenken, im Über-alles-Nachdenken liegt eine Chance, niemand ist verloren, der das Nachdenken nicht verlernt hat, man darf es einfach nicht aufgeben, das Über-alles-Nachdenken.

Niemand bleibt unberührt, unbefleckt in Zeiten, wie wir sie gerade hinter uns gebracht haben. Aber diese wirren Zeiten enthalten auch eine Chance, die im Zwang zum Nachdenken liegt, und zwar im reinen Nachdenken. Er gebrauchte dieses Wort: *reines Nachdenken.*

Heute erst weiß ich, was ich diesem Mann verdanke. Er hatte das Karussell von Gedanken und Meinungen, die sich in atemberaubender Herumfahrt befanden, einen Moment lang angehalten mit seinem Wort vom Zwang zum reinen Nachdenken. Damals hatte er gesagt: Wollen wir nicht eine Zeitung herausgeben, die Zeitung des Höllhofkreises? Wann können wir so ein erstes Exemplar fertig haben? Ich sagte: In acht Tagen. Er sah mich verblüfft an. Ist das Ihr Ernst? Ich sagte: Wir müssen doch nur ausdrücken, was in uns ist.

Lieber Freund, sagte er, was wir in uns haben, ist nicht ganz zeitgemäß, reines Nachdenken ist nicht populär. Es kam nicht zu dieser Zeitung, eine Unternehmung, die wirklich nicht ganz zeitgemäß war.

Mein Gouverneur hatte von unserem Landstuhler Vorhaben gehört. Er ließ mir ausrichten, daß er sich freue, daß ich an der kommenden Zeitschrift mitarbeite, er verspreche sich sehr viel davon.

Landstuhl war ein kleines Städtchen. Ich sage *war,* denn jetzt ist es das nicht mehr, nicht mehr ganz klein und nicht mehr sehr still. Aber damals war die Stadt eng, klein, ein bißchen verwahrlost, entsprach aber mit diesem Bild dem allgemeinen Bild der Region, die nicht sehr reich, fast so etwas wie eine Armutsecke in Deutschland war. Landstuhl war umgeben von Hügeln, die man fast Berge nennen konnte. Eine dieser Höhen ist gekrönt von einer Burgruine, den Resten einer Burg, die geschichtsträchtig war, hatte doch Franz von Sickingen dort gelebt.

Die Häuser waren klein, armutsgrau, kriegsgrau, die Wohnungen eng, da war keine Modernität, und gewiß hatte niemand daran gedacht, daß einmal jemand kommen würde, um in dieser Stadt einen Verlag von europäischem Rang gründen zu wollen.

Unser Redaktionsbüro befand sich in einer Wohnung, drei oder vier Zimmer, alles sehr eng, aber das Enge störte uns nicht, eng war es ja nur von heute aus betrachtet. Wir hockten also beieinander, an kleinen Schreibtischen, alles war zusammengeliehen. Dennoch waren alle guten Mutes.

Ich erlebte eine sonderbare Renaissance. Ich saß wieder am Schreibtisch, hatte Blindseiten vor mir, legte Spalten an, sorgte mich um Bilder, um Artikel, um Themen, fuhrwerkte herum mit Lineal und Stiften. Wir versuchten die Zeit zu erfassen, nicht den Urgrund dieser Zeit, sondern das Alltägliche daran, die Themen wählend, die fast von selbst auf den Schreibtisch sprangen.

Im nachhinein empfinde ich jene Monate als eine in gewisser Hinsicht gespenstische Zeit, eine sonderbare Rückführung in gewohnte Tätigkeiten, und damit verbunden eine Art Auslöschung der Zwischenzeit.

Und was für einer Zwischenzeit! Ich hatte durchaus ein Gefühl für das Unerlaubte daran. Man beschäftigte sich mit Kleinigkeiten, und zugleich sah einem die Vergangenheit über die Schulter, dieser irrsinnige Klotz von Vergangenheit, so groß, daß er nie ganz ins Blickfeld zu bringen war, mit Dimensionen, die einfach über das Gesichtsfeld hinausgingen, so sehr man selber auch versuchte, es zu weiten. Es lag auch ein bißchen Trotz in der Tätigkeit, etwa im Sinne: Es wird eine Zeitung gebraucht, man sucht Leute, die sie machen, du bist jemand, der sie machen kann. Deine anderen Möglichkeiten sind beschränkt. Denn du bist weg vom Fenster. Du fängst neu an und ganz von unten, sozusagen ohne Referenzen, ohne hinweisen zu können auf das, was du einmal gemacht hast, denn das, was du gemacht hast, spielt keine Rolle mehr. Nicht die geringste.
Du hattest mal das Gefühl, eine Welt in die Schranken fordern zu können, ein Gefühl von Kraft, das verbunden war und sich nährte aus einer Unbefangenheit heraus, die Teil deines Wesens und deiner persönlichen Geschichte war, einer Unbefangenheit, die ein Kerngefühl war und als solches auch egoistisch in der Beschränkung auf sich selbst, im Wichtignehmen seiner selbst. Damals begriff ich noch nicht, was ich heute weiß, daß diese Unbefangenheit verlorengegangen war, daß sie wie erschlagen war vom Gewicht der Ereignisse, das mich so wenig ausgespart hatte wie andere. Ganz gewiß war ich kein Opfer dieser Zeit, aber ein Mitbetroffener ganz gewiß, und ich merkte erst viel später, und dann immer deutlicher, daß ich etwas verloren hatte, eben jene innere Sicherheit, die Teil des Wesens ist, einen Wesenskern bildet, der beschützt bleiben muß, der niemals verletzt werden darf. Schreiben, *groß schreiben,* kann man nur, wenn dieser Wesenskern der Unschuld unberührt bleibt.
Die Zeitschrift erschien nie. Nach wenigen Monaten war der Traum aus. Es war kein Geld mehr vorhanden. Jetzt erst erfuhr ich die Hintergründe dieser Zeitschriftengründung. Sie war abenteuerlich genug. Eine Frau hatte das Geld gegeben, Geld, das sie sich selbst erst erwerben mußte durch den Verkauf von Schmuck.
Diese Dame hatte Verbindungen zum Hochadel, gehörte ihm selber an, eine Tatsache, die wie ein Geheimnis behandelt wurde. Ich habe sie kennen und schätzen gelernt, eine prachtvolle Frau, was ihre Kraft angeht, an das Gute zu glauben; sie selbst verkörperte dieses Gute, ihre Gedanken waren nur und immer ausgerichtet auf das Wohl anderer, was unter anderem ja auch bedeutet, nicht sehr geschäftstüchtig zu sein. Geschäftstüchtig war diese Frau nicht.
Wie gesagt, nach wenigen Monaten war der »Verleger« pleite, die Zeitschrift im Entwurf steckengeblieben, eine Ansammlung von Papier, das, mühsam belebt, sich zurückverwandelte in bedeutungslose

Materie. Die Sekretärinnen verloren sich, die Büros wurden gekündigt, Geld wurde nicht gezahlt. Und da saß man nun mit Frau und zwei Kindern, in Untermiete wohnend. Essen gab es nur gegen Geld. Ich gebe zu, da war er, der unterste Punkt der Existenz, der absolute Notfall, der Augenblick, der Panik gerechtfertigt hätte, die es sonderbarerweise nicht gab. In diesem Zusammenhang: Es gibt zwei unterste Punkte. Einmal den rein äußeren, den materiellen untersten Punkt. Es gibt aber auch den anderen untersten Punkt, den inneren, den seelischen, geistigen, der bis zur Auslöschung der inneren Existenz führen kann. Den hatte ich später, als es mir schon sehr viel besser ging.

In jenen Tagen der absoluten äußeren Not faßte ich einen Entschluß: Ich gründete etwas, ich gründete den Feuilletonpressedienst »Die Kurzgeschichte«. Dieser Gründung war eine Überlegung vorausgegangen: Was bist du? Was kannst du? Du bist ein Schreiber, und du bist der Meinung, daß du vom Schreiben etwas verstehst. Also, setze dich hin und schreibe. Ich schrieb Feuilletons, Kurzgeschichten, ließ sie vervielfältigen und schickte sie wöchentlich an die deutschen Zeitungen. Nach ein, zwei Monaten hatten wir keine materiellen Sorgen mehr. Damit war die Pause, die lange Pause des Nichtschreibens zu Ende gegangen. Dennoch hatte sich etwas verändert. Das Schreiben vorher hatte einen anderen Atem gehabt, auch eine andere Kraft, es war freier gewesen, so als bewege man sich in weiten Landschaften, in Landschaften voller Geheimnisse, die keine bösen Geheimnisse waren, sondern gute, aufregende, aber freundliche. Das Unbekannte war Freund, nichts war feindlich gesinnt. Weil da noch die Unschuld war, die Unschuld des unbekümmerten Anfangs, das noch In-sich-geschlossen-Sein, in diesem In-sich-geschlossen-Sein sich selber behütend, auch die Naivität behütend, die so gut ist, wie sie auch schlecht sein kann. Ich hatte genossen die irrsinnige Weite der Phantasie, die Phase des Alles-für-möglich-Haltens. Das war vorbei.

Der Krieg, das Kriegsende hatte diese Phase beendet, nicht nur das Kriegsende, sondern die plötzliche, die fast überfallartig gekommene Kenntnis von Ungeheuerlichkeiten, die alles von einem Augenblick zum anderen veränderte, total veränderte. Der Name für diese Ungeheuerlichkeiten: Auschwitz.

Überall im Lande Entsetzte, die sich gegen das Entsetzen wehrten, die fast verzweifelt nach Halt suchten, da sie sich fühlten wie Schwimmer in einem reißenden Fluß, die für ihre Füße Land suchten, die verzweifelt fragten: Wieso denn? Was habe ich damit zu tun? Es betrifft mich doch nicht, und die es – so kann man es auch sehen – wirklich nicht

betraf, die fabelhaftesten Leute dabei, aller Ehren wert, gutmeinend, gutwollend, Leute, die – wenn ich bei dem Beispiel des reißenden Flusses bleiben darf – am Ufer gestanden hatten, am Rande des Geschehens, und die nun mit hineingerissen wurden.
Da waren einige ganz verzweifelt, sagten: Man kann doch nicht alle für alles verantwortlich machen, was für Maßstäbe legt ihr denn da an, jeder Mensch hat seinen Umkreis, der Umkreis begrenzt seine Wirkung ebenso wie seine Verantwortung. Ihr könnt nicht die riesige Elle der Zeitgeschichte anlegen, nicht an jede kleine Person. Niemand, der von solch ungeheurer Irritation verschont blieb. Diese Irritation war wie ein Wirbel von Edgar Allan Poeschen Ausmaßen, der alle in seinen Trichter hineinzog, niemanden entließ, eine Irritation, die jedes Maß überstieg, und die sich bemerkbar macht bis heute, heute eher noch stärker, obwohl der Zusammenhang mit den Ursprüngen verlorengeht.
Jene Zeit bot den Anblick von Menschen, die alle, fast alle aus ihren Verankerungen herausgerissen waren, eine treibende Masse von Menschen, von Menschen, die ihrer selbst nicht sicher waren, die an ihrem Verstand zweifelten, alle halb neurotisch, mit Herz und Verstand sich ständig in Grenzbereichen aufhielten, die auf Fragen, die sie sich selber stellten, keine Antworten wußten und aus diesem Grunde, mehr im Selbstschutz, das Fragen einstellten.
Was mir im nachhinein auffällt ist dieses Schweigen, das kein normales Schweigen war, sondern ein hilfloses, entsetztes Schweigen, ein Schweigen, das bis heute andauert; es war kein schuldbewußtes Schweigen, sondern die *totale Unfähigkeit, eine Situation zu bewältigen durch eine Antwortfindung*. Die Antwort gab es nicht. Sie war nicht zu finden, es war einfach keine Erklärung denkbar. So war man umgeben von lauter Verwirrten, selber verwirrt, ein Land von Verwirrten, so hörte man klagende Stimmen, weinende Stimmen wie die von Borchert draußen vor der Tür; vor der Tür standen sie nun alle, herausgesetzt aus einem Haus, das ihr Haus war und das sie nun nicht wiedererkannten.
Ich schrieb weiter. Aber ich schrieb anders. Da gab es keine irrsinnigen Weiten mehr und mit diesen irrsinnigen Weiten kein grenzenloses Vergnügen mehr, kein Sich-fraglos-Wohlfühlen.
Schreiben war Arbeit geworden. Arbeit, die aus der Notwendigkeit erwuchs, eine Familie zu versorgen. Ich hatte mich in den Zwang versetzt, wöchentlich eine Ausgabe meines Feuilletondienstes herauszugeben. Pünktlichkeit war Bedingung. Die Redaktionen sollten sich darauf verlassen können, daß der Dienst jeweils am selben Tag und zur gleichen Stunde auf ihrem Tisch lag. Und er erschien pünktlich, und dies drei Jahre lang. Ich war nun mein eigener Herr, habe nie

mehr eine Stellung angenommen, war das, was man einen freien Schriftsteller nennt.
Dieses Alleinsein, »Für-mich-allein-Arbeiten«, entsprach auch meiner Mentalität. Ich war niemand, der sich gern bestätigte in Zusammenarbeit mit anderen oder gar als Vorgesetzter, ich habe mich nie als Teil gefühlt von irgendeinem Ganzen, ich war immer ein Außenseiter gewesen, keiner, der sich zur Geltung brachte, wozu der kumpelhafte Umgang mit anderen gehört, die ständige Lust zur Standortbestimmung mit der Absicht, sich den höchstmöglichen Rang zu sichern. So wie es allgemein üblich ist.
Im Jahr 1948 hatten die Umstände eine Entscheidung gefällt, gleichsam gesagt: Bleib allein, arbeite allein. Ich arbeitete also allein. Ich schrieb wöchentlich meine Feuilletons, meine Kurzgeschichten. Ich hatte einen Betrieb, einen sehr kleinen Betrieb, der nicht einmal einen Vervielfältigungsapparat besaß. Den besaß nur die Stadt Landstuhl. Man stellte ihn mir zur Verfügung. Immer wenn der Apparat dort nicht gebraucht wurde, durfte ich ihn benutzen.
Dann ratterte die Maschine, wälzte Papier aus, meine Frau, meine Schwester, sie alle legten auf den langen Tischen, an denen sonst die Ratsherren saßen, die Blätter aus, um sie zusammenzulegen, zu heften, in die vorbereiteten Briefumschläge zu stecken.
Mein Feuilletonpressedienst schlug ein. Die Redaktionen hatten sich an ihn gewöhnt, und sie benutzten ihn. Manche zahlten nach der Zahl der Abdrucke, andere bemühten sich um ein Abonnement. Wir konnten das Haus und die Familie verlassen, die uns Essen und zwei Zimmer zur Verfügung gestellt hatte. Wir suchten eine Wohnung, fanden aber keine. Aber es gab auf dem Kirchberg, einem Berg über der Stadt, die Rohbauten einer sogenannten Adolf-Hitler-Schule. Ein Riesending, das im Rohbau steckengeblieben war.
Lange Gebäude, zweistöckig, ohne Fenster und Türen, nackter Beton, aber die Dächer waren schon drauf. Ich fragte bei der Stadt an: Was ist mit diesen Bauten, kann man da rein, kann man da ausbauen? Wem gehört das eigentlich? Das baut doch keiner mehr weiter. Darf ich mir da eine Wohnung abzweigen, sie selber ausbauen? Der Bürgermeister hatte nichts dagegen. Er hatte keine Ahnung, was alles noch mit seiner Stadt passieren würde, wie jäh sie aus ihrer Verschlafenheit geweckt werden würde. Er sagte also ja. Ich schritt durch eine der Wrackbauten, entschied mich für einen ersten Stock, für das Ende eines Baus, schnitt mir gleichsam eine Wohnung ab, und dies durchaus großzügig, setzte Fenster und Türen ein, gab dem Beton einen Holzfußboden, erlaubte mir auch einen Kamin, der großzügige Ausmaße bekam. Wir sorgten für Wasser und Licht und hatten nun eine Wohnung, die ein bißchen groß war, sie schlotterte in ihren wenigen

Möbeln. Aber dafür saßen wir nun in einer eigenen Wohnung, hatten erreicht, was immer noch Sehnsucht und erstes Ziel von Millionen Menschen war. Wir hatten das berühmte Dach über dem Kopf.
Das Schreiben von Geschichten fiel mir nicht schwer, ich habe mich nie gequält mit dem sogenannten leeren Blatt Papier. Ich habe mich stets mit größter Freude an meinen Schreibtisch gesetzt und brauchte nur Sekunden, um zu Hause zu sein im -- ja, worin? - im Lande der Phantasie, dort, wo die Geschichten zu finden sind, wo die Gedanken kreisen um Themen, um Bilder und Worte. Ich hatte Erfolg, und dennoch kann ich jene Zeit nicht eine glückliche Zeit nennen. Sie war äußerlich glücklich, die direkte materielle Not war abgewendet, glänzend abgewendet, aber ich spürte in ebendieser äußeren Ruhe langsam immer deutlicher, wie es um das innere Befinden bestellt war. Jetzt erst merkte ich, daß ich etwas verloren hatte. Ich hatte es seit langem verloren, aber deutlich wurde es mir erst, als es mir, als es uns besser ging. Ich hatte an Selbstsicherheit verloren. Es war, als gäbe es einen Zaun, der ein Land trennt, der Menschen trennt. Ich sah mich plötzlich jenseits eines Zaunes, der Menschen voneinander trennt. Es gab Menschen diesseits des Zaunes und jenseits des Zaunes. Es gab Menschen, die unbelastet waren - was für ein Wort -, Leute, die mit dem vergangenen Regime nichts zu tun hatten, die der Partei nicht angehört hatten und nicht einer ihrer Gliederungen. Und es gab diejenigen, die unter dem Regime gelitten hatten, diejenigen, die Opfer gewesen waren. Der Zaun, der Menschen von Menschen trennte, war nicht sichtbar, eher ein unsichtbarer Zaun. Dennoch genauso wirksam. Jedenfalls bei mir war er wirksam. Man fragte sich: Wieso setzt man dich plötzlich hinter einen Zaun? Was hast du gemacht? Was hast du falsch gemacht? Oder was hast du nicht richtig gemacht? Was hättest du tun sollen?

Jetzt begann die Zeit der stummen Reden. Immer wieder, im Schatten der Nacht, oder im Morgengrauen, vor dem Einschlafen, oder vor dem Aufstehen begann der Kopf zu reden, zu formulieren, im ebenso hilflosen wie wütenden Versuch, Vorgänge zu klären, zu erklären, sich selbst miteinbeziehend in Klärungen, Erklärungen. Denn in einer Sache war man doch ganz sicher: Nie hatte man je Böses gewollt. Eher im Gegenteil. Ich erinnerte mich eines Gedankenmomentes, den ich als Vierzehnjähriger hatte, in einem Alter, in dem man plötzliche Erkenntnisse hat, etwa von der Unlösbarkeit des Rätsels von endlich und unendlich, in dem man auch sich selber Maximen setzt, und dies mit größter Selbstverständlichkeit; mit größter Selbstverständlichkeit wußte ich in jenem Moment, der sonderbarerweise unverlierbar wurde, daß ich das sein würde, was man einen guten Menschen nennt.

Ich hielt es für selbstverständlich und nicht für etwas Besonderes, im Leben alles richtig zu machen. Heute weiß ich, daß man Fehlern nicht entgehen kann. Man ist auf die *Raffiniertheit von Fehlern* nicht eingerichtet, denn Fehler verkleiden sich, bieten sich in Verkleidung an und erweisen sich erst als Fehler, wenn man sie begangen hat.
Kaum ein Mensch, der sich immer und absolut sicher zwischen Fehlern und Richtigem zurechtfinden kann, Fehler und das unbestreitbar Richtige, die zuweilen in verwirrendem Maße die Stellung wechseln, indem aus Fehlern Richtiges erwächst und sehr oft das Richtige zum Fehler wird.
Nur der Naive kann annehmen, daß es eine absolute, starre, stets gültige Fixierung von falsch und richtig gibt; alles bewegt sich, gleichsam taumelnd von einer Seite zur anderen, da gibt es Prozesse, in sich turbulent und dadurch unberechenbar, Bewegungen, deren man nicht Herr werden kann, und deren Opfer man ganz unvermutet wird.
Ich empfand dieses Hinter-den-Zaun-gestellt-Sein als falsch, dennoch als schicksalhaft in dem Sinne: Es hat mich getroffen in einer Weise, gegen die ich nichts machen kann. Und die Frage erhob sich: Stehe ich zu Recht hinter diesem Zaun? Ich habe die Frage leidenschaftlich verneint und für dieses entschiedene, entsetzte Nein im Schweiße der Nachtgedanken Argumente gesucht, habe sie gefunden, verworfen, wiedergefunden, habe sie dann für zu einfach gehalten, für zu bequem, habe dann das Argument hinter den Argumenten gesucht, weil ich fand, daß gewöhnliche Argumente zu simpel sind, eigentlich nur geschaffen für bequemen Umgang mit ihnen. Das Argument hinter dem Argument war interessanter. Man mußte es suchen in einem Meer von Täuschungen, Täuschungsmöglichkeiten, im philosophischen Hintergrund, Untergrund, in einer Landschaft, in der sich derjenige, der sich dort nicht zurechtfindet, verloren ist, und in der dennoch Erklärungen zu finden sind, die bis in die Nähe der Erbsünde reichen.
Wie auch immer, das unaufhörliche, ständige und wahrscheinlich bis zum Tode währende Reden, Gegenanreden, Erklärungsuchen, Erklärungfinden oder Erklärungverwerfen hat mich nie mehr zurückgebracht über den Zaun, von dem ich geredet habe.
Die Unbefangenheit ging verloren, bleibend verloren, das Hinter-dem-Zaun-Gefühl blieb und damit ein Standort, der auch ein Gutes hat: kühleren Blick, größere Nähe zur Skepsis, zur Melancholie, zur Traurigkeit, zur Grundtraurigkeit.
Einer der Gründe, der Hauptgrund für diese Grundtraurigkeit, war und wurde Auschwitz. Ich habe alles registriert, was über Auschwitz gesagt und geschrieben wurde. Ich weiß, daß es viele Leute gibt, die in geradezu verzweifelter Weise nachzuweisen versuchen, daß Ausch-

witz und alles, was dort geschah, eine Legende ist, ebenso handgemachter Mythos wie handgemachte Lüge, eine Weltlüge, eine Zwecklüge. Da hat der Kommandant von Auschwitz eine Beichte abgelegt, seinen Lebensbericht geschrieben und haargenau und im Detail beschrieben, was in Auschwitz vor sich gegangen ist und wie die Praktiken der Tötung waren, von Menschen, die in Güterzügen herangefahren wurden.

Ich kenne die Versuche, diesen Bericht zu leugnen, ihn als in der Folter abgepreßt darzustellen, aber – ich verstehe zuviel vom Schreiben, von Schreibstilen, ich bin ja und fühle mich absolut zu Hause in der Worthandhabung und würde die Unwahrheit erkennen. Und als ich diesen Bericht gelesen habe, wußte ich: Dieser Mann lügt nicht. Fälschungen dieser Art gibt es nicht. So genial kann kein Fälscher sein, der eine Lüge im Aussehen, in der Darstellung so sehr zur absoluten Deckung bringen kann mit der Wahrheit, zu fein, zu nachempfindbar sind die subtilsten Verästelungen dieses Berichtes, so deckungsgleich mit allem, was man sich selbst an Kenntnissen der Psychologie in langen Jahren erarbeitet hat. Man liest, sieht die Worte sich in Bilder verwandeln, und man taucht unter in einem Meer von Grauen, steht plötzlich mitten in der Szene, neben den Menschen, vor den Gaskammern, steht mit ihnen wie in einer Reihe und rückt mit ihnen vor.

Am schauerlichsten jener Teil des Geständnisses, in dem Höß berichtet, daß sich hohe SS-Führer durch ein Guckloch überzeugen konnten von der Art, vom Vollzug, vom Funktionieren des Tötungsvorgangs. Das Bild stellt sich ein, scharf ein, man sieht die Männer in Uniform, herangetreten an das Beobachtungsfenster, gepflegt aussehend, natürlich gepflegt aussehend, gepflegt und interessiert, möglicherweise sogar noch erschüttert, als sähen sie einem Naturereignis zu. Für mich kann es kein Bild geben, das die Zweiteilung in Opfer und Täter stärker darstellen könnte, und zwar in der absoluten Entfernung jener Affekte, mit denen Morde üblicherweise begangen werden. Wie das aushalten? Man hat nichts damit zu tun. Und vielen Leuten genügt es, sie stellen eher achselzuckend fest: Wir haben nichts damit zu tun. Auch ich habe damit nichts zu tun, aber es hat mein Leben verändert, und nicht, weil ich es so wollte, etwa für richtig gehalten habe. Die Wirkung übt sich aus ohne eigenes Zutun – *weil man der Sache so nahe war*.

Die, die schuldig sind, haben sich vergangen an denen, die unschuldig sind, sie haben sie mit hineingezogen in die Begriffswelt, in der sich Schuld ungeheuer differenziert, facettiert, in der sich Schuld nicht nur als ein Begriff des Gesetzbuches darstellt, sondern seine Ausbreitungsfähigkeit zeigt, zu einer Landschaft wird, in der niemand unge-

straft herumwandern kann. Wenn ich ein Beispiel gebrauchen darf: Es ist, als bekäme jeder einen *Lebenspaß* mit, in dem steht: Du darfst leben, du darfst ungestört leben, du darfst mit erhobenem Kopf leben – dieser Paß wurde eingezogen, von heute auf morgen, als sage jemand: Du darfst von nun an nicht mit erhobenem Kopf leben, niemand von euch, es gibt keine Ausnahmen, auch für die Gutherzigsten nicht, auch für die nicht, die schon frühzeitig die Gefahr erkannt, sie gesehen, davor gewarnt, etwas dagegen getan haben.
Ein jüdischer Freund sagte mir einmal: Es waren Deutsche, die es getan haben, aber das war nicht das Schlimmste, das Schlimmste war, daß es Menschen waren. So gesehen geht dieses ungeheuerliche Mordereignis in seiner Bedeutung über das Diktum einer nationalen Schandtat hinaus, die es zwar bleibt, dennoch als solche ein Weltereignis ist, ein Ereignis dieser Welt, zugehörig dieser Welt, hervorgegangen aus dieser Welt, Teil dieser Welt, nicht fremd in dieser Welt, nicht ganz fremd; ein Ereignis, das nicht aus dem Weltraum zu uns gekommen ist, sondern unter Menschen geschah. Man könnte sich durchaus fragen: Wird uns allen nicht der Lebenspaß entzogen, wird uns allen nicht mehr erlaubt, den Kopf hoch zu tragen?
Ich hatte mich also wieder eingerichtet im Leben, einen ersten Platz gefunden, nach Jahren des Umherwanderns und ständig in der Diskussion mit anderen, mit Freunden, mit Bekannten, alten und neuen Bekannten, es gab da einen schnellen Wechsel, der heute gar nicht mehr denkbar ist. Ich hatte Augenblicke, da mich der Lebensmoment völlig in Anspruch nahm, und nur der: Hautnähe, Sekundennähe zu Gegenwärtigem. Man kann auf einer Wiese in der Sonne liegen, Wärme und Gegenwart spüren und davon völlig durchdrungen sein – und Gewesenes existiert nicht, es ist einfach nicht da, und was nicht existiert und einfach nicht da ist, spielt keine Rolle, hat keine Bedeutung. Die meisten Menschen fühlten sich von der Gegenwart in Anspruch genommen in einer Weise, die Kopf und Herz *total* ausfüllte, mit einem Ergebnis fast so als lägen sie auf einer Wiese und in der Sonne, nichts genießend als den Augenblick, den Augenblick, der immer unschuldig ist. Sie befinden sich auf der ersten Lebensebene, wie ich es nennen möchte, die simpel ist, einlinig, keinen doppelten Boden hat, in der alles sich in überschaubarer Weise abspielt, mit üblichen und eingeübten Funktionen, die keine Hinter- und Untergründe haben. Auf dieser Lebensebene kann man sich durchaus wohl fühlen, manche Leute verlassen sie nie, bleiben dort und haben das Gefühl ähnlich jenem, auf einer Wiese in der Sonne zu liegen. Es gibt diese Leute, und es gibt sie wahrscheinlich zu Recht, denn Gott hat sie so geschaffen, jene Menschen für die erste, einfache Lebensebene, in der sie sich wohl fühlen und für die sie eingerichtet sind.

Aber es gibt natürlich eine zweite Lebensebene, eine dritte, eine vierte, eben jene Lebensebenen mit Vor- und Hintergründen, durch die die Gedanken hindurchfallen, von der ersten durch alle anderen, hin- und hergeworfen, in schmerzhaften Reflexen, so daß hinter dem einfachen Gedanken immer der andere sichtbar wird, der kompliziertere, der Gedanke, der eine Spur wahrer ist und der sich nicht ad acta legen läßt.
So übte man seine Tätigkeiten aus, und es gab da immer einen Hintergrund, der manchmal weiter weg war, manchmal näher rückte und im Näherrücken immer größere Festigkeit verriet in der unaufhörlichen Präsentation der Vergangenheit, für die Auschwitz das schreckliche Beispiel war.

In jener Zeit hatte ich wieder eine Begegnung mit Robert Krötz, mit dem Mann, mit dem ich so viele der interessantesten Gespräche geführt hatte. Unsere Gespräche hatten sich nie auf der ersten Ebene bewegt. Wir kamen sofort auf die Existenzfrage und verstanden unter Existenz nicht die äußere – die nebenbei auch –, aber es ging um die innere Existenz, wie stabil sie noch war oder wie instabil sie geworden war, wie sicher man selbst noch war oder wie hoch der Grad der Unsicherheit war. Er sagte: So so, du schreibst also wieder? Was für Themen hast du? Ich sagte: Ich habe Allerweltsthemen, Gebrauchsthemen.
Ich versuche Leute zu unterhalten, und dies auf eine Weise, für die ich mich nicht entschuldigen muß, jedenfalls nicht sehr entschuldigen muß. Er fragte: Was für einen Stil hast du? Ist er nett, gefällig, harmlos, oder bist du bitter, vielleicht zynisch? Ich sagte: Nein, ich glaube nicht, daß ich zynisch bin.
Schade, meinte er, es könnte dir helfen. Zynismus ist die Trauerarbeit der Intellektuellen. In Erinnerung ist mir noch eine andere Stelle unseres Gespräches. Mein Lieber, sagte er, pack dir nicht zu viele Schuldgefühle auf. Dazu neigt der Ehrliche ebenso wie der Schwache. Das erinnerte mich daran, was mir Willi Dissmann einmal erzählt hatte. Er sagte: Ich war neulich in Konstanz, habe jemanden besucht, der für mich einen Artikel schreiben sollte, auch jemand, der sich nicht zurechtfand in den Gedankengängen, wie sie dich heimsuchen. Ich sagte ihm: Du trägst ein Schicksal, fühlst dich betroffen, zutiefst betroffen. Nur ein paar Straßenzüge weiter, auf der Schweizer Seite, wohnen Leute, die nicht betroffen sind, die sich weiterhin wohl fühlen im Stande völliger Unschuld, obwohl du nicht mehr und nicht weniger getan hast als sie. Du wohnst nur um dreihundert Meter falsch. Gibt es Schuldzonen? Hört da Schuld auf? Oder, umgekehrt gesehen, fängt da Schuld an? Er beeilte sich hinzuzufügen, wie fragwürdig der Schuldbegriff sei. Am besten komme man dabei weg, wenn man jede

Schuld als Menschenschuld ansehe. Darüber entscheidet doch nicht der Reisepaß.
Er entschuldigte sich gleich darauf: Ich will der gängigen Meinung nicht widersprechen, ich möchte nur darauf aufmerksam machen, daß wir uns bei der Erörterung solcher Fragen auf sehr schwierigem Gelände bewegen. Da bewegt sich alles in einer Weise, daß man schwindlig wird.

16

Mein Pressedienst entwickelte sich. Ich tippte meine Kurzgeschichten, sie wurden zum Rathaus gebracht, auf den Tischen der Stadträte ausgebreitet. Manchmal kam einer der Stadträte herein, griff sich ein paar Seiten und las.
Wir alle sahen ihn aufmerksam an, warteten auf seine Reaktion. Einer sagte mal: Haben Sie so viele Mitarbeiter? Nein, sagte ich, das bin ich. Ich allein. Hut ab, meinte er.

Kurze Zeit später ereignete sich das, was die Welt, soweit sie sich Landstuhl nannte, veränderte, von heute auf morgen und ziemlich total. Die Amerikaner richteten Ramstein ein, den größten Militärflughafen in Europa. Da wuchsen plötzlich riesige Bauten aus dem Boden, da wurden Wälder niedergewalzt, Straßen angelegt, Startbahnen geschaffen, da mußte Platz geschaffen werden für Menschen, zu leben, zu wohnen, zu schlafen, zu arbeiten.
Da wurden Diskotheken errichtet auf Wiesen, die zum Landstuhler Moor gehörten, da kamen die Glücksspieler, die Beutemacher, die Spekulanten und mit ihnen Milieu und Klima, die bis dahin ganz fremd gewesen waren. Und sie wollten den ganzen unvollendeten Gebäudekomplex der geplanten Adolf-Hitler-Schule haben, jene Ruinen, von denen ich mir eine Wohnung abgeschnitten hatte. Da hatten die Ruinen plötzlich einen Besitzer. Und der war nicht ich. Nicht einmal für den kleinen Teil, aus dem ich uns eine Wohnung gemacht hatte. Ich hatte keinen Rechtstitel. Wie auch? Von wem? Der nette Bürgermeister hatte in jenen chaotischen Zeiten gesagt: Nehmen Sie sich nur, was Sie brauchen. In Windeseile wurde uns eine andere Wohnung besorgt, mitten in der Stadt. Von Entschädigung wurde nicht gesprochen.
Ich glaube, ich habe nicht einmal danach gefragt, so unbestreitbar hatte sich der Herrschaftsanspruch der Amerikaner etabliert.
So waren wir zurückgefallen in eine kleine finstere Wohnung in einer kleinen finsteren Stadt, die zwar nun fast so etwas wie eine Garnisons-

stadt wurde, dennoch für mich am Rande der Geschehnisse lag, weit entfernt von allen Zentren des Lebens, vor allem auch des journalistischen Lebens, dort wo man schrieb, wo man dachte, wo man Bücher verlegte, wo man Filme machte.

Meine Feuilletons, meine Kurzgeschichten verloren für mich ihren Wert. Ich wollte mehr sagen, und dies in größerem Rahmen. Ich hatte Hunderte von Feuilletons geschrieben, fühlte mich zwar nicht am Ende meiner Schaffenskraft – den Gedanken allein hielt ich für unmöglich –, aber es stellte sich eine gewisse Langeweile ein, das Gefühl, als versäume ich etwas, anderes, Größeres, Dinge von größerer Bedeutung. So schrieb ich ein Hörspiel: »Ein Mensch namens Lehmann«. In dieses Hörspiel packte ich alles hinein, was ich für die Quintessenz meines Nachdenkens hielt. Ich hatte den Krieg erlebt, ich hatte den Krieg im Detail beschrieben, und ich hatte im gewaltigen Hinsturz aller Dinge, in einem Weltzusammenbruch, eine Erfahrung gemacht, die nicht so neu war, die man schon im Ersten Weltkrieg gemacht und beschrieben hatte – was für ein Wahnsinn Krieg ist, daß aller Aufwand an patriotischem Gefühl, alle sogenannte Vaterlandsliebe, alle geübten Tugenden, die besten und schönsten dabei, daß sie vergeblich sind, in tragischer Weise vergeblich sind, daß die verlangten und erbrachten Lebensopfer wie mit einer Handbewegung vom Tisch gefegt werden, von heute auf morgen nichts gelten, und daß auch sie vergessen sind, der Vergessenheit anheimfallen in der gleichgültigsten Weise. Der jeweils unbekannte Soldat gehört zu einem Ritual, mit dem man sich das eigentliche Problem vom Halse schafft. Ich schrieb ein Friedensstück. Es wurde nie gesendet.

Man hat es angenommen, man hat es bezahlt, aber man sendete es nicht. Und dies aus einem einzigen Grund. Der Koreakrieg hatte begonnen. Und ganz plötzlich waren Frieden, Friedenssehnsucht, Kriegsverurteilung, Kriegsverdammung nicht mehr – – ja, was? Nicht mehr zeitgemäß? Richtig, man muß es so nennen. Es war nicht mehr zeitgemäß. Da gab es nämlich wieder so etwas wie politisches Leben. Politik meldete sich wieder, Gebrauchspolitik, auf Teilnahme bedacht am internationalen Geschehen, vorsichtig mitreagierend, so etwas wie eine neue, ganz neue eigene Bedeutung ins Spiel zu bringen, eine Stimme zu sein im allgemeinen Konzert, eine kleine Stimme natürlich, ganz vorsichtig erhoben, sich unter anderem auch äußernd darin, etwas *nicht* zu machen.

Der Sender in Köln verlangte einen Spruchkammerbescheid. Ich hatte mich um so einen Bescheid nie gekümmert, tat es jetzt.

Ich telefonierte mit einem Leiter einer Spruchkammer, die kurz vor Beendigung ihrer Tätigkeit stand. Ich schickte ihm einen ausgefüllten Fragebogen mit meinen Daten und Taten. Er telefonierte mit mir,

sagte: Nach Ihrem Geburtsdatum sind Sie vom Gesetz nicht betroffen. Holen Sie sich den Bescheid ab.
Ich sagte: Ich muß nach Köln, ich fahre heute nachmittag mit dem Zug. Gut, sagte er, ich bringe Ihnen den Bescheid an den Zug.
Ich hatte es also schriftlich. Ich war vom Gesetz nicht betroffen. Du liebe Zeit, vom Gesetz nicht betroffen, vom Gesetz!
Und war doch immer noch betroffen, total betroffen, in einer Weise, die mir selber noch gar nicht bewußt war, die mein Leben verändert hatte und die es bestimmte, bis auf den heutigen Tag bestimmte. Und war nun nicht betroffen. Irgend jemand kam nach Kaiserslautern an den Zug und brachte mir das Papier. Gegen eine kleine Schreibgebühr.
Von Köln aus fuhr ich nach Hamburg. Ich wollte weg von Landstuhl. Ich erstickte in der Kleinstadt, es war einfach notwendig, lebensnotwendig, anders zu atmen, anderes zu tun, mit anderen Leuten zu reden. In Hamburg hatte ich ein paar alte Freunde wiedergetroffen, einen ehemaligen Vorgesetzten, der früher Oberbürgermeister einer großen deutschen Stadt gewesen war und der sich nun bemühte, Fuß zu fassen, Land unter die Füße zu bekommen, wenn nicht Land, so doch einen bescheidenen Platz, auf dem man stehen und sich umsehen kann, atemlos, aber mit dem Wunsch, zur Ruhe zu kommen. Er kam nicht zur Ruhe, er starb, bevor er den Platz gefunden hatte.
Ich suchte natürlich meinen alten Freund Christian Bock wieder auf, den ehemaligen Feuilletonisten der Vossischen Zeitung. Er war der erste, der mir wieder Mut zusprach und sagte: Gib dich nicht auf. Er hatte die Kriegszeit unkriegerisch verbracht, als Redakteur der Zeitschrift »Signal«, die vom OKW herausgegeben wurde und eine sehr gute Zeitschrift gewesen war, Spiegelbild eines Deutschlands, das sich nach außen hin zur Geltung bringen wollte. Christian war ein innerlich unglaublich starker Mann, für den die persönliche Freiheit absolut selbstverständlich war.
Eine Zeitlang hatte er für Axel Springer die »Norddeutschen Hefte« gemacht, seine Redaktion in alter Berliner Weise geführt, lässig, ohne geregelte Uhrzeiten für seine Redaktion, immer redend, streitend in Diskussionen, um jedem Thema die interessanteste Seite abzugewinnen.
Als Springer ihm ausrichten ließ, er möge seine Leute gefälligst disziplinieren, verließ er seine Stellung sofort und war von Stund an wieder, was er am liebsten war: sein eigener Herr. Das weite Meer der existentiellen Unsicherheit schreckte ihn nicht. Er begann Hörspiele zu schreiben für den Nordwestdeutschen Rundfunk. Er war es, der mir sagte: Komm, wir schreiben für den Rundfunk. Wir müssen den Leuten da nur beibringen, daß sie auf uns gewartet haben.

Ich hatte einen weiteren alten Freund wiedergetroffen, den Regisseur Alfred Weidenmann, der mit mir in der RJF gewesen war, sich frühzeitig für Film interessiert hatte, und der mit mir den Film »Junge Adler« gemacht hatte.
Das erste, was man jeweils fragte: Wie ist es dir ergangen? Wie hast du den Krieg überstanden? Warst du in Gefangenschaft? Er sagte: Mich haben sie gefangengenommen auf dem irrsten Platz, den du dir vorstellen kannst: vor der Reichskanzlei. Ich war in einem Lager, hatte es aber mit netten Russen zu tun. Sie waren kulturbewußt, wollten eine Theatergruppe aufbauen. Ich sagte, ich sei Regisseur. Da habe ich im Lager Theater gemacht. Und wurde von dort nach Hause entlassen.
So war ihm Sibirien erspart geblieben, eine Zeit, die er sicher nicht überstanden hätte. Ich fragte: Wo wohnst du? Er antwortete: An der Elbchaussee, ich habe da ein möbliertes Zimmer in einer Villa. Ich seh die Elbe, sehe die Schiffe ein- und ausfahren. Es ist wirklich ein großes Vergnügen, da zu wohnen. Alfred Weidenmann war immer ein Ästhet, ein »Herr« nach Art und Kleidung und hatte schon wieder Beziehungen angeknüpft: Kann durchaus sein, daß wir bald wieder Filme machen.
Ich nahm eine Wohnung in Hamburg, mietete für zwanzig Mark ein Souterrainzimmer in der Alte-Raben-Straße, lebte dort in einer sehr netten Höhle, die Licht nur empfing durch ein Souterrainfenster, das halbhoch war, Ausblick lediglich auf die Beine der Passanten gestattete. Natürlich hatte ich meine Schreibmaschine mit.
Der Feuilletonpressedienst war ja noch nicht aufgegeben.
Ich schrieb die Wochenration an Feuilletons, schickte sie meiner Frau, die in Landstuhl geblieben war und den Platz auch nicht verlassen wollte, sie ging damit zum Rathaus, zog die Exemplare ab, verschickte sie.
Christian Bock half mir bei der Einrichtung des Zimmers. Na, sagte er, was ist die Grundausstattung eines Schriftstellers? Seine Schreibmaschine, war meine Auffassung. Ganz falsch, sagte er, Kaffeegeschirr. Er ging mit mir einkaufen, Tassen, Teller, eine Kaffeekanne. So, sagte er dann, jetzt schreibe und trinke. Oder trinke und schreibe.
Dennoch hatte ich die Phase einer ungeheuren Lebensfremdheit noch nicht verloren.
Ich erinnere mich an zielloses Umherwandern, es war ein Auf-dem-Boden-Umherwandern. Heute weiß ich, daß ich ein Opfer war des Verlustes von Selbstsicherheit, eines Gefühls von Ausgeschiedensein, von Nicht-ganz-Dazugehören. Die Ausflüge des Einsamen gingen auf die Reeperbahn, und seitdem verstehe ich, daß diese Straße mit ihrem Leben, mit ihrem Leben in Grenzbereichen, mit ihren Lichtern, ihrem

Lärm, ein Anziehungspunkt ist für Menschen, die aus dem Gleichgewicht gebracht sind, die zurückgeworfen auf sich selbst, dort jedoch ohne Trost sind.
Es war ein Glück für mich, daß ich eine Frau kennenlernte und mit ihr eine Familie, die, wie es aussah, »in Ordnung« war. Da war alles noch vorhanden, Haus und Hof, Haus und Grundstück, ein sozusagen herübergeretteter Platz, unversehrt geblieben.

In dieser Familie fühlte ich mich bald zu Hause, durchschritt das Gartentor, ging die baumgesäumte Eingangsstraße hinunter zum Haus, zum Gärtnerhaus, und genoß etwas: die Abgeschlossenheit eines Besitzes. Damals wußte ich noch nicht, daß sich in diesem Gefühl für Land, für umzäuntes, gesichertes Land ein Grundgefühl ausdrückte. Ich habe dies später alles verwirklicht: Ich hatte Häuser, umgeben von Land, das Land abgesichert, umgeben von Bäumen und Büschen, eine Abschirmung, die diesem Grundgefühl, einer Grundsehnsucht, entgegenkam. Die junge Frau, der ich soviel verdankte, bestimmte einige Jahre meines Lebens. Sie war »gut«, und dies in einer Weise, die man nur von wenigen Menschen sagen kann. Heute, Jahrzehnte später, kann ich dies um so leichter hinschreiben, als ich ihren Lebensweg verfolgt habe. Dieser Lebensweg bestätigt es offen und sichtbar, daß sie »gut« war, ein bewundernswerter Mensch, in der Hingabe für andere, das Wohl anderer höher einschätzend als ihr eigenes Wohl, in solcher Hingabe auch leidend, dennoch nie wankend, nicht einen Moment unsicher werdend.
Ich schreibe einen Zeitbericht, und deswegen muß ich, will ich eine Szene berichten, die möglicherweise informativ ist.
Ich unterhielt mich mit ihr über Hitler, über die Vergangenheit. Ich sprach von Auschwitz und daß Hitler einer der größten Verbrecher der Weltgeschichte sei. Sie war außer sich, weinte fast: Ja, glaubst du das denn auch? Das stimmt doch alles nicht. Ich erzähle dies deswegen, weil der geplante, der vollzogene Mord an Juden von einem normalen Verstand einfach nicht zu fassen war. Und daß dies nebeneinanderstand, kalter planmäßiger Mord, in der menschenverachtendsten Weise durchgeführt, und grenzenloser Idealismus, der sich das andere einfach nicht vorstellen konnte. Sie sagte, weinend: sie lügen, sie lügen, sie lügen.

Auch bei ihr begann dann die intellektuelle Auseinandersetzung mit unbegreiflichen Phänomenen, und auch dies in der bedingungslosen Weise, die sie auszeichnete. An meiner Seite leistete sie dann ihren Beitrag zu den Filmprojekten »Canaris« und »Kinder, Mütter und ein General«, auf die ich noch zu sprechen komme.

Ganz zu Anfang der fünfziger Jahre gab es immer noch nicht den vollen Fluß der Information, der spärlich begann und erst heute seine volle Stärke erreicht hat. Jetzt haben sich auch die Erschrockensten artikuliert, haben auch die Entsetztesten ihre Stimme gefunden.
Nun haben sich alle entsetzlichen Bilder wie formiert, den Menschen von heute gleichsam umstellt, sind in seinem Blick, und dies bleibend. Zuweilen treten sie zurück, überdeckt von der Gegenwart, zuweilen treten sie vor, präsentieren sich, und dies mit herzzerreißender Gewalt. Man sieht dann wieder etwa die riesige ausgeschachtete Grube, in die hinein sich der Zug nackter Menschen begab, Menschen, die sich stumm, im Herzen schon getötet, auf andere Nackte legten und dann vom Grubenrand aus von einem Menschen erschossen wurden, der diesen Namen nicht verdiente, der als Untier seinen Platz irgendwo zwischen allen Höllen hat. Und es waren Frauen und Kinder dabei, nackt gehend, an den Posten vorbeigehend, eine Frau dabei, die auf ihre Kinder wies und sagte: So schöne Kinder.
Dies ist das grauenhafteste Ereignis, von dem ich gehört habe. Erfahrung und Phantasie begnügen sich nicht mit dem Bild, sondern versuchen eine Stimmung zu erfassen. Das Wort Stimmung drückt nicht ganz aus, was ich meine, ich meine Das-einem-Ereignis-Beigegebene, innerlich Beigegebene und Dazugehörige, so als habe das äußere Ereignis eine innere Entsprechung, für das es kein Wort gibt, das umschrieben werden muß, eine Art von Sein über das reale Sein hinaus, ein dazugehöriges Sein, das sich bemerkbar macht mit Wärme und Kälte, mit Lebenswärme und Lebenskälte, mit geringer und hoher Intensität, manchmal kaum bemerkbar, manchmal scharf und durchdringend, Distanz verringernd oder sich unendlich dehnende Distanz, die sich schicksalhaft gibt, mit der Kraft eines Urteilsspruchs von wem auch immer, so daß der Tod nicht das eigentliche Ereignis ist, sondern jene Distanz zum Menschlichen überhaupt.
So war es immer gefährdet, das Einen-Platz-Suchen, das Suchen des halbwegs festen Standes für die Füße, das Schaffen eines neuen Lebensumkreises, in der Hoffnung auf neue Selbstsicherheit. Man sah sich umstellt, ausgeliefert an Gefühle, die die Neigung hatten, extrem zu sein; eine Liebe wurde tiefer, eine Freundschaft deutlicher, verpflichtender, Argumente wurden leidenschaftlicher gesagt und vertreten, alles eine Folge, neu denken zu müssen, eine Folge der Versuche, sich neue moralische Lebensgerüste zu schaffen.
Die Zeit in Hamburg war sehr fruchtbar. Kenntnisse boten sich an, Erfahrungen wollten gemacht werden.
Die Bekanntschaften zogen sich durch die ganze Stadt und umfaßten die verschiedensten Leute, mit den verschiedensten Berufen. Da waren die Frauen, die auf ihre Männer warteten, die sich noch in Gefan-

genschaft befanden, zusammenlebten mit anderen, dennoch auf ihre Männer wartend. Ich habe es erlebt, daß jemand aus Rußland kam, seinen Platz neben seiner Frau einnahm und mit dem anderen sprach, der jetzt den Platz räumen mußte, fast wie in Dankbarkeit, in seiner Abwesenheit sich um seine Frau gekümmert, ihr geholfen zu haben. Da war zuweilen eine große Nüchternheit eingekehrt, auch eine Abkehr vom Gewohnten, eine Abkehr von einer Romanwelt von Liebe und Treue.

Zusammen mit Christian Bock schrieb ich Hörspiele: »Karussell zu verkaufen«, »Der Teufel fährt in der dritten Klasse« und »Vater braucht eine Frau«. Es waren erfolgreiche Hörspiele, sie waren volkstümlich und gaben wieder, was ich als Unterhaltung empfand. Es sollte immer dazugehören ein zu entdeckender, zu empfindender Hintergrundgedanke. Ich gebe zu, es war jedesmal ein moralischer. Ich wollte, daß alles gut ausgeht. Es waren keine zynischen Geschichten, ich habe bis heute keine Beziehung zu zynischen Stücken, zu zynischen Schlüssen. Ich kann der Aufdeckung von Negativem nichts abgewinnen, halte die Beschreibung des Negativen, des menschlichen Elends, der menschlichen Unvollkommenheit für keine besondere Leistung, ich bevorzug immer und bis heute den »guten Schluß«, nicht das Happy-End in der negativen Bedeutung des »guten Schlusses«, ich möchte vielmehr, daß etwas nicht verlorengeht, daß die Hoffnung nicht verlorengeht, daß Prinzipien nicht verlorengehen, daß der »gute Schluß« wenigstens als Vorgabe, als *Zielvorstellung* erhalten bleibt, wie fern der gute Schluß auch liegt, der gute Schluß, den Menschenschicksal nehmen sollte und den es wohl nicht haben wird. Trotzdem werde ich bis zum Ende den guten Schluß propagieren, weil ja möglicherweise Gott sich erbarmen könnte und uns allen doch noch einen guten Schluß gibt.
Christian Bock wohnte in der Sierichstraße, im dritten oder vierten Stock, mit einem Balkon zum Hinterhof, der umstanden war von den Rückseiten von Mietshäusern, noch kriegsgrau, ungepflegt, roter Ziegelstein, der sich grell ins Bewußtsein drängte. Dort saßen wir also, überlegten, was wir schreiben wollten. Wir fingen beide an, saßen einander gegenüber und schrieben die ersten Szenen. Es hatte ihn damals schon geärgert, daß ich immer schneller fertig war als er. Dann gab ich ihm, was ich geschrieben hatte, er gab mir seinen Anfang. Christian, sagte ich, mir gefällt, was du geschrieben hast. Und er sagte: Deins ist auch nicht schlecht. So flochten wir das Geschriebene liebevoll ineinander und brachten es zum Nordwestdeutschen Rundfunk in die Rothenbaumchaussee. Auch Weidenmann war inzwischen aktiv geworden.
Er kam zu mir in die Alte-Raben-Straße, unterdrückte den Schrecken

über meine primitive Kellerbehausung und sagte: Wir können Kulturfilme machen. Die Deutsche Shell finanziert sie. Wie, sagte ich, geht es ihnen so gut, daß sie Geld übrig haben für Kultur? Es geht ihnen gut, und sie haben Geld, sagte Weidenmann.
Da machten wir also den Kulturfilm über die Jugendstrafinsel Hanöversand. Er hieß »Weg in die Freiheit« und bekam einen Bundesfilmpreis. Ich habe den Preis heute noch. Er liegt neben anderen Preisen, nicht goldglänzend, sondern silbern, eine Art Banner oder Fahne. Ich bin nicht hinter den Sinn dieser Fahne gekommen. Aber sie hatten meinen Namen eingraviert. Ich gebe zu, daß ein solcher Preis, ganz unvermutet bekommen und von bundesweiter Bedeutung, das Selbstgefühl hob, wenn auch mit einer Beigabe von Verwunderung.

Ich hatte das Kellerzimmer aufgegeben und wohnte nun in der Faasstraße, hatte dort eine Einzimmerwohnung, die schon gewissen Komfort bot, ich kaufte die ersten Möbel, Sitzmöbel, eine Couch. Ich hatte nun auch wieder einen Wagen, einen gebrauchten, und fuhr nun hin und her durch das Leben, mit Christian Bock häufig nach Travemünde (er war ein leidenschaftlicher Spieler), natürlich auch nach Landstuhl, nach München, halt überall dorthin, wo man Freunde hatte und Lust sie zu sehen, mit ihnen zu sprechen.
Willi Dissmann war nun auch in Hamburg, leitete das Blatt »Die Stimme«, die Zeitung der Vertriebenen. Wir haben natürlich oft über die Vergangenheit gesprochen, da sie für ihn so schicksalhaft gewesen war wie für mich, aber sie quälte ihn nicht, denn die Gegenwart bedeutete ihm alles. Ich sehe noch heute seine blitzblanken Augen, die ständige totale Interessiertheit an politischen Vorgängen. Immer wenn ich ihn traf, hatte er etwas anzubieten: neue Bücher, aus denen heraus er zitierte, neue Passagen aus Zeitungen, aus Broschüren, gab sein Für und Wider, ich habe nie einen Menschen gesehen, der heller wach gewesen wäre, dem Leben völlig zugewandt. Er stammte aus einem kleinen Ort in Westfalen, aus Holzwickede, es war der Ort, in dem mein Vater auf dem Bahnhof zu Tode gekommen war.
Er war ein glücklicher Mensch, der sich auch im Ungewohnten mit großer Selbstverständlichkeit zurechtfand.
Ich hatte ihn schon in München wiedergetroffen, auf einer jener Fahrten, die Irrfahrten waren, Irrfahrten und Suchfahrten. Er hatte eine Freundin, eine Sudetendeutsche, groß, blond, blauäugig und ähnlich verwegen, auch dem Leben ganz zugewandt, sie stand ihm in Lebensmut nicht nach. Sie wohnte möbliert bei einer Münchner Familie, die treu war, gottesfürchtig und moralisch. Diese Leute erlaubten ihm, tagsüber bei seiner Freundin zu sein, aber um zehn war Schluß. Dann mußte er die Wohnung verlassen.

Wir verbrachten also einen netten Abend, angefüllt mit Gesprächen über die grundsätzliche Lage, wie über die Lage im besonderen.
Ich sagte, ich muß mir jetzt einen Platz suchen, wo ich über Nacht bleiben kann. Kein Problem, sagte er, du schläfst hier, wir legen die Matratzen auf dem Boden aus. Gegen zehn sagte er: Wie leise kannst du gehen? Besorgt fügte er hinzu: Vielleicht solltest du dir die Schuhe ausziehen.
Ich sagte: Warum soll ich mir die Schuhe ausziehen?
Komm, meinte er, es wird schon gehen. Er lachte: Es läuft jetzt etwas ab. Wir gingen alle drei auf den Flur der Wohnung hinaus. Willi redete laut, Lilo antwortete. Eine Verabschiedungsszene. Alle gingen an die Tür, öffneten sie, man sagte allgemein, sehr laut und herzlich »Auf Wiedersehen und bis morgen«, dann schloß Willi die Tür laut und kräftig.
Und dann ergriff er meine Hand, flüsterte: Leise.
Und wir schlichen zurück in das Zimmer und unterhielten uns nur noch im Flüsterton. Über die deutsche Lage, über die deutsche Zukunft, von der er überzeugt war, daß wir sie haben würden. Du wirst dich noch wundern, flüsterte er.
Ein Jahr später haben die beiden geheiratet. Und das sittenstrenge bayerische Ehepaar war mit auf der Hochzeitsfeier, und nun glaubte mein Freund Willi den Augenblick gekommen, den beiden die Wahrheit zu sagen. Er berichtete mir später davon, immer noch perplex vor Staunen: Soll ich dir was sagen? Sie waren stockbeleidigt, und sie hätten beinahe die Hochzeitsfeier geschmissen.
Auch er also befand sich in Hamburg und gab einer Zeitung Geist und Leben. Ich selbst schrieb zuweilen für diese Zeitung, Artikel mehr grundsätzlicher Art, mit Politik hatte das, was ich schrieb, nicht viel zu tun.
In jener Zeit erfuhr ich auch genauer, welches Schicksal den Vertriebenen mit der Vertreibung auferlegt war. Lies mal, sagte mein Freund Willi, alles, was wir im Archiv haben, steht dir zur Verfügung. Aber trink einen Schnaps dabei. Du wirst Sachen lesen, die wie Geschichten direkt aus der Hölle sind. Ich las ein neues Kapitel Höllengeschichten. Die Jagd auf Deutsche in Prag, gleich, um wen es sich handelte, ob es Mann war, Frau oder Kind. Wieder hatte es urplötzlich eine besondere Stimmung gegeben: Das Böseste war erlaubt. Man durfte das Böseste tun, ohne Gewissensbisse, man übte das *Racherecht* aus. Und wie!
Ich las die Schilderungen von gnadenloser Verfolgung durch wütenden Mob, das straßenweise Absuchen nach Menschen, das Herausholen aus Wohnungen, aus Kellern, aus Verstecken, das Herunterstoßen aus Fenstern, die auf der Straße Liegenden, die noch zertrampelt

wurden, unter Gejohle zertrampelt wurden, Frauen, die nackt ausgezogen wurden, Kinder, die man in die Moldau warf. Die Moldau füllte sich mit Leichen.

Über Prag lag der Schrei der Gequälten. In jenen Maitagen wurden *Hunderttausende* erschlagen, auf grausamste Weise umgebracht.
Ich sprach später selbst mit einem Mann, für den ich Kurzfilme gemacht hatte. Auch ihn hatte man auf der Straße verfolgt, ihn niedergeschlagen und mit Knüppeln geschlagen und für tot liegengelassen.
Ich sagte: Da stehen nun die Dinge nebeneinander. Vergiß Lidice nicht, und nicht den Überfall auf die Resttschechoslowakei selbst. Im Mai '45 brach sich der blanke Haß Bahn. So, sagte er, der blanke Haß. Gut, in Ordnung, gegen blanken Haß kann man nichts sagen, nichts gegen den Haß, den man aus dem tiefsten Keller holt, aber, hob er die Stimme, war das nicht doch etwas anderes, war das nicht doch mehr, diese Wahnsinnsraserei durch die Straßen, das Schlagen, Töten, Massakrieren? Weißt du, daß man deutsche Soldaten an den Füßen aufgehängt hat, nachdem man sie mit Teer bestrichen hatte und sie dann in Brand steckte, *schreiende Fackeln im befreiten Prag*?
Er sah mich atemlos an. Und, wie ich gehört habe, tanzte man um diese menschlichen Fackeln herum. Was ist das, rief er, was ist das? Er engagierte sich so, daß ich Angst um ihn bekam, seine Augen bekamen fast etwas Fieberhaftes. Er hob die Hand, sagte, flüsterte: Dieses wahnsinnige Jahrhundert bricht doch aus allen Fugen. Ich weiß, ich weiß, fuhr er lebhaft fort, die Juden, das organisierte Töten, das scheinbar leidenschaftslose Töten, das verächtliche Töten, keine Momentuntaten.
Ich habe mich selber gefragt, wie rangierst du das? Steht irgendwas an erster Stelle? Entschuldigt etwa das eine das andere? Er holte Atem: Weißt du, was mir eingefallen ist? Er hob die Stimme und sagte, ganz langsam: Gott weint nicht einmal mehr und einmal weniger.
Er fixierte mich und fragte, fast aggressiv: Wie findest du diesen Satz? Ich gebe zu, er hat mich damals, als ich ihn zum erstenmal hörte, beeindruckt, und zuweilen denke ich heute noch daran und empfinde eine tröstende Wirkung: *Gott weint nicht einmal mehr und einmal weniger*.
Vielleicht aber auch bleibt mir der Satz nur in Erinnerung wegen der Behauptung, daß Gott überhaupt weinen kann. Was ja nicht sicher ist. Damals nahm Willi seinem Satz jede Schärfe, als wolle er etwas auf keinen Fall: Polemik. Er sagte: Ich denkc, daß damals ein besonderer Effekt eine Rolle gespielt hat, den du auch in der Tierwelt beobachten kannst: Weglaufen erzeugt Hinterherlaufen. Das weglaufende Tier, das flüchtende Tier bringt die Verfolger sofort ins wütende, triumphie-

rende, mörderische Hinterherlaufen. Die Deutschen hatten verloren, sie hatten ihre Macht verloren, sie waren die Weglaufenden. Und die Tschechen nun die wütenden, triumphierenden, mörderischen Hinterherlaufenden, die eine Beute zu Boden rissen. Er sagte, es ist eine Theorie, die ich da habe. Aber sie ist überall zu sehen, wo die Situation ähnlich war. Denke an Frankreich, die Deutschen auf dem Rückzug. Der gleiche Effekt. Ganz normale, nette, friedliche Leute veränderten sich von einem Tag zum anderen. Da flüchteten welche, da war Macht gebrochen, da hatten sich Machtverhältnisse umgekehrt. Und der Augenblick vor der neuen Machtetablierung ist der chaotische, alles umwertende, alles außer Kraft setzende Augenblick, außer Kraft setzend die gewöhnlichen Empfindungen, die sonst ständig im moralischen Gerüst bleiben.

Und ganz plötzlich gibt es das Gerüst nicht mehr, es sind Interregnumtage, in denen selbst Kinder das Hinterherlaufen als erlaubtes Spiel ansehen, das Hinterherlaufen, das Niederreißen und Töten. Ich habe gehört, sagte er mit jener Stimme, die immer ein wenig atemlos war, daß sie in einem Dorf in Südfrankreich unter Gejohle einen deutschen Offizier in einen Backofen gesteckt haben, den sie dann in Betrieb setzten.

Und das Sonderbare: Nette, ganz normale Leute schienen etwas zu genießen, nämlich eine Art Freizone, als gäbe es eine Art höherer Erlaubnis dafür. Da war sie wieder, die *Distanz zu fremdem Leid.*

Willi fügte hinzu: Frage jetzt: Haben wir es mit einem Sonderfall zu tun, mit einem erlaubten Sonderfall, den es nie wieder geben würde. Irrtum, sagte er, Irrtum. Ich behaupte, das wird immer wieder mal eintreten, in Interregnumzeiten, wenn aus irgendeinem Grunde Jagd gemacht wird auf andere, auf *den* anderen, auf *die* anderen, wo immer in der Welt plötzlich jemand mit dem Finger auf einen anderen zeigt, auf das andere zeigt, auf die andere Hautfarbe, auf die andere Religion, was immer man als das andere empfinden will, und sei es nur die Sprache, der Andersprechende, der Barbar!

Willi war wie immer nach temperamentvollen Reden erschöpft, und seine Blicke bekamen eine traurige Intensität.

Mein Lieber, wir leben nicht in der besten aller Welten.

Die Welt ist fragwürdig. Das Fragwürdige gibt sich bedeckt. Zuweilen reißt die Geschichte den Mantel weg, und dann ist sie voll da, die Fragwürdigkeit des Menschlichen, die totale Lust an der Umkehrung aller Werte. Jetzt frage ich dich: Ist jener Mensch, der jagende, tötende, johlende, der niedertrampelnde Mensch der ehrliche Mensch und sind wir jetzt, die wir uns atemlos gerettet haben auf ruhiger werdendes Land, die Unehrlichen, die sich hinter einem Schein Versteckenden, die Scheinheiligen?

Ein Satz noch ist mir in Erinnerung. Er sagte plötzlich: Wieso brennt immer Ewiges Licht am Mahnmal des Unbekannten Soldaten? Man müßte Mahnmale schaffen für die Ermordeten, wo immer und wie immer sie ermordet wurden, und wer immer die Ermordeten sind. Dort sollte das Ewige Licht leuchten, dort sollte man Feierstunden abhalten, Gedenkstunden, nicht nur Kränze niederlegen, sondern beten, meditieren, daß immer wieder ins Gedächtnis gerufen wird, daß es sich um Ermordete handelt. Man müßte *natürlichen Tod neben den gewaltsamen Tod* stellen, natürlichen Tod neben Mord. Das Wort Mord müßte durch die Welt hallen von einem Ende zum anderen, weil es ihr Schicksalswort ist. Auch jeder tote Soldat, was ist er letzten Endes anderes als ein ermordeter Mensch.
Ich habe später übrigens Prag besucht, ich hatte einen tschechischen Regisseur kennengelernt, Sbynek Brynych, der später einige meiner Filme gemacht hat. Prag ist eine wunderschöne Stadt, als Stadt eine Zusammenarbeit von Nationen, auch Deutsches ist in Hülle und Fülle da, Prag war eine europäische Stadt, sie war einmal ein Mittelpunkt Europas. Man spürt es noch. Man geht durch die Gassen, und die Bilder der Zeit, in der Menschen durch die Straßen getrieben wurden, sie sind weit entfernt, so weit, daß sie unglaubhaft sind, allseits vergessen, jener Vergessenheit überantwortet, die Menschen offenbar reserviert haben für ihre tiefsten Geheimnisse, dorthin abgelegt, wo sie auch bleiben sollen, weil ihre ständige Vergegenwärtigung beim Leben stört. Ich lernte sehr nette Leute kennen, tschechische Schriftsteller, die ich in einem Schloß besuchte, das Heimstatt, Werkstatt, Arbeits- und Erholungsort zugleich war. Ruhige, wohltuende Gespräche. Da war keine Rede mehr von der Vergangenheit. Vergangenheiten, wenn sie die aktuelle Erregung los sind, wenn sie akzeptiert sind, haben sonderbarerweise auch etwas Verbindendes.

Schöne Tage in Prag. Ich ging über die berühmte Moldaubrücke. Da allerdings kamen mir die Berichte in den Sinn, und ich mußte daran denken, daß eben über die Brüstung dieser Brücke Menschen wie Müll in den Fluß geworfen wurden. Aber die Bilder, die man mit der Phantasie schafft, bleiben nur eine Weile in ihrer Wirkung, dann werden sie überlagert von den Bildern der Gegenwart, von gehenden Menschen, von Frauen, von Kindern, die im normalen Hin und Her die Brücke benutzen. Ich vergesse auch nicht jenen jungen Tschechen, der uns bei der Einfahrt in das unbekannte Prag den Weg wies. Ein aufgeweckter, lebhafter, junger Mann, der gut deutsch sprach und sagte: Wohin wollen Sie? Warten Sie, ich fahre Ihnen voraus. Er lachte, er winkte, er fuhr uns voraus. Ich fragte: Können wir Ihnen einen Gefallen tun?

Fast erschrocken hob er die Hände, als müsse er eine mögliche Unterstellung, etwas in Erwartung eines Geschenks getan zu haben, von sich weisen.
Die Gegenwart war freundlicher, und jeder Mensch neigt dazu, sich solcher freundlichen Gegenwart zu überlassen, sich in ihr wohl zu fühlen, aber im Hintergrund, mal näher, mal weiter weg, war die Erinnerung an den Krieg, der sich wie im Zwang zur Geltung brachte: Mach den Fehler nicht, ihn zu vergessen.
Willi Dissmann hatte einmal gesagt: Wirklich über den Krieg nachdenken können nur die die, die ihn verloren haben. Gott macht alle Sieger töricht und nimmt ihnen den Verstand. Der Verstand ist bei den Verlierern. Also, Verlierer, streng deinen Verstand an. Und das tat man, und so gut es eben ging.

Ich wurde im Ersten Weltkrieg geboren, wuchs auf in einer Nachkriegszeit, die vom eben vergangenen Krieg noch geprägt war. Die Denkweisen, die diesen Krieg möglich gemacht hatten, die in ihm lebendig waren, sinnsuchend, sinnbestimmend, die ganze Gefühlswelt der Kriegszeit wurde mit hinübergenommen, bestimmte meine Jugendzeit. Es gab zwar die Rufe: Nie wieder Krieg. Aber diese Stimmen waren vereinzelt, sie hatten sich nicht vereinigt zu einem Massenschrei, der nicht zu überhören gewesen wäre. Die allgemeine Art zu denken, zu fühlen, beides so ungeheuer zeitgebunden, gab sich als eine nahezu unbewegliche Masse, hinter allen Ereignissen stehend als Denkwelt auch als Historienmasse, als solche zu bewerten, zu registrieren, zu untersuchen, jene zeitgebundene Denkwelt, die sich zwar auch verändert, aber den Ereignissen nicht folgen kann, als gäbe es ein Gesetz der Trägheit für alles Gedachte, das die Neigung hat, bleiben zu wollen.
Der Krieg war als Ungeheuerlichkeit noch gar nicht begriffen, er gab sich immer noch als Natürliches, gleichsam veredelt durch Gesänge und Gedichte, seit Tausenden von Jahren auf diese Weise überhöht und nie in Frage gestellt.
Nie grundsätzlich in Frage gestellt. Homer war der erste der wirklich großen Kriegsberichter – man möge verzeihen, aber man kann es ja auch *so* sehen –, er beschrieb einen Krieg, überhöhte ihn, *dichtete* ihn in eine bleibende Wirkung hinein und etablierte ihn zugleich, nicht als ein nüchternes, letztes Mittel der Politik, sondern gab ihm mythischen und mystischen Glanz, er schuf die erste Weltheldensage und entsprach damit wohl – das ist jetzt die Frage – einer inneren Wahrheit über den Menschen. Schuf Gott den Menschen und mit ihm zugleich den Krieg? Das Menschengegeneinander als ein Naturrecht? Und ist es ein gottgewolltes Naturrecht, das Spiel von Stärke und Schwäche,

mit der einzigen Regel: Der Stärkere darf, muß gewinnen. Handelt es sich um Auslesevorgänge, die sich in der Gleichgültigkeit der Bewertungslosigkeit vollziehen und ein Naturrecht auf ihrer Seite haben? Und ist das Weinen der Betroffenen eine Sache, von der die Geschichte keine Kenntnis nimmt und das in der Geschichte auch keine Rolle spielt? Ist eine Welt ohne Krieg überhaupt möglich? Was hätten wir dann? Das, was Nietzsche das Grüne-Weide-Lämmer-Glück nennt? Man erinnere sich an die grandiosen Gemälde von Rubens, an das »Große Jüngste Gericht«, an das »Kleine Jüngste Gericht« und an den »Höllensturz der Verdammten«.

Diese drei Gemälde haben das gleiche Thema – die Belohnung der Guten, die zu Seligen werden und sich im sanften Auftrieb befinden, nach oben, ins Lichte, ins Reine – dieser sanfte Aufstieg von Engeln begleitet, Gott entgegen – auf der anderen Seite und tief unten lodern die Feuer, da erleben die Verdammten ihren Höllensturz, da wird gekämpft, gelitten, geschrien, eine Szenerie ohne Gnade, ohne Frieden, geballte Kraft im Leidens- und Gewaltexzeß. Das ganze, sofortige Interesse, das leidenschaftliche Interesse gilt dem unteren Teil des Bildes, der obere Teil wird eher gleichgültig hingenommen – der Betrachter kriecht nicht mit ins Helle hinein, er wird gebannt, fasziniert von Höllenbildern.

Weil sie seiner Natur entsprechen? Weil das andere, der sogenannte ewige Frieden, langweilig ist? Vielleicht undenkbar? Es bleibt festzustellen, daß man die Hölle malen kann, beschreiben kann – und es ist oft genug getan worden –, aber noch niemand hat den Himmel auf Erden beschrieben, allenfalls in einer Form, die man nicht akzeptieren kann, das heißt traumhaft, märchenhaft und unliterarisch.

Wenn wir den Krieg loswerden wollen, was wollen wir an seiner Stelle? Wie sieht die Welt aus ohne Krieg?

Man müßte sie ja beschreiben können, als Ziel beschreiben können, ein Ziel, das mit Sehnsucht verbunden ist, nicht nur wegen der Leidvermeidung, sondern wegen einer Glücksverheißung. Aber wie sieht das Glück aus? Es wäre also unredlich, heute den Krieg zu verdammen und zugleich den Frieden nicht beschreiben zu können. Ich denke, daß wir uns heute in einer besonderen Situation befinden. Wir erkennen die Unmöglichkeit, Kriege zu führen, Großkriege zu führen. Die Kampfstiere fixieren sich nur, ebenso atemlos wie ohnmächtig. Nur die kleinen Hunde beißen sich noch wie eh und je. Aber der Krieg, der Großkrieg, das Prinzip Krieg, sieht sich außer Kraft gesetzt.

Das ist die besondere Situation: Man muß endgültig Abschied nehmen vom Krieg. Abschied nehmen von einer Sache, die Tausende von Jahren die Menschheit begleitet hat, als was?

Als Notwendigkeit? Als unerläßliches Mittel im Werdeprozeß der Menschheit? Verflucht, bewundert, geheiligt? Als Vater aller Dinge? Als großer Beweger? Tötend und dabei zeugend? Vernichtend und neu schaffend? Absterbeprozesse ebenso beschleunigend wie Geburtsprozesse? Die Geschichtsschreibung bedauert das, was zerstört wurde, viel weniger als sie das hervorhebt, was aus der Zerstörung erwuchs, dadurch selber dem Krieg den Stachel nehmend, ihn akzeptierend, und dies ohne Frage, als sei der Krieg der Motor der Geschichte, ein Antrieb der Geschichte und als solcher unverzichtbar. Erneuerung nur durch Krieg?

Menschen sterben, mit ihnen sterben Meinungen, Ansichten, Ideen, alle Formen des Zusammenlebens sind Veränderungen ausgesetzt, als gäbe es einen Lebensrhythmus, neu und frisch im Entstehen, brauchbar im Mittelstadium, unbrauchbar im Endstadium, das unausweichlich kommt. Tötet der Krieg nur, was zum Untergang bestimmt ist? Ist er deshalb ein unverzichtbares Regulativ? Und sind wir deshalb in einer besonderen Situation, weil wir noch der Meinung sind, erzogen in der Meinung, daß es sich bei Krieg um ein unverzichtbares Regulativ handelt und zugleich ebenso deutlich, mit geradezu erschreckender Deutlichkeit wissen, daß wir den Krieg abschaffen müssen? Wir müssen loswerden, was wir bisher immer gebraucht haben? Müssen wir Notwendiges loswerden? Werden sich ohne Krieg die Dinge nicht mehr verändern? Obwohl sie sich verändern müssen, weil Veränderung ein Lebensgesetz ist?
Ich denke, es handelt sich um Fragen, die noch in diesem Jahrhundert beantwortet werden müssen. Wir müssen aussteigen aus Gewohntem, neue Standpunkte suchen, nicht nur Standpunkte, sondern mit ihnen neues Land; neue Umgebungen müssen geschaffen werden, vertraut gemacht werden, zur Selbstverständlichkeit gebracht werden. Eine Herkulesarbeit. Eine Aufgabe für Leute, die nicht sind, wie Herkules beschrieben wird, sondern die ratlos sind, irritiert. Suchende, aber wie Blinde suchend, mit dem Stock tastend, formulierend, aber zugleich auch vorbeiformulierend, die falschen Worte findend, Sackgassenworte, sich trennend von falschen Worten, die man als falsch erkennt, neu versuchend in schmerzlichen Denkprozessen, mit der Frage: Was ist eigentlich los? Wo sind wir eigentlich? Wo befinden wir uns? Und wie sieht das Land eigentlich aus, das wir suchen, das wir brauchen, damit wir alle zusammen uns in diesem Land wohl fühlen, dort eine Heimat haben, dieses Land als Heimat begreifen?
Was für Irritationen müssen durchschritten, durchlitten werden? Wie sehr wird nun jeder beansprucht in seiner Fähigkeit, *neues Denken*

auszuhalten, das Unbekannte, Richtige daran zu akzeptieren, sich zu eigen zu machen oder es als Zwischenschritt anzusehen, der getan werden muß, kleine Schritte, denen die großen folgen müssen. Konzepte müssen entworfen werden, von Religionskraft, gleich von wem sie kommen; reden kann jeder, darf jeder, reden und formulieren, im Formulieren versuchen.
Wir alle haben alte Vorstellungen in uns, die wir wie einen Stock benutzt haben, uns darauf zu stützen. Nun stehen wir ohne Stock da, irrsinnig schwankend, beraubt des Schutzes alter Gewohnheiten.
Was für eine irre Zeit, der man dankbar sein muß, daß sie ihre entblößten Züge zeigt!
Diese Themen stellten sich nach dem Kriege erst langsam.
Die Situation stellte sich noch nicht in aller Schärfe dar. Sie äußerte sich im ersten, schwachen Unbehagen. Man versuchte zunächst einmal, sich am Herkömmlichen, am Bekannten, am alten, am Althergebrachten zu orientieren. Man war um ihre *Wiederherstellung* bemüht, ohne noch zu wissen, daß die Situation, die Weltsituation ebendiese Wiederherstellung niemals zulassen würde.
In jenen Hamburger Tagen schrieb ich einen Roman. Den Roman »Kinder, Mütter und ein General«. Ich hatte eine Nachricht zum Anlaß genommen, die mir in den letzten Kriegsmonaten bekannt geworden war. Eine Schule von Jungen im Alter von fünfzehn und sechzehn Jahren war aus Stettin evakuiert worden auf das Land. Nun waren die Russen aus Ostpreußen kommend im schnellen Vormarsch begriffen.
Die Schule, in der sich die Jungen befanden, war in Gefahr, zugleich war die Rückführung schwierig zu bewerkstelligen, man wartete auf Züge, die nicht mehr verkehrten, die Bahnlinie zurück nach Stettin war unterbrochen, die Lehrer selbst waren hilflos, überfordert. In dieser Situation beschlossen einige Mütter, ihre Söhne selbst zurückzuholen, tief besorgt, voller Angst.
Sie kamen in dem kleinen pommerschen Ort an, trafen dort zusammen: sechs, sieben Mütter, die ihre Kinder abholen wollten. Sie trafen die Kinder nicht mehr an, denn einen Tag zuvor waren die Schüler abtransportiert worden. Aber, so mußte einer der Lehrer gestehen, die Söhne dieser Mütter waren nicht dabei. Sie waren nachts aus dem Fenster gestiegen, waren auf dem Weg zur Front, um das Vaterland zu verteidigen.
Die Mütter, im hellen Aufruhr, fuhren nun nicht zurück nach Stettin, sondern begaben sich auf das Schlachtfeld, um ihre Söhne von dort zurückzuholen. Ich hatte nach dem Kriege neun lange Jahre durchlebt in voller Hinwendung, Vergegenwärtigung von Erlebnissen und Erfahrungen in ständiger Diskussion mit mir selbst, alles aufnehmend an

Informationen, diesen irrsinnigen Fluß an Informationen, der kaum zu bewältigen war, jeder Tag, der die Intensität erhöhte. Ich hatte in diesen Jahren eine Veränderung mitgemacht, die eigentlich nur logisch war, heraus aus Trauer, aus Verwirrtheit, aus Irritation, in der ich ganz gewiß kein Einzelfall war, sondern wohl typisch war für viele, und war zu Feststellungen, zu Meinungen gekommen, die sich in mir beim Schreiben dieser Geschichte formulierten, festigten. Mir half dabei der Gedanke, daß jeder Mensch bei Null oder nahe Null anfängt, und daß er in diesem Leben einen Weg zu gehen hat in der Bildung von Meinungen, daß man auf der Tafel auch wegwischen muß und neu hinschreiben, daß man dem, was man da neu hinschreibt, ständig Neues hinzugefügt, ein Korrekturprozeß ohne Ende als ständige Aufgabe mit der Aussicht, am Schluß des Lebens etwas halbwegs Passables vorzeigen zu können. Das Buch war kaum auf dem Markt, als etwas geschah, was nicht zu erwarten war. Ein Freund von mir, Günter Matern, hatte die Filmrechte erworben, rief mich plötzlich an und sagte, Hollywood hat angerufen. Und es war kein Witz. Ein Gespräch kam aus Los Angeles.
Jemand hatte das Buch gelesen und wollte den Film machen. Es war der Regisseur Laszlo Benedek, ein Regisseur, der in Hollywood ein unbequemer Mann war, kein gängiger Kommerzfilmregisseur, er war jemand, der Ansprüche stellte, kurz: ein Individualist reinsten Wassers. Er kam herüber, und der Film wurde gemacht. Produziert wurde er von Eric Pommer.
So lernte ich beide kennen, Laszlo Benedek und Eric Pommer.
Laszslo Benedek war groß, schlank, ein Mann mit scharf geschnittenem Profil, sehr kurzen Haaren, die schon fast weiß waren, obwohl er ein junger Mann war: ein römischer Cäsarenkopf.
Ich fragte ihn: Warum machen Sie diesen Film?
Er sagte: Wissen Sie denn, was Sie da geschrieben haben?
Was für eine Idee Sie hatten? Sie haben etwas auf die kürzeste Formel gebracht: Mütter holen ihre Söhne vom Schlachtfeld. Sie haben ihre Söhne geboren für das Leben, nicht für den Tod. Und schon gar nicht für einen sinnlosen Tod. Es ist etwas, was gesagt werden muß, nicht mit der blassen Stimme eines Eiferers, sondern mit einer Geschichte und in Bildern. Dieser Menschheit heute muß man Bilder um die Ohren schlagen. Sie begreift Bilder besser als Worte.
Laszlo Benedek war dynamisch, zugleich ein Mann des Kalküls, kein Weltverbesserer, sondern ein Mann von großer Nüchternheit, dennoch fähig zur Sensibilisierung, jedenfalls ein Mann mit einem Lebensprogramm, das durchformuliert schien.
Einen noch größeren Eindruck machte Eric Pommer auf mich. Er verband die Zeiten miteinander, er war der Filmmagier der Zwanziger

Jahre, er war es, der der Ufa ihren Ruf gegeben hatte, mit seiner Art, Filme zu sehen, Filmthemen zu sehen, mit jener besonderen Fähigkeit, die Widersprüchliches vereinigt, Künstlerisches ebenso wie Kaufmännisches. Er war derjenige, der das Medium Film begriffen hatte als eine neue Form der Darstellung, der Mitteilung, der Unterhaltung, die zu beherrschen einige Voraussetzungen verlangte: hohe Bildung, Zeitgespür, Subtilität der Empfindung, Kreativität. Bei Eric Pommer war dies alles vorhanden.
Auch er hatte Deutschland verlassen und war nach dem Kriege zurückgekommen in amerikanischer Uniform, logischerweise als Filmoffizier. Er hatte die Uniform bald ausgezogen, und sein Wunsch war, das Leben, das er vor dem Kriege geführt hatte, fortzuführen. Er wollte wieder Filme machen, auf diese Weise die gewaltige Lücke, das Loch in seinem Leben schließen. Was für ein atemloser Versuch. Einen Bogen zu spannen über ein Loch hinweg, dessen Tiefe so unermeßlich war, ein Loch, das ein Abgrund war. Wie blind war dieser Versuch, zugleich auch wie tapfer, wie herzbewegend. Er bewies einmal mehr, wie visionär der Filmmensch Pommer war. Er wohnte im Hotel Vierjahreszeiten, hatte dort mit seiner Frau eine Suite bezogen. Ich sehe die beiden alten Leute noch vor mir, hatte einen Eindruck von ihrem ruhigen Zusammenleben, von Geräuschlosigkeit, als sähe ich wie durch Glas in fremdes Leben hinein, und irgendwie schienen sie selbst vom normalen Leben, so wie es sich damals anbot, wie durch eine Glasscheibe getrennt.
Pommer hatte einen eindrucksvollen Kopf. Er erinnerte mich ein wenig an den Kopf Friedrichs des Großen, so schmal war sein Schädel, so ausgeprägt sein Profil, so altersedel sein Gesicht.
Benedek machte den Film, sah deutsche Soldaten so, wie er sich deutsche Soldaten vorstellte. In Bewegung, Benehmen und Diktion entsprachen sie nicht dem Bild, das ja viele noch kannten, so kam ein merkwürdiger Verfremdungseffekt hinzu, der erst nach dreißig Jahren verschwunden war, weil die Verfremdung nun allgemein war. Der Film bekam phantastische Kritiken, aber – die Leute sahen sich ihn nicht an. Sie wollten ihn nicht sehen.
Sie wollten keine Soldaten mehr sehen, nicht Tod und Elend, und das, was der Film aussagte, interessierte sie zu der Zeit nicht. Es war eine Zeitphase, in der man andauernd »belehrt« wurde. Man wollte nicht belehrt werden, man war zu müde dazu. Ich sprach an anderer Stelle einmal vom Phänomen des großen Schweigens, von der Zurückgezogenheit in den Schutz des Schweigens, der Nichtäußerung. Auch die Negierung dieses Films durch das Publikum gehörte in das allgemeine Schweigen. Nichtsehen war gleichbedeutend mit Nichtäußern.
Heute ist dieser Film ein Kultfilm geworden, wird immer mal wieder

im kleinen Kreis vorgeführt, und die Aussage stellt sich nun dar, vom Schweigen befreit, nicht grell, nicht fanfarenhaft, eher leise, mit leisen Stimmen, die man in sich selbst zu lauten Stimmen machen muß.
In der Presse schrieb man: einen Nobelpreis für diese Idee. Aber an der Zahl der Besucher gemessen war der Film ein Mißerfolg, und mit ihm endete der Versuch Eric Pommers, über das schreckliche Lebensloch hinweg seine Karriere weiterzuführen. Es ging über seine Kräfte, sich im neuen Lebens- und Zeitumfeld zurechtzufinden. Er brachte zuviel von jenen alten Maßstäben mit, die so vollständig außer Kraft gesetzt waren.
Eric Pommer ging zurück nach Kalifornien, und der deutsche Film, der wiederbelebte, ging einen ganz anderen Weg.
Fast zur gleichen Zeit hatte ich das Drehbuch für einen anderen Film geschrieben, und er wurde fast zeitgleich gedreht. Es handelte sich um den Film über den Admiral Canaris. Der Produzent war ein gewisser F. A. Mainz, ein Mann, der kein gelernter Filmproduzent war, aber den das Metier Film stets angezogen hatte, durchaus auch jene Seiten, die Glitzer und Glamour waren, ein Mann ohne große Bildung, ohne Pommersche Subtilität, eher sich selbst sehend als Filmmogul, als Filmkönig, wenigstens gebrauchte er dieses Wort selbst sehr gern und durchaus auf sich bezogen. Er wohnte an der Elbchaussee in einem riesigen Haus und hatte sich selbst das größte Zimmer als Arbeitsraum ausgesucht. Da stand er nun, ein wenig napoleonhaft, und wollte einen Film machen über den deutschen Abwehrchef Canaris.
Er meinte, das sei ein guter Stoff, er spiele im Agentenmilieu, biete deshalb schon Möglichkeiten für äußere Spannung, zugleich sei der Mann ein Gegner Hitlers geworden, ein Grund, der es auch verdienstvoll mache, den Mann zum Helden eines Films zu machen. Nun muß ich zugeben, daß Politik für mich ein Pflaster war, auf dem ich mich ungern bewegte, zutiefst irritiert wie ich war. Ich dachte: Schade, es wäre eine gute Möglichkeit für einen Film. Ich sagte zu Weidenmann, der den Film als Regisseur machen sollte: Wir sind wohl nicht die richtigen Leute dafür. Er sah mich groß an und meinte: Warum nicht gerade wir?
Wir setzten uns hin und überlegten. Sollen wir? Dürfen wir? Ein solches Thema? Andererseits: Waren wir nicht ungeheuer berührt von dieser Thematik? Und hatten wir nicht nach dem Kriege *zehn Jahre lang* eine Belehrung erfahren, weit über normale Maßstäbe hinaus, alles dauernd und unendlich in uns bewegend, das Für und das Wider, handelten wir nicht unser eigenes Schicksal ab, die Verschwörer kamen ja aus einem Denkumfeld, das uns bis in den letzten Winkel bekannt war.

So schrieb ich das Drehbuch, immer im Bewußtsein der Tatsache, daß es sich um ein heikles Thema handelte. Andererseits kannten wir beide genau den Umkreis, kannten die Argumente, die Gegenargumente, hatten ein Gefühl für den Zeitgeist, da wir ja ein Teil dieses Zeitgeistes gewesen waren. Ich bekam zur Unterstützung einen englischen Secret-Service-Mann zugeteilt, der mir auf seine Weise Unterricht in Leben und Psyche von Agenten gab. Andauernd sah er sich von Leuten verfolgt, drehte sich im Auto ständig um. Außerdem nahm er Dolantin, angeblich gegen Schmerzen im Gesicht. Er erzählte mir phantastische Geschichten und wollte für seine Mitarbeit einen Mercedes. Ich weiß nicht, ob er seinen Mercedes bekommen hat, ich fürchte nein. Ich brauchte den Mann auch nicht. Ich war ganz in Anspruch genommen vom Thema selbst, von der Verschwörung deutscher Offiziere gegen Hitler. Ich stieg voll hinein in das Feld der Überlegungen, dorthin, wo es weh tat.

Hatten wir uns nach dem Kriege nicht oft genug unterhalten über den Widerstand, über das, was zu ihm geführt hat, was ihn nötig gemacht hat, was er bewirkt hat? Wir hatten das ganze Feld der Überlegungen durchmessen zwischen den Skylla- und Charybdispunkten, zwischen Eid und Brechen des Eides, zwischen Verrat und Hochverrat, zwischen Gehorsam und Ungehorsam – wir hatten uns in dieses Denkfeld hineingestellt, fast hin und her geweht, aber schließlich ein Gefühl bekommend für *eisige Notwendigkeiten.*

Ich sagte: Alfred, wir kommen nicht von der Widerstandsseite. Hin und her überlegten wir, stellten uns immer dieselbe Frage: Dürfen wir, dürfen wir nicht? Er sagte, eher ermattet: Wir haben ein Gefühl für die Thematik. Und wir fügen dem Bild der Verschwörer ein wenig hinzu von dem, was unsere Seite ist, so werden sie keine einseitigen Figuren, sondern menschlich. Willi Dissmann, der keinem heiklen Gesprächsgegenstand aus dem Weg ging, sondern im Gegenteil von ihnen stets magisch angezogen wurde, hatte mich mal gefragt: Ist dir nicht etwas an der Verschwörung aufgefallen, die zum Attentat auf Hitler geführt hat? Warum haben sie es getan? Weil Hitler erfolglos war? Weil er als militärischer Führer versagt hatte? Weil er den Krieg verloren hatte und es nicht zugeben wollte? Wollte man retten, was zu retten war? Ich fragte: Wie hättest du es gern? Meine Frage schien ihn zu überraschen. Er dachte nach und sagte dann: Ich hätte gern ein ganz sauberes Motiv, ein ethisch reines Motiv. Ich hatte gefragt: Wie rein willst du es denn?

Dann gestand er mir, was er meinte. Die Inkarnation des reinen, des ganz reinen Widerstands seien für ihn die Geschwister Scholl. Er sagte: Ich sehe es immer vor mir, ein Foto mit dem Gesicht von Sophie

Scholl, das Gesicht eines jungen Mädchens, kein Lachen in dem Gesicht, ein ernstes Gesicht, wenn auch kein todernstes, ein sympathisches Gesicht, mit ruhigen Augen, die Haare nach der Mode der Zeit gelegt, das Gesicht einrahmend. Ich kannte das Foto, das er beschrieb, und mußte ihm recht geben. Kein Fanatismus, keine Exaltation in ihrem Gesicht.
Da war am Rande der Jahre, am Rande der Jugend jemand aufgetaucht, ohne zwanghafte Verstrickung, in der reinen Freiheit der Empfindung, und war gegen das System an sich, gegen die sogenannte Lehre – als solche gab sich der Nationalsozialismus ja aus –, war fundamental dagegen, nicht gegen Details, nicht gegen Einzelheiten etwa der Kriegführung, nein, da waren junge Menschen total gegen Hitler.
Wie kamen sie dazu? Welcher Weg hatte sie dort hingeführt? Welche Überlegung? Waren es überhaupt Überlegungen sachlicher Art, oder stand am Anfang eine Erkenntnis, um die man gar nicht ringen mußte, gab es diese Erkenntnis wie ein Geschenk, als sogenannte *reine Erkenntnis,* die zu haben ein Geschenk des Himmels ist. Das Land hatte eine Fülle von guten Leuten, von charaktervollen Leuten, von ausgebildeten Leuten, von Leuten, deren Verstand gleichsam erste Klasse war – Leute, die in den kommenden Jahrzehnten die Bundesrepublik prägten, führten, ihr Gesicht gaben, nicht nur Gesicht, sondern auch Gesetze, Grundgesetze. Und die dennoch jenen reinen Widerstand nicht ausgeübt hatten. Warum nicht? Waren wir alle eingeengt, eingezwängt durch Lebensweg, vielfach gehalten durch Erziehung, in der Pflicht der Familienerhaltung, mit vollgeschriebener Tafel gleichsam, so daß auf der Tafel kein Platz war, mußte diese Tafel, um bei diesem Beispiel zu bleiben, ganz leer sein, ganz schwarz, eine Anfängertafel? Wie erfolglos war ihr Widerstand. Sie warfen Flugblätter in der Universität, von oben herunter durch das Treppenhaus.
Da segelten die Blätter mit ihrem Glaubensbekenntnis, von der Luft getragen, taumelnd zu Boden.
Was für eine Unternehmung, fern jeder Verschwörertaktik, absolut unvernünftig, und waren doch Blätter der reinen Vernunft.
So war verständlich, daß die Bearbeitung des Canaris-Themas aufregend war, daß erworbene Standpunkte wieder ins Wanken gerieten, daß man versucht war, neue Feststellungen zu treffen, Feststellungen von Erkenntnischarakter. Haben die Geschwister Scholl die Aura des reinen Widerstands erst *im nachhinein* bekommen, weil erst die Aufdeckung der Verbrechen, ihre vollständige Bekanntmachung, ihrem Widerstand die volle Rechtfertigung verlieh?
Willi Dissmann sagte zu diesem Thema – ich versuche ungefähr wiederzugeben, was sein Gedankengang war –, bist du versucht, dir Vor-

würfe zu machen? Weswegen? Weil du keine Flugblätter geworfen hast? Mein Lieber, mach keinen Fehler. Wir sind alle eingebettet gewesen in der Zeit, und das heißt, ohne Freiheit; du warst immer an einem Platz, der ein Platz war neben anderen, gebunden an dieses Nebenan, an dieses Vordir und Hinterdir, nicht gebunden, weil du es so wolltest, sondern eingebunden auch in Leidensprozesse und somit in totaler Inanspruchnahme. Totale Inanspruchnahme macht unfrei. Es ist nicht einfach, sich von allem zu lösen, was dein Leben ist. Man liegt in einem Lebensbett wie Blei.
Es kann kein Zweifel daran bestehen, daß sich aus solchem bleiernem Gedankenbett nicht jeder erheben kann. Alle sind sich ihrer Machtlosigkeit bewußt. Alle wissen, daß etwas mit ihnen geschieht, daß sie gemeinsam mit anderen dahintreiben, durch die Ereignisse dahintreiben, durch die Geschichte bewegt werden, in der Masse bewegt werden, kaum in der Lage, eine Richtung selber verändern zu können, weil dazu viele Dinge gehören, die nicht zur Ausstattung des normalen Menschen gehören, als da sind Macht, Tatkraft, Möglichkeiten durch Stellung, durch Ansehen, Selbstbewußtsein, vielleicht Sendungsbewußtsein, das bis zum Hochmut geht, bis zur Übersteigerung, zur Überschätzung der Möglichkeiten der eigenen Person.
So hatten wir uns schon früher unterhalten über ein Thema, das so facettenreich war und alle Begriffe abdeckte, von Tyrannenmord bis zum schändlichen Verrat, zur Ehrvergessenheit.
Der Film »Canaris« wurde ein überwältigender Erfolg, der nicht vorhersehbar war, und über den Analysen verfaßt wurden.
In der Werbung hatte man jeder Anzeige einen Slogan hinzugefügt: Canaris, der Mann, der alles wußte. In den Erfolgserklärungen hieß es: Der Mann, der alles wußte, hatte keinen Erfolg, selbst *er* konnte nichts verhindern, man hat ihn hingerichtet. Was hätten *wir*, die wir nichts oder nur sehr wenig wußten, ändern können? Der Erfolg bescherte dem Produzenten einen netten Lebensabend im Tessin. Und uns, Weidenmann und mir, den zweiten Bundesfilmpreis, verliehen im Jahre 1955.

17

So waren wir nun angelangt in der Mitte der fünfziger Jahre, jenem Jahrzehnt, dem nachkommende Generationen zuweilen Fragwürdigkeit vorwerfen. Man spricht vom Muff der fünfziger Jahre, eine Beurteilung, der ich widersprechen möchte, nicht im Sinne einer totalen Ablehnung dieses Urteils. Ich möchte es modifizieren, ein paar Hintergründe sichtbar machen, die zur Erklärung jener Zeit beitragen können.

Allgemein hat man das Jahr 1945 bezeichnet als das Jahr Null. Das war es nur rein statistisch. Eine Zeit ging zu Ende, sofort, total, von einem Tag auf den anderen. Und es begann eine andere Zeitrechnung. Innere Veränderungen aber gehen nur sehr langsam vor sich, das ist ein zähes, langsames Absterben, Ungültigwerden, Kraftverlieren, und alle neuen Denkweisen entstehen genauso langsam, zunächst fragwürdig betrachtet, heftig abgelehnt, umstritten, bis das Neue seine Anhängerzahl vergrößert hat, bis das Neue *begriffen* ist. Bei aller totalen Verwirrung, die Kriegsende und Friedensanfang mit sich brachten, einer Zeit, in der sich eine Umkehrung aller Dinge vollzog, so total, daß es über die Aufnahmefähigkeit weit hinausging und eben dadurch die allgemeine Verirrung und Desorientierung vergrößerte, blieben einige Dinge wie unberührt. Um nun vom Einzelfall zu sprechen: Die Art und Weise, wie man Filme machte, änderte sich zunächst nicht. Filme wurden weitergemacht, wie man sie zu Ufa's Zeiten gemacht hatte, man erzählte Geschichten in alter Weise, etwas betulich, mit einer Vorliebe für Sentimentalität, mit eingeschränkter Geschwindigkeit, im Fußgängertempo und im Guckkastenrahmen. Alle Leute bewegten sich wie auf einer Bühne, sprachen laut, deutlich und viel.
Die Stiländerung, die sich vorbereitete, hatte aber noch einen anderen Aspekt, einen viel interessanteren.
Zunächst jedenfalls machte man noch Filme, wie man es gelernt hatte. Mein erster Spielfilm nach dem Kriege war von solcher Art. Er hieß »Dalmatinische Hochzeit« und war eine Coproduktion mit einer jugoslawischen Firma, die in Ljubljana (Laibach) beheimatet war. Der Mann, der sie leitete, Herr Tuma, war ein ruhiger, besonnener Mann, der mit dieser ersten Zusammenarbeit nach dem Kriege mit einer deutschen Firma ganz sicher eine Erinnerung verband, die Erinnerung an deutsche Tüchtigkeit, Zuverlässigkeit und Könnerschaft; was bedeutete, daß er von fundamentalen Veränderungen im deutschen Wesen noch nichts mitbekommen hatte. Ich will damit nicht sagen, daß die eben genannten Charaktereigenschaften verlorengegangen waren, aber sie waren – wie alle sogenannten *deutschen* Tugenden, ungeheuer gestreßt, sich selber total in Frage stellend, sich mühsam behauptend inmitten einer allgemeinen Verwirrung, die heute gar nicht mehr nachzuvollziehen ist.

Mit Herrn Tuma fuhren wir von Laibach nach Dubrovnik. Wir fuhren die dalmatinische Küstenstraße hinunter und genossen eine einmalig schöne Weltlandschaft. Die vorgelagerten Inseln lagen dunkel in einem Meer, das das Licht der Westsonne widerspiegelte, so als bräche es aus dem Wasser selbst hervor, jeden Wassertropfen grell durch-

leuchtend und gleißend Blitze werfend, ein Schauspiel, das sich schweigend darbot und in einer Weise, als benötige es Menschen nicht, als etwas, weit entfernt von Menschlichem.
Das Menschliche gab es an den Wegbiegungen dieser Straße, kurz vor Orten oder nach Orten, manchmal auch dort, wo die Straße am einsamsten war. Man sah in Gruppen aufgestellte Kreuze aus Stein, aus Holz. Und in der Mitte der Kreuze sah man angeheftet, angenagelt Fotos von Menschen, vergilbte Fotos, von Wind und Wetter ausgezehrte Menschengesichter, aber die Augen, so schien es, waren lebendig, sie sahen dem Vorbeifahrenden entgegen, blickten ihn voll an, dann sahen sie ihm nach.
Tuma sah uns ruhig an. Er sagte: Überall dort, wo Sie die Kreuze sehen, wurden Geiseln erschossen. Halten wir mal? Darf ich mal aussteigen? Wir hielten, und ich ging hinüber zu den Kreuzgruppen, so wie sie hineingestellt waren in die Böschungen, einige einbetoniert, andere in die Erde hineingesteckt. Einige hatten ihren Halt verloren, lehnten sich gegen andere Kreuze, ein Geflecht von Kreuzen und Menschengesichtern. Diese Gesichter, bäuerliche Gesichter, junge Menschen, alte Menschen, Frauen darunter. Aufgenommen natürlich zu anderen Gelegenheiten, bei Hochzeiten, Kindtaufen, bei Festen. Manche lächelten in die Kamera, andere waren von merkwürdig starrem Ernst, aber auch die lächelnden Gesichter wirkten wie beschattet, als habe sich das Lächeln zurückgezogen wie hinter eine Glaswand, so daß es unerreichbar wurde.
Tuma sagte: Überall hatte es Partisanen gegeben, die Wälder waren voll von ihnen, unsere Wälder, in denen nur wir selber zu Hause und nicht zu fassen waren. Da hielten sich die Deutschen an die Dörfer, erschossen Geiseln und brannten die Dörfer nieder.
Er sagte, immer eher gelassen: Wissen Sie, daß in Jugoslawien siebenhundert Dörfer dem Erdboden gleichgemacht wurden? (Ich weiß nicht, ob diese Zahl stimmt, oder ob sie eine Übertreibung ist.) Er fuhr fort: Diese Tschechen! Was für ein Aufhebens machen sie von ihrem Lidice. Wie um uns zu trösten, fuhr er fort: Dafür haben wir in Ljubljana am Kriegsende zweitausend Deutsche an die Alleebäume gehängt.
Da war sie wieder, die Grundirritation, die nie mehr weichen würde. Die Zahlen, die von nun an am Lebenswegrand stehen würden, sechs Millionen, siebenhundert, zweitausend und so weiter. Heute erst weiß ich, was es mit Zahlen auf sich hat, daß sie auch eine schreckliche Nebenwirkung haben.
Zahlen verbergen etwas. Sie schieben sich vor etwas, wollen als Zahl genommen werden, nur als Zahl. Nimm die Zahl, und du kannst damit leben. Die Zahl bringt sich als bloßes Faktum in den Vordergrund. Die

Zahl löscht aus, sie ist unpersönlich und unlebendig. Sie sagt nämlich zugleich auch: *Begnüge dich mit mir.* Und man neigt dazu, sich mit ihr zu begnügen, solche Zahlen anderen Zahlen hinzuzufügen, bis wir schließlich umgeben sind von Zahlen, die uns ihre unpersönlichste Seite zukehren. Zahlen dieser schrecklichen Art sind wie ein Safe, wie eine Art Panzerschrank, der nur auf eine besondere Weise geöffnet werden kann: *Mit dem Detail.*

Was jüdisches Schicksal in jenen Tagen bedeutete, ist mit einem Schlag sichtbar geworden mit dem »Tagebuch der Anne Frank«.

Da war die Zahl sechs Millionen, die Mauerzahl, die in sich geschlossene Zahl plötzlich wie aufgebrochen. Das Detail machte das Ganze begreifbar, enthüllte es mit einer unglaublichen Vehemenz, erleuchtete blitzhaft ein dunkles Land. Das Unbegreifbare wurde begreifbar – im Schicksal eines Kindes –, nein, ein Kind war Anne Frank nicht mehr, sie war ein Mensch, ein Anfangsmensch, mit ungebrauchten Gefühlen und Ansichten, die sie formulierte, über ihre persönliche Lage weit hinaus, Gedanken formulierend zu Erkenntnissen, die ohne Anspruch waren, unprogrammatisch und doch für ein Zukunfts- und Weltprogramm geeignet. Dieses Kind, das sich uns bekanntmachte, ohne es zu wollen – es wollte sich mit sich selbst bekanntmachen –, verschwand spurlos, aber seine Stimme blieb und machte die Zahl, die sich unnahbar gebende Zahl, transparent. Und plötzlich bekommt man auch die Spur einer Ahnung, warum Menschen Schwierigkeiten haben mit Zahlen, warum es ihnen so schwerfällt, hinter eine Zahl zu schauen.

Was für Grenzen sind Menschen gesetzt? Wo endet ihre Auffassungsgabe? Und mit der Auffassungsgabe auch ihre Fähigkeit zur Anteilnahme?

Eine andere Erfahrung machte ich nur wenig später. Ein Filmverleiher sah eine große geschäftliche Chance darin, mit einem persischen Filmproduzenten eine Coproduktion zu machen. Der Perser, Doktor Kushan, hatte in Deutschland studiert, sprach sehr gut deutsch, besaß in Teheran eigene Studios, was bedeutete, daß man die Produktionskosten niedrig halten könnte. Der Verleiher schickte Weidenmann und mich in den Iran, in das Land kaiserlicher Pracht- und Machtentfaltung, mit einer intakten Oberschicht, die westlich ausgerichtet war. Wir nahmen an einer Hochzeit teil, an einem Fest, zu dem sich die Gesellschaft Teherans versammelt hatte. Der Mullah, der die Trauungszeremonie vornahm, war sehr angetan von der Tatsache, deutsche Zuschauer zu haben, so daß er zur allgemeinen Fröhlichkeit der Umstehenden Teile der Zeremonie wiederholte, um uns einen Gefallen zu tun.

Wir fuhren sechs Wochen lang durch das Land bis ans Kaspische

Meer, lernten das riesige Land kennen, durchquerten Flüsse und Wüsten, standen in der heiligen Stadt Gom auf Tempelzinnen und bekamen eine Empfindung für das *ganz andere.*
Es war eine Gelegenheit, herauszusteigen aus unserer eigenen Geschichte, die immer noch brandheiß war, von der wir – ob wir es wollten oder nicht – durchdrungen waren, Teile dieser Geschichte, der deutschen Geschichte, die in einer entsetzlichen Sackgasse als Weltwrack zu einem Stillstand gekommen war. Nun begab es sich, daß ein Herr namens Mossadegh die persischen Ölquellen, die damals noch von amerikanischen Firmen ausgebeutet wurden, verstaatlichen wollte. Er hatte eine allgemeine und ganz tiefgreifende Abneigung gegen Amerikaner entfacht. Zugleich gab es eine Welle von nationaler Begeisterung ganz irrationaler Art. Es hieß: Jeder Haushalt bekommt jede Woche einen Extratopf mit Öl. Wir besuchten mit unseren persischen Freunden ein Kabarett in Teheran. Ein Raum unter freiem Himmel, Tische und Stühle auf blanken Sand gesetzt vor einer Bühne, die eine gewöhnliche Bühne war, doch mit einem Hintergrund aus Hunderten von Spiegeln. Wir fragten unseren persischen Freund: Warum diese Spiegel? Er sagte: Das hat keinen besonderen Grund. Wir lieben Spiegel. Auf der Bühne wurde dann gespielt. Man gab, sofort und leicht erkennbar, politische Sketche.
Da trat Uncle Sam auf, mit Zylinderhut, in amerikanischen Nationalfarben, mit langem, spitzen Bart, in der Hand einen Dollargeldsack schwenkend, im Streitgespräch mit einem armen, aber kräftigen Iraner, der Uncle Sam am Barte zog, ihn beutelte, ihm Stöße versetzte, und dem er schließlich den Geldsack abnahm, worauf Uncle Sam sich mit weinerlichem Geklage von der Bühne verabschiedete. Riesenbeifall. Und die Iraner, nur solche waren im Raum, wandten sich uns zu, den einzigen Ausländern, lachten höhnisch und riefen: Ami go home. Hörst du, Alfred? Ja, sagte er, man verwechselt uns. Auf angenehme Weise? fragte ich. Er sagte: Wie man's nimmt. Es ist wohl eher komisch. Unsere persischen Begleiter beeilten sich, den Irrtum aufzuklären, und die Stimmung schlug um. Jetzt stand man auf, heute würde man von einem standing ovation sprechen, lachte uns zu, und man klatschte in die Hände.
Hörst du, siehst du, Alfred? Ich höre und sehe, sagte er. Was für Gefühle hast du nun? Er sagte: Wieder sind es nur komische. Dieses Erlebnis, so unerwartet, beschäftigte mich eine Weile, und ich dachte: Da ist die Welt nun eine reale Erdkugel und zugleich eingehüllt in Irrealitäten, überzogen mit einer Meinungsvielfalt wie von einer Ozonhülle, alle diese Meinungen dampfend wie Nebel in der Sonne, sich verdichtend, sich auflösend, sich neu formierend, vom klaren, hellen Tag, in dem alle Dinge zweifelsfrei zu sehen sind, weit entfernt.

Ich schrieb in Teheran ein Drehbuch zu einem Film. Der Titel sollte heißen »Wasser fließt für alle«.
Wir hatten auf unseren Kreuz-und-quer-Reisen durch den Iran das System der Grundherrschaft kennengelernt. Wer Land besaß, besonders, wer viel Land besaß, besaß auch das dazugehörige Wasser. Es war in manchen Gegenden wertvoller als Öl. Wer Wasser als persönliches Eigentum besaß, handelte damit, verkaufte es, leitete es über Gräben, die mit einem perfekten Schiebersystem ausgerüstet waren, auf die Felder der Bauern, und das stundenweise und genausoviel, wie der arme Bauer es sich leisten konnte. Der arme wenig, der reiche mehr, und somit unlösbar eingebunden in ein System von Abhängigkeiten. Was für ein uraltes Thema. Und wie aufregend und wie zeitgemäß bot sich das Thema an: *Wasser fließt für alle.*
Leider wurde der Film nie gedreht. Unser Verleiher las das Buch, sah uns fast entsetzt an. Ihr seid wohl zu lange weggewesen, rief er, inzwischen hat hier im Film so etwas wie eine Revolution stattgefunden. Seht euch mal den Film an »Sie tanzte nur einen Sommer«.
Der erste nackte Busen hat die Zensur passiert und den Zuschauer erreicht. Und was habt ihr da mitgebracht? Eine Liebesgeschichte mit verschleierten Frauen, von denen man nur die Augen sieht.
Am blanken Busen der Ulla Jacobsson starb dieses so schöne Projekt.
Ich sagte schon, daß der Film sich zu ändern begann.
Ganz langsam wich der aus Vorkriegszeiten mitgebrachte Stil der Darstellung von Geschichten. Es fand eine Ablösung statt, manche sagen, es fand ein Generationenwechsel statt.
Ich glaube, es war viel mehr als das.
Über ganz normale Ablösungs- oder Änderungsprozesse hinweg scheint mir noch ein ganz anderes Element eine Ursache zu sein für Stil- und Mentalitätswechsel. Immer mehr enthüllte sich die gerade überstandene Vergangenheit *im Detail.* Jahr für Jahr wurde das Bild der zwölfjährigen Hitlerära deutlicher. Wie in einem Puzzle setzte sich Detail zu Detail, passend zueinander, makellos passend. Unwiderlegbar fand jedes Detail seinen Platz und enthüllte immer deutlicher, was da eigentlich passiert war.
Das Bild ist heute, Jahrzehnte später, fast fertig, ganz fertig wird es sicher nie, aber auch heute gibt es immer noch Details, die ihren Platz so lange suchen, bis sie ihn gefunden haben. Der Vergleich mit dem Puzzle ist nur bedingt tauglich, ich weiß es, denn das Puzzle ist schließlich ganz fertig und leblos zugleich, gibt sich als Realität. Der Vorgang, den ich meine, den ich zu beschreiben versuche, enthält noch etwas anderes, ein Element ständiger Belebtheit, als bewegen sich die einzelnen Punkte, die sich zusammengefunden haben, immer noch schmerzhaft, unruhig, ihre Bedeutung ändernd, spiegelnd, mal so,

mal so. Kein Geschichtsbild hängt schließlich totenstill an der Wand. Und dieses schon gar nicht.
Die fünfziger Jahre haben heute ganz verschiedene Beurteilungen zu erdulden. Für die einen sind es nur und ausschließlich die Aufbaujahre. Die Jahre, in denen man anscheinend die Augen schloß, nur auf die Trümmer starrte, jedem weiter- und tiefergehenden Gedanken aus dem Weg ging und nur eins im Kopf hatte: so etwas wie eine ordentliche Außenwelt wiederherzustellen.
Und als dies geschafft war, stand man – so die landläufige Meinung – vor den wiederhergestellten Gegenständen wie in Anbetung und tiefer Selbstbewunderung, die es schon früher gegeben hatte, und die nun auch wiederhergestellt war.
Andere wiederum fanden ein anderes Wort, um ihre Kritik an den fünfziger Jahren zu formulieren. Sie sprachen vom »Muff« dieses Jahrzehnts. Was ist Muff? Luft in Räumen, in denen die Fenster nicht geöffnet werden. Ich denke, es handelt sich um stellvertretende Begriffe für etwas ganz anderes. Es erfolgte die Ablösung der Generationen, und üblicherweise änderten sich damit Meinungen, Stile, Auffassungen jeder Art. Ablösung und Anpassung sind nie schmerzfrei gewesen, aber die Ablösung, die sich in den fünfziger Jahren vorbereitete, enthielt noch etwas anderes, sie enthielt Haß, aufkommenden Haß, immer stärker sich formulierende Verachtung dessen, was man sich abzulösen anschickte. Und dies hatte einen ganz einfachen Grund. Das Bild der Vergangenheit, das sich Jahr für Jahr und Stück für Stück mehr zu einem Ganzen zusammenfügte, mit all den Ungeheuerlichkeiten, Unbegreifbarkeiten, übte seine Wirkung aus. Das waren langsame Vorgänge. Vorgänge, die sehr langsam vor sich gehen, haben eine Nebenwirkung. Mit ihnen verbunden ist ein Gewöhnungseffekt. Die Informationen kamen langsam, leise, über Jahre, nicht mit einem Ruck, nicht blitzhaft, sondern es war, als trete man langsam ein in eine Schreckenslandschaft, etwas blind, etwas atemlos und so vorwärtsgehend durch die Zeit. Aber die Nachgeborenen, die neu, mit gerade erwachtem Bewußtsein den vollen Anblick unserer Vergangenheit hatten, dies blitzhaft mit einem Ruck – sie vermißten den Schrei, den entsetzlichen, spontanen, den sofortigen Aufschrei. *Den es nicht gegeben hat.*
Das Unbegreifliche an dem *nicht geschrienen Schrei* hatte Rückwirkungen – dies ist die Meinung, die ich zur Diskussion stelle –, Rückwirkungen auf die Psyche der Nachgeborenen, die ebendiesen Schrei vermißten, den auflösenden, befreienden Schrei, den Schrei, der den Vorgängen angemessen gewesen wäre. Diese psychologischen Rückwirkungen waren von verändernder Wirkung, bestimmte Prozesse beschleunigend, Gefühle verstärkend, sie stärker ausschlagen lassend

nach jeder Richtung, eine Art von *Klage*, die sich auszudrücken versuchte und die den Weg dazu nicht fand. Und zugleich mußte eine neue Denk- und Gefühlswelt geschaffen werden. Der Generationenwechsel vollzog sich deshalb in anderer Weise, schärfer, konturenschärfer, zuweilen haßerfüllt, erfüllt von Verachtung, Widerstand und Gegenwehr erzeugend, zuweilen über das Ziel hinausschießend, aber eben deshalb und darin auch Genuß bereitend, eine Art von Genuß, ganz verschieden vom sogenannten reinen Genuß.
Auch das also gab es in den fünfziger Jahren, die unterschwellige Vorbereitung eines Übergangs vom Vater zum Sohn.
Der Sohn, der die Erblast nicht tragen wollte, nicht tragen konnte, was eine manchmal radikale Trennung vom Vater zur Folge hatte, ein unerhört schmerzhafter Vorgang, der den Söhnen dennoch nicht verschaffte, worauf sie aus waren: nämlich auf den eigenen, freien Raum, auf den Anfangsneuraum, der nur das Schöpfungsgeheimnis bereithielt und sonst nichts, und schon gar nicht Geheimnisse jener schrecklichen Art, wie sie die Ermordung von Millionen Menschen darstellt.
So bieten die fünfziger Jahre ein vielfältiges Bild, in dem sich alles wiederfinden läßt: die totale Verdrängung von Ereignissen, die zu erklären über Menschenkraft geht, die Faszination der sich klar und nüchtern anbietenden Aufbauarbeit. Der *Ziegelstein*, der mehr recht hatte als alles andere. Die Erlösung durch Arbeit. Die gedankenausfüllende Arbeit.
Ich habe mal jemanden gefragt: Warum denkst du nicht nach? Er sagte: Will ich verrückt werden? Wer selber jung genug war, suchte nichts als gewohnte Weiterführung mit dem zuweilen erfolgreichen Versuch der Auslöschung von Zwischenzeiten. Er spürte und nahm sich das Recht auf Freiheiten, Schönheiten, auf Genuß, auch auf Weltgenuß.
Niemand steht ununterbrochen an einer Klagemauer, das vitale Recht des *Jetzt* brach sich Bahn. Es gab noch kein System der Ablage, keine Fächer, in denen Erlebtes und Gedachtes abgelegt war, *ohne* dort vergessen zu sein, wo es abgelegt und *doch lebendig* war. Zuweilen brach sich die Lebenslust Bahn, und dies ohne Wenn und Aber, mehr als eh und je. Das Problem wurde noch nicht gesehen, das darin besteht, nichts zu vergessen, alles wohlverwahrt zu haben, ständig präsent, ohne *zu* präsent zu sein, sondern verfügbar zu sein als unaufdringlicher Lebenslehrstoff.
So waren die fünfziger Jahre durchaus auch ein Jahrzehnt der aufkommenden neuen Lebensfreude, einer neuen Art von Lebensfreude, von der ich nicht verschont blieb.
Ich schrieb weiter Filmdrehbücher, zuweilen mit interessanten Themen, zuweilen schrieb ich in reiner Auftragserfüllung.

Erwähnenswert vielleicht »Alibi«, ein Film, in dem es um die Verantwortung der Presse ging, um ihre ethische Aufgabe, was die Moral angeht, um ihre politische Aufgabe, was die Gesellschaft betrifft.
Ich schrieb das Drehbuch zum Film »Anastasia« und hatte eine erste Begegnung mit Lilli Palmer. Sie sah mich an, kühl, aufmerksam: Gehören Sie auch zu den Leuten, die heute so überaus freundlich zu jüdischen Menschen sind und es vorher nicht waren? Sie sah mir meine Betroffenheit an, sagte, eher leicht als ironisch: Sie müssen darauf nicht antworten, es reicht mir, wenn Sie darüber nachdenken.
Sie hatte eine Szene zu spielen. Sie mußte über eine Straße gehen. Der Eindruck mußte sein: völlige Verlorenheit, extreme Einsamkeit, Ausgestoßenheit, sich fremd fühlen, dabei treibend zwischen Menschen, sie fast berührend und doch nicht wahrnehmend.
Sie machte dies in überwältigender Weise, und ich sagte es ihr.
Mein Lieber, sah sie mich an, Ausgestoßenheit zu spielen, fällt mir nicht schwer. Und fremd fühlen in der Welt ist auch nichts Neues für mich.
Wissen Sie, wie schwer es für mich war, hier herzukommen? Ich kam zurück zu Mördern. Ob Sie es sind oder nicht sind, der direkte, der vollziehende Mörder, das spielt keine Rolle. Sie sah mich fast hart an: Können Sie mir folgen? Haben Sie ein Gefühl dafür, wie schwer es ist, hier unter Menschen zu sein, zwischen denen und mit denen das Unglaubliche doch stattgefunden hat?
Weinen Sie jetzt nicht, sagte sie dann mit leichter Ironie, die ihr lag und die sie hervorragend handhaben konnte.
Ich habe mir meine Meinung gebildet über das, was sich Mensch nennt. Er ist nicht sehr zu bewundern. Sie lachte, er sollte sich über seine Chancen klarwerden, über die, die er noch hat. Sie fragte: Geben Sie ihm welche? Nicht wahr, fuhr sie dann fort, man möchte sie ihm so gern geben. Und setzte dann noch hinzu: Ich liebe das Leben nämlich. Und alles das, was es zu bieten in der Lage ist.
In München lernte ich Hildegard Knef kennen. Sie war gerade aus Amerika zurückgekommen. Wir unterhielten uns und fanden einige Dinge, die uns verbanden, schon vom Lebensschicksal her. Sie erzählte mir ihre Kriegserlebnisse, die sie später so hervorragend in ihrem Buch beschrieben hat. Ich habe nie einen Menschen kennengelernt, der intensiver gelebt, gefühlt, gedacht und formuliert hat. Alles, was sie sagte, war präsent, ungeheuer präsent, Lebensstoff in Aktion, ständig in Aktion, da war keine Sekunde Phlegma; ihre Phantasie, ihre Gedankenkraft war umgreifend, alles einbeziehend, von einem Mittelpunkt ausgehend und Räume schaffend, umfassend.
Ich besuchte sie in St. Moritz, wo sie ein Haus gemietet hatte. Wenn du einen Platz suchst, um zu schreiben, das ist einer. Sie selbst schrieb

damals noch nicht, aber sie mochte schreiben, sie spürte die Beziehung dazu und besaß sie ja schon, die Gabe der präzisen Formulierung, die Gabe des Auf-den-Punkt-Kommens, die Gabe, einen Gedanken in eine Form zu zwingen, in eine möglichst gültige. Dieser Besuch hatte eine für mich weitreichende Folge.
Ich kaufte den Rohbau eines Hauses, genauer gesagt, die Hälfte eines Doppelhauses am Chantarellahang, ein Platz, von dem aus man einen geradezu unglaublichen Blick auf den St.-Moritz-See hatte, auf die Berge des Engadins, einen Weitblick auf eine Weltlandschaft. Ich habe mich später oft gefragt, was die Gründe waren für diesen Kauf, den ich sofort beschloß, im Handumdrehen beschloß, und dabei keine Sekunde zögerte. Ich denke, es war eine Vorliebe für Isolation. Die ich immer schon hatte. Eine Art des Für-sich-Seins, gleichzeitig auch einer Abneigung, sich in Gesellschaften bewähren zu müssen, eine Abneigung gegen Positionskämpfe in Firmenhierarchien, mit ein Grund, warum ich nach dem Kriege nie mehr eine feste Stellung angenommen hatte (bis auf die ersten drei Monate des Landstuhl-Erlebnisses), darin äußerte sich möglicherweise eine grundsätzlich vorhandene Charaktereigenschaft, das Selbst-der-Mittelpunkt-Sein, eher nach innen wirkend als nach außen.
Ich habe mich nach außen nie zur Geltung bringen können, jedenfalls nicht nach Art des modernen Menschen, des Menschen, den man für modern hält.

So kam mir der Platz am Berghang in St. Moritz gerade recht. Er entsprach mir, ohne daß ich wußte warum.
Möglicherweise spielte auch noch etwas anderes eine Rolle, ich sage möglicherweise, es könnte auch eine Flucht gewesen sein, eine Art Fluchtort, ein Bewahrungsort, sich selbst bewahrend und schützend, für den, der eine Art von Selbstsicherheit dauerhaft verloren hatte, ich meine jetzt jene selbstverständliche Lebenssicherheit, die man hat, die jedenfalls der normal gesunde Mensch mitbekommen hat und nie in Zweifel stellt.
Ich muß an dieser Stelle erwähnen, daß ich seit Jahren geschieden war. Der Zeitenübergang war zu schwierig gewesen. Nun saß ich also in einem Haus, zweitausend Meter über Meeresniveau, in einer Landschaft, die Gott selber gleichsam mit den Händen hochgehoben hatte, ein Hochtal, wie es vielleicht kein zweites in der Welt gibt. Ich lebte dort allein, umgeben von Büchern, an einem Schreibtisch aus Arvenholz, schrieb Drehbücher und brachte sie über die Engadinstraße hinunter durch das Inntal nach München.
Und fuhr dann wieder hinauf, bis ich wieder angelangt war im Tal der Täler, in jenem Tal, das bekannt ist für seine reine Luft, für Licht und

Klarheit. Die Einsamkeit war zuerst nicht spürbar, aber sie machte sich spürbar, und dies immer stärker, immer durchdringender, mit zwiespältigem Effekt, teils beruhigend, daß man glaubte, den Weltatem zu spüren, teils nicht auszuhalten, als baue sich eine Spannung auf, die nach Ausbruch drängt.
Wie oft bin ich in den Wagen gestiegen, um bis zum Malojapaß zu fahren, bis an die Kante des gewaltigen Abbruchs, zum Beginn der Malojapaßstraße, die hinunterführt nach Italien. Ich fuhr vorbei an den Engadiner Seen, an Sils-Maria vorbei, stand und besah die Berge, die sich plötzlich wie in Konfrontation aufstellten, daß wir gleichsam Blick in Blick standen.
Ich war in Sils-Maria, ließ den Wagen stehen, ging durch das Fextal, jene Wege, die auch Nietzsche gegangen war.
Nun kenne ich zwei Nietzsche-Orte. Sein Sterbehaus in Weimar und jenen Engadinweg, den er mit der Seele durchmessen hatte, mit fliegenden Gedanken, trunken und taumelnd.
Was für Gegensätze. Sein Sterbezimmer in Weimar klein und dunkel, bürgerlich das hohe Bett, ein Balkon mit unverputzter Mauer, Hinterhofcharakter, und die Engadinwege mit ihren Startplätzen für gedankliche Höhenflüge. Ein bißchen genoß ich als Nachfahre den gleichen Atem dieser Landschaft. Wenn ich sie nicht mehr aushielt, fuhr ich hinunter ins Tessin. Ich fuhr am Comer See entlang, querte die leichten Höhenzüge zum Luganer See und war dann in Ascona.
Ascona war eine Welt für sich, so etwas wie ein Kondominium, das sich gebildet hatte, als solches unerhört lebendig war und für eine Reihe von Jahren ausstrahlende Kraft besaß.
Ich sollte für Robert Siodmak ein Buch schreiben. Ich kannte ihn schon von München her. Er hatte dort eine Wohnung, war zurückgekommen aus der Emigration, hatte einen Film gemacht, für den er einen Bundesfilmpreis bekommen hatte.
Eines Tages hatte er zu mir gesagt: Herbert, willst du meine Wohnung haben? Du kriegst sie ganz billig, mit dem Picasso an der Wand. Ich fragte: Warum willst du sie verkaufen? Er sagte: Die Flagge weht wieder. Robert, sagte ich, glaub mir, hier weht keine Flagge. Hier wird nie mehr eine Flagge wehen. Doch, sagte er, sie weht im Keller. Er hatte dann alles verkauft und war nach Ascona gezogen.
In Ascona lebte er, wie er es gewöhnt war, auf berlinerische Art. Er war in Berlin ins Romanische Café gegangen und hat wohl sein Leben lang dieses Café gesucht, wo immer in der Welt es sein mochte. Er fand es in Ascona, im »Batello«, im »Schiff«. So nannte sich das Lokal, direkt an der Piazza am See gelegen. Dort traf er sich mit anderen Emigranten, die schließlich Weltbürger geworden waren wie Remarque, der in Ronco wohnte.

Dann waren da noch Komponisten wie Peter Moesser, Geiger wie Helmut Zacharias, Verleger wie George Marton, die Büros in New York und in Zürich hatten. Es gehörten dazu junge Leute aus Ascona, Künstler und Schriftsteller. Robert Siodmak hielt mit seiner Babs hof und machte aus dem Batello kein gewöhnliches Lokal, er machte es zu einem besonderen Lokal. Wir wollten einen Stoff von Gerhart Hauptmann verfilmen, »Dorothea Angermann«. Hör zu, sagte er, ich weiß, wie wir anfangen: mit einer langen nächtlichen Straße, in der Gleise einer Straßenbahn liegen. Nachts wird an den Gleisen gearbeitet. Mit Schweißgeräten. Die Funken sprühen. Er sah mich ruhig an. Kannst du Bilder sehen? Ich sagte, ich könnte Bilder sehen. Nun, meinte er, dann fangen wir es mal an. Aber langsam. Ich halte nichts von Drehbuchautoren, die ungeduldig sind; ein Drehbuch wächst in ruhigen, nicht nervösen Tagen. Nun gebe ich zu, daß ich immer ungeduldig bin. Irgendwo ist bei mir immer etwas eingebaut, das stets vorwärtsdrängt, und zwar unerbittlich vorwärtsdrängt, ein fast krankhafter Drang »fertig zu werden«. Ich habe das tiefenpsychologisch noch nicht untersucht, aber Robert Siodmak hatte es erkannt.
Komm mit ins Batello, da setzen wir uns hin, trinken unseren Apéritif und reden. Weißt du, daß es ein Fehler ist, ein Weltfehler, daß die Leute sich nicht die Zeit nehmen, miteinander zu reden? Und dies in aller Ruhe. Und wir redeten. Zeit spielte keine Rolle, man kam, man ging, man träumte, man träumte auch beim Reden, es wurde über Gott und die Welt geredet, mehr über die Welt als über Gott.
Es machte Robert nichts aus, aufzustehen und an seinem Nachbarn chiropraktische Übungen auszuprobieren.
Keine Angst, sagte er, ich breche dir nicht das Kreuz, umfaßte einen von rückwärts und streckte und reckte das fremde Rückgrat. Oder er saß ganz ruhig da und erzählte von Amerika, von seiner Zeit in New York. Er sprach von einem Weihnachtsfest, das keins zu werden versprach, da er keinen Cent mehr besaß. Und daß ein Wunder geschah, denn ein Produzent kaufte ihm einen Stoff ab, er sagte: Eine Sekunde vor zwölf. Ganz selten sprach er über das *gewaltige Thema* selbst.
Es war auch für ihn zu groß, einfach nicht faßbar, deswegen versuchte er gar nicht erst darüber zu sprechen.
Weißt du, sagte er, von meiner Familie sind viele davongekommen. Weil wir aus dem Osten kamen. Da haben wir immer ein Gefühl gehabt für aufkommende Pogromstimmungen. Schau die Babs an. Ihre Familie hat seit Hunderten von Jahren in Deutschland gelebt. Sie hatten ihren Instinkt verloren und bezahlten dafür mit dem Leben. Oder er erzählte von den Merkwürdigkeiten des Schicksals seines Volkes. Stell dir vor, sagte er, da gab es deutsche Juden, ausgewandert

nach Kalifornien, die die Wehrmachtsberichte verfolgten, die Vormärsche registrierten, und die mit Stolz sagten: So weit sind unsere Leute. *Unsere Leute.*
Sie hatten selbst noch nicht begriffen, was da vor sich ging. Irgendein deutscher Rest in ihnen ließ sich einfach nicht vertreiben. Ich fand dies die traurigste Geschichte, die er erzählte. So war alles vorhanden, was mein Leben so oder so ausmachte, das Phantastische der Arbeit ebenso wie das unlösbare Gebundensein an das Persönliche des eigenen Schicksals, eine merkwürdige Mischung von Depression und Hoffnung, von Wiederbelebung des Vergangenen, des *vor* der Vergangenheit Vergangenen, und alles gelebt in heiterer Wärme, auch in der heiteren Wärme des Menschlichen, des Zueinandergehörens.
Robert sagte: Der Mensch ist nicht schlecht, er ist nur noch nicht fertig. Er hat die barbarische Phase noch nicht hinter sich. Er war natürlich von Grund auf traurig, eine Traurigkeit, versteckt hinter Wänden, seine Traurigkeit saß im letzten Zimmer und war dort niemals zu vertreiben.

Zur Runde gehörte noch Erich Maria Remarque, eingehüllt in Weltruhm und Einsamkeit. Er bewohnte in Ronco ein Haus, das viele Schätze barg: Bilder und Teppiche. Die Teppiche, seltene und kostbare Stücke, lagen übereinander, so viele besaß er. Wenn er in Laune war, deckte er die Teppiche auf und erzählte ihre Geschichte. Mein Eindruck von Remarque war zwiespältig. Mir schien, daß man seinen Charakter am besten beschreibt, wenn man nicht vergißt, seine Einsamkeit zu beschreiben. Er hatte seit langem das rettende Ufer erreicht, war aber zugleich entfernt von aller Lebendigkeit seines früheren Lebens, weit entfernt vom Ersten Weltkrieg, den er so genial beschrieben hatte, gleichsam das erste Menetekel, an die Wand der Welt geschrieben, eine Flammenschrift, die man sah, aber nicht beachtete, so als würde sich so etwas wie ein Weltkrieg niemals wiederholen. Wenn sich die Runde im Batello auflöste, der Abend kam, dann suchte man Rios Bar auf, saß dort bis zur Polizeistunde, auch über diese hinaus, eine Runde, die nicht auseinandergehen mochte, bis der Zustand der Trunkenheit erreicht war, und die Gespräche sich ins Phantastische verirrten, so daß schließlich nur jeder sich selbst verständlich war, die Runde sich gleichsam aufsplitterte, das eigene Dasein und Sosein sich wie von selbst in den Mittelpunkt der Betrachtung stellte, der eigenen Betrachtung selbstverständlich.
Rio ließ seine Gäste, die zuletzt in der Küche saßen, nacheinander hinaus auf die Straßc. Durch die schmalen Gassen Asconas ging man dann nach Hause, die eigenen Schritte hörend, das eigene Herzklopfen, während der See sich schon morgengrau erhellte.

Ich war nur einen Monat lang in Ascona, aber ich wußte, daß ich etwas Seltenes erlebt hatte: das Entstehen eines kleinen, eines sehr kleinen, sehr persönlichen Kosmos, eine Zusammensetzung der verschiedensten Temperamente, jeder gab das, was sein Bestes war oder was er für sein Bestes hielt, mit hinein in einen Topf – daß sich wieder einmal so etwas bildete wie ein Kokon, jene Lebensgewebe, die so schwer zu beschreiben sind, so als habe ein ständig ausgeworfener, Boden suchender Anker für eine Weile Halt gefunden.
Das Buch wurde fertig, aber sonderbarerweise interessierte uns »Dorothea Angermann« nur sehr wenig. Robert sagte: Es ist eine gute Rolle, zweifelsohne. Aber die Zeit, stöhnte er, liegt so weit zurück, die Gefühle, die man mühsam lebendig machen muß, man holt sie gleichsam aus dem Grab.
Ich fuhr zurück ins Engadin, hinauf in die kältere Luft, und das Gelächter, das heitere Gerede, alle Verführungen des Lebens blieben zurück. Auch das Ascona, wie ich es in jenen Tagen kennenlernte, gibt es nicht mehr. Im Hinfluß der Zeit hatte sich dort eine Nische gebildet, eher flüchtig, ganz ungewollt, das Beste in einigen Menschen, das sich zusammenfand, in der Kulminierung von Lebensminuten, wohl nur Lebenssekunden, immer in der Gefahr, sich aufzulösen, was schließlich nicht zu vermeiden war.
Aber ich hatte auch eine andere Erfahrung gemacht, daß die Vergangenheit, so dicht, so aufdringlich, so schmerzhaft sie ständig präsent war, jeden Nerv durchdringend, dem Ganzen beigegeben wie eine zweite Haut, daß sie zuweilen zurücktrat mit einer Art von Verführung: Lebe, genieße, was Welt und Gegenwart bieten, trenne dich, mobilisiere deine Empfindungen, bilde dir einfach nur ein: Alles fängt von vorn an, alles ist neu, neu zu sehen, hole dir deinen Anfangsgeschmack zurück, tu so, als seiest du jetzt erst auf die Welt gekommen.
Auch dies war eine Beigabe der fünfziger Jahre, dies: Es ist nicht zu ändern, du bist machtlos. Eine Mobilisierung von Lebensinstinkten war die Folge, ein geradezu machtvolles: Nimm, was dir gehört, dir, der du ein Teil dieser Welt bist, und der du daran auch deinen Anteil hast. Den Anteil, der dir zusteht. Es lag darin etwas ungeheuer Positives, das Positive bot sich an, so als gäbe es auch für den von seiner Zeit so vollständig involvierten Menschen eine Chance, die Chance einer totalen Neuordnung, eines totalen Neuanfangs. Waren die endlosen Selbstgespräche, das deutsche Verhängnis betreffend, das eigene miteingeschlossen, leiser geworden, die Gespräche, die Wortfetzen, die sich ins Gehirn drängten, wann immer es ihnen einfiel, schwächer geworden? Gab es vielleicht doch einen Ausweg aus der maßlosen Irritation, die uns alle, die die Welt heimgesucht hatte?

Da lief mir meine zweite Frau über den Weg. Meine erste Erinnerung: Sie fiel mir auf durch ihre Bewegung, ich sah sie gehen, kommen und gehen, groß, schlank, mit langen, schwarzen Haaren, gleichsam ohne Frisur, ein Mensch, gerade erwacht, ein Anfangsmensch, die leere Tafel, auf der noch nichts geschrieben stand, nichts Schönes, nichts Schlechtes, vom lieben Gott freigehalten, oder auch eine geschlossene Blüte, Duft und Schönheit nur zu ahnen. Aber der Anfang war es, das was Anfang ausmacht, das Noch-nicht-in-Schuld-geraten-Sein, der noch nicht gemachte Fehler, das: Alles ist noch möglich.
Ich habe von ihrem Schicksal schon berichtet. Mit ihrer Mutter aus Schlesien vor den Russen geflüchtet. Die Sechsjährige, das magere, kleine Ding an der Hand der Mutter, die einen Säugling auf den Armen trug, im Kinderwagen über die Landstraße schob, mit zwei weiteren etwas größeren Kindern dahinziehend auf den Flüchtlingswegen, inmitten einer total zerstörten Ordnung, in der alles nach außen gestülpt worden war, was zum Chaos gehört, zum äußeren Chaos auch das innere.
Meine Frau erzählte mir sehr viel später und immer mal stückchenweise, was sich ihr an Bildern aus jenen Tagen unvergeßlich gemacht hatte, daß ihnen einmal auf ihrem Fluchtweg eine Kolonne zerlumpter Kerle entgegengekommen sei, begleitet von einem Offizier, einem russischen Offizier, der sich mit gezogener Waffe bei ihnen aufgehalten habe, bis der Zug der Männer vorbeigezogen sei. Sie vermochte nicht zu sagen, um was es sich bei diesen Männern gehandelt hatte, das Kind hatte nur die Bedrohung begriffen, die schlimmste aller Bedrohungen und Erfahrungen: Der *Mensch ist dein Feind.*
Aber das, was ihr den tiefsten Eindruck machte, gemacht hatte, einen bleibenden, verstörenden Eindruck, der dieser Welt einen Stempel aufdrückte, einen niemals wegzuwischenden Stempelabdruck: das erfuhr ich viele, viele Jahre später. Sie hatte von in Schlesien zurückgebliebenen Deutschen gehört, daß man Landsleute aufgeschlitzt wie Schlachtvieh in Metzgerläden aufgehängt und zur Schau gestellt hatte.
An Kindern prallt viel ab, es ist, als schütze Gott sie vor dem direkten Eindruck. Das kleine Gefäß faßt nur so viel, wie es fassen kann. Mit der Zeit, mit den Jahren, erfahren die Ereignisse ihre eigentliche Wertung und üben sie dann aus, die *bleibende* Wirkung.
Sie heiratete mich gleichsam mit geschlossenen Augen, mich, den Neuanfangsbesessenen. Ich heiratete den Anfang selbst. Ich erzähle dies so ausführlich, weil ich sonst die kommenden Jahre nicht verständlich machen kann. Ich möchte sie verständlich machen, weil das, was mich bewegte, viele bewegte.

Viele suchten den Einstieg in eine neue und ganz andere Lebenswelt, mit dem Versuch, die unendlichen Traurigkeiten abzuschütteln, indem man ein neues Weltbild schuf und sich selbst mit hineinsetzte.
Meine Frau zog mit hinauf ins Engadin, wir ließen uns im Winter von Schnee begraben, schaufelten die Terrasse frei, stellten Sonnensegel auf und bewirteten an der Eisbar unsere Gäste, meine Mutter etwa, die längst vergessen hatte, daß man sie wie eine halb verbrannte Katze aus dem Keller geholt hatte, meine Schwiegereltern, die die Atemlosigkeit ihres Kriegs- und Nachkriegsschicksals hinter sich gelassen hatten, meine Schwester, die Tüchtige, die nun auch verheiratet war, allesamt spazierten sie nun die Schneestraße hinauf zur Corviglia, saßen am Eisplatz in der Sonne und sahen den Schlittschuhläufern zu.
Ich schrieb weiter Filmdrehbücher, zuweilen ganz interessante wie »Der Reiher« nach einem englischen Roman, zuweilen Lustspiele von der Art wie »Kitty und die Weltkonferenz« mit Romy Schneider. Aber wenn immer eine Arbeit fertig war, fuhren wir zum Maloja und hinab ins Tessin. Ich zeigte meiner Frau, wo ich unvergeßliche Tage in Ascona verbracht hatte. Sie lernte Robert Siodmak kennen, der mich beiseite nahm. Herbert, sagte er, du weißt hoffentlich, daß der schlimmste Fehler, den ein Mann begehen kann, ist, eine falsche Frau zu heiraten. Er sah mich mit seinen dunklen, traurigen Augen herzlich an: Diesen Fehler hast du nicht gemacht.
Er hat uns in der Folgezeit öfter besucht, ein Mann, der sich bis zuletzt sehr sportlich hielt, dessen Zeit vorbei war, was er wußte, sicher nicht akzeptierte, aber es als ein Teil seines Schicksals hinnahm.
Ich mietete einen Sommer lang ein Haus am Luganer See.
Fünf Schritte bis zum See, in dem man damals noch unbesorgt schwimmen konnte. Ein Boot lag an einer Boje, und wir liebten es, in die Bucht von Ponte Tresa zu fahren, dort an einem Steg anzulegen und in einem Grotto unter schattigen Bäumen Brot und Wein zu genießen. Brot und Wein und die Atmosphäre, die sich plötzlich als Weltatmosphäre gab. Aber solche Weltatmosphären träumt man sich. Auch was wir aus jenen Sommertagen machten, war Traum, Traum mit offenen Augen, wie das Schaffen eines eigenen Gemäldes, in dem es nur helle Farben gibt, ein fast Gewaltsames: So soll es sein.
Ich bin der Meinung, daß es Zeitphasen wie Lebensphasen gibt, in der Abfolge schwankend, nicht vorherbestimmbar, eher so etwas wie ein Auf- und Abwogen von Zeitphasen, die ganz verschieden geartet sind, mit Schwerpunkten und Merkmalen, zuweilen optimistisch, zuweilen traurig, voller Depressionen, voller Zweifel, voller Skepsis, alles dies aber in auf- und abwogender Intensität, kaum beschreibbar, da ohne feste Grenzen, sich zuweilen durchdringend, ehe sie sich ablösen, Phasen, in denen Lebensgefühle getragen werden wie Kleider, und die

wie Kleider der Mode unterliegen, der Mode zuzuordnen sind, der Mode und dem Wechsel, daß jene Zeitphasen zugleich auch merkwürdig unverbindlich sind, fast als handle es sich um ein Spiel, aber im Spiel dem Einsichtigen viel verratend, das was sich hinter dem Spiel befindet, das im Moment des *Jetzt* von absoluter Berechtigung erfüllt zu sein scheint.

Man genoß das, was einem, wie man glaubte, die Welt schuldig geblieben war, man *schaffte* es sich, zumal es auf der Linie der Zeit lag, man schaffte es sich nicht im Trotz, sondern im Einklang mit einer Zeitströmung, als habe die Zeit selbst eine riesenhafte Anstrengung unternommen, das Ekelhafte wegzuwischen, ihm seine Bedeutung zu nehmen – als bewege sie sich mit geradezu tänzerischen Schritten darüber hinweg mit dem Motto: Wir leben. Wir haben uns wieder eingerichtet, wir genießen die Segnungen des Fortschritts, schöne Autos, schöne Wohnungen, und wir sehen mit Staunen, wie schön die Welt ist.

Eine Phase, die zu Ende ging. Wir verkauften das Haus in St. Moritz, verließen das Engadin, seine klare Luft, seine Einsamkeit, die Isolation.

Es stellte sich plötzlich die Frage: Willst du hier bleiben? Immer bleiben? Als Schriftsteller kannst du dir den Ort aussuchen. Du bist nicht angewiesen auf Betrieb, auf Menschen, auf das, was man gesellschaftliches Leben nennt.

Und dann begreift man etwas: Daß man nicht in jener bleibenden Ruhe ist, die so etwas wie ein Geschenk Gottes ist, und ohne die man verloren ist, nicht ganz verloren, aber halb verloren. Die innere Unruhe, eher das Wachsen der inneren Unruhe, war es, das mich veranlaßte, die Berge zu verlassen. Die schöne Zeit war wie ein Rausch gewesen. Wir hatten vom goldenen Teller des Lebens gegessen. Aber es hatte auch bedeutet, daß anderes sich gleichsam schweigend zurückgezogen, aber den Raum nicht verlassen hatte.

18

Das »andere« kam wieder nach vorn. Die Erinnerung an den Krieg kam zurück. Verdrängte Bilder drängten sich wieder ins Blickfeld, so als hätten sie lange gewartet, dem Betrachter eine Pause gelassen, um dann greller zurückzukehren. An erster Stelle natürlich die Holocaustereignisse, die etwas zum Vorschein brachten, inzwischen vollzogene Veränderungen, stattgefundene Veränderungen in Menschen, auch bei mir – vielleicht besonders bei mir, eine Veränderung, die sich ganz langsam vollzogen hatte, sichtbar, erkennbar wurde, und von der ich plötzlich wußte, daß sie noch nicht abgeschlossen war. Man erkannte neue Züge an sich, als sei man in eine bis dahin unbekannte Ernsthaftigkeit gestürzt, als habe bisher eine Art von Hintergrund gefehlt, der sich nun einstellte, als Ergebnis unbekannter Konfrontationen. Meistens mit Bildern, die man gesehen hatte oder die die Phantasie sich geschaffen hatte, Bilder, die ihre übliche Vordergründigkeit verloren und ihren eigentlichen Sinn nach vorn brachten, verkürzt als Essenz an sich, und sich ganz neue Dimensionen schafften. Etwa das Foto von Hunderten von Brillen, die man den Vergasungsopfern abgenonmmen hatte und die nun auf einem Haufen lagen, ein Berg von Brillen, und man sah plötzlich die toten Augen dahinter. Hunderte von Augen, von denen man angesehen wurde, ohne die Augen selbst zu sehen, als gäbe es nur den Blick an sich, den Blick allein, den durchdringenden Blick, losgelöst von seinen Ursprüngen und doch da, auf eine ganz intensive Weise spürbar; jenen Blick, der wie eine Frage ist, die man beantworten muß. Oder jene Szene, gelesen im Buch des Kommandanten von Auschwitz, in der er beschreibt, wie Häftlinge die Gaskammern leerräumen müssen, die nackten Toten herausholen. Und einer der Häftlinge, der vor einer nackten, toten Frau zögert, nur kurz zögert, sie dann aber auflädt, er hatte seine eigene Frau erkannt und machte dann weiter, auf eine unglaubliche Weise entfernt aus der Normalität und damit selbst ein lebender Toter, dem man die Schöpfungswürde genommen hatte.

Bild um Bild schuf sich wie von selbst, gab sich selber bleibenden Charakter, das Gedächtnis bewahrte sie wie in einem Schreckensalbum, das sich im Lauf der Jahre mit immer neuen Bildern füllte. Auch mit den Bildern einer Szene, die auf dem Güterbahnhof in Dortmund spielte bei der Verladung von Juden, von Männern, Frauen und Kindern. Und jener, den ich später kennenlernte, und der Auschwitz überstanden hatte, erzählte es mir, daß und wie er den Schrei seiner Mutter hörte, jenen Schrei, den sie ausstieß, als sie merkte, daß ihre Söhne in einen anderen Waggon, in einen anderen Zug gesteckt wurden. Sie verlor ihre Söhne, und nun höre ich ihren Schrei mit, der sich mischt mit anderen Schreien, all den Schreien, die ich gehört oder von denen ich gehört habe, Todesschreie, Entsetzensschreie, hilflose Schreie, weinendes Schreien, grell, im Diskant, an der Grenze des Menschlichen, das Menschliche schon verlassen habend.

Die Schreie der Mädchen von Vilmsee. Der Bericht, den ich gelesen habe, von den Mädchen des Arbeitsdienstlagers Vilmsee, das von den Russen besetzt wurde, fünfhundert Mädchen, denen man mit Messern die Brüste abschnitt, ein Bericht, der akribisch beschreibt, was sich ereignete und wie es sich ereignete. Diese Schreie der Mädchen mischen sich mit allen anderen Schreien – und die Phantasie weigert sich, die Bilder zu sehen, die sich dort einstellen und immer noch zu Atemnot führen und zuweilen ein Gefühl hervorrufen, das aus der Tiefe kommt, aus den Grenzbereichen des Bewußtseins, und das sagt: *Sterben, sterben, nichts mehr zu tun haben wollen mit einer Welt, in der dies alles möglich ist.*

Man sucht herum nach Vergleichen, und keiner ist stark genug, man irrt herum zwischen entsetzten Worten und Gefühlen, und man spürt, daß man in sich irgend etwas verliert, was nicht verloren werden darf. Und es stellt sich noch ein Bild ein, das sich Endgültigkeitscharakter gibt. Eine junge Sudetendeutsche hatte sich im Lager vergiftet, zusammen mit ihrem Säugling, den sie an die Brust gedrückt hatte. Die Tschechen befahlen, die Tote in die Latrine zu werfen mitsamt dem Kind. Und so geschah es. Und es heißt in dem Bericht: Noch lange war das kleine Köpfchen sichtbar, bis es auch nicht mehr zu sehen war. Soll man dies sagen, soll man es nicht sagen? Aber ich muß erklären, wie Veränderungen vor sich gehen, Veränderungen in der Psyche, in meiner, in der anderer Leute. Weil es sich um Szenen, um Bilder, um Ereignisse handelt, die verändernde Wirkung haben, diese haben müssen, wenn man ihnen gerecht werden will.

Man kann nicht ständig daran denken, und man tut es auch nicht, aber alle diese Bilder sinken in irgendeinen seelischen Untergrund, bleiben dort und verwandeln sich in Melancholie, in Mutlosigkeit, der Boden, aus dem Zynismus herauswächst, jene letzte Bastion, die man beziehen kann angesichts eines Menschen- und Weltuntergangs, der sich plötzlich glaubhaft macht. Ein Menschen- und Weltuntergang, keine zu starken Worte, nicht für Leute, die ihre Sensibilität noch nicht verloren haben, die sie eher vertieft haben, wie Jean Amery, der schließlich vollzogen hat, was ich nannte: Sterben, sterben, nichts mehr zu tun haben mit einer Welt, in der dies alles möglich ist.

Als der jüdische Regisseur Laszlo Benedek mein Buch »Kinder, Mütter und ein General« verfilmte, da fragte er mich natürlich: Was hast du gewußt? Und er glaubte es mir, als ich sagte: Von der organisierten Tötung von Menschen habe ich nichts gewußt. Er glaubte es mir übrigens sofort, ohne was ich sagte, auch nur in Zweifel zu ziehen. Seine Schlußfolgerung war: Man sieht, was in einer Diktatur möglich ist, totale Abschirmung, um so gründlicher, je schlimmer das Verbrechen.

Ich habe einen Film gemacht mit dem jüdischen Regisseur Imo Moszkowicz. Wenn wir uns treffen, sprechen wir immer *darüber*, weil sein Thema mein Thema ist. Wir sehen uns, haben die ersten nichtssagenden Worte gesprochen, um dann *davon* zu reden.

Er war in Auschwitz gewesen. Das wirkliche Brandmal ist, es nie zu vergessen, die Erinnerung sucht ihn heim Tag und Nacht, sie ist immer gegenwärtig, mal näher, mal weiter entfernt, aber eine Erinnerung, die nie verschwinden wird, die hinter jeder Tür steht, um hervorzutreten, sich zu zeigen.

Es gibt ein paar Sätze, die ich nicht vergessen werde, sie stehen als Erinnerung auch hinter meiner Tür, um plötzlich hervorzutreten. Er sagte: Ich war ein gläubiges Kind. Er sagte dies leise, mit großem Ernst, eher beiläufig, und in ebendieser Beiläufigkeit war es wichtig, wie ein Schlüsselwort. Ich war ein gläubiges Kind. *Ich war.* Oder er erzählte, wie er »abgeholt« wurde, nach Dortmund gebracht wurde, wo er mit Tausenden anderer zum Bahnhof gebracht wurde, in bewachter Kolonne, aus der ein Ausbrechen nicht möglich war. Er sagte: Und ganz Dortmund stand auf der Straße und sah uns zu. Wörtlich sagte er: Ich spürte die Häme, die uns begleitete.

Häme? Das Wort machte mich betroffen, weil ich mir eben dies nicht vorstellen konnte. Aber es kommt ja nicht darauf an, was es nun wirklich war – ich nehme an, daß eine Vielzahl von Gefühlen beteiligt war –, sondern, wie es *empfunden* wurde.

So wie es empfunden wurde, so war es dann auch. Imo sagte: Ich kenne die Straßenzüge ganz genau, die ich damals gegangen bin, nein, die ich entlanggetrieben wurde, um nach Auschwitz gebracht zu werden. Ich habe diese Straßen nie wieder gesehen. Aber ich denke, daß ich sie irgendwann noch einmal abgehen werde, diese Straße. Vielleicht habe ich irgendwann die Kraft dazu.

Da sitzen wir beide dann, immer ein wenig atemlos, und sehen uns an, als stünden wir auf zwei Seiten, nein, das ist falsch, wir stehen nicht auf zwei Seiten, wir sind nur von zwei Seiten aufeinander zugekommen und sehen uns jetzt an, eben dies wissend, daß wir auf eine besondere Weise miteinander zu tun haben, auf eine Weise, die uns wie in einer Klammer hält.

Ich mag ihn, ich nehme an, er mag mich. Wir brauchen diese Gespräche, die niemanden erlösen, ihn nicht und mich nicht, und von denen wir dennoch wissen, daß sie nötig sind.

Es ist der Moment, da man Liebe empfindet, die ich empfinde, die ich jetzt empfinde, Menschen gegenüber, die auf diese Weise gelitten haben, eine Art von Liebe, die ihnen nicht hilft, die auch mir nicht hilft, aber die vielleicht ein Teil allgemeiner, immer nötiger werdender Liebe ist, die jeder für jeden zu empfinden immer dringender wird, weil sie möglicherweise das einzige Mittel ist, die Welt nachhaltig zu verändern.

Wir hatten also das Engadin verlassen, die nicht mehr auszuhaltende Isolation, die sich eine Weile lang freigebig gezeigt hatte mit der Gabe von Ruhe, von Atempause, die dann aber ebendiese Gabe gleichsam

zurückzog. Wir siedelten zurück nach Starnberg, den Ort, an dem ich eine Zeitlang gewohnt hatte und in dem ich meine Frau kennengelernt hatte. Es war, als trete man in eine neue Phase ein, oder als mache sich eine neue Phase bekannt. Ich sagte schon: Das andere trat wieder nach vorn.
Die Zeit warf ihre Schönheiten ab, zog sie aus, wie man Kleider auszieht, brachte sich in der kargen, harten Struktur zum Vorschein, präsentierte die Nacktheit der Fakten zur neuen Bewertung. Man könnte auch sagen, es starb etwas dahin, eine Art trügerischer Ruhe, eine Art von steter, unaufdringlicher, immer vorhandener Selbstbeschwichtigung – aber nun war soviel Zeit vergangen, sie hatte gleichsam Distanz geschaffen. Die Distanz kann auch Nähe schaffen, etwas in ganz anderer Weise sichtbar machen.

Eine neue Generation war da, noch nicht ganz da, aber halb da, und machte den Versuch, sich zu äußern, zur Geltung zu bringen, was sie an Ansichten langsam in sich formuliert hatte. Stile begannen sich zu ändern, nicht nur Stile in Kunst und Literatur, Stile, Ansichten betreffend, Urteile, Benehmen, Stile im allgemeinen Umblick, im Menschen-zueinander, im Menschen-gegeneinander. Junge Leute begannen anders über den Boden der Gegenwart zu wandeln, nachdem ihre Füße nicht mehr den Boden der Vergangenheit berührten. Mit der Frage: Was ist da eigentlich passiert? kam die Vergangenheit zurück, schärfer zurück, lauter, greller, konturenhafter, schmerzhafter.
Es mag ein Gemeinplatz sein, aber Generationen, die aufeinanderfolgen, sind miteinander verbunden, so als brauche die nächste die vorhergehende. In der Tat wird irgend etwas weitergegeben, darunter wohl auch eine Art von Lebensunschuld, die Väter und Söhne miteinander verbindet, bei aller natürlichen Härte in der Ablösung. Aber hier und jetzt starrte die neue Generation zurück wie in ein Loch. Da war nichts als Unheimliches, Nichtbegreifbares. Es hatte sich außerdem noch ein anderer Effekt eingestellt: Die Stimmen hatten wesentlich die Sieger erhoben, die Sieger und die Opfer, es waren logischerweise klagende Stimmen, Stimmen, die fixiert waren von ausgeübten Verbrechen, so daß ein *einseitiges Bild* entstand, in dem ein ganzer psychologischer Hintergrund verblaßte, undeutlich wurde, schließlich gar nicht mehr erkennbar war. Das Verbrechen bot sich nackt dar, und nur das. Und alle anderen Bilder, die der Begeisterung, des traumhaften Anfangs, des Idealismus, die hundertfältigen Zeugnisse von Opfermut und Leidenskraft, die normalerweise *unvergänglicher Bestandteil der Geschichte eines Volkes gewesen wären.*
Die nachwachsende Generation, eintretend in das Alter des wachen, urteilheischenden Umblicks, wußte auch keine Erklärung, keine Lö-

sung, sie fand das Angebotene unakzeptabel, und dies in verwirrender Weise, so daß alle Reaktionen eher auf das Umfeld auswichen und Außenstile sich änderten.
Auch der Film änderte sich. Es hatte ein paar gute, anspruchsvolle Filme gegeben, aber den großen Erfolg – den geschäftlichen Erfolg, der für Verleiher allein maßgebend war –, den hatten andere gehabt, die weichen, die sentimentalen, die fröhlichen, die kitschigen. Die Heimatfilme hatten den Anfang gemacht, die Kinos gefüllt, und waren mit eben ihrem Erfolg ein weites Feld für Psychologen. Aber nun war die Rede von Opas Kino, es wurden Manifeste formuliert, vorgetragen mit dem Zweck einer radikalen Ablösung der Themata. Man spürte wohl, daß das Alte, der alte Stil, die alte Art, Filme zu machen, völlig ins Leere liefen. Man erkannte eher, daß das Alte nicht mehr taugte, als man wußte, was man als Neues an seine Stelle setzen konnte.
Es folgte eine Ära der Versuche, des Hin-und-her-Suchens, taumelnde Schritte auf Neuland, mit der Kraft von Eiferern vorgetragen, bis an eine Grenze gehend mit der Auslöschung der Geschichte, das Bild vorgetragen mit den Mitteln des Gedichtes, fast des Gedichtes; sonderbare Wortfetzen, den reinen Gedanken ausdrückend, wurden bildhaft unterlegt, in einer Weise, die Kritikern Respekt abnötigte, Kritikern, die selbst wußten, daß etwas Neues kommen mußte, und für die zuweilen alles, was anders, auch schon das Neue war.
Nichts dagegen. Es kam eine Zeit, die kiellos dahintrieb, bestimmt vom Gedanken-Auf-und-Ab, von Formulierungs- und Profilierungsversuchen, man jagte den Einfällen hinterher, versuchend, sie wie fliegende Vögel am Schwanz zu erwischen. Dabei entstanden Filme, die wie bunte Vögel wirkten, manchmal weniger bunt, auf jeden Fall im Bereich der üblichen Filme geradezu exotisch wirkend.
Sie wurden begeistert begrüßt, entschieden abgelehnt, besonders vom Publikum. Da waren die Verleiher in großer Not. Denn sie waren es, die bisher die Themen bestimmt hatten.
Verleiher, die eins bestimmt nicht waren: geprägte, ausgeprägte künstlerische Naturen. Die Produzenten und Verleiher großen Stils wie Eric Pommer waren ausgestorben – um es genauer zu sagen, die Juden waren am Film nicht mehr beteiligt, mal von Brauner abgesehen, der ungeheuer betriebsam war, aber nicht die Klasse seiner Vorgänger erreichen konnte.

Ich erinnere mich an einen Verleiher, der seine Fähigkeiten in geradezu grotesker Weise überschätzte. Er sagte mir allen Ernstes, fast seufzend: Herrgott, ich weiß genau, was ich will, was sich verkaufen läßt. Wenn ich mir nur acht Tage Zeit nehmen könnte, ich würde das

Drehbuch ja selber schreiben. Nun liefen ihnen die Leute davon, die Kinos verloren ihre Attraktivität, die alten Themen hatten ihre Wirkung im frischeren Zeitenwind verloren, die neuen waren noch zu ungewohnt, der radikale Eifer der Jungfilmer schreckte ab – alles in allem, es kündigte sich etwas an, ein anderes Tableau, als ob das Gedankenfeld sich erweitert hätte und alle Dinge sich nun anders präsentieren würden, karger, härter, intellektueller. Da wurde jetzt und endlich Unruhe produziert mit einer Art Aufforderung: Denkt nach, denkt anders, ändert, gebt alle Kraft den Änderungen, wo immer sich Gewohntes anbietet, versucht es zu verändern.
Die Verleiher wichen nun auf Sexfilme aus. Denn wie ein Rettungsanker war da etwas zu ergreifen, eine gleichzeitige Aufbrechung des bisher absolut gültigen Tabus: Sex ist unsauber, unrein und verboten. Ob diese »sexuelle Befreiung«, wie sie genannt wurde, auch ein Ergebnis einer gewollten, fast triebhaft gesuchten neuen Weltansicht war, lasse ich dahingestellt. Daß diese »sexuelle Befreiung« sich schließlich weltweit durchsetzte, kann ich nicht nur jener neuen Phase zuschreiben, die sich in *unserem* Lande auszudrücken begann. Was unter anderem auch bedeutet, daß gewisse Entwicklungen nicht national zu sehen sind, sondern daß sich solche Änderungen im Weltmaßstab ereigneten, jene neue Art zu denken, neue Themen zu suchen, den Darstellungsstil zu ändern.
Ich schrieb noch Filme, aber es konnte kein Zweifel bestehen, daß auch über mich eine Welle hinwegging. Es gab da einen neuen Stil, auf den ich mich nicht verstand – nein, so kann ich es nicht sagen, eher so: zu dem ich keinen Zugang hatte, weil Stile *erlebt* werden müssen. Der neue Stil wurde mir präsentiert, ich konnte ihn einordnen, als Neuheit sehen, auch als interessante Neuheit, aber ich mochte ihn nicht nachahmen, was übrigens kein großes Problem gewesen wäre. Aber man muß neuen Propheten nicht ins Handwerk pfuschen, sie haben ihr Recht auf ihrem Weg, den sie zögernd betraten und in dem sie es schließlich zu großer Selbstsicherheit brachten. Ich mochte die jungen Leute, weil ich ja einmal ähnlich total in Anspruch genommen war von mir selbst, in der ersten Begegnung mit den fabelhaften Möglichkeiten, Gedachtes zu formulieren, sich so eine eigene Welt zu schaffen, mit oben und unten und mit rechts und links. Ich sah, erkannte und liebte die Wiederholung eines eigenen Erlebnisses. Zugleich aber auch ging ich den Neuen aus dem Weg, und dies aus einem einzigen Grunde, ich wollte und mochte niemanden mit meiner persönlichen Vergangenheit belästigen, da ebendiese Vergangenheit so schrecklich klischiert war: Da ich nicht Freund war, konnte ich nur Feind sein.
Ich gebe zu, daß ich fast halsstarrig versuchte, meine Themen, Stoffe

und Geschichten, die ich für wichtig hielt, durch ratlose Verleihorganisationen zu bringen.
Ich hatte ein Projekt, an dem ich sehr hing. Es hieß »Das Gesicht«, eine Idee, die ich in den ersten Jahren nach dem Krieg niederschrieb, ausformuliert hatte: Eine Frau verliert ihren Mann, der aus dem Krieg nicht zurückgekommen war, als vermißt galt. Ihr Mann war Maler gewesen, sie kannte seine Art zu malen und hielt sie für unverwechselbar. Plötzlich tauchten Bilder auf, in denen sie den Malstil ihres verschollenen Mannes wiedererkannte. Ganz plötzlich war sie überzeugt: Mein Mann ist nicht tot, nicht im Kriege umgekommen, er lebt, und er malt. Sie versucht der Spur des Bildes zu folgen, der Weg führt sie zu einer geschlossenen Klinik. Sie bekommt heraus, daß in solcher Klinik Verletzte aufbewahrt werden, die durch Kriegsverletzungen ihr Gesicht verloren haben und denen auch durch Transplantationen nicht geholfen werden kann, die so, ihre Gesichter mit Ledermasken verhüllend, leben, versorgt werden, in einem gemeinsamen Akt von Mächten, die am Krieg, im Krieg auch gegeneinander, beteiligt waren.
Wir waren damals alle Aufgescheuchte, Kriegsaufgescheuchte, kein Sieg, der uns den Blick verstellt hätte, die Niederlage war so entsetzlich gewesen und alle gebrachten Opfer so sinnlos, daß man versuchte, dies in Worte zu fassen, wie auch immer: im Gedicht, im Roman, im Theaterstück, im Film.
Ich machte da keine Ausnahme.
Es mag wundern, und es ist vielleicht schwer zu begreifen, daß man als Kriegsberichter eine solche Wandlung erfuhr.
Nun war ich wie die meisten meiner Kollegen kein Kriegseinpeitscher gewesen. Die meisten haben sachlich und wie es ihrer Berufsauffassung entsprach, über den Krieg berichtet, nicht ganz neutral natürlich, denn es waren ja »unsere Leute«, aber letzten Endes in der Hinnahme der Einrichtung Krieg als einer üblichen weltgeschichtlichen Einrichtung, die es ja wohl bis heute geblieben ist.
Ich denke, es ist nicht unehrenhaft, sondern eher ein Akt logischer Lebensfortsetzung, daß man als jemand, der solche Wandlung ungeheuer schmerzhaft erfährt, sich nahezu verpflichtet fühlt, Erkenntnisse nachzuliefern, Erkenntnisse allerdings, die es längst gegeben hat und die in fabelhafter Weise formuliert und vorgetragen waren, nicht nur in Romanen wie »Le feu« von Barbusse oder von »Im Westen nichts Neues« von Remarque, sondern die auch ihren Ausdruck gefunden hatten in den Bildern von Otto Dix und George Grosz.
Alle haben auf ihre Weise den Krieg beschrieben als das, was er sein sollte: als unzulässiges, völlig untaugliches Mittel, als Ereignis, das für sich steht, nur für sich, eine Bestimmung nur in sich selber sieht, nichts

anderes ist als eine radikale Umstülpung von Ordnungen, völlig unkontrollierbar, sowenig wie Explosionen kontrolliert werden können. Ich weiß, daß die Wiederholung einer solchen Erkenntnis auch etwas Schales hat. Aber meine erworbene Einstellung wurde mir erleichtert durch die Erinnerung an so viele Menschen, die ich habe sterben sehen, junge Menschen, meine Freunde, etwa in der Normandie, alles *Lebensanfänge*. Nun, nachdem die volle traurige Ruhe auf dem Schlachtfeld eingekehrt ist – das Schlachtfeld selbst das Schlachtfeld abgeworfen hat und sich wieder präsentiert als blühende Landschaft –, fragte man sich, was der Sinn des Todes dieser jungen Menschen war. Selbst ihren Friedhöfen geht man heute aus dem Weg.
Wieder empfängt man also eine Lehre, daß der Krieg als Mittel der Politik überwunden werden muß. Oder es wird dies immer wieder geben: unendliches Leiden, unendliche Schmerzen, totaler Sinnverlust, moralische Gesetze, die ins Wanken geraten, Rückfall in barbarische Unvernunft, Wandern in Wahnsinnsfeldern. Und immer wieder wird es geben, unter anderem, das schreckliche Schwarzweißmalen des Siegers, der sich für totales Weiß entscheidet und das totale Schwarz dem Verlierer überläßt.
Fortschreitende Zeiten können möglicherweise das Bild ein wenig ändern, dem Weiß das Schwarz hinzufügen und dem Schwarz ein wenig Weiß, so könnte ein modifizierteres Bild entstehen, viel interessanter als das alte, so interessant, daß man ausrufen möchte: Freut euch, Historiker, falls es euch überhaupt gegeben ist, euch über etwas zu freuen, was bei dem trüben Arbeitsstoff vielleicht zu bezweifeln ist.
Der Schluß des geplanten Films, den ich als einen Antikriegsfilm schlechthin gesehen hatte, war ein Bankett. Man hatte den Mann ohne Gesicht, den Mann mit der Ledermaske, an den Tisch geholt, zu einer Art von Gastmahl, derart, als säße der Krieg mit am Tisch, alle Opfer des Krieges, und alles, was die Gesellschaft zu bieten hatte, war *trauriges Geschwätz*. Ich hatte einen interessanten tschechischen Regisseur gefunden, der in seiner Heimat ein paar bemerkenswerte Filme gemacht hatte. Er interessierte sich sehr für diesen Stoff. Die Tschechen wollten sich an diesem Film beteiligen, boten ihre Studios an zu niedrigstem Preis. Es fehlte nur noch ein deutscher Verleiher oder Produzent.
Habe ich nicht vorher beschrieben, von welcher Art deutsche Verleiher waren? Der Mann hat mich nur mitleidig angesehen. Immerhin hatten die Vorarbeiten an diesem Projekt zur Folge, daß ich mehrmals in der Tschechoslowakei war.
Es war zu jener Zeit ein fast orthodox kommunistisches Land, ausgestattet mit dem typischen Mißtrauen, das stärker noch als der Braunkohlendunst über Prag lag. Der Prager Frühling schlief noch.

Ein sehr guter Freund, Alexander Fuhrmann, war mit mir und meiner Frau im Jahre '66 nach Prag gefahren. Alexander war Journalist und ausgestattet mit einem Lebenslauf, der auch ein besonderer war. Er war als jüdisches Kind über Internate in Belgien als Vierzehnjähriger nach Paris geflohen, um sich dort durchzuschlagen, er hatte die Kriegszeit, die deutsche Besatzung auf irgendeine Weise überstanden, über die er sich nie äußerte. Nur manchmal klang seine Erbitterung durch, wenn er berichtete, wie er von Evian aus über den Genfer See auf die Schweizer Seite gelangte, um dort endlich in Sicherheit zu sein. Die Schweizer wollten ihn aufnehmen, aber ihn zugleich in ein Lager stecken. Dann lieber wieder zurück. Dem Lager wollte er ja entgehen, wo immer es Lager gegeben hatte. Er war also nun mit in der Tschechoslowakei, ein Mann, hochintelligent, mit einer eingefärbten Grundtraurigkeit. Damals hatte ich zum erstenmal das Gefühl: Sie sind nicht nur getötet worden. Auch die Lebenden sind noch wie getötet, vielleicht hat man ihnen »das Kreuz gebrochen«, besser: »das Herz gebrochen«, in einer Weise, die es noch nicht gegeben hat. Der schreckliche Gedanke: Könnte das, was den Juden angetan wurde, Höhepunkt und Schlußpunkt ihrer jahrhundertelangen Verfolgung, Ächtung, Mißhandlung sein, alles gleichsam kulminierend und so, daß sie es nicht mehr bewältigen können, so daß in allem und überall in der Welt, wo jüdischer Geist sich auszudrücken versteht, ob in der Literatur, in der Musik, im Gesang, im Film, im Kabarett, jene Grundtraurigkeit gleichsam durchscheint, für den Wissenden, Erkennenden durchscheint und dies in einer Weise, die atembeklemmend ist? Es stellte sich noch ein anderer Gedanke ein, ebenso schrecklich: Könnte nicht sein, daß auch den Deutschen »das Kreuz gebrochen« wurde, so als wirke das Ereignis gleichsam zurück und schaffe auch dort und umgekehrt ein Ereignis, das sich selbst noch nicht »enthüllt«, noch nicht zu erkennen gegeben hat? Aber einige exaltierte Züge im deutschen Wesen könnten darauf hindeuten, nicht zuletzt der Verlust an nationaler Selbstsicherheit. Gewiß ist die deutsche Mentalität robuster, aber es kann ja durchaus sein, daß nicht die Robusten über Entwicklungen bestimmen, sondern die anderen, die »im Herz Getroffenen«, die nach Zahl geringeren, an intellektueller und unbewußter Kraft und Sensibilität aber Wirkungsvolleren.

Ich gebrauchte an anderer Stelle einen Vergleich, daß das Restdeutschland als Weltwrack in der Fahrrinne der Geschichte liege. Dort liegt es in der Tat, nicht leblos natürlich, zuweilen mit Lebensäußerungen, in denen etwas durchscheint, sicher keine Grundtraurigkeit der oben beschriebenen Art, aber eine Grundirritation, fundamentaler, als man zu denken in der Lage ist.

Mit Alexander besuchten wir auch den alten jüdischen Friedhof in

Prag, die morschen, verwitterten Steine über den Mehrfachgräbern, die aufgelegten, kleinen Steinchen, Wünsche symbolisierend. Man fühlte sich wie eingehüllt von jüdischer Grundtrauer.
Ein anderes Ereignis in jenen Anfangsjahren der Sechziger könnte mithelfen, das, was ich meinen Zeitbericht nenne, abzurunden. Ich hatte ein Theaterstück geschrieben. Es hieß »Nachtzug«.
Die DDR war ja längst etabliert. Ich erinnere mich eines Gesprächs mit Willi Dissmann, der, wie immer erfüllt von atemloser Lebendigkeit, mich ansah, eine Zeitung schwenkte, in der die Deutsche Demokratische Republik ausgerufen wurde. Er sagte, wie immer herzlich, intensiv, nahe einem steten Lächeln: Die nächsten Illusionisten haben die Bühne betreten. Lebhaft fuhr er fort: Was sagst du dazu? Sie teilen die deutsche Mentalität in zwei Teile. Haben wir sie nicht bisher für so unteilbar gehalten wie das Atom? Aber auch das Atom wurde ja schließlich zertrümmert. Wir sehen also einer Zertrümmerung des Deutschen zu. Und lachend schloß er: Und noch ist nichts explodiert. Ist uns die Fähigkeit zu explodieren abhanden gekommen? Vielleicht auf immer? Dann wäre *das* eine Weltnachricht.
Ein paar Jahre später zeigte er mir Fotos: Schau dir das an. Fotos von der FDJ. Sie tragen andere Hemden, aber sie müssen unsere Fotografen mit rübergenommen haben.
Erkennst du es? Dasselbe offene Lachen, die offenen Gesichter, die offenen Hemden. Sie marschieren und singen, wie wir es getan haben. Strahlend sah er mich an: Sie sind so nett, wie wir es gewesen sind. Ironiezeichen? Ja, bitte.
Die DDR baute dann die Mauer. Dieses entsetzliche Monstrum. Mitten durch eine lebendige Stadt. Für mich war Berlin immer die »Stadt der Städte«, die es sich anschickte zu werden, die Kraft dieser Stadt war einfach ungeheuer, ihr Boden fruchtbar, aus ihm wuchs die Vitalität jeder Lebensäußerung, sie war die Stadt der intellektuellen Juden gewesen, sie war die Spitze eines Kegels, den man sich wie über das ganze Land errichtet vorstellen konnte. Alles lief auf Berlin zu, auf die Metropole, auf den gleichsam glühenden Punkt an der Spitze, in dem geschmolzen, umgeschmolzen, geformt wurde, ein Brennpunkt, eine Brennkammer, ach, es fehlen einfach die Worte, um Berlin zu beschreiben.
Ich habe später Fritz Lang kennengelernt, den großen, legendären Regisseur der Stummfilmzeit. Er erzählte mir, wie der Film »Metropolis« entstand. Wie gewaltig war die Kraft seiner Bilder, Legendenkraft, von einer Aussage, die direkt war, von einer Wirkung, die keinen Umweg machte, sie war sofort da und nahm einem den Atem. Ein großer, hagerer Mann, in seiner Art direkt und unmittelbar.
Soso, hatte er gesagt, ich höre Sie machen Kriminalfilme.

Er war ja der Meister des Kriminalfilms. Sein genialer Film »M wie Mörder« war ein Vorzeigestück gewesen. Wie alle seine Filme. Zu seinem Film »M« sagte er selbst: Diese Art Filme zu machen, scheint vorbei zu sein. Heute ist man wohl feiner in den Mitteln, psychologischer. Lieber Freund, sagte er, das ist das Wort unserer Zeit, Psychologie. Meine Meinung ist: Was die Psychologie uns beibringen kann, hat ein gescheiter Mann immer schon gewußt. Dann erzählte er von einem Fall, den er in Hollywood erlebt hatte. Ein Hausmeister hatte drei Kinder ermordet, kleine Mädchen. Jetzt könnte man sagen, erzählte er, daß in einem solchen Mann sehr viel vorgegangen sei, daß da gewaltige, berichtenswerte, psychologische Hintergründe aufzudecken gewesen wären. Nein, sagte er trocken, der Mann mißbrauchte die Kinder, weil er es mal enger haben wollte.
Auch Fritz Lang kam aus Berlin, war ein Kind Berlins, ein Geprägter und ein Prägender dieser Stadt, er nahm von Berlin und er gab zurück – er erinnerte mich sofort an Robert Siodmak, der auch von Berlin nahm und an Berlin zurückgab. Was für eine Stadt, sagte Fritz Lang. Man kann zwar letzten Endes an jedem Ort der Welt leben, aber es gibt Orte, die besondere Orte sind, und es ist ein Glück, wenn man solche Orte findet. Berlin war ein solcher Glücksort, ein besonderer Ort.
Und es spricht für die Intelligenz der Sowjets, daß sie erkannten, wie man ein Land am strengsten bestrafen kann. *Man muß ihm seine Hauptstadt nehmen.*
Was für einen Fehler haben die Westmächte gemacht, daß sie dies zugelassen haben, daß ihnen die Kenntnis, die Erkenntnis, was eine Hauptstadt für ein Land bedeutet, so total abgegangen ist!
Als ich das Stück »Nachtzug« schrieb, fuhren die Interzonenzüge noch streng bewacht, mit Posten und Streifen in den Waggons. Bei jedem Halt auf freier Strecke achteten die Bewaffneten darauf, daß niemand ausstieg, aber auch niemand einsteigen konnte. Ein Zug, der wie durch Niemandsland raste. Ähnlich den Schnellzügen, die vor dem Kriege durch den polnischen Korridor fuhren, nachts, durch geisterhaft leere Bahnhöfe fahrend.
Und das war mein Thema: An einem unfreiwilligen, unplanmäßigen Halt auf freier Strecke sprang ein Flüchtling, ein sehr junger Mann, auf den Zug, barg sich atemlos in einem Abteil, das vollbesetzt war mit Bundesbürgern, die Berlin besucht hatten, und auf dem Weg nach Hause waren. Der junge Mann flehte sie an, ihm zu helfen, ihn zu verbergen. Das Stück bestand aus Gesprächen, *ob* man helfen soll, *wie* man helfen könne, was man riskierte, ob man sich erlauben könne, etwas zu riskieren, was einem blühen würde etwa in DDR-Gefängnissen. Das Stück endete damit, daß, nachdem jeder seinen Charakter

aufgedeckt, sich gleichsam entblößt hatte bis zur Nacktheit, der Egoismus siegte, das eigene Wohl, die eigene Haut, die einem am nächsten war. Der Schluß des Stückes gehörte dem jungen Mann, dem nicht geholfen wurde und der aus dem fahrenden Zug sprang. Das Stück endete mit einem Schrei, der schließlich im Dauergeräusch eines fahrenden Zuges unterging.
Dieses Stück wurde in Wien an der Josefstadt uraufgeführt. Es entsprach nicht den üblichen Erwartungen eines auf Unterhaltung bedachten Publikums, es war ein Stück, in dem Mentalitäten zur Diskussion gestellt wurden, und dies in einer vielleicht zu sehr fordernden Weise.
Hans Weigel, der Kritiker, beschrieb seinen Eindruck wie jemand, dem man extrem weh getan hatte. Er hatte sich erkundigt, wer ich war, woher ich kam, und seine Kritik gipfelte in einem Satz, der mit dem Stück gar nichts zu tun hatte: Der Autor ist ein Mensch, der nicht denken gelernt hat. Was ihn bewegte, dies und so zu formulieren, ist mir klargewesen. Ich verstand ihn. Ich hätte ihm am liebsten geschrieben und gesagt: Sie haben nicht ganz unrecht, ich habe vielleicht etwas später als ein anderer angefangen zu tun, was Sie denken nennen, aber seien Sie unbesorgt, ich hole es nach.
Ein Jahr später wurden Kritiker nach ihrem bleibenden Theaterereignis des Jahres gefragt. Da nannte Weigel »Nachtzug«, und damit war ich dann auch zufrieden. Das Stück wurde auch in Paris aufgeführt, im Théâtre en rond, einem hübschen, kleinen Theater, das sich als Rundbau vorstellt, mit der Bühne in der Mitte. Das gab dem Theater eine besondere Note. Da vollzog sich etwas gleichsam in der Menschenmitte. Deutsches Schicksal, ein deutsches Problem in Paris?
Ich hatte interessante Begegungen. Mit der Theaterleiterin, mit dem Regisseur, mit den Schauspielern. Da war eine Ernsthaftigkeit spürbar, der etwas beigegeben war, da war sie, die Unschuld, eine unschuldige, gleichsam unbefleckte Hingabe an die Aufgabe, ein sozusagen »schöner Ernst« in der künstlerischen Aufgabe. Ich hatte einen ganz bestimmten Eindruck: Hier ist die Welt noch in Ordnung. Paris hatte die ja nun schon lange zurückliegende Zeit der deutschen Besetzung abgeschüttelt, es hatte seine weltstädtische Sicherheit wiedergefunden, in der sich alle Bürger dieser Stadt gut aufgehoben fühlen konnten, aufgehoben und auch gehalten, in jener Weise, die unmerkbar ist, so wie umgekehrt sich in Berlin niemand mehr gut aufgehoben fühlen konnte, dort war das Weltstädtische im Feuersturm zerstoben und nicht zurückgekehrt. Dort waren sonderbare Spannungszustände geblieben, die sich nicht auflösten, deren Wirkung jeder unterworfen war und die der Stadt einfach kein ruhiges, kein selbstverständliches »Inneres« gaben, nicht jenes »Innerste«, das jede Stadt auf irgendeine

unerklärliche, geheimnisvolle Weise hat. Paris hatte es. Und als ich es spürte, war es herzbewegend.
Im Stück kommt ein Satz vor: Muß man sich nicht bei jedem Mann über vierzig fragen, ob er noch in Ordnung ist?
Ich wurde im französischen Rundfunk anläßlich der Premiere dieses Stücks interviewt, und der Sprecher bezog sich auf diesen Satz und meinte: Da ja auch der Autor über vierzig ist, kann man auch ihn fragen, ob er in Ordnung ist.
Ich sagte: Fragen Sie mich dies ohne Bedenken. Ich bin nicht in Ordnung, aber ich habe vielleicht gerade deshalb ein Gefühl für Ordnungen, für innere Ordnungen, für den Segen, den sie bedeuten, dort, wo Ordnungen nicht nur äußere Ordnungen *sind.*
Das Stück regte die Pariser übrigens nicht übermäßig auf. Sie hatten Ähnliches erlebt in Zügen, die zwischen dem besetzten Frankreich und dem unbesetzten Teil des Landes zur Vichyzeit verkehrten, und fühlten sich eher unbehaglich in der Lage, sich ein deutsches Melodram ansehen zu sollen.
Ich schrieb in jenen Jahren noch ein anderes Theaterstück: »Sadowski kommt um acht«.
Es handelte von zwei Kompagnons, einem jüdischen und einem deutschen. Der jüdische emigrierte mit seiner Familie, mit Frau und Tochter, nach Paris, der deutsche, seinem Kompagnon und dessen Familie freundschaftlich verbunden, hatte ihm gesagt: Keine Angst, die Zeiten werden sich ändern, ich bewahre das, was dir gehört. Er brachte ihm Geld nach Paris, an den Ort, wo sich sein Kompagnon versteckt hielt, wurde von der Gestapo mit dem Geld geschnappt und hatte in der Angst um sein eigenes Leben den Aufenthaltsort seines Kompagnons angegeben.
Der Kompagnon verschwand im Dunkel jener Zeiten. Das Stück spielte in der Zeit nach dem Kriege. Die Tochter des jüdischen Kompagnons möchte den Kompagnon, den Freund ihres Vaters, sprechen. Aber der will nicht, will unter keinen Umständen, und erklärt seinem Sohn, warum nicht. Und der versteht seinen Vater nicht, sagt: Laß sie doch kommen, sprich mit ihr, laß sie ein, erklär ihr alles.
Ich selbst habe mit ihr gesprochen. Sie kommt heute abend um acht.
Die Bühne sollte im Hintergrund eine Tür enthalten, eine Milchglastür, eine breite Eingangstür. Das Stück endet damit, daß der Schatten eines Menschen um acht Uhr abends sich abmalt vor dieser Milchglastür.
Die Tochter, die klingelt, die eingelassen werden möchte.
Sie klingelt. Man hört das Klingeln, und man sieht den Schatten eines Menschen, der hereingelassen werden will.
Und auf der Bühne der Vater mit seiner Familie, mit seiner Frau,

seinem Sohn. Der Sohn, der sagt, flehend sagt: *Mach auf, laß sie herein.*
Der Vater, in panischer Angst abwehrend: Nein, laß sie nicht ein, mach nicht auf. Seid still, seid ganz ruhig. Wir sind nicht da. Und es klingelt und klingelt, und der Schatten steht und wartet. Der Vorhang senkt sich, ohne daß wir wissen, ob die Tür geöffnet wurde oder nicht. Die Frage sollte bleiben. Leider fand sich keine deutsche Bühne für dieses Stück.
Nur das Fernsehen brachte es in der Fernsehfassung mit ebendiesem Schluß. Die Wirkung war so, wie ich sie mir vorgestellt hatte, aufregend, quälend. Ich erinnere mich eines Anrufs der Tochter von entfernten Bekannten, eines siebzehnjährigen Mädchens, das mich fragte, ganz aufgeregt fragte: Hat er sie nun reingelassen oder nicht? Warum ist der Sohn nicht hingegangen, einfach an die Tür gegangen, und hat sie aufgemacht? Ich sagte ihr: Die Tür kann jeder aufmachen. *Das* ist gemeint.
Wie man sieht, waren meine Selbstgespräche noch lange nicht zu Ende, und ich denke, daß die ganze Nation in irgendeiner Weise Selbstgespräche führte, jeder auf seine Weise, zuweilen unvollkommen, zuweilen denkfaul im Sinne einer Schmerzvermeidung, zuweilen ausweichend in Aggressionen, in denen sich hilfloser Trotz ausdrückte.
Man könnte sich fragen, mich fragen: Sie? Schreiben ein Stück über ein solches Thema? Ausgerechnet Sie?
Meine Antwort: Warum nicht? Jeder hat seine Art, sich mit seinen Lebensproblemen auseinanderzusetzen, führt Selbstgespräche auf seine Weise. Ich tu es auf die Weise, die mir gegeben ist, schreibend, und tu dies nicht ex cathedra, gleichsam im geschwinden Standortwechsel, sich nun festklammernd an die Seite, die die moralische ist. Wer dies so versteht, begeht, denke ich, einen Fehler, denn ich fühle mich als mein eigener Zuschauer und Zuhörer, ich sage *mir* etwas, bewege in *mir* etwas, sage etwas auch anderen, jenen, die mir ähnlich waren und sind, die jetzt erst das Thema ganz begreifen, und die wie ich Denkergebnisse von heute in der Rückwärtsschau verwenden, vieles neu sehend, gleichsam mit geöffneten Augen, und dies als absolute Notwendigkeit.
Ich mag das Wort Aufarbeitung nicht. Aber im Grunde ist damit ein innerer Vorgang sehr genau beschrieben, das Erlebte wird neu belebt, anders erlebt, die Unwissenheit des Moments als Unvermögen, als Blindheit, als fehlerhaft begriffen, und nun erfolgen Hinzufügungen, die einzuordnen Arbeit ist, Denkakte als Arbeitsakte und ganz sicher nicht, um die »Akte« dann zu schließen.
Geholfen hat mir dabei eine sich immer mehr verstärkende Überzeugung, daß das, was passiert ist, den Rang eines Weltereignisses ein-

nimmt und seine Bedeutung für die Welt hat. Nach meinem Gefühl ist es, als habe die partielle Geschichte, die Scheibchengeschichte, die Geschichte der Hie-und-da-Ereignisse aufgehört, und zwar endgültig aufgehört zu existieren. Nichts mehr, was nicht die ganze Welt betrifft. Kein kleiner Krieg, kein Nebenbeikrieg, der noch denkbar wäre, als ein Ereignis, das nur die Beteiligten angeht und niemanden sonst. Vielleicht ist das Werk vollendet, das Christoph Kolumbus begann, die Erde ist nun vollständig entdeckt worden, und sie bietet sich uns jetzt und endlich als *Ganzes* dar.
Lange genug hat es gedauert, aber nun ist die Planetarisierung vollzogen, und zwar eines jeden Dings, das existiert, vor allem auch der Meinungen, Ansichten, so als habe dieser Planet sich nun endlich zur Gänze umgeben mit einem Nervengeflecht, in dem sich alle Reize ungehindert ausbreiten können.
Diese Planetarisierung von allem und jedem muß gehandhabt werden. Sie *fordert* die Handhabung, und dies, obwohl das Instrumentarium zu solch notwendiger Handhabung fehlt, noch nicht vorhanden ist, nur schwach und in Ansätzen vorhanden ist.
Immer noch herrscht die zwanghafte Neigung vor, sich in alten Denkgräben zu verschanzen, sie verteidigen zu wollen, wenngleich schon irritiert und wie geblendet vom Lichterschein des ganz anderen, des ganz Neuen. Es sieht aus, als treten alle nur zögernd heraus aus den alten Gräben, geblendet stehend im Licht eines planetarischen Morgens. Könnte sein, daß wir vielleicht zu sehr nach rückwärts sehen, daß unsere Aufmerksamkeit, unsere Kraft zu sehr in Anspruch genommen wird von der Vergangenheit, herzen-, gedanken- und kopfausfüllend, daß wir im Atemlosen steckenbleiben, auch im Schmerz und in der unendlichen Irritation.
In jenen Jahren etablierte sich das Fernsehen, und da der Film jene Linie verlor, der ich mich unbesorgt hätte anschließen können, war es eigentlich nur natürlich, daß ich vom Filmautor zum Fernsehautor wurde. Schon in den fünfziger Jahren hatte ich mein erstes Fernsehstück geschrieben, und zwar für den Versuchssender, der noch im Bunker auf dem Heiliggeistfeld in Hamburg eingerichtet war. Da Film und Fernsehen ein wesentliches Merkmal gemeinsam haben, nämlich eine Geschichte in Bildern zu erzählen, bedeutete dieser Übergang für mich keine Schwierigkeit.
Ich traf meinen alten Freund Robert, den Zyniker, den Alles-in-Frage-Stellenden, wieder. Er fragte mich: Was machst du jetzt? Ich sagte: Es sieht aus, als habe das Fernsehen auf mich gewartet. Er fragte: Hast du deine Themen gefunden? Ich antwortete: Ich werde sie wahrscheinlich nie finden. Nicht die, von denen ich geträumt habe. Die sind mir verlorengegangen, und ich muß sie anderen überlassen,

die sich solcher Themen ja auch annehmen, zuweilen schlecht, zuweilen recht. Ich weiß überhaupt nicht, ob dies die Zeit für große literarische Leuchtfeuer ist. Ich renne mit einem netten, kleinen Licht durch das literarische Feld. Ich habe gehört, sagte er, daß du ungeheuer positiv bist. Ich war fast erschrocken: Positiv? Kennst du dich selber nicht? Du bist irrsinnig bemüht, Leuten etwas Gutes zu sagen. Ich gebe zu, daß ich eine Weile ganz nachdenklich war. Dann fand ich, daß es nichts Schlechtes sei, den Leuten etwas Gutes zu sagen.

Ich erklärte es ihm ungefähr: Hör zu, es ist heutzutage üblich, Schrekkensbilder zu entwerfen, die ganze Misere des Lebens aufzuzeigen. Das ist ganz sicher eine Reaktion auf die schrecklichen und traurigen Ereignisse unserer Lebenszeit, die sich zur alleingültigen Wahrheit machen und keine andere gelten lassen, als gäbe es keine andere, nur diese, die darauf besteht, dargestellt zu werden, und dies immer und in jeder Form. Das ist eine Denkweise, die man verstehen kann, die sogar etwas Verführerisches hat, erleichternd wirkt und eine Überzeugung schafft: So ist es und nicht anders. Das ist als Grundempfindung aller Ehren wert, aber sie führt zu einer Fixierung auf eben das Elende, man schafft sich damit eine eigene Welt, in der der Zweifel regiert, die Ironie, der Zynismus, alles von der traurigsten Art. Man ist deshalb überempfindlich für das, was auch nur den Hauch von scheinbarem Unrealismus aufzeigt, setzt ihn gleich mit Naivität, die sich in den zurückliegenden Zeiten offenbart als des Menschen anscheinend Schrecklichstes.

Nun, Elendes, Hoffnungsloses, Negatives zu beschreiben, ist fast auch gleichzusetzen mit einer Zertrümmerung des Menschlichen. Mit Akribie, mit Fleiß, mit großer Begabung und wohl auch mit Lust beschreibt man die Trümmer, geht man über das Feld der zerstörten Hoffnungen hinweg, nicht befriedigt, aber dies eben vermeiden wollend, daß irgend jemand Befriedigung empfindet.

Ich sagte zum Schluß, daß ich mich auf diesem Felde zwar nicht zu Hause fühle, aber daß es auch kein Kunststück sei, Negatives zu beschreiben, es sei immer leicht, Negatives zu beschreiben, daß es nur eines Entschlusses bedarf, einen guten Schluß abzuändern in einen traurigen und negativen.

Also: Nicht daß ich es nicht könnte, sondern ich wollte es nicht.

Dies sagte ich meinem Freund, der mir ernsthaft zugehört hatte, und der schließlich meinte: In Ordnung. Sag den Leuten Gutes. Aber verführe sie nicht, Hoffnungen zu haben, die sich dann nicht erfüllen. Hoffnungen haben es heute ganz schwer. Mit Hoffnungen betrügen sich die Leute am liebsten und am gründlichsten. Mach dich nicht auf eine Weise schuldig, die dir vielleicht noch gar nicht in den Sinn gekommen ist.

Ich lernte in jenen Tagen den Produzenten kennen, dem ich nun seit mehr als zwanzig Jahren verbunden bin. Er produzierte damals die Serie »Kriminalmuseum« und bot mir einen Stoff an, in dem es um das Schicksal eines Exilrussen ging, heute würde man sagen, eines Dissidenten, der mitten in München im Treppenhaus zu seiner Wohnung von einem sowjetischen Geheimagenten umgebracht wurde, eine Sache, bis in die Einzelheiten beweisbar. Man hatte ein besonderes Tötungsgerät konstruiert, das in eine Zeitung eingehüllt war. Der Mörder trug unauffällig eine zusammengerollte Zeitung unter dem Arm, hatte die Möglichkeit, einen Auslöser zu betätigen. Dann spritzte das Gerät Giftgas aus. Sehr einfach, jemanden voll ins Gesicht zu treffen, wenn er gerade die Treppe hinaufstieg. Risiko gleich Null, das Gas war später nicht mehr zu identifizieren. Pech in diesem Fall war nur, daß der Mörder, der Beauftragte vom KGB, solche Mordaufträge nicht mehr ertragen konnte, sich den deutschen Behörden stellte und alles erzählte. Er nannte auch seinen Auftraggeber, einen Sowjetrussen, der ein Ministeramt bekleidete. Ich sagte zum Produzenten Ringelmann: Wissen Sie, was Sie da tun? Sie werfen da eine politische Bombe! Und dies in einer Unterhaltungssendung. Aber, sagte er, der Fall ist doch ganz klar, den kennt doch jeder. Jeder, der dies zufällig als Nachrichtenmeldung gehört oder gelesen hat. Aber der Film, die Bilder dazu, dargestellt in einem den Ereignissen nachgestellten Spiel, sind von viel größerer Kraft, sie sind entlarvend, deprimierend, sie stürzen in Unruhe, sie decken etwas auf, daß wir immer noch nicht in Friedenszeiten leben, daß solche Mordtätigkeit, von einer Regierung ausgeübt, sich als Bestandteil einer Mentalität darstellt, von der wir doch gerade angenommen haben, daß sie beseitigt wäre. Gegen die haben doch jene gekämpft, die sich nun derselben Mittel bedienen? Himmel, sagte er, es ist eine so spannende Geschichte.
Wir haben sie gemacht. Sie machte einen geringeren Eindruck, als ich angenommen hatte. Warum? Drückte sich in der fast gleichgültigen Hinnahme etwas aus, was viel deprimierender war? Nämlich: Was erzählt ihr denn da? Es ist doch nichts Neues!

Nun ja, es war ja nach dem Ende des Krieges wirklich keine Friedenssonne über dem Erdenrund aufgestiegen, und jener kleine Mordfall regte keinen Hund zum Bellen an. Er wurde vergessen. Und möglicherweise auch vergeben. Ich erwähnte diese Geschichte, weil sie mich damals sehr aufgeregt hatte. Man war doch wieder bemüht, erneut bemüht, etwas zu interpretieren, Zeit zu interpretieren, man gab hinein, wollte hineingeben das Beste, wieder mal das Beste oder das, was man dafür hielt. Und dann war man wieder deprimiert. Hatte der Kampf gegen das Unmenschliche das Unmenschliche nicht aus der

Welt gebracht? War der Boden nun für immer verseucht, und wachsen sie ständig nach, die Mörder, die es nun endgültig gelernt hatten, sich einer fundamentalen Entschuldigung zu bedienen, nämlich im Namen und zum Wohle einer Ideologie zu handeln?
Wir sehen es ja: Seitdem sausen die ideologischen Mörder durch die Welt, tun ihre Arbeit mit erregtem Genuß, fast dem Vergnügen zuzurechnen. Die perfideste Kulminierung solcher Mentalität stellt sich dar in sogenannten Bekennerbriefen, in denen man triumphierend sagt: *Wir* waren es, *wir* haben gemordet, *wir* sind die Urheber, nicht etwa andere, wir möchten um Himmels willen nicht, daß das verwechselt wird.
Auch das wird sonderbarerweise hingenommen, mitgeteilt als Nachricht, ganz unkommentiert, und eigentlich müßten doch alle aufschreien, ungläubig aufschreien: *Zu Mord bekennt sich jemand?*
Weiß und erkennt man nicht, daß man damit Mord *etabliert*? Es ist doch so einfach: Wollt ihr Frieden haben, dann schafft den Mord aus der Welt. Es gibt nur zwei Arten zu sterben, auf natürliche Weise und auf unnatürliche Weise. Ächtet den unnatürlichen Tod. Es ist doch eine überkommene, übliche Vorstellung, ein fester Glaube, kaum jemals in Frage gestellt: Die Menschheit geht voran, ihr Weg führt aufwärts. Die Neuheiten im Lebensumfeld, autofahren, fliegen zu können, sich fernmündlich über Erdteile hinweg unterhalten zu können, sich Bilder ansehen zu können von Ereignissen, die zu gleicher Zeit irgendwo auf der Erde geschehen, das alles gibt ein Bild von *scheinbarem* Aufstieg. Wenn man dies doch erkennen könnte als einen gewaltigen Irrtum! Es stimmt ja nicht. Das Gegenteil ist richtig: Der Weg der Menschheit geht nicht nach oben, er geht nach unten, und es sieht aus, als sei er in diesem Jahrhundert auf seinem tiefsten Punkt angelangt, dem Punkt auf einer Linie, die möglicherweise ins endgültige Aus führt.
Wie durchhallt von Parolen ist dieses Jahrhundert, von Parolen, die wie mit letzter Kraft ausgerufen scheinen, etwa: Proletarier aller Länder, vereinigt euch. Der endgültige Parolenschrei sollte sein: Mörder aller Länder, vereinigt euch, denn *ihr* habt ja das Schicksal dieser Erde in der Hand.

Und in einem solchen Augenblick, durchdrungen von solcher Erkenntnis, bot mir Ringelmann eine Kriminalserie an: »Der Kommissar«.
Ich schrieb ein paar Folgen, um zu einem bestimmten Stil zu kommen. Ich orientierte mich an Simenon, den ich sehr bewunderte und für den Vater des Kriminalromans besonderer Prägung halte, für den menschlichen, für den psychologischen Roman, in dem Schicksaale von Men-

schen beschrieben werden, die keine gewöhnlichen Mörder sind, keine Untermenschenmörder, keine Asozialen; dieses Umfeld interessierte ihn so wenig wie mich. Er sah, und ich sah es mit ihm, daß der Mensch eingebettet ist in Unvermögen, er ist in seltenen Fällen Herr seines Schicksals, er ist es dann und nur, wenn ringsum alles in Ordnung ist, wenn er Mittelpunkt und Nutznießer einer Ordnung ist, die möglichst ungestört bleiben sollte, denn auf Störungen ist der Mensch nicht eingerichtet. In Störungen der Ordnung gerät sein seelisches Gefüge aus dem Leim, und nun ist er nicht Herr seines Schicksals, sondern Opfer seiner selbst, seiner Triebe und Antriebe, die er nicht mehr unter Kontrolle hat. So stellt er sich dar als ein durchlässiges Gefäß von Gefühlen, Reizen, Erregungen, er stellt sich dar als das, was er in Wirklichkeit ist: als ein unfertiges Produkt, mit nicht zu Ende entwikkelten Fähigkeiten, alles nur halb vorhanden, in Spuren vorhanden, nichts fest und endgültig, immer mit der Neigung, völlig außer Kontrolle zu geraten. So ist der Mensch, wie ich es sehe, das gefährdetste Geschöpf überhaupt, einfach nicht fixiert, nicht innerlich festgehalten von was auch immer, so als sei er in einem Entwicklungsprozeß und in solchem in der gefährlichsten Phase, so als sei alles noch möglich, ihn edel zu machen oder zum Untier, eine Phase, in der alles noch durcheinandergeht, das Menschliche und das Unmenschliche, ein Durcheinander von Gefühlen, und dies noch im Wechselspiel, von Tag zu Tag sich ändernd, zuweilen auch im Sekundentakt. Zugleich scheint er sich seiner inneren Not bewußt zu sein und sucht ihn selbst, den Halt, den festen Halt, den Dauerhalt, er sucht wie ein Verzweifelter nach Sinn und Bestimmung, sucht ihn in sich selbst und auch außerhalb, er schuf sich eine wahre Götterwelt, die wie Blasen aus seinem pulsierenden Inneren aufstiegen, sich zu Bildern verfestigen, um ihrer Wohltat teilhaftig zu werden als *feste* Bilder. Man projizierte die fehlende Festigkeit hinein in die Götterwelt und schließlich in die Gotteswelt. Was für rührende Versuche, welche vollkommene Hilflosigkeit, die sichtbar wird in dem Versuch, sich Gott zu schaffen, *wie auch immer.* Was für eine ekstatische Kraft, sich dazu Legenden zu schaffen, Bilder und Altäre, hinter denen er sich in seiner Hilflosigkeit bergen, verbergen konnte. Als könne er fliehen, auf eine endgültige Weise fliehen vor einer Erkenntnis, die er fürchtet, die er nicht wahrhaben will, die möglicherweise seine Urangst schlechthin ist, die Furcht vor der Erkenntnis: *Mensch zu sein ist ein unmöglicher Zustand.*

Wenn ich jetzt sage, daß mir dieses Menschenbild vorschwebte bei der Arbeit an einer Fernsehkriminalserie, dann mag das sonderbar erscheinen, möglicherweise unpassend, weil zu extrem gedacht für bloße Kriminalfilme, deren wesentlicher Zweck es ist, zu unterhalten. Diese Frage ist in dieser Form zu provokativ gestellt.

Man muß sich zunächst darüber klarwerden, was Unterhaltung überhaupt ist. Wann unterhält man jemanden? Ich denke, man unterhält jemanden dann, wenn man es fertigbringt, *etwas in ihm zu bewegen,* seine Anteilnahme hervorzurufen, sein Interesse, wenn er sich plötzlich zu identifizieren beginnt mit einer Person oder mit einem Thema. Es spielt keine Rolle, ob das geweckte Interesse ein angenehmes Gefühl hervorruft, es muß nur Interesse sein in Zustimmung oder in Ablehnung, die bis zur Aufregung gehen kann.
Ein Zuschauer genießt Kriminalfilme auf ganz verschiedene Weise. Er genießt die rein äußere Spannung, die am leichtesten herzustellen ist: mit einer gezückten Pistole, mit einem dahinrasenden Auto, mit gewaltigen Turnübungen der Schauspieler, indem man sie über Mauern und durch Fenster springen läßt, als Helden, als Verfolgte. Die Faszination solch äußerer Spannung dauert allerdings nie sehr lange, so als erkenne der Zuschauer, daß er einem Sekundeneffekt zum Opfer gefallen ist, der im nachhinein von keiner Bedeutung war.
Es sollte einem gelingen, innere Spannung zu erzeugen, die tiefer geht, weitergeht, länger anhält und möglicherweise etwas bewirkt, fast in einer Art von Erteilung von Ratschlägen, möglicherweise auch von Lebensratschlägen, von Erkenntnissen, die der Zuschauer auf sich selbst beziehen kann, von denen er sich berührt sieht, immer eingedenk der Tatsache, *daß jeder Mensch ein Notfall ist* und immer darauf aus, Hilfe zu bekommen, selbst in kleinsten Dosen. Ich habe versucht, die Kriminalstücke, die ich schrieb, in dieser Weise auszurichten, was zuweilen geglückt ist, sicher nicht immer und manchmal vielleicht auch gar nicht.
Aber mit dieser Einstellung zu meiner Arbeit konnte ich leben.

19

Bevor die Arbeit an dieser Kriminalserie, zu der ich, ohne es vorher auch nur zu ahnen, schließlich 97 Folgen verfaßte, mich voll in Anspruch nahm, fuhr ich mit meiner Frau nach Amerika.
Meine Tochter, deren Geburt mir in einem Feldpostbrief nach Karelien mitgeteilt wurde – ich sehe noch, wie mir der Zettel aus dem Brief entgegenfiel und wie leicht er im Mitternachtssonnenlicht zu entziffern war, trotz der noch krakeligen Handschrift der Mutter –, hatte einen amerikanischen GI geheiratet, der in Kaiserslautern an einem amerikanischen Sender beschäftigt gewesen war. Sie war ihm in die USA gefolgt, erst nach Minneapolis, dann hinauf bist fast an die kanadische Grenze nach Duluth.
Wir wollten nun sehen, wie es ihr ging, und bei dieser Gelegenheit die

USA kennenlernen auf eine Weise, die uns erlauben würde, dies so gründlich wie möglich zu tun. Wir hatten uns drei Monate Zeit genommen. Meine Tochter hatte uns ein Motorhome gekauft, einen Winnebago, mit dem wir bis nach Alaska hinauffahren wollten, um von dort die Traumstraße der Welt hinunterzufahren bis Mexiko.
Ich erwähne diese Reise in diesem Zeitbericht nur, um ein paar Eindrücke wiederzugeben, die für mich von allgemeiner Bedeutung waren. Das war einmal das Landschaftserlebnis an sich und dies besonders in Alaska. Immerhin kamen wir aus dem überfüllten Europa, aus dem überfüllten Deutschland, das man auf Restgröße zusammengestrichen hatte, und betrat nun einen Kontinent, der aus Land bestand, aus einer Fülle von Land, die schon Überfülle war.
Wir fuhren durch Kanada bis nach Alberta, bogen nach Norden ab nach Edmonton, um dann bei Dawson City am Denkmal der berühmten Meile Null die Fahrt über den Alaska-Highway zu beginnen, eine Staubstraße, die uns dreitausend Kilometer lang noch hinauf nach Alaska bringen sollte.
Diese Fahrt war für uns ein Lebens- und Weltereignis zugleich. Und hatte einen Höhepunkt. Die Straße hatte man so gewählt, daß sie große Höhenunterschiede vermied, aber seitlich begleiteten uns die Rocky Mountains, eine Bergwelt, Felsen, Eis und Gletscher ohne Zahl, eine unendlich sich dehnende, gleichsam in Weltschultern sich reckende Welt. Einmal jedoch stieg der Alaska-Highway eine Höhe hinan, sie nannte sich Troutch-Mountain. Und dort hielten wir aus einem ganz einfachen Grunde, der Fuß ging wie von selbst vom Gashebel, auch der Blick war nicht mehr auf der Straße, sondern hatte sich selbständig gemacht im staunenden Umblick.
Wir stiegen aus, denn was sich uns bot, war nicht nur ein bloßer atemberaubender Blick, sondern dieser Anblick bot etwas dar, mit dem Ausblick eine Erkenntnis: Was für eine unglaubliche Welt. Auf unserer kleinen, staubigen Höhe sahen wir, so weit der Blick reichte, über Wälder hinweg – das war nicht das So-weit-das-Auge-Reicht von zu Hause, das waren, so schien es, immer verkürzte Blicke gewesen, sicher auch sehr schöne darunter, aber gewöhnlich waren es Blicke wie in einer Schüssel, von einem Rand zum anderen; was sich uns jetzt bot, war ein Blick über den Rand der Schüssel hinaus, man hatte den Eindruck: Die Erde selbst bietet sich dar, der Planet selbst macht sich uns bekannt, wir sahen einen Ausschnitt, der sich mühelos in der gedanklichen Fortsetzung als global gab. Und dazu noch schweigend, mit Urschweigen und in solchem Schweigen auch distanziert, in sich selbst und für sich selbst existierend, nicht für uns existierend. Wir spielten keine Rolle, wir wurden nicht wahrgenommen. Der Planet atmete tief und ruhig gegen unseren Kurzatem.

Man könnte sich fragen, was eine solche Schilderung in einem Zeitbericht zu suchen habe. Ich denke, daß jeder Mensch irgendwann einmal ein solches Erlebnis haben sollte, das Gefühl, weg aus seinem Schrebergarten, gleich welche Nationalflagge er davor aufgezogen hat, plötzlich wirklich sehend, wo er lebt und steht, auf der Erde, für die er ein Gefühl bekommen muß.

Es ist die Aufgabe dieses Jahrhunderts, die Erde in ihrer Gesamtheit zu sehen, für sie ein Gefühl zu bekommen mit einer schlußendlichen Empfindung, sie als Heimat zu sehen, *als die Heimat schlechthin*. Man kann in einem solchen Haus, das man als das eigene erkennen muß, verschiedene Zimmer bewohnen, jedes für sich umschlossen von Wänden und irgendwie möbliert – aber man wohnt in diesem Zimmer in *einem* Hause, das jeden – wenn ich dies Beispiel fortsetzen darf – mit allem versorgt: mit Licht und Wasser und mit Vorräten im Keller. Ich möchte den Augenblick, da man von solcher Erkenntnis blitzhaft überfallen wird, in den Rang des Damaskuserlebnisses stellen, da geht der Mensch jahrtausendelang durch die Zeiten, sein Lebensumfeld ständig ausweitend, und nun, endlich, weiß er, wo er sich befindet, auf einem Planeten, der eingebunden ist in die Unendlichkeit, dort seinen Platz hat, wer und was immer ihn da hingestellt hat.
Was für ein Augenaufreißen, was für ein atemloser Moment, wie blitzhaft geblendet ist man, so als fasse das Auge das Gesamtbild nicht, wenn man sich hineingestellt sieht in ganz andere Zusammenhänge, die mit dem gewöhnlichen, üblichen, bisherigen Metermaßumfeld nichts mehr zu tun haben.
Jeder mag irgendwann einen solchen Moment erleben, manche, die ihn halb haben, noch nicht ganz haben, manche, die diesen Augenblick noch vor sich haben, manche, die ihn vielleicht nie haben werden, obwohl der Augenblick solcher Erkenntnis von schicksalhafter Notwendigkeit ist. Wir erlebten einen solchen Augenblick auf dem Alaska-Highway, ein Punkt, auf der Karte ausgewiesen als Troutch-Mountain.
Alaska bot eine weitere Reihe von Weltbildern und auch einen Eindruck von den Menschen, die dort lebten. Da jeder auf jeden angewiesen war – eine Folge des harten Klimas, der langen Nächte, der lebensfeindlichen Natur –, hatten sich andere Formen des Zusammenlebens herausgebildet, da gab es kein sehr bemerkbares soziales Gefälle, keine gesellschaftliche Hierarchie mit Positionen, die von oben nach unten rangierten, sondern da war jeder gleichviel wert. Man taugte etwas, oder man taugte nichts. Und wenn der Bankdirektor einen Glaser brauchte, dann saß der Mann mittags mit am Tisch. Es war jeder auf jeden angewiesen und als solcher gleichviel wert,

denn wenn wir es genau betrachten, treten auch wir in unseren gemäßigten Regionen in ein immer härter werdendes Klima ein – einer Härte, von der wir sicher noch nicht die volle Ahnung haben –, und es könnte notwendig sein, auch bei uns andere und besondere Formen des Zusammenlebens zu finden, so daß jeder bei jedem mit am Tisch sitzt und jeder auf jeden angewiesen ist.
Wir fuhren nach Süden, den Alaska-Highway zurück, besuchten Vancouver, Vancouver-Island, setzten über nach Seattle, fuhren die Reihe der Weltschönheiten ab, den Yellowstone Park, den Blue-Crater-Lake, alle Nationalparks, die die USA ausweisen als ein Land mit den schönsten, kostbarsten Landschaften der Welt. Wir hielten auch am Bryce-Canyon, hatten einen überwältigenden Blick in eine Canyonwelt, eine Rote-Riesen-Steinwelt, durch Erosion im Laufe von Jahrtausenden entstanden, ein rotes Klippengewirr in Bildhauermanier geschaffen, figurenhaft und in Kathedralengröße. Durch diese Welt waren Trampelpfade gelegt, über die man sich in die Canyonwelt hinein begab, immer neue Anblicke und Ausblicke genießend, überragt von roten Felsen wie von Tempelbauten, manchmal durch Tore gehend, die die Natur geschaffen hatte, dann wieder auf steilen Saumpfaden wandelnd, wieder sich selbst als klein und ameisenhaft empfindend.
Da begegnete uns eine Gruppe von Amerikanern, die uns nach dem Navajo-Trail fragten. An der Antwort merkten sie, daß es sich bei uns um Ausländer handelte. Where do you come from, die Standardfrage, die jeder in fröhlicher Neugier jedem stellte. Germany? Da richtete sich ein älterer Amerikaner auf, sah uns mit wohlwollendem Ernst an und sagte mir einer Art von Würde: Welcome in our country. Dieses Wort ist mir nachgegangen und hat sich als Bleibendes anderen und ähnlichen Worten hinzugesellt. Dieses »Welcome in our country«. Und ich erinnerte mich an ein Erlebnis, viele Jahre zurück. Ich saß in einem Wagen neben dem Sarg meines toten Divisionskommandeurs, wir wurden aus der Luft beschossen, gejagt von einem amerikanischen Jagdflieger. Und wenig später sahen wir den Hinzug einer riesigen Bomberflotte, die mit schaurigem Urgedröhn den Himmel füllte und nach Deutschland hineinflog, mit Tausenden, Zehntausenden von Bomben.
Damals dachte ich gewiß nicht: Welcome in our country.
Und vierundzwanzig Jahre später gehen wir spazieren im Land der Bomberkapitäne, begegnen einander, fragen einander nach dem Weg, und jener Mensch sagt, ehrlich, herzlich: Willkommen in unserem Land. Was für merkwürdige Effekte hält die Welt für uns bereit. Könnte durchaus sein, daß jener Mann in einem solchen Bomber geflogen ist, gegen Berlin, gegen Nürnberg, gegen welche Stadt auch immer. Feinde waren wir, es war unsere Pflicht einander zu töten.

Und vierundzwanzig Jahre später gehen wir miteinander spazieren, sehen uns freundlich an: Willkommen in unserem Land.
Ist die Welt schizophren?
Wenig später waren wir in San Francisco, irrten mit unserem Motorhome durch die Straßen der Stadt, um einen jener Campgrounds zu finden, auf denen wir unser Auto an den Strom anschließen konnten. Ich hielt an einem Standplatz, auf dem offenbar ähnliche Fahrzeuge zum Verkauf angeboten wurden, um dort nach einem Campground zu fragen. Der Besitzer verhandelte gerade mit einem Amerikaner, der meine Frage mithörte und mir die Standardfrage stellte: Where do you come from? Ich sagte es ihm. Und Sie wollen sich unser Land ansehen?
Ja, wir wollen Ihr Land kennenlernen. Wir kommen gerade aus Alaska. Ach, sagte er, ich weiß einen Platz für Sie. Er stellte mir seine Frau vor. Ich stellte ihm meine Frau vor. Dann folgten wir seinem Wagen. Wohin führt er uns? fragte meine Frau. Ich sagte: Ich habe keine Ahnung. Er hat gesagt: Folgen Sie mir. Und jetzt folge ich ihm. Er bog auf die gewaltige Bay-Bridge ein, verließ die Ausfahrt dort, wo die Bay-Bridge einen Fuß auf eine Insel gesetzt hatte, auf Treasure-Island. Ein Schlagbaum ging hoch, und wir landeten in einem Marinelager. Wir fuhren eine kleine Anhöhe hinauf, die besetzt war mit komfortablen Reihenhäusern. Dort stieg unser Amerikaner aus, kam heran und sagte: Parken Sie den Wagen hier. Sie beide kriegen unser Gästezimmer.
Das war wieder eine Begegnung mit einer umwerfenden Eigenschaft der Amerikaner. Sie waren freundlich, unkompliziert, voller Vertrauen, und dies in einer Weise, die atemberaubend war. Jack war Commander in der US Navy. Ich sagte: Jack, warum tun Sie das? Sie kennen uns ja gar nicht.
Er sagte: Sie kommen von weither, um unser Land kennenzulernen, mit einem solchen Wagen. Ich nehme in zwei Jahren meinen Abschied von der Navy, mit der Absicht, dann das zu tun, was Sie tun, mit einem solchen Wagen die Welt kennenzulernen. Wir wollen auch Germany besuchen.
So lernten wir Jack und Melba kennen, die übrigens vier Jahre später mit ihrem Motorhome in unserem Garten am Starnberger See standen, und mit denen wir die Eröffnung der Olympischen Spiele in München erlebten.
Nun aber bewohnten wir sein Gästezimmer, mit einer Terrasse, von der aus wir einen freien Blick über die Bay hatten, gegen die Skyline von San Francisco und gegen die Golden-Gate-Bridge. Jack und Melba zeigten uns San Francisco, tagelang. Jack stellte uns seine Freunde vor, alles Mariner, mit denen er lange in Japan stationiert

gewesen war. Wir durchstreiften diese unglaubliche Stadt auch allein und hatten dort herzbewegende Eindrücke. Es war die Zeit der Blumenkinder. Erinnert man sich daran noch? Jeder liebte jeden, mit dem Herzen und sicher auch sonst, und dies in der unbefangensten Weise. Eine sonderbare Phase kindlicher Herzlichkeit, des »Jeder Mensch ist des anderen Freund«. Reiche ihm die Hand, reiche ihm Blumen, hefte sie ihm an, sag es ihm: Diese Blumen sind von mir, für dich, für uns, Blumen für die Welt.
San Francisco war der Geburtsort der Blumenkinderidee.
Ein Treffpunkt für die Blumenkinder, die von überallher in die Stadt strömten. Diese jungen Mädchen, diese Gesichter, ablesbar der Zauber jener märchenhaften Idee, die sich für eine kurze, für eine sehr kurze Zeit rein erhielt und im Handumdrehen entartete, auf eine Weise, in der sich wiederum erwies, wie unfertig der Mensch ist, wie wandelbar, wie letzten Endes die dunkleren Kräfte die Oberhand bekommen, behalten, so daß sich ein Entartungsprozeß anscheinend niemals aufhalten läßt. Die Blumenkinder verloren ihre Idee, sie nahmen Hasch, als sei dies eine der Möglichkeiten, sich eine schönere Welt, eine Blumenwelt, zu schaffen. Die Parks waren voll von Gruppen junger Leute. Das Wetter war schön, man lagerte, unterhielt sich, lauter fröhliche Gruppen, sich bewegend, man lief, begrüßte sich, trennte sich wieder, über allem lag Heiterkeit, eine Art von Jugendfrische, ich bin versucht zu sagen, von Menschheits-Morgenfrische, so jedenfalls mochte man das Bild interpretieren und verriet damit, daß man selber infizierbar war, so als sei eine Saite angeschlagen, mit eigenen Tönen sich einfügend, wohlfühlend im Zusammenklang mit anderen Tönen. Auf einer großen Bühne hatte eine Firma – als Werbung natürlich – eine Musikanlage installiert. So hallte Musik nahezu über den ganzen Golden-Gate-Park. Auf der Bühne tanzte man, und dies nicht in gewöhnlicher Weise, die meisten allein, da faßte sich niemand an, da bewegte man sich um sich selbst, traumhaft, ungekonnt, da waren keine Tanzprofis unterwegs, da waren Menschen, die sich der Musik hingaben und jenem unbeschreibbaren Gefühl jener Zeit, das eine Weile rein war, bewundernswert rein, als seien da Blumen aufgeblüht für einen Welttag, ach, wohl nur für eine Weltsekunde.
Wir wissen, wie die Szene entartete. Sie erhielt Zulauf von Leuten, die von dem Angebotenen nur das simpelste nahmen, die Freizügigkeit im sexuellen Bereich beispielsweise.
Die übliche Sexbesessenheit verschaffte sich Raum und denunzierte die Blumenidee, die ihre Kraft, ihren Duft verlor. Da rannten die Blumenkinder schließlich herum mit zerrupften Girlanden, mit hängenden Köpfen, zurückkehrend in den Dreck der Zeit, schließlich

selber wie Unrat treibend als Bodensatz einer Großstadt, krank, traurig und hungrig. Den Hunger wieder spürend, der so schwer zu stillen ist.

Wir hatten noch einen Abschiedsabend bei Jack und Melba. In der Runde auch ein Marineoffizier, mit dem wir über den Vietnamkrieg sprachen. Er war ein aufgeschlossener Mann, erfahren, weit gereist im Auftrag seiner Regierung, auch Kriegsteilnehmer gewesen. Er hatte einen offenen Blick, die herzliche Art der Amerikaner, dieses »mein Name ist so-und-so, wie ist dein Name und ich bin dein Freund«.

Der Vietnamkrieg bedrückte alle sehr. Die Amerikaner fühlten sich wie in einer Falle, es verletzte zutiefst ihren Stolz, von Dschungelkriegern, den kleinen verrückten Roten, möglicherweise besiegt werden zu können.

Nur aus Vernunftgründen, sagte der Marineoffizier, überlegen wir, wie wir uns lösen können, weil wir schließlich erkennen müssen, daß wir uns ein fremdes Problem aufgeladen haben. Wenn es nach mir ginge, sagte er mit lächelnder Sicherheit, wir haben doch nun mal die Dinger, warum schmeißen wir sie nicht auf Hanoi und machen der Sache ein Ende? Eine Erfahrung: So was läßt sich in angeregter Runde immer leicht sagen. Die Atombombe wird zur Gedankenbombe, mit der man umgehen kann, wie man halt möchte, oder wie einem gerade zumute ist. Eine Erfahrung, die auch etwas Bedrückendes hatte, mindestens für den, der entmannte, kastrierte Städte gesehen hat, das Skelett von Städten, in denen alles Leben zerschlagen worden war. Da war er wieder, der menschliche Leichtsinn, für den sich nur die Zahl in den Vordergrund schob, die Zahl und ein Name, ein Name und eine Zahl, die verlangen, als Faktum genommen zu werden und nur als Faktum. Warum nicht Hanoi zerschlagen, wie man Hiroshima zerschlagen hat? Das Nest des Feindes ausgelöscht, ein Fleck weniger auf der Landkarte, ein Problem gelöst. Man spürte wieder einmal die Mißachtung des Details, das aus Menschen besteht, aus Frauen, aus Kindern, das kleine lebendige Detail, das einfach eine zu kleine Stimme hat, sich gar nicht zur Geltung bringen kann in einer so großen weitläufigen Gedankenspielerei. Man hat plötzlich eine ungeheuer traurig stimmende Angst, als könne sich das Detail, das kleine menschliche Detail, nie zur Geltung bringen – vielleicht hört man erst, wenn alles zu spät ist, aus Schutt und Asche eine kleine Stimme, wie etwa die von Anne Frank. Wie geschlagen sind wir doch mit unserer Geschichte, daß alles Vergangene *bleibt,* geschlagen und auch auf eine Weise bereichert, die man sich wünschen muß, nämlich von nun an einen anderen Blick zu haben, daß es nicht mehr möglich ist, in heiterer Runde zu sitzen und mit einzustimmen: Wir haben die Dinger doch, warum schmeißen wir sie nicht? Bei der Gelegenheit: Erinnert

man sich noch daran, daß die erste Bombe, mit der man Menschen auf eine ganz neue Art tötete, einen liebevollen Namen erhielt? Man nannte sie Big Mac, und wie es heißt, was ich immer noch nicht glauben möchte, hat man sie beklebt mit dem Bild von Rita Hayworth, dem damaligen Film- und Sexidol. Und weiter bei dieser Gelegenheit: Was war die erste Reaktion auf den Bombenabwurf? Freude, Begeisterung bei den Wissenschaftlern, denn das Ding *hatte funktioniert.* Die kleinen, menschlichen Details lagen zerschlagen, verbrannt, verdampft auf dem Boden, manchmal waren sie noch als Abdrücke zu sehen an Hauswänden, das Detail hatte keine Stimme mehr. Erst sehr viel später, Jahre später, machten sich einige Stimmen aus der Asche von Hiroshima hörbar, und ganz langsam stieg aus der Asche von Hiroshima und Nagasaki das Entsetzen, als werde eine Fahne aufgerichtet – ein Gegenbild zur berühmten Fahne von Iwo Jima – eine riesige, schwarze Fahne, deren Tuch von nun an über der Welt wehen wird.
Erinnert man sich noch der Exozetrakete, die von Argentiniern abgeschossen wurde, die kilometerweit pfeilschnell wenige Meter über dem Meer automatisch ihr Ziel suchte und die jene britische Fregatte traf, in der dann dreißig Matrosen verbrannten? Wie war die Reaktion bei den Herstellern dieser Rakete: Freude und Begeisterung, denn wiederum: *Das Ding hatte funktioniert.*
Und, nicht zu vergessen, eine Art klammheimlicher Freude auch in Deutschland, denn die Computer *waren von uns.*

Also: Nicht vorbei jene bedauernswerte Art der Fehlreaktionen? Man fragt sich: Was ist überhaupt vorbei? Vielleicht gar nichts, und alles wiederholt sich, so oder so, nicht in gleicher Form, aber in einer ähnlichen. Und die wird nicht minder schrecklich sein.
Von San Francisco aus fuhren wir nach Süden, bis an die mexikanische Grenze, von dort nach New Mexico, nach Texas und über Dallas zurück durch den Mittelwesten. Immer und überall genossen wir amerikanische Gastfreundschaft. Begegneten überall freundlichen Leuten, hatten nicht ein schlechtes Erlebnis, nicht einmal mit der Polizei.
Wir wurden einmal aufgehalten wegen einer kleinen Verkehrsübertretung, was einen Polizisten veranlaßte, sich sehr lange mit uns zu unterhalten, eher neugierig-herzlich: wer wir waren, woher wir kamen, was wir alles von den USA gesehen haben.
Das Land wurde uns vertraut, und ebenso die Menschen.
Und zwangsläufig wurde man von einem Gedanken heimgesucht: Warum ist das nicht möglich mit Sowjetrußland? Warum kann man auch dieses Land nicht mit einem Wagen bereisen, über Land fahren,

irgendwo übernachten, irgendwo essen und reden, Bekanntschaften machen, sich einen Eindruck verschaffen? Da gab es nur *Rußland, die Sowjetunion.* Ein Name, ein Wort, ein Faktum, das nur als solches zu handhaben war.
Ein riesiges Nur-Faktum, hinter dem die Details nicht sichtbar waren. Das Faktum Rußland, das Faktum Sowjetunion hat eben deshalb Schrecken hervorgerufen. Jeden ängstigt das Unbekannte.
Das kommunistische Rußland hatte sich immer extrem abgeschlossen. Wenn es je sonderbare Grenzen gegeben hat, Weltgrenzen, Mauergrenzen, Totalgrenzen, dann hat die Sowjetunion die erste geliefert – von der chinesischen Mauer abgesehen –, eine Grenze, mit der sich ein Land abschloß von seinen Nachbarn, hinter dieser Grenze für sich bleiben wollte.
Was für ein wahnsinniger Effekt. In der Entfremdung, in der Verfremdung. Im Auseinanderdriften, in der Potenzierung des Mißtrauens und der Fehldeutungen. Da schloß sich ein Land total ab und wollte zugleich die Weltrevolution. Es darf ja nicht vergessen werden, der Kommunismus sah sich als Weltmission, er wollte das Heil seiner Lehre allen Völkern bringen mit dem Mittel des gewaltsamen Umsturzes.
Auch dem deutschen Volk. Man sollte sich die Situation klar vor Augen halten: In den dreißiger Anfangsjahren war die Sowjetunion gleichsam Inhaberin, Urheberin, Vorkämpferin einer Weltveränderungsideologie, und zwar war sie dies zu jener Zeit in der heißesten, in der aggressivsten Phase. Die Ideologie, gerade geboren und frisch in die Welt gebracht, gab sich wie eine Fackel, die man brennend überall hinwarf. Deutschland war das erste Land, in das die Fackel geworfen wurde.
Die Deutschen hatten in ihrer Mehrzahl eine panische Angst vor Rußland, vor dem Kommunismus, eine Schreckensangst, von der sich heute niemand ein Bild machen kann.
Man kann immer nur wiederholen, der Leser sollte versuchen, die Zeiten zurückzugehen in jene Jahre, Ende der zwanziger, Beginn der dreißiger Jahre; er muß alles vergessen, was sich seitdem in ihm angesammelt hat. Er darf und muß die Dinge verkürzt sehen, simplifizieren, müßte erkennen ein total verschrecktes Volk, gerade aus einem Kriege entlassen und in neue Not fallend, das Chaos nicht loswerdend, es immer schrecklicher auf sich zukommen sehend, in der Gefahr des endgültigen Hinauswurfs aus seinen Lebensgewohnheiten, Denkgewohnheiten. Sie marschierten ja schon über die Straßen mit den Parolen: Schluß mit Eigentum, alles wird verstaatlicht, das bißchen Nationalität, das ihr noch habt, wird aufgehen im Internationalismus. Wer ehrlich ist und wem es gelingt, sich zurückzuversetzen

in das Besondere jener Jahre, der wird erkennen: Dies war deutschen Bürgern unzumutbar und äußerte sich geradezu im Entsetzen vor einer solchen Möglichkeit. Ich denke, es ist nicht falsch zu sagen, daß auch die Furcht vor dem Kommunismus dem Nationalsozialismus seinen Zuwachs gab; er wuchs am Kommunismus, an seiner Gefahr, die er für die meisten darzustellen schien, an der Unmöglichkeit, kommunistisches Gedankengut zu akzeptieren. Und Kommunismus und Rußland verschanzten sich gleichsam hinter ihrer Grenze, das Unbekannte wurde zugleich auch das Unheimliche.
Heute brennt das Feuer der kommunistischen Fackeln weniger stark. Die heiße Phase ist vorbei, als habe jenes Feuer nur so grell brennen können in einer bestimmten Weltzeitphase, Weltzeitphasen, die sich ja ändern, und zwar in einem Rhythmus, der nicht zu enträtseln ist, und der Einwirkungen unterliegt, über die wir nur Mutmaßungen anstellen können. Erinnert man sich noch der Kulturrevolution in China, an jene merkwürdige Zeitphase, die eine schreckliche Lebendigkeit hatte und dann plötzlich dahinstarb, so wie Grasbrand schließlich verlöscht, weil irgendwas sich geändert hat und keiner weiß, was sich eigentlich verändert hat?
Interessante Mutmaßung: Erkennt man nun auch in der Sowjetunion, daß die Erde ein Planet ist, den es zu retten gilt? Setzt sich da plötzlich eine Erkenntnis durch, daß die Suche nach der richtigen Gesellschaftsform vielleicht doch nichts weiter ist als eine unbedeutende Spielerei am Rande ganz anderer Geschehnisse?
Jack, der Commander der US Navy, fuhr nach seiner Pensionierung mit einem Motorhome durch die Welt.
Er hatte sich die Genehmigung verschafft, auch durch die Sowjetunion zu reisen, auf bestimmten Wegen, von denen er, versteht sich, nicht abweichen konnte. Er erzählte mir später von seinem unendlichen Schrecken, den er empfunden habe, hervorgerufen durch Kontrollen, durch Mißtrauen, durch Spionenfurcht, ständig wurde er überwacht. Wie? Ein ehemaliger Offizier der US-Navy? Wozu reist er durch unser Land? Als Tourist? Unmöglich, er *muß* andere Gründe haben. Aber Jack wollte nur Rußland kennenlernen und die Menschen in Rußland. Er erzählte mir: Ich machte schließlich, daß ich davonkam, kürzte Weg ab, bin förmlich herausgeflüchtet aus diesem Land.
Wir hatten uns die USA vertraut gemacht, wir hatten sie lieben gelernt, auch ein Gefühl dafür bekommen, daß die Menschen in diesem Land kämpfen, mit sich kämpfen wie an einer Weltfront befindlich, gleichsam im steten Kampf mit den Problemen dieser Welt, auch ausgeliefert Irrtümern, falsche Wege gehend, den richtigen suchend – wie wir alle ja dem Breughel-Bild entsprechen: Blinde, die sich festhalten, einer am anderen. Blinde von Blinden geführt oder

besser, Halbblinde von Halbblinden geführt, alle in der Hoffnung, daß es jemandem gelingt, die Augen ganz aufzureißen, wenn auch nur sekundenweise, um zu sehen, blitzhaft zu sehen die nächsten Meter des Weges.

20

Wir kehrten zurück nach Deutschland, mit einem Zuwachs an Erfahrungen, mit ständig sich ausbreitendem Gedankenstoff, der behandelt werden mußte – und man sah sich umgeben –, man erkannte besser als vorher, daß man umgeben war – von ähnlichen Vorgängen, sich vollziehenden Gedanken- und Deutungsvorgängen –, dargeboten wie auch immer, im Film, im Buch, im Theaterstück.
Es war, als gäbe es eine Zunahme an Virulenz, als gäbe es Scheideprozesse, Ordnungsprozesse, als biete sich dunkel doch etwas an wie die Möglichkeit von Gesamtausblicken.
Was für ein Gegensatz zu vergangenen Traumwelten, wo immer sie geträumt wurden.
Wie sagte Willi Dissmann, als er mir die Bilder der FDJ-Jugend in der DDR zeigte: Schau wie sie aussehen. So nett, wie wir mal waren. Wenn ich jetzt an die Zeit der Hitlerjugend denke, wird sie märchenhaft unwirklich. Eine Zeit, die keine Wurzeln mehr hat, nicht nach vorn und nicht nach rückwärts, eine Zeitphase, wie losgelöst, dahinschwimmend, wie eine Luftblase, von Leben entleert und dadurch sonderbar wirkend. Und man weiß, sie wird nie mehr Leben zurückgewinnen, sie bleibt eine Sonderbarkeit, exotisch wirkend. Ich habe frühere Jugendführer getroffen, alles Herren nun im besten Alter, Stellen besetzend, die ihnen zustehen nach Können, Bildung, Mentalität, Willensstärke, darunter Rechtsanwälte, Filmproduzenten, Verleger, Journalisten, Kommunalbeamte, Techniker, Chemiker beispielsweise, Aufgestiegene im Wirtschaftsleben, in der Spitze von Konzernen schließlich. Ich traf sie hin und wieder, mal allein, mal zusammen mit anderen, etwa bei runden Geburtstagen. Auch bei ihnen war die Zeit, die sie als Jugendführer verbracht hatten, wie auf geisterhafte Weise dahingeschwunden, so unwirklich geworden, daß sie einfach nicht existent war, als müsse man sich daran mühsam zurückerinnern, so total in Anspruch genommen wirkten sie von der Gegenwart, von der Gegenwart der Zeit, die sich umgedreht hatte, die sich katastrophenhaft kieloben gelegt hatte und nun die Gegenwart besetzt hielt, total besetzt hielt. Gewöhnlich sprach man nicht über die Vergangenheit, und dies aus verschiedenen Gründen, der eine, weil er sie vergessen hatte – nicht weil er sie vergessen *wollte*, sondern weil er

sie echt vergessen *hatte*. Da war ein Deckel aufgelegt, die Geschichte hatte die Vergangenheit zugedeckt, und man selbst hatte sie zugedeckt, so wie man Unbrauchbares zudeckt. Alles Unbrauchbare stirbt an Blut- und Lebensleere einen ganz schnellen Tod. Bei einigen allerdings vollzog sich die Trennung von der Vergangenheit nicht so reibungslos, sondern unter Schmerzen, die sie auch mit den Jahren nicht loswurden. Immer war ihnen gegenwärtig: Es war doch nicht schlecht, was wir wollten. Wie kann schlecht sein, eine Jugend zu Idealen zu erziehen. Es stimmt ja nicht, wenn man heute unterstellt, wir hätten sie zum Haß erzogen, zum Krieg gegen andere.
Wir befanden uns, von heute aus gesehen, wie in einer Traumphase, angeregt, aufgeregt, belebt durch ein Angebot von Meinungen und Vorstellungen, von denen jeder nur nahm, was ihm gefiel, was ihm entgegenkam, es war ein Herauspflücken von Blumen aus einem Strauß, der auch Giftpflanzen enthielt. Aber man nahm die Frühlingsblumen heraus und ließ sich berauschen von ihrem Duft, von Jugendfrische, von Offenheit, von Freundschaft, Kameradschaft, von der Herzlichkeit im Umgang mit anderen. Das gefiel einem: das Jedem-Freund-Sein, das was man für die »große Gesundheit« hielt, eine Wind-und-Wetter-Jugend, mit der einfachen Formel: außen gesund, innen gesund. Ich weiß, die Formulierungen, die ich hier gebrauche, können den Lesser irritieren, da alle Worte, die ich hier gebrauche, längst relativiert sind, sie stehen im bitter-traurigen Gesamtzusammenhang fremd und sonderbar, im Schein nun falscher Farben.
Ich gebrauche sie, weil sie damals übliche und nicht in Frage gestellte Gefühle beschreiben und hohe Lebendigkeit besaßen, denen ebendiese Lebendigkeit jene Gültigkeit verlieh, die eine Beigabe jeder Realität ist. Jene Gültigkeit, die es nun nicht mehr gibt, sie sind nun Teil eines Gesamtbildes, in dem das Rot der Blutfarben herrscht. Die Jugendführer von einst, die, wie schon gesagt, das Wort Hitler abgeschnitten hatten wie faules Fleisch, waren nach dem Kriege unendlich verstört, betroffen durch das, was nach dem Kriege in so schauerlicher Weise sich aufdeckte, sie selbst, so ungeheuer desavouiert, mochten nicht schweigen. Sie wollten ihre Qual loswerden in Büchern. *So* waren wir doch, *so* und nicht anders, *das* haben wir gemeint und nichts anderes, seht euch doch an, was wir wollten, und unterwerft uns nicht einem Urteil, das zu grob ist, zu allgemein, zu pauschal. Wir waren anders.
Ich selbst erinnere mich jetzt, da ich darüber schreibe, an bestimmte Einzelheiten, Erlebnisse, die man aus der Farblosigkeit zurückholt und auf die Gedächtniswand projiziert, ein paar blasse Bilder, die dennoch etwas ausstrahlen, in hilfloser Weise ausstrahlen im Echo von Leben. Ich sehe noch in solcher Weise das Jugendtreffen in Florenz,

Gruppen der Hitlerjugend zu Besuch bei der Jugend Italiens – ach Gott, jetzt müßte ich schreiben, bei der *faschistischen* Jugend Italiens. Ich tu's nicht, weil das Wort beladen ist mit Bedeutungen, die es zu jener Zeit für uns nicht gab.
Da war nur ein großes, strahlendes Fest, ein Erlebnis, das in Bildern kulminierte, etwa der Empfang am Brenner, als der Sonderzug mit den Hitlerjugendgruppen empfangen wurde von der italienischen Jugendabordnung, die Musikkapelle, die im Laufschritt spielte, dieses Hin-und-her-Winken, dieses Sich-neugierig-Ansehen, dies: Nun bist du in Italien, für viele der erste Auslandsbesuch. Und dann Florenz selbst, der Festplatz. Immer deutlicher wird ein Bild, eins, das sich unverlierbar gemacht hat und noch im nachhinein eine erregende Wirkung bekommt: eine aufgebaute Bühne, auf der junge Italiener ein Stück spielten, mit großem Ernst, mit großer Hingabe. Sie spielten in historischen Kostümen, sprachen einen Text, den wir nicht verstanden, dennoch bekamen wir etwas mit: die Kultiviertheit Italiens, jene Kultiviertheit, die sich gründete, begründete auf einer zweitausend Jahre alten Kulturgeschichte. Das leuchtete durch, gab jener Aufführung einen besonderen Glanz, jenseits aller Uniformierung, die in jenem Augenblick keine Rolle spielte. Ich weiß natürlich heute, daß wir Italien gesehen, gefühlt haben, wie es *immer* war, das Eigentliche bot sich an durch alle Zeitkostümierungen hindurch. Möglicherweise boten wir einen ähnlichen Anblick, eigentlich Deutsches durchleuchtend durch unsere *Zeitkostümierung* hindurch. Ich erinnere mich an gemeinsame Konzerte von italienischen jungen Künstlern mit deutschen jungen Künstlern, besonders in Erinnerung ist mir eine junge deutsche Geigerin, ein sehr junges Mädchen mit ernstem, noch kindlichem Gesicht.
Daß sie eine weiße BDM-Bluse trug, war zufällig und weiter nichts als zufällig und von keiner besonderen Bedeutung. Ich suche herum in meiner Erinnerung, und die Bilder kommen ungerufen, irgendwelche Bilder. Da schieben sich Sonderzüge ins Bild, Jungen und Mädchen, die die Abteile füllten, die Bahnsteige besetzten, nach Getränken liefen, alles kurze Bewegungen, Gesichter, die sich einander zukehrten, freundschaftliche Worte, Berührungen, ich weiß nicht, wohin der Zug fuhr oder von wo er kam und wo der Zug hielt, aber das Bild überlagert sich mit Stimmen, die keinen Ton mehr haben und doch immer noch etwas ausstrahlen: Vitalität, Unbekümmertheit, Selbstverständlichkeit. Ich erinnere mich an sogenannte Fahnenweihen, eine in der Marienburg, der berühmten Ordensburg des Deutschen Ritterordens, Ostgeschichte repräsentierend, nächtliche Fackelstunden, im Feuerlicht eine Unzahl von Fahnen, Feierstunden, aber keine Weihestunden, keine Gefühlsschauer, eher, als nehme man teil an

einer Erlebnisstunde, die veranstaltet wurde und dann auch ein Erlebnis wurde, einfach, weil sich Bilder anboten, von denen man ein Teil war. Diese Erinnerungsbilder sind blaß geworden, als habe sich alle Farbe daraus entfernt, sie werden immer stummer für den, der sie erlebt hatte; für den, der sie nicht erlebt hat, existieren sie gar nicht. Wie sonderbar für Nachgeborene, wenn sie heute herumgraben auf diesem Feld, nach Scherben suchen, die Scherben zusammensetzen, um ein Bild zu bekommen, um dieses Bild zu beschreiben, etwa in Dissertationen. *Wie falsch sie sind.* Man bekommt einen Eindruck von der Schwierigkeit, vor die sich alle Historiker gestellt sehen, wenn sie vergangene Zeiten beschreiben sollen. Aber noch gibt es diejenigen, die die Zeiten miterlebt haben, und sie stehen manchmal verzweifelt-verwundert vor den Ergüssen, und sie wehren sich in Richtigstellungen – nein, so war es nicht, nicht so, ihr betrügt euch selbst um die interessantesten Erfahrungen, ihr fallt herein auf den simpelsten Eindruck, der sich euch darbietet, ganz im Banne des gewaltigen negativen Vorzeichens, das ihr handhabt, *handhaben müßt* und fast ohne euch darüber klarzusein. Denn alles war viel interessanter, vielschichtiger, komplizierter, menschlicher. Um wieviel aufschlußreicher waren die Gespräche mit den ehemaligen Jugendführern, wenn sie die neue Gegenwart verließen und sich erinnerten, dann staunend aufsahen.
Einer prägte ein Wort, das ich nicht vergessen habe.
Er sagte: Es gab so etwas wie *Sektorendenken.*
Ich fragte: Was meinst du damit? Ich meine, daß wir damals, als wir in der Jugendbewegung tätig waren, in Sektoren dachten, uns einem Sektor zugehörig fühlten, in einem Sektor zu Hause waren, und nur in diesem, daß uns der Sektor genügte in Breite, Länge und Tiefe, daß andere *ihre* Sektoren hatten, in denen sie zu Hause waren, daß ihnen der Sektor, in dem sie zu Hause waren, genügte.
Er sah mich zweifelnd an, als wisse er nicht, ob er sich verständlich gemacht habe. Er fragte: Weißt du, was ich meine? Er setzte gleich fort: Auch heute gibt es Sektorendenken. Denken in Sektoren, und nur in solchen. Und dies zudem, ohne daß man es weiß, sowenig wie wir es damals wußten.
Ich verstand, was er meinte, hatte ich doch längst ähnliche Überlegungen angestellt. Sektoren als Lebensumkreise, in denen man selbst der Mittelpunkt ist, Lebenskreise, um diesen Mittelpunkt gezogen, so weit man konnte, wie es der eigenen Kraft entsprach, eine Grenze, die gebildet wurde aus Intelligenz, aus Mut; aus jenem Wagemut, der die Grenze weit hinausschieben wollte; Angst und Unvermögen, sich umgekehrt vom Mittelpunkt nicht lösen zu können. Die Lebensumkreise, alle die verschiedenen, die traurigen, die entsetzli-

chen, die normalen, die vom Glück begünstigten trieben wie nebeneinander, zuweilen berührten sie sich, durchdrangen sich, und dann sehr oft katastrophenhaft.

So hatte, wenn ich diesen Gedanken fortsetzen darf, auch die Jugend sich ein eigenes Lebensumfeld geschaffen, einen Sektor mit Grenzen, mit jenen Grenzen, die es nun nicht mehr gibt, so daß alles aufgelöst erscheint und alles auseinanderfällt, wie Strandgut, das jeder aufhebt, der zufällig vorbeikommt.
Ich weiß nicht mehr, wer es war, einer von den alten Freunden, der in einer Art von Resümee feststellte: Wir hatten da einige Vorstellungen, die sich, für sich genommen, sehen lassen konnten, mit den Fehlern, die alles von Menschen Gedachtes haben. Er fügte hinzu: Wir waren oder fühlten uns im Besitz sogenannter »anständiger« Ideen, von Jugendidealen, aber diese, und jetzt hob er die Stimme, sind *total desavouiert* durch die Verbrechen, in der Hauptsache und vor allem durch die millionenfache Ermordung von jüdischen Menschen. Die anständigen, kleinen Ideen sind wie weggewischt, da stehst du plötzlich *in einem Orkan, der dir alles vom Leibe reißt,* dein Idealismus verweht, zerstäubt im Wind, so daß es unzulässig erscheint, ihn überhaupt zu erwähnen. Was heißt das, fragte ich ihn. Das heißt, daß wir unsere Vergangenheit, das Schöne daran, das Geträumte, das Naive einbetonieren können. Es ist *Abfall der Geschichte.* Darüber nur zu reden, ist schon zuviel.
Er fragte mich: Nehmen wir an, deine Mutter, dein Vater, deine Geschwister wären auf diese unmenschliche Weise zu Tode gekommen. Würdest du das jemals vergessen? Nein. Würdest du es jemals vergeben? Nein. Was würdest du von dem Volk halten, das dir das angetan hat? Ich nehme an, ich würde immer daran denken, und ich würde es hassen, so tief, so weit, so gründlich ich kann.
Tja, sagte er dann, siehst du, und diesen Haß, diese Verachtung müssen wir nun aushalten. Was ist da jetzt das nette, kleine Fest in Florenz? Deine hübsche, kleine Fahnenweihe in der Marienburg? Was sind da die anmutigen Reigenspiele des BDM. Andererseits, fuhr er fort, haben die geübten Verbrechen auch eine Nebenwirkung. Man darf mit dem Finger darauf zeigen, und man tut es, es tun auch die, die es eigentlich nicht dürften, die sich damit ungeheuer freisprechen von Verbrechen, die sie selbst verübt haben. So, sagte er, und nun, Mensch der Neuzeit, finde dich zurecht in diesem Irrgarten von Schuld und Sühne.
Bei anderer Gelegenheit sagte ein anderer der ehemaligen Jugendführer: Gedankenspiele sollten erlaubt sein, auch die makabren. Nehmen wir an, diese Weltanschauung, die zwölf Jahre unseres Lebens be-

stimmt hat, hätte sich durchgesetzt, was ja möglich gewesen wäre, entweder durch einen Sieg im Kriege, einen halben Sieg, einen Friedenskompromiß – wie es heißt, hat es solche Möglichkeiten ja gegeben, wie ernst sie immer gemeint waren –, dann wären aus den zwölf Jahren mehr geworden, es wären neue Generationen aufgewachsen, nachgewachsen, mit Parteitagen, in denen es auch Bewertungen gegeben hätte, da hätte man manchen Parteiführer, ihn selber an der Spitze, vielleicht herausgeholt aus den Ehrengräbern und umgebettet, ein paar Erschossene, Hingerichtete, Gehenkte rehabilitiert, die Ausgestoßenen wieder aufgenommen, in die Partei oder in die Reichsschrifttumskammer, all das Hin und Her der kommunistischen Partei der Sowjetunion, in der eben dies ja hinreichend geübt wurde, hätte auch bei uns stattfinden können, raus aus dem Glassarg, rein in die Kremlmauer, wobei nicht vergessen werden darf, daß es sich bei einigen jener dort Umgebetteten ja tatsächlich, in aller Meinung, in der eigenen Meinung wie der Weltmeinung, um gestandene Verbrecher gehandelt hat, für die Konzentrationslager überhaupt nichts Neues waren.
Er sah mich an, lächelte: Erschrecke ich dich?
Nun, es ist uns erspart geblieben, aber es gibt einige Jugendführer, die sich diese Gedanken machen, die fest davon überzeugt sind: Wir wären die Opposition gewesen, wir hätten einige dieser Scheißbande zum Teufel geschickt.
Er fragte weiter: Wäre das wünschenswert gewesen? Welcher Teil der berühmten »Idee« hätte mit Fug und Recht und als allgemeiner Gewinn, sozusagen gereinigt, weitergegeben werden können? Er hob die Hände: Die Diskussion auch über so etwas mag erlaubt sein; ich sagte ja, Gedankenspielereien gehören zu Fitneßübungen des Verstandes, wobei es wohl für immer fragwürdig bleibt, was eigentlich ein gesunder Verstand ist.
Tja, sagte er, diese Unruhe, was? Diese allgemeine Unruhe. Diese nicht aufhörende Unruhe. Ständig begegnet man Leuten, die das Vorbeifliegende fangen und an die Wand nageln wollen. Haben sie mal etwas gefangen, hängen sie es gleich an die Wand, ziehen einen Goldrahmen drum herum und beten es an.

21

Mein Leben etablierte sich. Es geriet in eine ruhige Phase. Die privaten Verhältnisse hatten sich geordnet. Die Stürme, verursacht durch die Zeit, hatten sich gelegt, das Wasser war ruhiger geworden. Nur jene Unruhe, von der ich vorgehend schrieb, war geblieben, und ich

wußte, daß sie bleiben würde, solange ich leben würde, daß meine persönliche Unruhe oder auch Verstörtheit Teil einer allgemeinen Irritation war, die sich mir immer mehr bekanntmachte. Kein Garten Eden, diese Welt. Sie würde es auch nie werden. Jeder versuchte, seinen eigenen Lebensumkreis in Ordnung zu bringen, um in den Genuß von Ruhe zu kommen, selbstgeschaffener Ruhe, handgemachter Ruhe.
Wer dies schaffte, mochte sich damit zufriedengeben, projizierte seine handgemachte Normalität gleichsam auf den allgemeinen Hintergrund, so als könne damit Normalität für alle zu schaffen sein. So war die bürgerliche Empörung verständlich, die sich Luft schaffte, wenn die Normalität, die ersehnte, heißersehnte, gestört wurde durch unbegreifbare Ereignisse, die man zusammenfassen könnte mit der Formulierung: Terror der Verstörten.
Die sogenannte Rote Armee Fraktion, sofortiges Ziehen der Waffe, schießen, gleich wen es trifft, Attentatsplanungen in Hinterstuben, geheimnisvolles Zusammenhocken in angemieteten Wohnungen, Beschaffen von Waffen, Reisen in die arabischen Ausbildungslager, der totale Angriff gegen den Staat, und dies, ohne formulieren zu können, warum eigentlich. Die völlige Abwesenheit von Programm, von vernünftigem Programm. Keine Thesen, die an eine Kirchen- oder Discotür geschlagen wurden, kein Vormarsch auf ein vernünftiges Weltziel, kein Vorschlag für eine neue Gesellschafts- oder Weltordnung. Wildwest auf der Straße in Mördermanier, Polizisten als Schießscheiben von Maschinenpistolen, Gefangene in Kofferräumen, videogefilmt schließlich, mit dem albernen Zeichen, das sie sich ausgedacht hatten, Lösegeld, Erpressung und schließlich Mord – und immer wieder: Wir sind es, wir waren es, das ist unser Mord, wir bitten das nicht zu verwechseln.
Eine logische deutsche Fortsetzung? Ist die Lust zur Gewalt ins Gen gegangen? Ins deutsche Gen selbstverständlich? Aber nein. Da machten Franzosen mit, Araber, Iren. Da schlugen Pol-Pots Leute die eigenen Landsleute tot. Da war nun nicht mehr der geringste Funken von Verstand in den Köpfen, als habe eine allgemeine Entleerung stattgefunden, ein Wegwerfen von Verstand, daß sich Menschen darboten als komplette Hohlköpfe, nur noch im Hantierungsrausch von Gewehr und Bajonett, Puppen, die sich bewegten, als hingen sie an Drähten, das *allgemeine Totschlagen ohne Rechtfertigung,* als sei sie nun wirklich nicht mehr nötig oder als genüge die fadenscheinigste Erklärung, die dümmste, die idiotischste. Zugleich brach der Libanon auf im Dauerbürgerkrieg, der von Jahr zu Jahr normaler wurde, sich als normal gab, als selbstverständlich. Selbstverständlich das Schießen, das Häuser-in-Brand-Stecken, das Töten auf der Straße, das Plazieren von Autobomben, völlig verlorengegangen das Gefühl, daß

Autobomben die feigste Art von Mord sind, gerichtet auf Unschuldige, das Töten um des Tötens willen; kein Gegner mehr, der Gesicht und Namen hatte, von einer Uniform ganz zu schweigen, es genügte der Mord an *irgend jemandem*, egal ob Frau oder Kind, ob Christ oder Moslem, ob reich oder arm, es genügte, *Menschen zu erschlagen*. Und man nahm es kaum wahr. Es erschreckte als Nachricht, aber der Libanon war weit hinten in der Türkei, und die Nachricht fügte sich anderen und ähnlichen Nachrichten hinzu, im steten Gewöhnungsprozeß immer uninteressanter werdend, als sei dies der eigentliche Angriff der Zeit auf den Menschen: *die Produktion von Gleichgültigkeit*.

Wir flogen einmal nach Singapur und überquerten in der Lufthansamaschine zehn, elf Kilometer hoch die Hauptkampflinie in Vietnam. Wenn das Wetter klar war, konnte man unten im Dschungel die Brände sehen, die Rauchwolken, und man wußte: Da töten sie sich. Und man bekam das Mittagessen. Und ob man sich dagegen wehrte oder nicht: Das Mittagessen gewann. Die Welt wurde als Ganzes sichtbar, das Ereignis des Jahrhunderts, und zugleich zeigte sie sich wie von Krankheit befallen, sich darstellend in Exzessen, hier und da, mal stärker, mal schwächer, mal in Fieber- und Wahnsinnsausbrüchen, mal mit den Krankheitsanzeichen zugleich eine Erkenntnis verbreitend: Alles ist jederzeit möglich, an welchem Ort auch immer. Jede Art von Gewalt, gegen Sachen, gegen Menschen, gegen Meinungen. Die Motive, die sinnlosesten, liegen alle bereit, hervorgeholt zu werden. Irgend jemand schreibt das Motiv, das unsinnige, auf die Fahne und richtet sie auf – und Wahnsinnige taumeln hinterher. Aber wenn es so ist: Wer war dann Hitler? Dann war er vielleicht gar nicht singulär. War er vielleicht nur Teil des allgemeinen Wahnsinns, jenes Wahnsinns, von dem dieses Jahrhundert befallen scheint, sicher ein besonders auffälliger Teil, ein möglicherweise besonders kräftiges Detail? Wenn es so ist, gibt es dann – man verzeihe mir, ich schreibe es ungern hin – eine besondere deutsche Schuld, eine einmalige, nur deutsche Schuld? Vollzog sich nur, *was zu diesem Jahrhundert gehört?*

Brach der Wahnsinn dort am stärksten aus, wo die Anfälligkeit am größten war? Mit all den Begleiterscheinungen des Wahnsinns? Als da sind die naiven Gesänge, die romantischen, die träumerischen, die Blütenzweige am rauhen Stamm, Blüten jeder Art, die lächelnden, die schönen, die sonderbaren Gesänge, Gedichte und Lieder, im Hinzug dieser Gesänge, Gedichte und Lieder einer Schar von Naiven, von den Durch-und-durch-Netten, von den Gutherzigen, so daß auf sonderbare Weise nebeneinander stand das Grausame, das Brutale, das Töten, der Mord neben jenen Gefühlen, die, anderswo geübt, Tugenden sind, die es von jeher gewesen sind, die schönsten, besten, edelsten Tugenden.

So daß es auf unglaubliche Weise durcheinanderging, das Schreckliche und das Schöne, das Barbarische und das Tugendhafte.
Und nun spürt man, daß da etwas nicht stimmt. Man spürt einen Gegensatz zu einer Art von Wahrheit, die nicht zu formulieren ist, aber die es zu geben scheint, wo und wie auch immer, eine Wahrheit, die noch nicht in Worte gefaßt, und daher nicht zu handhaben ist, so daß sie in wildester Weise ausgelegt wird, wie auch immer, von wem auch immer, und immer nur aus einem einzigen Grunde, um jener Ruhe teilhaftig zu werden, die in diesem Jahrhundert alle Menschen so total verlassen hat.

Während ich dies niederschreibe, gerate ich in den Genuß einer möglichen Schlußfolgerung, die etwas Tröstliches enthält: das deutsche Elend ein Teil des ganzen Elends, die Verstörung in deutschen Köpfen Teil einer Verstörung in allen Köpfen, das deutsche Schicksal, das zu beklagen so großen Anlaß bietet, Teil allgemeinen Schicksals als Folge von Unordnungen, vom Gegeneinander von Meinungen – siehe Irland, siehe Südafrika, siehe Asien, Vietnam, Korea, siehe Argentinien, Chile, siehe Kuba und Nicaragua –, überall sind Bewegungen im Gange, Bewegungen auf Treibsandboden, nirgendwo fester Halt, überall Manifeste, überall Versuche, fliegende Dinge an die Wand zu nageln, daß da für kurze Zeit ein begreifbares Bild hängt, bis die Mauer nicht mehr hält, der Mörtel sich auflöst, als sei es die Bestimmung in dieser Welt, daß alles dem Gesetz der Veränderung, der Wandlung unterworfen ist, so daß es aussieht, als seien alle heute und in diesem Jahrhundert Lebenden auf der geradezu wilden Suche nach irgendeinem festen Halt, nach einem *Weltgrundgesetz,* das es nicht gibt. Aber geben sollte.
So kommen wir nicht heraus aus der Irrationalität, nicht heraus aus dem wilden Walten der Phantasie, die produziert und produziert, Ideen ausstößt, die alle halb richtig sind und ganz falsch, weil auch das Halbrichtige ganz falsch ist.
Eine solche Erkenntnis provoziert aber auch, weil man unbewußt ahnt, gar schon weiß, daß Widerstand gegen allgemeine Depression lebensnotwendig sein wird. Wenn man sich also als Teilhaber einer allgemeinen und totalen Weltverwirrung sieht, dann kann man sehr gut gleichsam ein paar Schritte zurücktreten, sich neu orientieren, in dem Gefühl: Könnte sein, daß man doch noch gebraucht wird, im Mitdenken an einer Sache, die man so gut kennt, weil man sie so total am eigenen Leibe erfahren hat.
Ich war nun endgültig Fernsehautor geworden, ich hatte mich den Strömungen jener Zeit völlig überlassen und gewann Geschmack an meiner Arbeit, die mir Raum ließ für das, was ich beschreiben wollte.

Die Serie »Der Kommissar« hatte ein festes Publikum, hervorragende Interpreten und einen Produzenten, der mich gewähren ließ in der *anderen* Handhabung einer solchen Serie; ich vermied die üblichen Effekte, wo immer es ging, und bemühte mich um Darstellungen von Charakteren, was zuweilen ausreichend gelang, so daß die Serie ein Erfolg wurde.
Aber sie ging dem Ende zu. Der Hauptdarsteller Erik Ode fühlte das Alter immer stärker, er hatte sich in sechs Jahren ungeheuer eingesetzt. Ein Zuschauer ahnt kaum, was eine jahrelange Serie an Nervenkraft, an Ausdauer, an Geduld, an physischer Kraft verlangt. So überlegten der Produzent und ich, wie eine neue Kriminalserie aussehen könnte. Es entstand »Derrick«. Ich hatte lange darüber nachgedacht, welchen Sinn meine Arbeit eigentlich habe, worin ihr Reiz und worin möglicherweise eine Aufgabe zu sehen sei.
Bislang hatten Kriminalromane wie Kriminalfilme fast nur ein Muster. Der Tote am Anfang und die Frage: Wer war der Mörder? Also die Arbeit der grauen Zellen, um die Täter in ebensolche zu bringen. In der Anfangszeit des Fernsehens in den sechziger Jahren gab es berühmte Beispiele für die Schlagkräftigkeit dieser Form. Da gab es sogenannte Dreiteiler, mit denen eine ganze Nation auf Mörderjagd ging, sich den Kopf zerbrach mit der Frage: Wer war der Täter? Die Frage schien so wichtig, daß die Presse – die Boulevardpresse, versteht sich – die Frage zu Titelzeilen verarbeitete, die mithalfen, daß an den entsprechenden Abenden die Straßen leer waren. Die Zeiten sind natürlich längst vorbei. Das Interesse an diesen Dingen starb mit der Gewöhnung an das Fernsehen und an der in den folgenden Jahren, Jahrzehnten einsetzenden Überflutung mit Geschichten. Der Bedarf war so groß und nahm so sehr zu, daß eine Großproduktion von Geschichten einsetzte, ein wahrer Ausstoß von Geschichten, daß es manchmal den Anschein hatte, als gäbe es in der Welt nichts Wichtigeres, als Geschichten zu erfinden. Eine Produktion von Geschichten, an der sich auch Leute beteiligten, die dafür nicht geeignet waren, die zuweilen nicht wußten, was eigentlich eine Geschichte ist, eine *richtige* Geschichte, eine von jenen, die irgendwo einen verborgenen Kern haben, orientiert an dem, was man Wahrheit nennen könnte, möglicherweise sogar eine Urwahrheit, eine Geschichte jedenfalls mit Hintergrund. Und an den Hintergründen sollte man sie erkennen. Die Fernsehwelt brach auf in Geschichten, mit denen der Planet überzogen wurde, Geschichten, wie von einer Hydra geboren, ständig nachwachsend, und dies in geradezu krankhafter Weise. Zugleich hatten sich die Zuschauer an die Geschichtenmuster gewöhnt. Möglicherweise war diese *Gewöhnung an Muster* auch ein Mittel, sie zu ertragen, in der Flut nicht ganz verloren zu sein, nicht in Geschichten herumzu-

irren in einer Welt, die existiert, halb existiert, gar nicht existiert, eine Geschichtenwelt als eine Art Welthomunkulus und absolut *desorientierend.*

Ich wollte eine Kriminalserie verfassen, die gegen das Muster lief. Ich wollte den Mörder nicht entdecken wie die verborgene Figur in einem Vexierbild, sondern ich wollte ihn von Anfang an bekannt sein lassen, um so die volle Mörder-Menschen-Welt aufzudecken.

Mich hatte immer gestört – und das tut es bis heute –, daß eine normale Muster-Kriminal-Fernsehgeschichte immer erst einsetzt, wenn die großen, die entsetzlichen, aufregenden Ereignisse bereits passiert sind. Dann erst trat ein Kommissar auf mit keiner anderen Aufgabe, als das Recht zu verkörpern und mühsam aufzudecken, was das eigentlich geschehen war. Aber viel wichtiger war doch die Frage: *Wie eigentlich wird der Mensch zum Mörder?*

Was ist los mit Menschen, daß sie zuweilen, einzeln und im Kollektiv, jenes Gebot verletzen, das seit Urzeiten gilt, das Gesetz aller Gesetze: *Du sollst nicht töten.* Was geht in ihm vor? Wo ist die Grenze zu sehen, zu ziehen, jene fließende Grenze, die Legalität von Illegalität trennt? Wie leicht kann man diese Grenze überschreiten? Was für Kräfte sind im Innern eines Menschen, die ihn plötzlich diese Grenze überschreiten lassen? Was in sich selbst hat er nicht unter Kontrolle? Und warum nicht? Wie fragwürdig ist der Mensch in seiner Grundkonzeption? Was läßt ihn manchmal blind sein gegen moralische Gesetze, die er sonst einhält? Was ist mit seiner Gefühlswelt, die nicht zu kontrollieren ist? Wann gerät sie eigentlich außer Kontrolle? Und wodurch?

Mir schien sich hier eine Aufgabe anzubieten, auf eine unterhaltende Weise – ich sage dies mit Vorbehalt gegen das Wort Unterhaltung, aber Krimnalgeschichten geben sich nun mal als Unterhaltung – Untersuchungen anzustellen über ein menschliches Grundphänomen: die ständige Nähe zu Mord und Gewalttat. Hatten wir nicht gerade eine Zeit hinter uns, in der Mord so etwas wie Selbstverständlichkeit erhielt, eine Zeit, in der Mord, ein ganz bestimmter Mord, eine ideologische Rechtfertigung vom teuflischen Ausmaß erhalten hatte? Was lag also näher, als sich mit diesem Phänomen zu beschäftigen, vielleicht mitzuhelfen, Erkenntnisse zu gewinnen, mit der *Möglichkeit,* zu Erkenntnissen zu kommen. Sicher nicht zu Grunderkenntnissen, aber vielleicht zu halben Erkenntnissen, auf dem Weg zu Erkenntnissen, die sich als gemachte Erfahrung hätten ablagern können – bis irgendwann ins Gen.

Oder sieht man einen anderen Weg, Mord aus der Welt zu schaffen? Müßten wir die Erkenntnis, daß Mord an der eigenen Gattung das schändlichste ist, nicht ins Gen hineinprügeln?

Ich sah eine interessante Aufgabe vor mir, schien ein Feld zu betreten, dessen Grenzen nicht abgesteckt waren, ich wollte tiefer hinein in die Menschen-Mörder-Welt. Ich schrieb die ersten Folgen nach diesem Muster, denn es ist natürlich auch ein Muster – eins, an das sich der Zuschauer gewöhnen sollte –, aber er gewöhnte sich nicht daran.
Die Presse half ihm in der Ablehnung, man kann vielleicht so sagen: Die Presse vorformulierte die Ablehnung, drängte sie ihm förmlich auf. So sehr hatte sich auch die Presse an das alte Muster gewöhnt: Wer ist der Täter?
Nun ist eine neue Serie immer ein sensibles Ding, abhängig von Aufnahme oder Ablehnung. Alle in der Branche und für die Branche Tätigen haben ungeheuer gespitzte Ohren, Trends witternd, mit aufgeregter Intensität die Linie suchend, das Dafür. Oder das Dagegen. Eine ganze Menge Leute lebt von der Besprechung, der Beurteilung, es sind die steten, ständigen Wanderer in der Fernsehwelt, die die Hand über den Augen haben, Guckposten besetzen, als suchen sie nach Wegweisern, auf einem Feld, auf dem es keine Wegweiser gibt, sondern auf dem sie »gemacht« werden. So gelten schließlich jene Wegweiser, auf die man am intensivsten, am überzeugungskräftigsten hinweist, Wegweiser, um die die Experten schließlich herumtanzen wie um ein goldenes Kalb. Man verzeihe mir den Vergleich, aber in der Fernsehwelt, so wie ich sie kenne, produzieren sich Meinungen mit großer Leidenschaft, für manche haben sie Gesetzeskraft von ideologischen Ausmaßen, leidenschaftlich vertreten, leidenschaftlich abgelehnt, da herrschen zuweilen Krieg- und Mordmentalitäten, womit wir wieder beim Thema sind.
Jede neue Serie wird in der Anfangsphase von Nervosität begleitet, von Nervosität, ja fast von Angst, im Wunsch, es dem Zuschauer auf jeden Fall rechtzumachen.
Nach etwa neun Folgen bat man mich, das Muster zu ändern, im Sinne von: Sie wollen es nicht anders. Sie fühlen sich herausgeworfen aus dem Gewohnten, und möglicherweise gehen sie des Schutzes durch das Gewohnte verloren. Ich gebe zu, ich änderte das Muster traurigen Herzens und bin heute noch davon überzeugt, daß eine Serie *fehlt,* eine Serie, die ihn beschreibt: *den Weg ins Verbrechen.*
Welches Feld an psychologischen Subtilitäten, welche Frage, die sich da plötzlich erhebt, nämlich ob man einer solchen Aufgabe gewachsen ist, einen wirklichen Beitrag zu leisten zu Lebens- und Mentalitätserkenntnissen, der Ergründung der menschlichen Seele, ihrer Abgründe, ihrer wirkenden Kräfte, auch des vorhandenen Guten, Schützenswerten in ihr, das zu stärken, endgültig zu stärken, so verdienstvoll wäre.
Immer mehr festigt sich in mir die Überzeugung, wie unbedingt, wie

absolut notwendig es ist, das vorhandene fabelhafte Potential an Vernunft zu stärken, weil man es ins Feld führen muß gegen den Wahnsinn der Unvernunft. Wie heißt es in der Internationalen: Auf zum letzten Gefecht. Aber das wird das wirklich letzte Gefecht sein: die Vernunft gegen die Unvernunft, wahrscheinlich das allerletzte Gefecht.
So wurde der Serie »Derrick« die Schärfe genommen.
Sie schloß sich an das gehabte Muster an. Die Möglichkeit, im vorbeschriebenen Sinne tätig zu werden, hatte sich wesentlich vermindert, wenngleich ich es nicht aufgegeben hatte.
Dennoch stand die Serie »Derrick« gegen die meisten Kriminalserien in der Welt. Und dies Ungewohnte war es wohl, was ihr den Welterfolg bescherte. Kann sein, daß man das andere daran begriff, das andere gegen das Gewohnte, gegen die bloße Unterhaltungsabsicht – die ich nicht desavouieren möchte –, aber die in der ausschließlichen Darbietung vorbeigeht an einer großen Möglichkeit, einen Schritt zu tun auf einem Weg, der gegangen werden muß, wie klein ein solcher Schritt auch immer ist.
Im Laufe dieser Jahre machte sich natürlich immer stärker ein Effekt bemerkbar, der ganz natürlich ist: Das Lebensfahrwasser wurde ruhiger, man entfernte sich aus den normalen Turbulenzen, man gab etwas aus der Hand, fast ohne es zu merken, man verlor Positionen, nicht äußere Positionen, aber das Feld, das besetzt ist von Generationen und Altersgruppen, verschob seine Wichtigkeiten, sie nahm sie den Älteren weg und gab sie den Jüngeren, weil bei den Jüngeren die größere Kraft liegt, jene Kraft, die aus der Biologie erwächst mit ganz neuen Selbstverständlichkeiten.
Übernahmeprozesse, die fast unmerklich erfolgen und auch kaum bemerkt werden, die vor allen Dingen jene kaum bemerken, die abgelöst werden. So fand sich jene Generation, die nach und nach abgelöst wurde, immer mehr allein, abgelöst und losgelöst, allein mit Erinnerungen und Überlegungen, die nicht nachvollziehbar waren und die mit ihrer Kraft und all den unruhigen Bewegungen wie im eigenen Zirkel blieben, wo sie immer noch hin und her bewegt werden und dort ein Eigenleben führen, das immer sonderbarer zu werden beginnt. Die neuen Generationen haben längst die Bühne betreten, sie betreten die Lebensbühne so, wie sie sie vorfinden, alles ringsum sagt: Wir sind normal, die Zeitwürfel liegen so, wie sie gefallen sind, und alle Tafeln sind noch unbeschrieben. Die alten Texte werden nicht übernommen. Es werden ganz neue gesucht. Von einem neuen Punkt Null. Von dem aus sie sich in Bewegung setzen: schöpferische Erstempfindungen, die in das Erlebnis drängen, formuliert werden müssen, die Erschaffung einer ganz neuen Welt, in der man sich einrichtet, ganz anders einrichtet, so daß jeder sich wohl fühlt, prachtvolle Neu-

schöpfungsvorgänge, mit weiten Umblicken, mit Vitalitätsschüben, mit denen sich eine neue Generation anschickt, den alten Kampf aufzunehmen, mit den Fragwürdigkeiten der menschlichen Existenz, hineingestellt in das Unberechenbare der Zukunft, in der Sorge um Glück und Unglück und in der alten und immer gleichen Hoffnung auf Ruhe und Sicherheit, die auch ihnen nicht zuteil werden wird. So bleibt einem selbst zum Schluß eine Art von Isolation, die nicht unbequem ist und Zeit und Raum läßt für Reflexionen, die immer mehr abschließenden Charakter haben und zuweilen auch tröstenden. Man kann sich durchaus erheben über seine Lebenszeit, sie als Teil sehen in einem Gesamthinfluß von Leben.

Dann verlieren die Dinge ihre brennende Wichtigkeit, und plötzlich hört man die eigene Stimme, die sagt: Du rennst atemlos durch deine Zeit, aber vergiß mal die zwölf Jahre, die dir wie ein Brett im Schädel liegen. Du weißt es doch: Deutschland ist das starke Herz Europas. Es liegt in der Mitte Europas. Es war nie ein totes Land, nie ein schlafendes Land, nie ein stummes Land, solche Länder gibt es zuhauf, aber Deutschland war immer ein Land mit innerer Kraft, mit schöpferischer Kraft, ungeheuer begabt in der Hervorbringung erlesener Geister, sie hervorbringend fast ohne Zahl, in einem Reichtum ohnegleichen. Das alles brachte sich zum Ausdruck, verwirklichte sich in den edelsten Zeugnissen der menschlichen Geistesgeschichte. So gesehen ist es eines der reichsten Länder der Welt. Zähl dir die Namen auf der Dichter, der Philosophen, der Maler, der Musiker, der Techniker. Sie haben die Jahrhunderte bereichert, geprägt, durchleuchtet, ihnen Glanz gegeben, und dies über alle Maßen; dieses Deutschland trägt eine Jahrtausendschleppe, besetzt wie mit Edelsteinen, alle funkelnd in ihren Weltlichtern.

Kein mageres Land, dieses Deutschland, keins, das durch die Zeiten gegangen ist und nur dumpf geschwiegen hat. In seinem geistigen Weltbeitrag ist es eine *Weltkostbarkeit.* Ein Land, das man erbarmungslos auf Kleinstgröße zusammengestrichen hat. Aber laß dich nicht täuschen, die großen Namen sind noch da, ihr Weltbeitrag ist ungeschmälert, strahlend wie eh und je. Sie haben den Zeitenaufgang durch die Jahrhunderte begleitet, geführt, zuweilen angeführt. *Diese* deutsche Vergangenheit bietet sich heute dar, als habe man sie ungültig erklärt. Und das geht nicht. *Diese* deutsche Vergangenheit bleibt eine Schatzkammer dieser Welt. Und so bleibt auch Deutschland das starke Herz Europas, in der Mitte liegend, in der Mitte schlagend, nun unruhig schlagend, arhythmisch, fast krank, aber derjenige begeht einen Fehler, der dieses Herz herausschneiden will. Glaube mir, Europa wird es noch brauchen, das starke Herz, das gesunde Herz in seiner Mitte.

So fand man schließlich doch eine Art von Trost, der einem half, der uns half, uns, die wir uns unsere Lebenszeit nicht hatten aussuchen können, und durch die wir uns hindurchgekämpft hatten mit den Mitteln, die der menschlichen Natur entsprechen und so wie sie jedem zur Verfügung stehen, randvoll durchsetzt mit Irrtümern, Fehlschätzungen, Blindheiten, alles dies zusammengebacken mit den sogenannten besten Absichten, die zu bezweifeln, in Frage zu stellen ganz unsinnig ist.

Weil ich diese besten Absichten kenne, nicht nur kenne, sondern erlebt habe, und dies hautnah, so hautnah, daß sie unverlierbar sind, möchte ich ein vorletztes Kapitel anschließen. Mit einer einfachen Überschrift: *Liebe zu meiner Generation.*

22

Welche Zeiten hat sie durchlebt, was wurde von ihr verlangt. Heute haben wir reiche Zeiten. Wir sind so reich, daß sich der ganze Lebensumkreis verändert hat, was nur den Älteren bewußt wird. Es gab früher nur wenige Autos, Wohnungen in der Masse nur mit Kohleöfen, Badezimmer waren eine Seltenheit, die Kleidung wechselte nicht so häufig, Reisen etwa nach Italien waren abenteuerlich, das eine Paar Schuhe, das halten mußte, der Wintermantel, aus dem die Nähte herausgelassen wurden, um ihn zu verlängern, die Reise zu Verwandten, die selbstverständliche Inanspruchnahme ihrer Hilfe, falls sie an Urlaubsorten wohnten: in Bayern, an der Nordsee oder in Ostpreußen. Das Essen war einfach, das Geld knapp – die Zeit spielte verrückt, sie vernichtete Geld, sie warf Leute auf die Straße, versah sie mit einem Hungergeld –, da lag ein verlorener Krieg als gewaltiger Schatten über der Masse.
Die Städte waren einfach, da gab es noch keine Glaspaläste, keine Hochhäuser wie heute im Zentrum der Städte, so lag eine Grauheit über allem, etwas Provinzielles im äußeren Habitus der Städte. Alle die Attribute der heutigen Zeit fehlten, es gab in meiner Heimatstadt nur wenige Cafés, die Gaststätten waren einfach, und es gab in ihnen einfaches Essen. Es fehlte das Schillernde, das Sich-selbstbewußt-Nach-außen-zur-Schau-Stellen, die ständig hingehaltene Visitenkarte, wer man ist, was man ist, das grelle Hinweisen auf sich selbst, auf sein Geschäft, noch bildeten keine Neonreklamen das Städtefeuerwerk von heute. Es herrschte eine allgemeine Bescheidenheit, ein Sich-dennoch-Wohlfühlen im kleinen Rahmen.
Als mein Vater den ersten Radioapparat ins Haus brachte – ein

mahagoniumkleidetes Ding mit Lautsprecherlöchern, die stoffbespannt waren –, da war dies eine Sensation. Heute weiß man nicht wohin mit den alten Fernseh- und Rundfunkapparaten, sie stapeln sich, ein nicht mehr gebrauchter Reichtum. Das Volk als Ganzes gesehen steckte in alten Kleidern, in Notkleidern, es war hohlwangig und verwirrt und dazu noch uniformiert. Das vorhandene Wissen umspannte nicht den Erdball so wie heute, die Information dringt heute aus allen Ecken der Welt in Wort und Bild auf den Menschen ein, das Wissen entsprach dem Informationsstand. Der *eine* Sender im Radio, die *eine* Zeitung, das, was man in der Schule gesagt bekam, was man las – wobei das Lesen an das Vorhandensein von Büchern gebunden war, die man bezahlen mußte. So war der Informationsumfang gering. Es fehlte das, was heute selbstverständlich ist: die Gewöhnung an Information, das Selbstverständliche der Information, ein Lebensumfeld, das heute geradezu durchtränkt ist von Information, Informationen an jeder Ecke und in der verschiedensten Form, Informationen jeden Tag, zu jeder Stunde, Tag- und Nachtfernsehen, ein Zeitschriftenwald, der von einem normalen Kiosk gar nicht mehr gefaßt werden kann. Dazu gehört auch die Gewöhnung an Information in der Steigerung des Informiert-werden-*Wollens*. Information schließlich als Notwendigkeit und als Notwendigkeit empfunden.
Damals, vor sechzig, siebzig Jahren, war die Lebenslandschaft bedeutend karger. Sie war geprägt von menschlichen Urbedürfnissen – davon, wo und wie sie befriedigt werden konnten, ob gar nicht oder nur halb. Man bewegte sich in Defiziten, fixiert auf diese Defizite, fixiert auf Essen, Trinken, Geldbeschaffen.

Ich weiß nicht, wie man sichtbar und begreifbar machen könnte, was man eine Stimmung nennen könnte, eine allgemeine, weitverbreitete, grundsätzliche Stimmung, sich nur orientierend an grundsätzlichen Begriffen wie Hoffnung, Verzweiflung, Freude, Selbstvertrauen und Lebensmut. Irgendwie zwischen diesen Begriffen sich hin und her bewegend, so sehe ich heute die Menschen jener Tage – in gedrückter Stimmung, mit halben Hoffnungen, Hoffnungen, die zu haben sich niemand traute – und als sie dann kam, die Hoffnung, da wurde sie rauschhaft, als sei etwas Ungewöhnliches wahr geworden und einem Wunder gleichzusetzen. Hoffnung für alle, für die Arbeitslosen, für die daniederliegende Wirtschaft, das Ende der Depression, auch der inneren Depression – es war, als vollzöge sich eine gewaltsame Befreiung, empfunden als eine Abschüttelung von Fesseln, daß man sich sieghaft erhob, aus allen Unbilden heraus, als habe man eine Schlechtwetterfront durchschritten und trete nun hinaus in helles Sonnenlicht. Wie stark dieses Gefühl war, das kann heute niemand mehr nachempfinden. Der Schwache, der sich plötzlich stark fühlte, und mit der Stärke empfand er alle ihre Segnungen: die Zurückgewinnung von Lebensmut, von Zukunftshoffnung, und dies im rauschhaften Übermaß, diesen Rausch genießend, wie es zu jedem Rausch zugehört, sich erhoben, leichter, schwebender zu fühlen, als trete man ein in das Land des ewigen Lächelns.

Ich empfinde tiefe Zuneigung zu den Vätern, die ihre Familien wieder ernähren konnten, ich liebe die Frauen, die für ihre Kinder eine von Hoffnung erfüllte Zeit sahen, ich kann *ihre unendliche Erleichterung* nachempfinden. Und dies geschah alles zu einem Zeitpunkt, der aus verschiedensten Gründen ein besonderer war, geprägt von einem verlorenen Krieg, von weitverbreitetem Elend, von der Erfahrung demütigender Behandlung, die ein Pariagefühl zur Folge hatte – aber es kam noch etwas hinzu, das viel schwerer zu beschreiben ist, das, was ich eine besondere *Weltsituation* nennen möchte. Ich setze voraus oder ich stelle mir vor, daß es ein Weltgefühl gibt, eins, das die Zeiten begleitet, fast unsichtbar, so als habe die Welt selbst ein Bewußtsein, eine Lernfähigkeit, einen bestimmten Charakter, der sich ständig formt, verändert, beinhaltend Wissen und Unwissen, beides in verschiedenster Ausprägung, so als gäbe es für jede Zeit, für jedes Jahrzehnt ein Charakteristikum, so als sei dieses Charakteristische fast wie eine menschliche Eigenschaft zu sehen, mal stark, mal gefährdet, mal äußerst gefährdet, mal in ruhigen Bahnen verlaufend, zuweilen aber auch der Gefahr des reinen, des absoluten Chaos ausgeliefert. Jenes Zeitcharakteristikum, das ich sicher nur unvollkommen beschrieben habe, war wie ein Boden, auf dem sich bestimmte Dinge in besonderer Form entwickeln können, Bewegungen zu Rauschhaftem, sich vermischend Traum und Unwirklichkeit, beides aber in extremer Form, als bringe sich ein Zeitcharakteristikum zum Höchstausdruck.

Diesem Zeitcharakteristikum ist ganz sicher zuzurechnen die Informationssituation; aufs Ganze bezogen, und ebenso zuzurechnen ist die *Ichbezogenheit aller als besonderes Merkmal eines Zeitcharakteristikums,* das Ich als Mittelpunkt, als Völkermittelpunkte, einer wahren Feier von *Völker-Ichs,* die sich darstellten als etwas Selbstverständliches und als solches im Stande reiner Unschuld. Wobei ich unterstelle, *daß Schuld und Unschuld schwebende* Begriffe sind, nie ganz zu identifizieren, niemals fest in der Hand zu halten, Begriffe, die zuweilen die Plätze tauschen – ganz extrem könnte man sagen, Unschuld ist, was man für Unschuld hält, so wie wahr ist, was man für wahr hält.

Da traf etwas zusammen in einer Weise, die es nie wieder geben wird. Es handelt sich um eine unwiederholbare Situation, um eine

Weltminute, die spezifisch war – so wie es in der menschlichen Geschichte immer mal Weltminuten besonderer Art gegeben hat, gleichermaßen unwiederholbar.
Und all die Leute, die ich kenne, die ich liebe, denen ich mich verbunden fühle, wurden hineingezogen in die Besonderheit dieser Weltminute, die ihre schärfste Ausprägung erfuhr, uninformiert, ungeschult in intellektueller Abwehr, das erhobene Ich besonders fühlend, genießend, den Rausch genießend, mit dem umzugehen niemand auch nur die geringste Erfahrung hatte, so daß sich alle dem Rausch, der Hoffnung, mit Freude überließen.
Ich weiß durchaus, daß ich hier eine Schilderung gebe, der man auch widersprechen kann, vielleicht in äußerster Schärfe, weil viele sich heute ausschließlich verbunden fühlen mit dem, was sie unter Sachlichkeit verstehen, immer bestrebt, Gefühle aus dem Spiel zu lassen, jeden Gedanken nüchtern konkretisierend, um den einfachsten, fast rechnerisch gültigen, soliden Ausdruck bemüht. Aber die Zeit, die ich miterlebt habe, war zu sehr etwas Besonderes. Hinter aller Historikernüchternheit muß es noch etwas anderes gegeben haben. Um dieses andere bemühe ich mich mit den vielleicht unzulässigen Mitteln der Spekulation. Ich war ja Teilhaber der irrsinnigen Hoffnung, einer Volkserhebung mit ganz eindeutigen Merkmalen, derart, daß sich auch der Nüchternste kaum dagegen wehren konnte. Als der Anschluß Österreichs kam, als Hitler in Wien einzog, da wurde zu gleicher Zeit zwischen der französischen und der deutschen Jugend eine Verabredung getroffen über einen Jugendaustausch zwischen Frankreich und Deutschland. Hunderttausende von Jungen und Mädchen sollten ausgetauscht werden, in besonderen Erholungslagern, Feriendörfern, ein festes Programm war geplant, alles geeignet und vorgesehen, die Verständigung zwischen den beiden Ländern zu fördern. Wie hört sich das an? Ein modernes Programm, nicht wahr? Abbau von Feindbildern, Freundschaft zwischen der Jugend.

Am Tag, als Hitler in Wien einzog, war der französische Jugendbeauftragte mitgenommen worden nach Wien, stand mit Jugendführern auf einem Balkon, in Erwartung der Wagenkolonne Hitlers. Und der Jubel schwoll an, noch war nichts sichtbar, aber dem Wagen Hitlers lief etwas voraus, aufbrandender Jubel von der Art, die man noch nie gehört hatte. Und als Hitler kam und der frenetische Jubel über ihm zusammenschlug, da weinte unser französischer Freund.
Warum weinen Sie, fragte man ihn. Ich weine darüber, daß Frankreich einen solchen Mann nicht hat.
Ich weiß, ich weiß. Ich darf, und ich will es nicht verschweigen. Nur wenig später starb der jüdische Schriftsteller Egon Friedell. Die Ge-

stapo hatte an seine Tür geklopft, er hörte die barsche Frage: Wohnt hier der Jud Friedell? Friedell ging an das Fenster, öffnete es, sprang hinunter und lag zerschmettert auf dem Pflaster. Ich weiß, daß diese Dinge nebeneinanderstehen, fast gleichzeitig. Das Gleichzeitige als das Unbegreifliche. Jedes Ereignis steht für sich, wie Linien, die sich nicht berühren, damals nicht berührten, die heute zusammengelaufen sind wie zu einem großen Muster, in dem alle Linien ihren Platz gefunden haben. Unser französischer Freund, ein Patriot, der sein Land liebte, fühlte sich ausgeliefert einer Emotion, die nicht in Frage zu stellen war. Ich erwähne es, um für Heutige wenigstens in Spuren zurückzurufen, welchen emotionalen Kräften man sich ausgesetzt sah. Ich habe die Stimme noch im Ohr, im Gedächtnis noch die Bilder jener Zeit. Vor dem geistigen Auge versammeln sich die Menschen, die ich kenne. Man kann sie nicht sofort und im ganzen umfassen, sie stellen sich vor, mit halben Worten, mit halben Bildern, alles fließend, ineinanderfließend, die verschiedenen Stimmen, die verschiedenen Gesten, all die liebevollen Gesten, gegeneinander, miteinander.
Das Gedächtnis produziert die Vergangenheit wie in einem bewegten Tableau, Gefühle zurückrufend, jene Gefühle, die damals gedacht, empfunden wurden. In mir sind es die herzlichen, die menschlichen, die hoffnungsvollen Stimmen und Bilder, heraufkommend aus verschiedenen Zeiten, verschiedenen Jahren, Kriegszeiten, Vorkriegszeiten, Sportfeste und Versammlungen, Fahrten im Wagen, im Zug, Begegnungen mit Jungen und Mädchen, alles überglänzt von warmem, herzlichem Licht. Es macht sich der Optimismus jener Jahre sichtbar, ein schwungvolles Leben, erfüllt von Zuversicht, die so selbstverständlich war, daß man *nachher* erst Zuversicht als solche erkannte. Man vergesse es nicht: Ich spreche von den Leuten, die ich kennengelernt habe, unter denen ich mich bewegt habe.
Ich weiß sehr wohl, daß man jene Zeiten auch anders sehen kann, daß viele Leute ein Recht haben, sie anders zu sehen, aber ich rede von »meinen Leuten« nicht, um sie gegen andere zu setzen wie auf einem Spielbrett, auf dem man die einen gegen die anderen ins Feld führt. Ins Feld soll überhaupt nichts geführt werden. Ich erwähne es, weil ich einen Moment erlebe, einen, der zu mir und meinem Alter paßt, einen Nachhineinmoment, der von Trauer und Wehmut überschattet ist und in dem sich Liebe ausdrückt, das tiefe Verständnis für »unsere Leute«, die sich den Momenten ausgeliefert hatten, die Träume mitmachten, von denen keiner von Grund auf böse war.
Es handelte sich um Menschen »wie du und ich« – gestern so, wie sie heute sind, sie waren nicht um einen Deut anders, sie verfügten über den gleichen Fundus an Herzlichkeit, Menschenliebe. Wenn man an ihnen etwas auszusetzen hat, dann ist es das, was man allen Menschen,

ihrer Herzlichkeit, ihrer Menschenliebe vorzuwerfen hat – nämlich darin ungeheuer verführbar zu sein, fehlgeleitet werden zu können, weil es die große, die absolute, übergeordnete Vernunft nicht gibt. Sie gibt es nur manchmal und auch nur halb, nie ganz, weil die ganze, absolute Vernunft möglicherweise nicht menschlich ist.
Ist die ganze, die totale Vernunft überhaupt denkbar, jene Vernunft, die die extremen Empfindungen zurückschneidet, kupiert, zurückführt auf ein mittleres Maß, daß die Zeitläufe sich weniger extrem bewegen, keine so großen Ausschläge haben, im ruhigen, mittleren Hinfluß der Geschehnisse, daß Gutes und Böses sich einander annähern, das Gute vielleicht nicht ganz so gut, das Böse vielleicht nicht ganz so böse ist?
Möglicherweise wäre etwas dieser Art zu wünschen, aber ist dies im Ernst denkbar? Ist das Extreme, das Labile, das Unzulängliche, das Unfeste nicht so sehr Teil des Menschlichen, daß wir uns nie von ihren Gefahren befreien können?
In Gedanken hole ich zurück die Bombengewitter, die menschengemachten Gewitter, die unglaublichen Feuerstürme, das kaltherzige Totschlagen von Frauen und Kindern in Kellern. Ich habe im Ohr die Erzählungen, die die Überlebenden mit erstickter Stimme von sich gaben, Schilderungen von letzten Minuten, von unglaublichen Verletzungen. Ich sehe den Mann noch, der mir erzählte, wie er seine Frau und seine Kinder verbrennen sah, draußen stehend, durch ein Kellerloch hineinsehend. Das Haus lag schon als meterhoher glühender Schutt auf der Kellerdecke. Er streckte die Hand aus, rief: Hierher, kommt hierher. Und die Kellerdecke brach und seine Familie stand plötzlich im bläulichen Licht, ganz stumm plötzlich, verglühend. Der Mann lag in meinen Armen und weinte.
Ich weiß, ich weiß. Ich sehe den ausgestreckten Finger, der auf Hitler zeigt. Ich zeige mit, aber es hilft dem Mann, der seine Familie verbrennen sah nicht mehr, es hilft niemandem. Da war einer von den einfachen, gutherzigen, naiven und gläubigen Menschen an einen Rand geführt worden, von dem aus er einen Blick hatte in den Glutofen der Zeit, in dem auch die gepflegten Begriffe von Schuld und Unschuld in Rauch aufgehen.
Ich sehe die überfüllten Züge, die jungen Frauen, die ihre Evakuierungsquartiere aufsuchten, junge Frauen in jenen Jahren, in denen sie ihre Blütezeit haben, und in denen nicht in Anspruch genommen wurde, was ihre Natur zu geben hatte. Dieses Ins-Leere-blühen, dieses Ins-Leere-Leben, dieser Kampf auch gegen die Angst vor dem Ende, dem persönlichen Ende, dem allgemeinen Ende, gleichzusetzen dem Ende aller Zeiten. Denn jeder hat seine Zeit, die *alle* Zeit ist und das Ende des Einzelnen ist das Ende schlechthin. Dieses Aufflak-

kern von Hoffnung, von Liebe, in einer Zeit, in der dieses Wort ganz andere Bedeutungen bekam, als bewege sich das Wort hin und her und habe nicht nur zwei Seiten, sondern unendlich viele.
Ich denke an den Offizier in meiner Truppe, dem man hinterbracht hatte, daß seine Frau zu Hause ihn betrüge. Man gab ihm Urlaub und sagte: Du weißt, was du zu tun hast. Man meinte, erschieße den Kerl, der dir deine Frau genommen hat. Er fuhr nach Hause und seine Frau fiel ihm weinend um den Hals. Sie sagte die reine Wahrheit. Sie hatte sich einem anderen Mann hingegeben, in Erinnerung an ihren Mann, so als käme es überhaupt nur darauf an, Liebe zu produzieren, damit die Liebe in der Welt nicht verloren geht.
Ich sehe den Schnee im Osten, die irrsinnigen Felder, gefurcht von dunklen Erdrillen, gepflügt von Panzern, von Lastkraftwagen, sich verlaufend im grauen Winterhimmel.
Ich erinnere mich an ein Lazarett in einer Schule in irgendeinem russischen Nest, ein unansehnlicher, grauer Bau mit einem großen Saal, in dem die Verwundeten auf dem Boden lagen, auf Strohsäcken, nur zugedeckt mit feldgrauen Decken, selber waren die Verletzten ungepflegt, mit struppigen Haaren, unrasiert, elendsgrau vor Schmerzen und in jener Irritiertheit, die entsteht, wenn man nicht glauben will, daß es einen »erwischt hat«.
Ich sehe den jungen Soldaten noch vor mir, der unter meinen Blicken stumm die Decke zurückschlug und zeigte, daß er ein Bein verloren hatte. Sehen Sie sich das an, sagte er, staunend, wiederholte er: Sehen Sie sich das an. Was mache ich mit einem Bein? Das Lazarett lag knapp hinter der Front, es war eine Verwundetensammelstelle mit erster ärzterlicher Versorgung. Hier wurden die Schnell- und Notoperationen vorgenommen. Und wir waren da mit einem Filmtrupp. Es war eine Leinwand aufgebaut worden, und es wurde ein Film gezeigt, der Film »Operette« mit Willi Forst.
Das Unglaubliche geschah, diese elenden, verwundeten, die in ihrem Schicksal geschlagen liegenden Menschen sahen mit Inbrunst auf den Film, sie sahen hinein in eine andere Welt, von der jeder wußte, daß es nicht die richtige Welt, sondern eine gestellte Welt, eine künstliche Welt war – aber es war eine, in der sie sich zurechtfanden, in der sie sich zu Hause fühlten. Und da brannte während des Films die Lampe des Projektors durch. Der Vorführer hatte keine neue Lampe parat. Die Filmvorführung mußte abgebrochen werden. Nie werde ich vergessen diesen langgezogenen Seufzer, diese sich laut äußernde Enttäuschung, so als seien sie alle nun aufs neue verwundet worden. Keiner von ihnen hatte den Krieg gewollt, aber sie waren dem Mann gefolgt, blind gefolgt, mit dem scheinbaren Recht, daß dieser Mann sich gab und darin Überzeugungskraft aufbrachte, sie hatten sich

diesem Mann, seiner Führungskraft, dem fast magischen Bild, das er bot, überlassen: er erfüllte Vorstellungen, die der Mensch insgeheim wohl grundsätzlich hat, die Sehnsucht nach dem Vater, nach dem Mann, der alles weiß, der vorangeht, der einen starken Willen hat. Diese insgeheime Suche nach dem großen Mann, nach dem Vorbild, dem man sich überlassen kann, ist noch vorhanden, und dies weltweit. Nie haben es Scharlatane leichter gehabt als heute, diese insgeheime Sehnsucht für sich auszunutzen. Aber da sie nun aufgerufen waren, Krieg zu machen, auch im Glauben daran, daß er zu Recht geführt wurde, – da funktionierten sie und haben staunenerweckende Leistungen vollbracht – wenn man sich eines ja noch gültigen Vokabulariums bedienen will.
So sehe ich die Bilder des Krieges, höre die forschen Worte, die nachdenklichen, die traurigen, ich sehe den jungen Offizier, der vorbeigeführt wird, weil eine Mine ihn blind gemacht hatte, von einem Menschen, in einem einzigen Augenblick zu einem anderen Menschen geworden, zu einem Opfer des Krieges. Es drängen sich die Bilder aus den letzten Tagen des Krieges nach vorn, mit solcher Gewalt, als seien *sie* die gültigen Bilder, Apokalypsenbilder. Ich sehe noch die Trecks, erinnere mich eines Bildes: Über ein schneebedecktes Feld hinweg sehe ich einen Treck sich bewegen, Wagen, mit mahlenden Rädern, und dies gegen eine tiefstehende Sonne, so daß die Räder das Sonnenlicht quirlten, ein loderndes Gemenge von Licht, die Treckwagen, Leiterwagen, Pferdewagen, überdacht mit Zeltbahnen, Wolldekken und Teppichen. Ein Wagen war zusammengebrochen, die Achsen hatten die Fahrt nicht ausgehalten. Ein Mann sah mich bekümmert an. Wir kommen von Tilsit herunter, so lange hat der Wagen gehalten. Wo sind wir hier?
Ich sagte, wir seien in der Nähe von Pyritz. Wo liegt das, fragte er, und sagte hier ist Schluß. Können Sie etwas anfangen mit Schweinefleisch? Ich habe eine Sau eingepökelt. Hören Sie, sagte ich, Sie werden Ihr Fleisch noch gebrauchen. Nein, nein, sagte er, meine Frau ist gestern gestorben.
Und nun sah ich eine Frau auf dem Wagen. Ich sagte ihm: Ihre Frau? Ich dachte, sie schläft. Nun, murmelte er, in gewisser Weise ist es ja Schlaf, ein Schlaf, nach dem man anfängt sich zu sehnen. Im selben Treck trug eine Frau ein erfrorenes Kind auf dem Arm.
Man sagte ihr – in der Rauheit jener Tage – liebe Frau, legen Sie das Kind weg, legen Sie es hier in den Schnee.
Alle Toten werden in den Schnee gelegt.
Nein, nein, sagte sie, ich warte, bis ein Friedhof kommt. Verstehen Sie denn nicht, daß ich später das Grab besuchen muß?
Ich hörte die Erzählungen meiner Tante, die aus Ostpreußen geflohen

war, über das zugefrorene Haff. Sie gab eine Schilderung dieser Fahrt, aber ich denke, daß die Phantasie nicht ausreicht. Worte bringen die beißende Kälte nicht nahe, nicht die Fahlheit des Himmels, nicht das Arbeiten des Eises unter den Rädern, nicht das sonderbare dumpfe Grollen, wenn Eis sich biegt und wölbt, dünne Stellen neben kräftigen. Das wilde Schreien, wenn ein Wagen eingebrochen war, Pferde, Wagen, Menschen im Eis versanken, wenn die Hilferufe durch die Nacht hallten, und wenn man nicht helfen konnte. Da sah man schattenhaft die Gespanne untergehen, halb im Eis treibend, Weinen und Entsetzensschreie, in Todesangst wiehernde Pferde, Leute auf Eiskanten kriechend, im Nu brettsteif gefroren, so daß sie ihr Gewicht nicht mehr tragen konnten, sich auf den Rücken legten.
Ihre Augen schneiten zu. Und es kommt mir ein anderes Bild, aus dem Winterkrieg, wenn die Toten mit den zugeschneiten Augen plötzlich zu erwachen schienen, wenn die Sonne den Schnee in ihren Augenhöhlen schmelzen ließ, daß es aussah, als weinten sie.
Oder: Ich habe das nächtliche Schreien von Frauen in der Nacht gehört, wenn die russischen Soldaten sie suchten, fanden, holten. Haben Sie mal Frauen in der Nacht schreien gehört? Der ganze Menschheitsjammer erfaßt einen. Man sieht nichts, man hört nur jenen grellen Entsetzenslaut, weit entfernt, abgezogen von der Kreatur selbst, als äußere sich in jenem Weinen das grundsätzliche Leid der Welt. Und dies auf eine Weise, die man sich im Leben nicht hat vorstellen können. Und mir fällt ein, daß mir ein Freund nach dem Kriege sagte: Du, ich kenne da ein sehr nettes Mädchen, blutjung, aber wenn ich sie liebe, legt sie mir immer meine Hände um ihren Hals. Ich habe sie gefragt, warum sie das tut. Da bekam ich heraus, daß sie Zeuge geworden war, wie Russen ihre Mutter vergewaltigt haben. Sie war ein Kind, aber offenbar verband sich in ihrer Vorstellung die ausgeübte Liebe mit Gewalt. Ich sagte, daß ich meine Generation liebe. Es ist eine Liebe, die alles umfaßt, was ich vorstehend nur ganz und gar unzureichend beschrieben habe. Ich sehe gutherzige Leute. Leute, in der Tat wie »du und ich« – ich hasse diese Formulierung und gebrauche sie trotzdem – es waren ganz normale Leute, nicht um eine Spur anders als heute, nur lebend in einer Zeit, die es nie mehr geben wird, so daß die wirkenden Kräfte heute nicht mehr begriffen werden können.
Sie alle, die Leute, denen meine tiefe Zuneigung gehört und lebenslang gehören wird, sind fern von Schuld.
Verstehen Sie mich richtig: Ich meine jetzt die Masse des Volkes, den größten, den allergrößten Teil, *ich schließe die aus, die Handlanger von Mördern wurden oder selbst Mörder waren.*
Aber es ist falsch, die Mörder, die Sadisten, die kaltherzigen Auslö-

scher von Menschenleben hineinzuprojizieren in dieses Volk, als gehöre eins zum anderen, als sei eins vom anderen nicht zu trennen. Das gehört nicht zusammen. Es existiert da eine unheimliche Nähe, das ist richtig, aber ebendiese Nähe macht es so schwer, voneinander zu
trennen, was man um der Gerechtigkeit willen voneinander trennen muß.

So sucht man herum in der Vergangenheit, nimmt die Fülle der Bilder auf, die sich anbieten, und kann ihrer doch nicht Herr werden, Schicksalsbilder meiner Generation.

Und es drängen sich auch heran, ganz unübersehbar, die Bilder der Vertreibung, und nicht nur diese, auch die infernalischen Bilder jener Morde, die an Hunderttausenden von Deutschen in der Tschechoslowakei verübt wurden. Da begegnen sich plötzlich zwei Phänomene – was ich jetzt sage, sage ich zögernd und mit der Bitte um Verständnis, weil ich scheinbar nicht vergleichbare Dinge miteinander vergleiche, – aber da existieren doch Ähnlichkeiten. Die Juden wurden in einem phänomenalen Akt ohnegleichen *ausgegrenzt*, sie wurden erklärt zu Menschen anderer Klasse, sie wurden gleichsam für vogelfrei erklärt, als *nicht zugehörig* zu was auch immer. Sie bekamen einen anderen Status, was sie erst begriffen, als sie etwa in Auschwitz ankamen und erkannten, welche ungeheuerliche Konsequenz das hatte.

Die Deutschen in der Tschechoslowakei wurden auf ähnliche Weise *ausgegrenzt*, für vogelfrei erklärt, *als nicht zugehörig* zu was auch immer. Auch sie begriffen in einem Moment ohnegleichen, daß dies eine ungeheuerliche Konsequenz hatte. Sie wurden gejagt, aus Häusern geholt, auf der Straße erschlagen *in wahren Menschen-Mord-Jagdzügen*.

Ich weiß und berücksichtige es, den aufgestauten, langjährigen Haß, der sich in Aktionen äußerte, und dies explosionsartig, als breite sich ein Brand aus, wie Funken, die über das ganze Land getragen wurden: Jetzt! Jetzt könnt ihr, und jetzt dürft ihr. Töten ist erlaubt, Töten ist entschuldigt. Für alles, was ihr tut, gibt es Freispruch. Im Haß explodierte die Moral, jede Form von Moral, die große Versachlichung fand statt, die Verwandlung von Menschen in Gegenstände. Und es setzte sich auch frei der Genuß daran, die primitivsten Instinkte brachen hervor und sammelten sich unter der Rachefahne. Diese entsetzlichen Leiden der Sudetendeutschen, alles dies auch ein Weltbeispiel, liegen nun im Untergrund unserer Geschichte, Teil der Geschichte und Teil des Schicksals meiner Generation.

Ich wiederhole noch einmal: Ich vergleiche nur ein *Detail* mit einem anderen. Immer noch bleibt die organisierte, die maschinelle Tötung von Menschen das verabscheuungswürdigste Verbrechen, niemals zu

vergessen und auch nicht aufzurechnen. Dennoch gibt es eine Art von Aufrechnung, aber ganz anderer Art.
Als die Deutschen, jene Art, die ich liebe und der mein Verständnis gehört, nach dem Kriege hörten, was passiert war, als ihnen im vollen Umfang bewußt wurde, was in Lagern wie in Auschwitz vor sich gegangen war – da verschlug es ihnen die Stimme. Ich wiederhole: *Da verschlug es ihnen die Stimme.* Auch mir verschlug es die Stimme. Und zwar total. Nichts war da ins Feld zu führen, gar nichts, es blieb eine merkwürdige Stummheit, weil einfach nichts ins Feld zu führen war gegen das ungeheuerlichste aller Verbrechen, mit keinem Mittel der Erklärung – ein Verbrechen, das – und jetzt weiß ich, was ich sage – gar nicht zu ihnen paßte.
Ich habe lange überlegt, wie ich es und ob ich es so formulieren kann, ob es so verstanden wird, wir ich es gemeint habe. Aber ich sage es: Was da geschah in Auschwitz, in Treblinka, in Majdanek, geschah nicht in meinem Namen, es geschah nicht im Namen meiner Frau, nicht im Namen meiner Mutter, nicht im Namen aller Leute, die ich kenne oder gekannt habe, niemand, der etwa den berüchtigten Schlacht- und Mordruf des spanischen Bürgerkriegs ausgerufen hat, dieses wilde, schreckliche, »Mata le«, dieses »Tötet sie«! Niemand hat gerufen: Tötet sie! Diese Morde geschahen nicht im deutschen Namen, sondern im Namen weniger Leute, einer Gruppe von Leuten, die man heute verhaltensgestört nennen würde mit alptraumverstörten Gehirnen. Ich spreche die Deutschen, die die ich kenne, die ich liebe, frei vom Mordvorwurf, *nicht von ihren Irrtümern*, die sie bei Gott bis zum Übermaß büßen, aber niemand, der solchen Mord wollte, niemand, einfach niemand bis auf diejenigen, die nun wirklich zur Weltcreme der Weltmörder gehören.
Ich sprach vorher davon, daß es den Deutschen die Stimme verschlug, bis zur Stummheit verschlug.
Ich füge an dieser Stelle hinzu, daß man auch schwieg zu den eigenen Toten, etwa den Ermordeten auf den Straßen Prags, in den Städten der Tschechoslowakei. Bis heute wird darüber *nicht gesprochen.*
Aber sollte man nicht *alles* aufklären, alles bis ins letzte Detail sichtbar machen? Oder soll man sich damit zufriedengeben, mit der Situation, wie sie gerade ist, um der Ruhe willen, die halbwegs eingetreten ist, selbst wenn es eine Ruhe der schiefen, der unvollständigen Bilder ist.
Frage: Bezahlen wir nicht zuviel, auf Dauer zuviel und in einem Maße, das noch gar nicht zu übersehen ist, wenn die Zeit nur halb aufgeklärt bleibt, so als hätte es in diesem Spiel nur einen einzigen bösen Buben gegeben?
Verlieren wir nicht auf Dauer das, was man unter Identität versteht, im Abscheu vor uns selbst, vor dem eigenen Volk? Wäre es nicht eine

Frage der intellektuellen Redlichkeit, *alles* aufzudecken, das ganze Geflecht von Kompliziertheiten völker- und menschenbezogener Psychologie? Sollte man nicht viel genauer das Redliche vom Unredlichen trennen, dem Bösen das Böse lassen, aber dem Guten auch das Gute? Ein irres Auseinanderwuseln von Dingen, die so zusammengebacken und untrennbar scheinen und die dennoch zerlegt werden müssen. Faden um Faden. Kein Zweifel, daß die Zeiten immer komplizierter werden, zu viele Dinge hängen immer mehr voneinander ab, eins ist an das andere gebunden, und dies in immer komplizierteren Geflechten. Sollte man sich nicht daran gewöhnen, *Kompliziertes* zu durchschauen, seine Zusammenhänge zu begreifen? Will man sich auf Dauer begnügen mit den einfachsten Erklärungen, weil Einfacherklärungen vom schwachen menschlichen Verstand am besten begriffen werden?

Vorstehend habe ich versucht, einen Eindruck zu geben von den Leiden »unserer Leute«. Ich habe es getan, weil üblicherweise darüber nicht gesprochen wird. Die Rolle ist perfekt übernommen, desjenigen, der um des Friedens willen alles auf sich nimmt, und das fast in einem Akt der Selbstzerstörung. Wir begnügen uns mit der einfachsten Erklärung, der Schwarzweißerklärung, immer noch im Bann jener überwältigenden Stummheit vor der Judentötung, einer Sprachlosigkeit, die auch ein Beweis für die Redlichkeit der Leute ist, die akzeptieren, daß es da *keine Entschuldigung* gibt, und sich bestrafen in einer Weise, die der Selbstaufgabe nahe kommt. Es handelt sich in der Tat um eine geschichtliche Situation im Leben eines Volkes, *an der dieses Volk zerbrechen kann*. Und ich frage mich, ob ich die Zeugnisse solchen Zerbrechens nicht schon sehe.

Aus diesem Grunde gebe ich meiner Generation eine Liebeserklärung ab, in Trauer, im Verständnis, eingedenk der Tatsache, daß unwissende, uninformierte Menschen in eine Situation geraten sind, in der sie kaum eine Chance hatten und dies bezahlten mit einem hohen Maß an Leiden.

Ich weiß, daß andere Völker in anderer Weise mit Leiden überzogen wurden. Ich denke, ich muß ein mögliches Mißverständnis gar nicht erst zulassen, das darin liegen könnte, anzunehmen, daß ich ausschließlich voller Selbstmitleid bin. Ich denke, daß ein *russischer Schriftsteller* seinerseits eine *Liebeserklärung* an sein Volk richten könnte, eingedenk der unendlichen Leiden seines Volkes. An Stoff würde es ihm nicht fehlen, auch er könnte beschwören die Stimmen und die Bilder, die ihm zur Verfügung stehen, in einer Summierung unendlichen Leidens. Ich muß nur an Leningrad denken, eine Stadt, in der sechshunderttausend Leute umgekommen sind. Die Russen haben die Last des Krieges am stärksten zu tragen gehabt. Hinter

einem solchen Satz verbirgt sich eine unendliche Zahl von Details, die wir nicht kennen, die ich nur ahnen kann, von denen wir ausgeschlossen sind, weil es Erlebnisschätze, Erfahrungsschätze eines anderen Volkes sind, dort bewahrt, dort für immer aufgehoben, fast ohne Zugang für Leute anderer Nationen. So sind auf allen Seiten unendliche Leidensleistungen vollbracht worden, in einem weltgeschichtlichen Ausbruch ohnegleichen, in einer Bewegung, die irgendwo einen Ausgang nahm – der Krieg gegen Polen –, aber die sich dann unsteuerbar gemacht hat, alle nur rudernd wie in einer gewaltigen Flut, in der sie den Kopf oben behalten wollen, auch die Politiker, die Führer der Nationen, die nichts »in der Hand« hatten, selbst hingetragen wurden von einem Ereignis zum anderen, bis alles wie von selbst zum Stillstand kam und man in schrecklicher Stille das Maß der Verheerungen jeder Art begriff, der äußeren und der inneren Verheerungen.
Das Schlachtfeld wurde aufgeräumt, abe es war nicht wiederherstellbar, was so total zerstört worden war.
So sind wir alle seitdem einen Weg gegangen. Ich erkenne mich heute nicht wieder. Der junge Mensch, der sich einmal so in Anspruch genommen fühlte von seinen guten Absichten, hat nichts mehr zu tun mit dem Menschen von heute, und das heißt fünfzig Jahre später. Möglicherweise wird auch mir begegnen, was einigen Leuten widerfahren ist, daß irgend jemand triumphierend ein Schriftstück hochhebt: Wollen Sie mal sehen, was Sie damals geschrieben haben?
Ich würde, ich müßte ihm sagen, lieber Freund, abgesehen davon, daß jede Zeit ihre eigene »Wahrheit« hat – wie immer man das Wort begreifen will –, ich weiß, was ich geschrieben habe. Glauben Sie denn im Ernst, daß jemand ist wie er ist und bleibt wie er ist? Ist es nicht selbstverständlich, daß man Wege zurücklegt im Takt des Zugewinns an Erfahrungen, an Wissen, an verarbeitetem Wissen?
Will man nicht akzeptieren, daß Leben auch Gedankenarbeit ist, daß man sich von irgendeinem Punkt Null hocharbeitet, je nach Können, Vermögen und intellektueller Grundausstattung in einen endgültigen Status, der bei dem einen höher, bei dem anderen niedriger ausfallen wird? Ich wundere mich, wenn ich Memoiren anderer Leute lese, auch jener Leute, denen mein ganzer Respekt gehört, daß sie offenbar geblieben sind, was sie immer waren: ohne Fehler, jedenfalls ohne schwerwiegenden Fehler, daß sie selten im Irrtum waren, ausgestattet also mit jener *wunderbaren Eigenschaft*, immer im Recht gewesen zu sein. Aber ich denke, das Gegenteil ist normal. *Der einzelne Mensch ist unwissend und hat sich Wissen zu erwerben. Die menschliche Gattung ist unwissend und hat sich Wissen zu erwerben.* Aber: Hat sie sich Wissen erworben? Oder anders gefragt: Ist das Jahrhundert so barbarisch geblieben, wie es begonnen hat?

Es lohnt nicht, die Kriege aufzuzählen, die sich seitdem ereignet haben – jeder kennt sie –, man mag auch den einen oder anderen einfach übersehen. Aber jeder weiß, daß die *Ausgrenzung* von Bevölkerungsteilen, von Rassen, Religionen weiterhin im vollen Gange ist, und dies mit der üblichen Konsequenz, dem Totschlagen. Da ist diese blühende Welt überzogen von Zonen des Grauens, in dem Menschen leben, in deren Köpfen sich immer noch die abstrusesten Meinungen krankhaft aufblähen. Menschen als ein Rudel von Steinzeitgeschöpfen, mit wild durch den Schädel zuckenden Gedankenfragmenten, ausgeliefert Vorstellungen, die zur Urmagie gehören, zur Zeit von Zauberern und Medizinmännern. Keine Zunahme von Vernunft, kein Abschneiden der krankhaften Spitzen, keine Geduld im Umgang mit anderen, kein Verständnis für den anderen Standpunkt, nur völliges Fixiertsein auf den eigenen Standpunkt, der wie wild verteidigt werden muß, als ginge es ans Leben, wenn ein Standpunkt aufgegeben werden soll. In welcher Zeit leben wir also?

23

Das ist die Frage, die sich am Ende eines Lebens wie von selbst stellt. Was hast du erlebt? Wie ordnest du es ein? Welche Strukturen sind erkennbar? Wie dauerhaft sind sie? Und: Welche Chance gibst du dieser Welt? Welche Chance gibst du der Gattung Mensch? Vorüber sind nun jene Lebenszeiten, da man selbst Stoff der Geschichte war, eingebunden mit Haut und Haaren in Aktionen, die man nicht in Zweifel stellte. Es ist, als sei man in ruhigeres Fahrwasser geraten, ruhig mit der Möglichkeit des Umherblickens, der Analysen, in die man sich selbst mit einschließt, aber auch alles andere, darunter Tod und Teufel. Aber auch jetzt bin ich nicht der Meinung, daß meine Analysen gültig sind. Ich bin sicher, daß ich nur Meinungen von mir gebe, mit dem Wert, den Meinungen nun mal haben, temporären Wert, eine Meinung mehr, mit denen man sich für den Augenblick beruhigt – immer auch der Gefahr unterliegend, einer Meinung endgültigen Status zuzubilligen. Aber immerhin handelt es sich um eine Meinung, erworben mit besseren Mitteln, mit höherem Aufwand, was respektiert werden kann, aber nicht respektiert werden muß.
Die Welt hat sich planetarisiert. Ganz offenbar ist ein Teil eines geschichtlichen Prozesses zu einem Abschluß gekommen – wir alle befinden uns auf *einer* Welt, nicht nur in einem Lande, auf einem Kontinent, in irgendeiner Region und leben dort in einem Gedanken-, Sitten- und Verhaltenskokon, und *jeder ganz für sich*, sondern es hat sich durchgesetzt, was man planetarisches Bewußtsein nennen

könnte. Das Umfeld hat sich geweitet und umfaßt nun den Erdball. Die Menschheit kann nun ohne Bedenken als Ganzes betrachtet werden, als jene Gattung, die den Erdball besetzt hält, die ihn beherrscht, und dies in einem alles durchdringenden Maß. *Das Schicksal der Menschen ist die Erde, das Schicksal dieser Erde sind die Menschen.*

Man sagt so dahin: Erde und Mensch, Planet und Mensch.

Aber was ist dieser Planet? Dieser Planet ist eine Schöpfung, niemals besser zu beschreiben als mit den Worten der Bibel. Göttlichen Ursprungs sagen die einen, die anderen gehen andere Wege, zu beschreiben, zu erklären, was doch *nicht erklärbar* ist, was mit unseren Mitteln nicht erklärbar ist. Die Erde bietet sich dar als ein Objekt einer Durchdringung göttlicher Kraft, sagen die einen, die anderen suchen andere Bilder, in denen ähnliches gesagt wird: Wir haben es zu tun mit einer Evolutionsvielfalt ohnegleichen, so groß, daß sie unüberschaubar, nicht auslotbar ist, von einer artenschaffenden Kraft ohnegleichen, die umfassend zu begreifen nicht möglich ist. Und nur wenige unternehmen auch den Versuch dazu. Weil es die Kraft übersteigt, die Kraft der Vorstellung, der Imagination, der Phantasie, der Kraft zu formulieren.

Da wir selbst Geschöpfe dieser artenschaffenden Kraft sind, scheint es zugleich auch unser Schicksal zu sein, für selbstverständlich hinzunehmen, daß wir sind, wo wir sind. Umgeben von unendlichen und unerklärbaren Reichtümern dieser Schöpfung, fehlt uns die Kraft der Distanzierung – das Sich-Herausbegeben aus dem Bild, in dem wir ein Teil sind, um ebendieses Bild anders, besser, genauer zu sehen, um angerührt zu sein bis zur demütigen Faszination von diesem unendlich schönen Planeten, von seinen Wassern, die gefüllt sind mit Fischen, von seinen Bergen, seiner Luft, angefüllt mit Leben, Leben in ständiger Erneuerung, mit einer schweigenden Kraft, die über das Tote hinauswirkt, Totes nur als Übergang betrachtet, in einem unendlichen Ausstoß von neuem Leben in einem schöpferischen, göttlichen Dauerprozeß.

Wir haben in unserem Jahrhundert zum erstenmal den blauen Planeten von außen gesehen, schwebend, treibend im Weltall, das grau und traurig scheint, lebensfeindlich und unbegreiflich. Und sehen unseren Planeten in so unglaublicher Schönheit, funkelnd vor Schönheit, diamantenhaft, und der Blick durchdringt ihn von außen und weiß um die unendliche Fülle einer sich extrem äußernden Schöpfungskraft, die rätselhaft bleibt und nur als Wunder hinzunehmen, und als solches zu lieben und zu verehren.

Ich sagte vorher, der Mensch ist der Erde ausgeliefert, aber auch die Erde ihm. Eine Gattung hat es geschafft, die Macht zu erringen über

diesen Planeten. Und so erhebt sich die Frage: *In welche Hände ist dieser Planet gefallen*?
In die Hände von Verbrechern? Von Unwissenden? Von Kindern? Von Dummköpfen?

Ich sprach von der Versachlichung von Menschen. Erfolgt nun die *Versachlichung des Planeten*? Sind wir nicht längst dabei, ihn nur als Sache, als einen Gegenstand anzusehen?
Die Menschen haben sich mit verbrecherischer Energie diesen Erdball, um es vulgär auszudrücken, unter den Nagel gerissen. Sie überziehen ihn mit Asphalt, sie betonieren die Erde zu, ihre Städte überwuchern ihn wie mit Krebsgeschwüren, sie umkreisen ihn mit Flugzeugen, sie erhitzen ihn, verbrennen ihn, veröden ihn, verändern ihn nach Belieben, zerstören ihn teilweise und damit vielleicht ganz, sie greifen ein in das bewahrende Geflecht jener Hülle, mit der ein alles überragender Wille diese Erde umgeben hat, am Leben erhält, in jenem Gleichgewicht, das göttlichen Ursprungs ist. Es mag Leute geben, die an Gott nicht glauben. Aber was ist Gott – wir begehen immer noch den unglaublichen, den hanebüchenen Fehler, Gott anzusehen wie einen Menschen. Man erinnere sich: Nach seinem Bilde schuf er uns – Gottvater, der Mensch, der Übermensch, und es handelt sich doch nur um einen Namen, für etwas, was uns auf immer verschlossen bleiben wird.
Und dennoch zu verehren. Gottesdienst einer neuen Art wäre es, ehrerbietige Distanz zu halten, Gott nicht auf lächerliche Weise zu vereinnahmen mit einer Einkleidung ins Menschliche, mit einer Geschichte, mit Geschichten, mit einer Summe von Geschichten. Die Geschichten haben ihren Wert gehabt, aber nun ist geboten: Distanz, ehrerbietige, staunende Distanz, mit der man sich selbst zurückstuft. Es würde bedeuten: Zurückstufen, um vorwärtszukommen.
Aber wie sieht der Zustand der Menschheit aus? Nun, da der Mensch Hand anlegen kann an die Schöpfung selbst. Unausgebildet wie er ist, ein zerrissenes Geschöpf, unausgeglichen, noch Steinzeitmechanismen ausgeliefert, die ihm ständig recht geben und für normal halten lassen, was er tut. Was geht in den Köpfen vor – manchmal scheinen sie ganz zur Ruhe gekommen zu sein, dann wieder produziert der Verstand in wilder Folge Abstrusitäten, – von denen wir nun wahrlich genug mitbekommen haben, so sehr und so viel, daß es unmöglich scheint, auf eine Veränderung zu hoffen – die so plötzlich eintreten müßte, von einer Sekunde zur anderen. Denn was sind fünfzig Jahre? Da leben die Leute noch, die Abstruses für normal gehalten haben. Und im Umkreis sehen wir andere Leute, gleichsam nachwachsende Monster, die *ihre* Abstrusitäten haben, so daß der Mensch sich erweist

als ein dauerhaft krankes Geschöpf. Vielleicht als eine Fehlinvestition der Natur, an der sie selber zugrunde gehen wird? Wenn man der Meinung ist, daß der Mensch unreparierbar ist, was gibt uns die Hoffnung, daß Planet und Mensch einander überstehen?

Ich sehe im persönlichen Rückblick durchaus eine unendliche Summierung von guten, menschlichen Eigenschaften, manchmal derart, daß man in der Lage zu sein scheint, sich den *richtigen Menschen* vorstellen zu können. Auch von solchen Zeugnissen gibt es eine unendliche Menge, die uns zur Hoffnung berechtigen!
Eins davon: Ich sah im Fernsehen eine Diskussionsrunde von polnischen Schülern der Oberstufe mit dem deutschen Bundespräsidenten. Wie »gut« die Gesichter, dieser verhaltene Ernst, wie sehr verleiht Unschuld, Würde, die Auferstehung gefeiert hat, nachdem die Schrecklichkeiten von der Geschichte wie abgelegt, abgeheftet wurden, man fühlte sich angezogen von Gesichtern, von Stimmen, und eine Ahnung überkommt einen, daß es vielleicht doch möglich sein könnte, daß Menschen sich über das Trennende der Sprache hinweg verstehen könnten, weil zuviel Gleiches zu ihnen ist.
Einen ähnlichen Eindruck hatte ich, als in einer Redeshow junge russische Soldaten auftraten. Auch dort der ruhige, schöne Ernst, Besitz von Unbefangenheit, weit weg die Vergangenheit, als hätte der Zeitenwind alle Schmerzensrufe hinweggeweht, so als lägen alle Ereignisse nun fahl, grau und stumm auf dem Boden der Geschichte, schon fossilhaft eingegraben, völlig entleert von Leben. Die Jetztzeit einer neuen Jugend, von der Jetztzeit ganz in Anspruch genommen, erfüllt von ihr, ein eher staunender, halb erschreckter und im Erschrecken nicht ganz begriffener Rückblick auf die *Tonscherbenlandschaft der Vergangenheit*, eher nach vorn orientiert, so daß sie nebeneinanderstehen, die jungen Polen, die jungen Russen, die jungen Deutschen.
Habe ich sie da vielleicht schon gesehen, die richtigen Menschen, nicht in der Zeit »richtig«, sondern überhaupt richtig? Was ist er eigentlich, der richtige Mensch? Und mit Lust interpretiert man von neuem:
Der richtige, der gute Mensch ist voller Verständnis, umfassend gebildet, hat im Blick jeweilige Ganzheiten, denen er sich einfügt, denen er sich unterstellt. Er kennt seinen Platz im Ablauf des Ganzen, er kennt seine Verantwortlichkeiten, denen zu genügen ihm höchsten Genuß bietet, einen Genuß, der ihn zufriedenstellt in dem Gefühl, damit einen Lebenszweck zu erfüllen. Es müßte ihn ein Besitzgefühl ganz anderer Art durchdringen, das nicht gebunden ist an Gegenstände, sondern abgezogen von Gegenständen, Reichtum fühlend im Geistigen als Bewahrer, Beschützer, als Kenner und Liebhaber der Natur,

seine herausragende Stellung erkennend und benutzend, um behutsam zu führen, eine Art oberste Schutzfunktion auszuüben in der Verwaltung eines Schöpfungsreichtums ohnegleichen, immer zugleich eingedenk der Tatsache, daß ihm diese Aufgaben übertragen sind, ohne daß er dafür intellektuell ausreichend ausgestattet ist, dadurch zu besonderer Vorsicht, zur ständigen Überprüfung seiner Entschlüsse verpflichtet, dessen, was er tut.
Der »richtige« Mensch hätte seine höchste Stufe erreicht als erstes Geschöpf unter allen anderen, als Nummer Eins der Schöpfung, mit der Verantwortung für alle anderen Geschöpfe, von zwei bis unendlich, als ihr Sachwalter, Fürsprecher, Beschützer. Ist dies eine Fiktion, ein Wunschbild, ein Traum, an dem Menschen nahezu krampfhaft festhalten? Festhalten müssen, um nicht zu verzweifeln? Oder wird die Vision eines Tages wahr, weil es die Menschen geben wird, die die Kraft haben, diese Vision Wirklichkeit werden zu lassen?
Manchmal denke ich, es gibt sie schon, man blickt sich um, und glaubt, sie zu erkennen, hier und dort, einzelne, noch nicht alle, aber einzelne, die dem Bild entsprechen – einfach weil da ein neues Bewußtsein sich zum Ausdruck bringt, da ist Wissen zugewachsen, auf fast geheimnisvolle Weise zugewachsen, Erkenntnisse, die sich in Samenkörner verwandelt haben, die in der Erde stecken, der Menschenerde Fruchtbarkeit verschaffen.
Zuweilen hört man sie: ganz neue Töne, ganz neue Worte, erkennt man ganz neue Empfindungen in der Selbstverständlichkeit des Daseins, fast so, als gäbe es Lichterscheinungen über einem dunklen Feld, das noch im Dunkel liegt, aber in dem sich verborgene Helligkeiten ankündigen, ein ganz anderer Tag, auf der Suche nach dem ganz anderen Menschen, der etwas beweisen könnte: daß Mensch zu sein vielleicht doch kein unmöglicher Zustand ist.

Nachwort

Nun habe ich alles gesagt.
Aber: Wirklich alles? Habe ich nichts vergessen? Vielleicht sogar sehr Wichtiges vergessen? Oder habe ich manche Dinge falsch gesehen? Habe ich, möglicherweise unbewußt, Dinge entstellt wiedergegeben, die Farben nicht richtig verteilt, mich selbst vielleicht besser behandelt, schonender behandelt? Oder war ich in meinen Meinungen rechthaberisch, überzeugen wollend? Habe ich eine total private Meinung wiedergegeben, mit dem Anspruch auf gültige Verallgemeinerung? Die Fragen nachher sind ebenso quälend wie die Fragen vorher.
Ich glaube, ich habe es vorstehend oft genug gesagt, was meine unumstößliche Meinung ist: daß Geschehenes nicht wie tot im Gedächtnis liegt, zwar mit unveränderbaren Strukturen, mit seinem Faktengehalt, aber daß die Gesamtheit des Vergangenen dennoch belebt ist, als sei noch nichts zum absoluten Stillstand gekommen, sondern als bewegten sich die Details immer noch in voller Unruhe, ständig sich verändernd in ihrer Bedeutung, gleichsam spiegelnd Wirkungen ausübend, Wirkungen nach vorn und Wirkungen nach rückwärts, so daß man ganz sicher ist: Keine Vergangenheit ist ein Friedhof, und Friedhofstille herrscht da schon gar nicht. Oder doch?
Wie stark ist die *Gegenwart*? Die Inanspruchnahme der Menschen durch die Gegenwart bietet sich an als total, so als lasse die Gegenwart, das *Jetzt*, nichts anderes gelten. Die Minute, die *ist*, gibt sich stärker als tausend Jahre Vergangenheit.
Ist sie auch stärker? Nein, sie ist nicht stärker. Sie beteuert es, und dies mit aller Kraft, fast beschwörend und durchaus mit Erfolg – die meisten Leute glauben der Minute, die *ist* –, aber da gibt es einen Effekt, der sich hinter allem Vordergründigen verborgen hält: jenem Vordergründigen, das stets als größte Attraktivität eine Wohltat bereithält: in seiner Unschuld brauchbar zu sein. Der Effekt hinter dem Vordergründigen, wie ist er zu beschreiben?
Vielleicht so: Die Vergangenheit entfernt sich aus dem Bewußtsein, erst langsam, dann immer schneller, sie entfernt sich aus dem *Tagesbewußtsein*, aber nicht auf Nimmerwiedersehen, sie ändert die Gestalt, sie verliert die Tageswichtigkeit, sie färbt sich ein dem Lebenshintergrund, dem Zeithintergrund, scheinbar total verschwindend, was nicht stimmt, sie verschwindet nie, sie ändert die Dimension, und ebenso wird sie *bleibend*.
Meine Überzeugung ist, daß wir, ohne es zu wissen, ohne es zu spüren,

alle Vergangenheiten dieser Welt mit uns tragen, unsichtbar und einer Aura ähnlich, die auch nicht zu sehen ist, aber *einhüllt*. So könnte man alle Menschen eingehüllt sehen von aller Menschenvergangenheit, eingehüllt von persönlicher Vergangenheit als hautnächster Schicht, folgend dann die nächsten Vergangenheitsschichten, bis ins Unendliche zurück, von solchen Schichten gehalten, möglicherweise wie in einer Klammer, aber auch mit der Bedeutung von Hand und Fußfesseln.
Bedeutet das, daß man Vergangenheit nicht überwinden kann? Da steigt kein Phönix aus der Asche, niemand, der Vergangenheit abstreifen und ungültig erklären kann?

Wie das? Kein Entkommen aus der Menschenvergangenheit? Wenn man ihr nicht entkommen kann, wie ist sie zu handhaben? Wie geht man um mit Vergangenheiten?
Sind sie nur hinzunehmen? Würde das nicht zum Fatalismus führen, einer Geisteshaltung, die man zu den unfruchtbarsten rechnen muß? Wäre darin nicht beschlossen und besiegelt das allgemeine und totale Ende?
Zeit also für einen Abgesang der ganz großen Art?
Kein persönlicher Trauer- und Schlußgesang, sondern der Finalgesang aller? Man sieht zurück, man weiß nun, daß man sich hindurchgequält hat durch Fehler und Irrtümer, man erkennt, wie unausgebildet man war, wie wenig Herr der Lage, immer nur das Nächste sehend, im Kampf mit dem kleinen persönlichen Umkreis, *blind* gegen die größeren Umkreise, gleichsam in Irrtümern lebend, im Unbekannten, im Unvollständigen – ja, dies ist wohl das richtigere Wort –, im Unvollständigen, nichts, was sich jemals als ganz und total fertig angeboten hätte, immer nur als Unvollständiges, irgendwelche Details, Anfänge von Gedanken, Gefühlen, von Vorgängen, gehandhabt von Leuten, die sich auf Handhabungen nicht verstehen, ein Zirkusrund, in dem Dilettanten auftreten, mit sonderbaren Kunststücken, die ganz sicher keine Meisterstücke sind – eine Vorstellung also, die das Eintrittsgeld nicht wert ist?
Man hat da mitgespielt, sich im Spiel bewegt, Bewegungen mitgemacht, sich orientiert, sich zu orientieren versucht an Nebenleuten, an den Zurufen der verschiedensten Art und der unterschiedlichsten Lautstärke, mitspielend in einem ganz unübersichtlichen Spiel, in dem keiner den richtigen Text hatte, den richtigen Text immer suchend, von Text zu Text gleichsam taumelnd, Texte, die, kaum gesprochen, ihre Bedeutung verlieren und nun ständig auf der Suche sind nach der verlorenen Bedeutung, daß sie sich selbständig gemacht haben und nun herumirren durch den Raum, Flügel bekommend, Flügel verlie-

rend. Man kennt seine Rolle nicht. Was ist man? – Der Held? Der Komische, der Traurige? Ist man Opfer? Ist man Täter? Spielt man den Guten oder den Bösewicht?
Mit zunehmendem Alter und nachdem sich die Gegenwartsnebel zu lichten beginnen, gelingt es einem, sich im allgemeinen Durcheinander gegen den Rand der Arena zuzubewegen. Mühsam und außer Atem rettet man sich auf einen der Plätze, die für Zuschauer reserviert sind – keine Logenplätze, eher harte Stühle –, und man sieht auf jene, die die Arena *neu* betreten haben und die nun verzweifelt *ihren* Text suchen und im Text den Sinn. Die Neuauftretenden, die sich bewegen, die sich orientieren an den Nebenleuten und die auf Zurufe hören, erschreckt hören, gläubig hören, denen man Texte zuruft, daß sie sie nun verkünden, jeder nach seiner Art, aufrecht stehend in Deklamationspose oder bescheiden in Demutshaltung, in großen Auftritten oder eher im Zweifel, aber die Texte wollen gesprochen werden, und wieder ist die Luft voll davon und von den Bocksprüngen der Darsteller.
Ja wie, sagt der Zuschauer, der auf hartem Stuhl sitzt, selber noch atemlos, was wird da gespielt? Dasselbe Spiel? Es geht weiter? Man sieht, man staunt. Und zuweilen spürt man Eiseskälte in sich, die Auswirkung eines Schreckens, denn man hat es nicht für möglich gehalten, daß das Spiel sich fortsetzt, daß es sich um ein *Endlosspiel* handelt. Man sieht ihn in voller trauriger Aktion, den Wirrwarrmenschen, ein Wort, das von Ludwig Marcuse stammt, der Wirrwarrmensch also bewegt sich wie eh und je auf der Bühne, die die Welt bedeutet. Und jetzt die Frage: Wie den Funken »Hoffnung auf ein gutes Ende« unversehrt mitten durch diese Manege tragen?
Der Verstand sagt: Keinen Schritt gehst du, und der Funke Hoffnung erlischt. Aber es gibt auch einen Faden im Gehirn, den man einen goldenen nennen kann – dort bleibt der Funke Hoffnung ungelöscht, der armselige, kleine, im Wind flackernde Funke Hoffnung, immer nahe der Auslöschung und immer sich wieder neu entfachend, der Glaube daran, daß das irre Spiel in der Manege sich ordnen wird, daß möglicherweise der Regisseur des Ganzen sich durchsetzt, wie auch immer und wer immer es ist, so daß das Spiel Richtung und Thematik bekommt.
Und was wird es sein? Eine Tragödie? Eine Komödie? Möglicherweise eine wirklich göttliche Komödie? Oder ein Lustspiel? Oder vielleicht auch nur eine Generalprobe für etwas, was neu kommt, neu geschrieben wird? Neu geschrieben werden *muß*? Andererseits, so sagt sich der Zuschauer auf seinem harten Stuhl, nunmehr am Rande der Ereignisse, wieviel guter Wille ist da investiert, wie prachtvoll manche Texte, wie herzbewegend manche Auftritte, Texte, zuweilen

zum Weinen schön – gesprochen im Reigen mit unflätigen Texten, daher kaum zu hören, weil die unflätigen lauter sind, aufdringlicher, auch weil der Wirrwarrmensch sie für interessanter hält, aber wer Ohren hat zu hören, Augen hat zu sehen, und wer sich das Leise lauter machen kann, der weiß, wie er den Brennstoff bekommt für die kleine Flamme Hoffnung.
Er erkennt, daß er Teil einer Schöpfung ist, die ein Werk ist der höchsten Intelligenz, in die Hände gefallen der primitivsten – die paar Nobelpreisträger, die Grauriesen, wie Walser sie nennt, ändern daran nicht viel, so daß der Satz stehenbleiben kann: Die höchste Intelligenz ausgeliefert der primitivsten. Aber: Gibt es vielleicht doch die Möglichkeit, daß er kommt, *doch* kommt, endlich kommt, vielleicht ganz überraschend kommt, der Moment einer allgemeinen Erleuchtung, vielleicht, nachdem uns ein paar Katastrophen um die Ohren geschlagen werden, möglicherweise Weltkatastrophen? Wird er vielleicht doch gewinnen, der geduldige Mensch, der hoffnungsgläubige, der innerlich gefestigte, der, der weiß oder ahnt, worum es geht, der unermüdlich, undeprimierbar seiner Gedankenarbeit nachgeht, der es vielleicht doch noch lernt, zusammenzuzählen, all die Vergangenheitsresultate, die neuesten zusammen mit den alten und ganz alten, daß es vielleicht doch vorwärtsgeht auf einem Weg, der unendlich mühsam bleibt, reine Quälerei ist, mit schmerzlichen Schritten zurück und nur kleinen Schritten nach vorn – aber doch ein wenig nach vorn.

Man möchte die Lebensmanege nicht ganz gesenkten Hauptes verlassen, sondern mit einer Hoffnung: *daß so viele Menschen so viele Schmerzen nicht umsonst erlitten haben.*

Aufstieg aus der Niederlage

German Werth
Der Krimkrieg
Geburtsstunde der Weltmacht Rußland
ca. 368 S./DM 42,–

ISBN 3-927491-08-x

In die hundertjährige Epoche zwischen dem Wiener Kongreß, der die Ära Napoleons abschloß, und dem Ausbruch des Ersten Weltkrieges fällt ein Ereignis von eminent weitreichender historischer Bedeutung: Der Krieg des russischen Zarenreiches gegen die mit der Türkei verbündeten westlichen Alliierten England und Frankreich, in deren Bündnis auch noch Österreich einschwenkte. Benannt wurde dieser drei Jahre dauernde Konflikt (von 1853 bis 1856) nach dem Hauptkriegsschauplatz auf der Halbinsel Krim im Schwarzen Meer.

Ursache war die sogenannte „Orientalische Frage", die Frage nämlich, was mit dem Osmanischen Reich, dem „kranken Mann am Bosporus", geschehen sollte, dessen europäische Provinzen zur Disposition standen. Das Zarenreich verlor diesen Krieg, der Westen konnte seine Positionen durchsetzen.

Im Gedächtnis der Völker lebt der Krimkrieg in unterschiedlicher Weise fort: Für England ist er vor allem die Erinnerung an die legendäre Attacke der „Leichten Brigade" bei Balaklawa, für Frankreich war er die Revanche für Waterloo. Für Preußen-Deutschland, das sich neutral verhielt, war der Krimkrieg die Weichenstellung für das Deutsche Kaiserreich. Für Rußland hingegen war die Niederlage Anlaß für Selbstbesinnung und wirtschaftlich-soziale Reformen. Leo Tolstoi schrieb danach sein Epos „Krieg und Frieden" zur geistigen Wiederaufrichtung Rußlands.

Hatte schon für Tolstoi das Schicksal des Krimhafens Sewastopol „die Unmöglichkeit bedeutet, die Kraft des russischen Volkes zum Wanken zu bringen", wurde die Stadt auch im Zweiten Weltkrieg zum Mythos. So war der Krimkrieg die Geburtsstunde der späteren Weltmacht. Gleichzeitig handelt es sich um den ersten „modernen" Krieg, bei dem Industriepotential und technischer Stand den Ausschlag gaben.

Ein historisches Lesebuch von unerschöpflichem Materialreichtum!

Brücken in die Gegenwart

Wenn ein prominenter Sozialdemokrat, noch dazu ein Vertreter des sogenannten „Schumacher-Flügels", der seit mehr als zwanzig Jahren als Oberbürgermeister Würzburgs in politischer Verantwortung steht, sich an eine schwierige Jugend in Deutschland erinnert, dann kann er großer Aufmerksamkeit gewiß sein. Geboren auf dem Höhepunkt der Weltwirtschaftskrise, verfügt Zeitler noch über familiäre Erinnerungen an die Endzeit der Weimarer Republik. Als „Pimpf" und „Hitlerjunge" teilte er dann Erfahrungen und Schicksal von Millionen anderen Deutschen. Den Krieg an der Heimatfront und den Zusammenbruch des Dritten Reiches erlebte er hautnah in Potsdam und Berlin.

Die Aufbruchstimmung für die Demokratie, die nach 1945 viele junge Menschen erfaßte, riß auch ihn mit, das Braunhemd wurde schnell mit dem roten Halstuch des sowjetzonalen Jugendverbandes vertauscht. Doch das erste Interesse an der sozialistischen Spielart demokratischen Aufbaus wich bald der Ernüchterung. Zeitler geriet vorübergehend in sowjetische Haft. Sein Vater, einst Bürgermeister von Erfurt, kam im sowjetischen Konzentrationslager Sachsenhausen um.

Das Besondere an dem Buch: Der Autor erzählt nicht nur wahrheitsgemäß deutsche Geschichte, sondern er reflektiert die historische Erfahrung und schlägt damit Brücken in die Gegenwart. Frei von Besserwisserei und Anklagehaltung, ist das Buch getragen von tiefem Verständnis für das Schicksal zweier Generationen und von der Liebe zu den Menschen im geteilten Deutschland.

Klaus Zeitler
Jahrgang 1929
Eine Jugend in Deutschland . . .
ca. 320 S./DM 34,–

ISBN 3-927491-14-4